陸九淵全集

【南宋】陸九淵 撰

葉航 點校

下

上海古籍出版社

卷二十三

講義

白鹿洞書院講義

某雖少服父兄師友之訓，不敢自棄，而頑鈍疏拙，學不加進，每懷愧惕，恐卒負其初心。方將求鍼砭鐫磨於四方師友，冀獲開發以免罪戾。比來得從郡侯秘書至白鹿書堂，羣賢畢集，瞻覩盛觀，竊自慶幸！秘書先生、教授先生不察其愚，令登講席，以吐所聞。顧惟庸虛，何敢當此？辭避再三，不得所請。取論語中一章，陳平日之所感，以應嘉命，亦幸有以教之。

子曰：「君子喻於義，小人喻於利。」

此章以義利判君子小人，辭旨曉白，然讀之者苟不切己觀省，亦恐未能有益也。某平日讀此，不無所感。竊謂學者於此當辨其志。人之所喻由其所習，所習由其所志。志乎義，則所習者必在於義。所習在義，斯喻於義矣。志乎利，則所習者必在於利。所習在利，斯喻於利矣。故學者之志不可不辨也。

科舉取士久矣，名儒鉅公皆由此出。今爲士者固不能免此。然場屋之得失，顧其技與有司好惡如何耳，非所以爲君子小人之辨也。而今世以此相尚，使汨没於此而不能自拔，則終日從事者雖曰聖賢之書，而要其志之所鄉，則有與聖賢背而馳者矣。推而上之，則又惟官資崇卑、禄廩厚薄是計。豈能悉心力於國事民隱，以無負於任使之者哉？從事其間，更歷之多，講習之熟，安得不有所喻？顧恐不在於義耳。誠能深思是身，不可使之爲小人之歸，其於利欲之習，怛焉爲之痛心疾首，專志乎義而日勉焉，博學、審問、慎思、明辨而篤行之。由是而進於場屋，其文必皆道其平日之學、胸中之藴，而不詭於聖人。由是而仕，必皆共其職，勤其事，心乎國，心乎民，而不爲身計，其得不謂之君子乎。

秘書先生起廢以新斯堂，其意篤矣。凡至斯堂者，必不殊志。願與諸君勉之，以毋負其志。

淳熙辛丑春二月，陸兄子静來自金谿，其徒朱克家、陸麟之、周清叟、熊鑑、路謙亨、胥訓實從。十日丁亥，熹率僚友諸生與俱至於白鹿書院，請得一言以警學者。子静既不鄙而惠許之，至其所以發明敷暢，則又懇到明白，而皆有以切中學者隱微深痼之病，蓋聽者莫不悚然動心焉。

熹猶懼其久而或忘之也，復請子静筆之於簡，受而藏之〔二〕。凡我同志於此反身而深察之，則庶乎其可不迷於入德之方矣。

新安朱熹識。

大學春秋講義 淳熙九年八月十七日

楚人滅舒蓼

聖人貴中國，賤夷狄，非私中國也。中國得天地中和之氣，固禮義之所在。貴中國者，非貴中國也，貴禮義也。雖更衰亂，先王之典刑猶存，流風遺俗未盡泯然也。夷狄盛强，吞併小國，將乘其氣力以憑陵諸夏，是禮義將無所措矣，此聖人之大憂也。楚人滅弦、滅黄、滅江、滅六、滅庸，至是又滅舒蓼，聖人悉書不置，其所以望中國者切矣！

秋七月甲子，日有食之，既。

春秋日食三十六，而食之既者二。日之食與食之深淺皆曆家所能知。是蓋有數，疑若不爲

〔二〕「受而」，原作「而受」，據四庫本及陸子學譜改。

變也。然天人之際實相感通，雖有其數亦有其道，昔之聖人未嘗不因天變以自治。「洊雷，震。君子以恐懼修省。」「君子無終食之間違仁，造次必於是，顛沛必於是。」所以修其身者素矣。然洊震之時〔二〕，必因以恐懼修省，此君子之所以無失德而盡事天之道也。況日月之眚見於上乎。「遇災而懼，側身修行」，欲銷去之，此宣王之所以中興也。知天災有可銷去之理，則無疑於天人之際而知所以自求多福矣。日者，陽也。陽爲君、爲父、爲夫、爲中國，苟有食之，斯爲變矣。食至於既，變又大矣。言日不言朔，食不在朔也。日之食必在朔，食不在朔，曆差也。

冬十月己丑，葬我小君敬嬴。

襄仲殺太子惡，敬嬴爲之也。敬嬴非嫡，而薨以夫人，葬以小君，魯君臣之責深矣。春秋作而亂臣賊子懼，蓋爲是也。

雨不克葬，庚寅日中而克葬。

葬不爲雨止，以其有雨備也。雨不克葬，是無雨備。潦車載蓑笠，士喪禮也。諸侯葬其母

〔二〕「洊」，原作「雷」，據嘉靖本、萬曆本改。

而無雨備，豈禮也哉？

城平陽

平陽，魯邑也。冬，使民時也。然宣公葬母不能爲雨備，不易時而遽興土工，罪不可逃矣。

楚師伐陳

前年，晉、衛侵陳，以其即楚之故。至是楚始伐之，是楚未能盡得志於陳也。楚子陸渾之役，觀兵周疆，問鼎輕重。是年疆舒蓼，及於滑、汭，盟吴、越而還，其疆至矣，然尤未盡得志於陳、鄭之間。當是時，使中國之君臣能恐懼自治，明其政令，何遽不能遏其鋒哉？

又 十年二月七日

九年春，王正月，公如齊。公至自齊。夏，仲孫蔑如京師。

古者，諸侯之於天子，比年一小聘，三年一大聘，五年一朝。天子五年一巡狩。周制，六年五服一朝，又六年，王乃時巡，考制度於四岳，諸侯各朝於方岳，所以考制度，尊天子也。故曰：「天子無事與諸侯相見曰朝，考禮、正刑、一德，以尊天子。」穀梁子以爲「天子無事，諸侯相朝」，誤矣。禮所謂「兩君相見」者，不能無是事耳，非定制也。比年小聘，三年大聘，諸侯交相聘問，則有定制矣。故曰：「朝覲之禮，所以明君臣之義也。聘問之禮，所以使諸侯相尊敬也。」是故一不朝則貶其爵，再不朝則削其地，三不朝則六師移之，三王之通制也。義之所在，非由外鑠，根諸人心，達之天下，先王爲之節文，著爲典訓，苟不狂惑，其誰能渝之？宣公即位九年，兩朝於齊，乃一使其大夫聘於周室。王迹既熄，綱常淪斁，逆施倒置，恬不爲異。春秋之作，其得已哉？直書於策，比而讀之而無懼心者，吾不知矣。

齊侯伐萊

萊，微國也。三年之間兩勤兵於萊，齊侯之志可見於此矣。

秋取根牟

魯侯之志，猶齊侯也。

八月，滕子卒。

名不登載書簡牘，則不名。

九月，晉侯、宋公、衛侯、鄭伯、曹伯會於扈，晉荀林父帥師伐陳。

晉自靈公不君之後，浸不競於楚。楚之政令日修，兵力日强。然聖人之情常拳拳有望於晉，非私之也，華夷之辨當如是也。前年，陳受楚伐，勢必向楚。扈之會，乃爲陳也。陳不即晉，荀林父能併將諸侯之師以伐陳，春秋蓋善之。

辛酉，晉侯黑臀卒於扈，冬十月癸酉，衛侯鄭卒。

書地，不卒於國都也。不書葬，魯不會也。

宋人圍滕

滕雖小國，圍之則非，將卑師少也。滕子卒未數月，興兵圍之，書人之爲貶明矣。

楚子伐鄭，晉郤缺帥師救鄭。

伐陳救鄭，晉之諸臣猶未忘文公之霸業，春秋蓋善之。

陳殺其大夫洩冶

稱國以殺，罪累上也。洩冶以直諫見殺，名之，陳罪著矣。

又　七月十七日

六月，宋師伐滕。

宋，大國也；滕，小國也。滕安能害宋？宋之伐滕，陵蔑小弱以逞所欲耳。左氏謂滕人恃晉而不事宋，然晉之伯業方不競，滕固微國，何恃之有？或者事晉之故，而有闕於宋故歟？宋亦何義而責滕之事己？大當字小，恤其不及焉可也。去年因其喪而圍之，今年又興師而伐之，其爲陵蔑小弱以逞所欲明矣。陳常弑其君，孔子朝魯侯而請討之。前月，陳方以弑君告，宋爲鄰邦，不知此何時耶，而牟牟焉興師伐滕以逞所欲，尚得爲有人心者乎？

公孫歸父如齊，葬齊惠公。

宣公爲弑君者所立，懼齊見討，故事齊以求免。齊悦其事己，而定其位。自是齊、魯之交厚，而魯之事齊甚謹。齊侯之卒，宣公既身奔其喪，及其葬也，又使其貴卿往會。直書於策，亂臣賊子得無懼乎？歸父，仲遂之子，貴而有寵。弑君者，仲遂也。

晋人、宋人、衛人、曹人伐鄭

左氏謂鄭及楚平，諸侯伐鄭，取成而還。諸侯伐鄭而稱人，貶也。晋、楚争鄭爲日久矣。春秋常欲晋之得鄭，而不欲楚之得鄭，與鄭之從晋，而不與鄭之從楚，是貴晋而賤楚也。晋之所以可貴者，以其爲中國也。中國之所以可貴者，以其有禮義也。鄭介居二大國之間，而從於强令，亦其勢然也。今晋不能庇鄭，致其從楚。陳又有弒君之賊，晋不能告之天王，聲罪致討，而乃汲汲於争鄭，是所謂禮義者滅矣，其罪可勝誅哉？書人以貶，聖人於是絶晋望矣。

秋，天王使王季子來聘。

宣公即位十年，屢朝於齊，而未嘗一朝於周；能奔諸侯之喪，而不能奔天王之喪；能使其貴卿會齊侯之葬，而不能使人會天王之葬。如是而天王猶使王季子來聘，則冠履倒置，君臣之倫汩喪殆盡矣。

公孫歸父帥師伐邾，取繹。

魯之伐邾，無以異於宋之伐滕，特書取繹，罪益重矣。

又 十一月二十二日

大水

太極判而爲陰陽，陰陽播而爲五行。天一生水，地六成之；地二生火，天七成之；天三生木，地八成之；地四生金，天九成之；天五生土，地十成之。五奇天數，陽也；五偶地數，陰也。陰陽奇偶相與配合而五行生成備矣。故太極判而爲陰陽，陰陽即太極也。陰陽播而爲五行，五行即陰陽也。塞宇宙之間，何往而非五行？水火金木土穀，謂之六府。土爰稼穡，穀即土也，以其民命所係，别爲一府。總之則五行也。洪範九章：「初一曰五行」，此其在天之本也。「次二曰敬用五事，次三曰農用八政，次四曰協用五紀，次五曰建用皇極，次六曰乂用三德，次七曰明用稽疑，次八曰念用庶徵，次九曰嚮用五福，威用六極」者，此其在人之用，而所以燮理陰陽者也。日月五緯，謂之七政，四時行焉，曆數興焉。人君代天理物，曆數在躬，財成輔相，參贊燮理之任，於是乎在。故堯命羲和，舜在璿璣，皆二典大政。

夫金穰、水毁、木饑、火旱，天之行也。堯有九年之水，則曰洚水警予，蓋以爲己責也。昔之聖人小心翼翼，臨深履冰，參前倚衡，疇昔之所以事天敬天畏天者，蓋無所不用其極，而災變之來，亦未嘗不以爲己之責。周道之衰，王迹既熄，諸侯放肆，代天之任，其誰尸之？春秋之書災異，非明乎易之太極，書之洪範者，孰足以知夫子之心哉？漢儒專門之學，流爲術數，推類求驗，旁引曲取，徇流忘源，古道榛塞。後人覺其附會之失，反滋怠忽之過。董仲舒、劉向猶不能免。吁！可歎哉！是年之水，仲舒以爲伐邾之故，而向則以爲殺子赤之咎，是奚足以知天道而見聖人之心哉？

季孫行父如齊。冬，公孫歸父如齊。齊侯使國佐來聘。

宣公是年身如齊者二，使其臣如齊者三。聞天王使王季子來聘矣，未聞身如京師，與使其臣如京師也。不待詳考其事，而罪已著矣。

左氏載行父出莒僕之事，陳諠甚高。且曰：「先大夫臧文仲教行父事君之禮，行父奉以周旋，弗敢失墜。」齊惠公之卒，公既親奔其喪矣。王季子之聘魯未易時，而行父僕僕往聘於齊，知事君之禮而奉以周旋者，果如是乎？

歸父之往，則以取繹之故。齊惠公卒未踰年，而國佐寔來，徇私棄禮，見利而不顧義，安然行之，不畏于天，不愧于人。人心之泯滅一至於此。吁！可畏哉！

饑

作之君師，所以助上帝寵綏四方。故君者所以爲民也。書曰：「天視自我民視，天聽自我民聽。」孟子曰：「民爲貴，社稷次之，君爲輕。」歲之饑穰，百姓之命係焉，天下之事孰重於此！春秋書饑蓋始於是。聖人之意，豈特以責魯之君哉？

楚子伐鄭

當是時，晉伯不復可望，齊、魯之間熟爛如此，楚子之肆行，其誰遏之？伐鄭之書，聖人所傷深矣！左氏所載士會逐楚師於潁北，不見於經。縱或有之，亦不足爲輕重也。

荊門軍上元設廳講義

「五，皇極：皇建其有極，斂時五福，用敷錫厥庶民，惟時厥庶民于汝極，錫汝保極。」

皇，大也；極，中也。洪範九疇，五居其中，故謂之極。是極之大，充塞宇宙，天地以此而位，萬物以此而育。

古先聖王皇建其極，故能參天地，贊化育。當此之時，凡厥庶民皆能保極。比屋可封，人人有士君子之行，叶氣嘉生，薰爲太平，嚮用五福，此之謂也。「皇建其有極」，即是斂此五福以錫庶民。捨極而言福，是虛言也，是妄言也，是不明理也。「惟皇上帝，降衷于下民」，衷即極也。凡民之生均有是極，但其氣稟有清濁，智識有開塞。「天之生斯民也，使先知覺後知，先覺覺後覺。」古先聖賢與民同類，所謂天民之先覺者也。以斯道覺斯民者，即「皇建其有極」也，即「斂時五福，用敷錫厥庶民」也。

今聖天子重明于上，代天理物，承天從事，皇建其極，「是彝是訓，于帝其訓」，無非斂此五福以錫爾庶民。郡守縣令承流宣化，即是承宣此福，爲聖天子以錫爾庶民也。凡爾庶民，知愛其親，知敬其兄者，即惟皇上帝所降之衷，今聖天子所錫之福也。若能保有是心，即爲保極，宜得其壽，宜得其福〔一〕，宜得康寧，是謂攸好德，是謂考終命。凡爾庶民知有君臣，知有上下，知有中國夷狄，知有善惡，知有是非，父知慈，子知孝，兄知友，弟知恭，夫義婦順，朋友有信，即惟皇上帝所降之衷，今聖天子所錫之福也。身或不壽，此心實壽，家或不富，此心實富，縱有患難，心實康寧。或爲國死事，殺身成仁，亦爲考終命。

實論五福，但當論人一心。此心若正，無不是福；此心若邪，無不是禍。世俗不曉，只將目前富貴爲福，目前患難爲禍。不知富貴之人，其心若邪，其事惡，是逆天地，逆鬼神，悖聖賢之

〔一〕「福」，原作「富」，據成化本、嘉靖本、萬曆本及文義改。

訓，畔君師之教，天地鬼神所不宥，聖賢君師所不與，忝辱父祖，自害其身。靜時回思，亦有不可自欺自瞞者，若於此時，更復自欺自瞞，是直欲自絶滅其本心也。縱是目前富貴，正人觀之，無異在囹圄糞穢之中也。患難之人，其心若正，其事若善，是不逆天地，不逆鬼神，不悖聖賢之訓，不畔君師之教，天地鬼神所當佑，聖賢君師所當與，不辱父祖，不負其身，仰無所愧，俯無所怍，雖在貧賤患難中，心自亨通。正人達者觀之即是福德。「作善，降之百祥；作不善，降之百殃。」「積善之家，必有餘慶。」但自考其心，則知福祥殃咎之至，如影隨形，如響應聲，必然之理也。愚人不能遷善遠罪，但貪求富貴，却祈神佛以求福，不知神佛在何處，何緣得福以與不善之人也。

皇極在洪範九疇之中，乃洪範根本。經曰：「天乃錫禹洪範九疇。」聖天子建用皇極，亦是受天所錫，斂時五福，錫爾庶民。即是以此心敷於教化政事，以發明爾庶民天降之衷，不令陷溺。爾庶民能保全此心，不陷邪惡，即爲保極，可以報聖天子教育之恩，長享五福，更不必别求神佛也。洪範一篇著在尚書，今人多讀，未必能曉大義。若其心正，其事善，雖不曾識字，亦自有讀書之功；其心不正，其事不善，雖多讀書，有何所用？用之不善，反增罪惡耳。

常歲以是日建醮於設廳，爲民祈福。竊惟聖天子建用皇極以臨天下，郡縣之吏所宜與爾庶民惟皇之極，以近天子之光。謹發明洪範斂福錫民一章，以代醮事，亦庶幾承流宣化之萬一，仍略書九疇次叙，圖其象數于後，恐不曾讀書者欲知大概，亦助爲善求福之心。詩曰「自求多福」，正謂此也。

象

易有太極，是生兩儀，兩儀生四象，四象生八卦。乾爲天，坤爲地，震爲雷，巽爲風，坎爲水，離爲火，艮爲山，兑爲澤。

乾三連，坤六斷，震仰盂，艮覆盌，兑上缺，巽下短，離中虛，坎中滿。

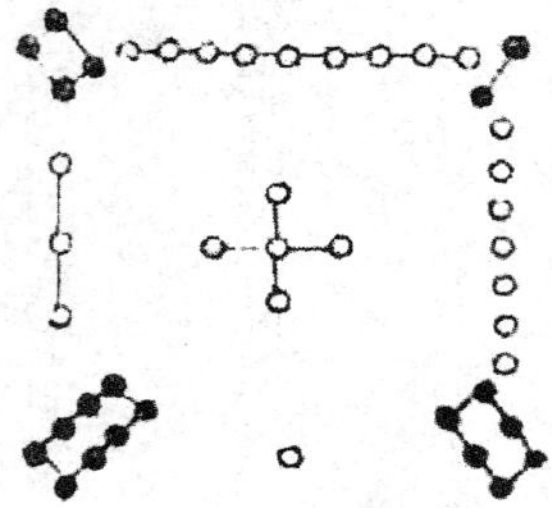

数

二	七	六
九	五	一
四	三	八

洪範九疇：「初一曰五行，次二曰敬用五事，次三曰農用八政，次四曰協用五紀，次五曰建用皇極，次六曰乂用三德，次七曰明用稽疑，次八曰念用庶徵，次九曰嚮用五福，威用六極。」

戴九履一[一]，左三右七，二四爲肩，六八爲足。縱横數之皆十五。

[一]「戴」，成化本、嘉靖本作「載」。

卷二十四

策問

問：語有之曰：「人之相去如九牛毛。」或者疑其言之過。晉人有解之者曰〔一〕：「巢、許遜天下，而市道小人爭半錢之利，此其相去何啻九牛毛哉？」其言誠辯矣，然嘗病其意之未廣。先儒論人之量曰：「有天地之量，有江海之量，有鐘鼎之量，有斗筲之量。」其意廣矣，而嘗歎乎言之難備。生乎天地之間，具人之形體，均之爲人也，品類差等，何其若是之相遼絶哉？今夫天下之俗，固不可以言古，然蒙被先王之澤，士之求堯、舜、孔子之道者日衆，而儒宫學館之間有父兄之所教，有師友之所講磨，而考其所向，則有常人之所耻者。此其與求堯、舜、孔子之道而期於必至，何啻九牛毛哉？二三子各悉究其日履之所鄉，嘗試相與共評斯語，毋徒爲場屋課試之文。

〔一〕「晉」，原作「昔」，據成化本、正德本、嘉靖本、萬曆本、四庫本改。按：據晉書卷五十二華譚傳，此語出晉人華譚，作「晉」較是。

試言人之所以相去若是遼絶者何故？己之氣質，己之趨鄉，當在何地？今日之用心，今日之致力者，其實何如？將有所考焉。

問：齊欲稱東帝，鄒、魯之臣妾肯死而不肯從之；秦欲稱西帝，魯仲連肯死而不肯從之。夫以齊、秦之强，力足以帝天下，而卒沮於匹夫之一辭。「固國不以山溪之險，威天下不以兵革之利」，孟子之言於是信矣。西漢不崇禮義，好言時宜。叔孫通、陸賈之徒號稱以儒見用，綜其實，殆未有以殊於奇謀秘計之士也。高祖寬大長者之稱見於起兵之日。惟恐沛公不爲秦王，則長安之民所以愛戴之者，亦可謂深且素矣。繼之以文、景之仁愛，武、宣之政令，所以維持之者，亦後世所鮮儷，元、成、哀、平雖浸以微弱，亦非有暴虐淫虐之行。然區區新莽，舉漢鼎而移之，若振槁葉，天下慴然莫之敢争。東都之興，光武之度不洪於高祖，明帝之察慧有愧於文、景多矣，章帝之仁柔殆伯仲於元、成之間，自是而降，無足譏矣。然綿祀埒於西漢，以曹操之强，其所自致者不後於高、光，然終其身不敢去臣位。視天下有孔北海，如孺子之有嚴師傅，凛然於几席之上而不敢肆也。推其所自，則尊禮卓茂以爲太傅，投戈講藝，息馬論道，講論經理，夜分乃寐，殆未可以文具而厚非之也。於身、於家、於國、於天下，初不可以二理觀，一二三子盍自其身而觀之，以及於家、於國、於天下，而備論夫「固國不以山溪之險，威天下不以兵革之利」之道。有道之世，士傳言，庶人謗於道，商旅議於市，皆朝廷之所樂聞而非所禁也。有能究唐虞三代之政，論兩漢之得失，以及乎當世之務者，其悉書之毋隱。

問：異端之説自周以前不見於傳記。後世所同信其爲夫子之言而無疑者，惟春秋、十翼、論語、孝經與戴記中庸、大學等篇。論語有「攻乎異端，斯害也已」之説，然不知所謂異端者果何所指。至孟子乃始闢楊墨，闢許行，闢告子。後人指楊墨等爲異端，孟子之書亦不目以異端。不知夫子所謂異端者果何等耶？論語有曰：「鄉原，德之賊也。」孟子亦屢言鄉原之害。若鄉原者，豈夫子所謂異端耶？果謂此等，則非止鄉原而已也，其他亦有可得而推知者乎？孟子之後，以儒稱於當世者，荀卿、楊雄、王通、韓愈四子最著。荀子有非十二子篇，子思、孟軻與焉。荀子去孟子未遠，觀其言，甚尊孔子，嚴王霸之辨，隆師隆禮，則其學必有所傳，亦必自孔氏者也。而乃甚非子思、孟軻，何耶？至言子夏、子游、子張，又皆斥以賤儒。則其所師者果何人？而所傳者果何道耶？其所以排子思、孟軻、子夏、子游、子張者，果皆出其私意私説，而舉無足稽耶？抑亦有當考而論之者耶？老、莊蓋後世所謂異端者。傳記所載，老子蓋出於夫子之前，然不聞夫子有闢之之説。孟子亦不闢老子，獨楊朱之學，考其源流，則出於老氏，然亦不知孟子之辭略不及於老氏何耶？至楊子始言「老子槌提仁義，絶滅禮學〔一〕，吾無取焉耳」，然又

〔一〕「學」，原作「樂」，據成化本、正德本、四庫本及法言問道改。

有取於其言道德。韓愈作原道，始力排老子之言道德。佛入中國，在楊子之後。其事與其書入中國始於漢，其道之行乎中國始於梁，至唐而盛。韓愈闢之甚力而不能勝，王通則又渾三家之學而無所譏貶。浮屠、老氏之教遂與儒學鼎列於天下，天下奔走而鄉之者蓋在彼而不在此也。愚民以禍福歸鄉之者，則佛、老等。以其道而收羅天下之英傑者，則又不在於老而在於佛。故近世大儒有曰「昔之入人也，因其迷暗；今之入人也，因其高明」，謂佛氏之學也。百家滿天下，入者主之，出者奴之；入者附之，出者污之。此莊子所以有彼是相非之説也。要知天下之理唯一是而已〔二〕。彼其所以交攻相非而莫之統一者，無乃未至於一是之地而然耶？抑亦是非固自有定而惑者不可必其解，蔽者不可必其開，而道之行不行亦有時與命而然耶？道固非初學之所敢輕議，而標的所在、志願所向，則亦不可不早辨而素定之也。故願與諸君熟論而深訂之。

問：夫子生於周末，自謂：「文王既没，文不在兹乎？」當時從之遊者三千門人，高弟如宰我、子貢、有若之徒所以推尊之者，至謂「賢於堯舜」，謂「自生民以來未之有」，謂「百世之後，等百世之王，莫之能違也」。千載之後未有以其言爲過者。古聖人固多，至推以爲斯道主，則惟夫子。苟有志於斯道者，孰不願學？夫子删詩、定書、繫周易、作春秋，傳曾子則有孝經，子思所傳

〔二〕「知」，嘉靖本作「之」。

則有中庸，門人所記則有論語。簡編雖出煨燼，而西都搜求參校之詳猶足傳信。凡此固夫子所以詔教後世，而後世所以學夫子者，亦未有舍此而能得其門者也。論語載當時問答與疇昔訓詞，既不得親炙於當時，則視其所載亦可以如親聞於當時也。然學必有業，不知當時在夫子之門者，業果安在？由治千乘之賦，求宰百乘之家，赤可使與賓客言，二三子蓋自謂其能，而夫子亦以是許之。不識其在夫子之門獨以是爲業乎？抑亦所學於夫子者又不在是也？他日獨立，伯魚過庭，乃使學詩。既學矣，他日乃使之學禮。不識伯魚之未學詩也，亦有所學乎無也？既學禮矣，亦有所學乎無也？「小子何莫學夫詩」，又曰「興於詩」，夫子蓋屢教人以學詩，不識凡居夫子之門者，舉皆以學詩爲業乎？陳亢固在弟子列，乃問伯魚而後聞詩、聞禮，無乃先是未知其說乎？「子以四教：文、行、忠、信。」此固門弟子紀述之辭，然亦必有所據而言。所謂「文、行、忠、信」者，果何如而以爲教也？三千之中，獨薦顏淵爲好學，而稱之則曰「終日不違如愚」，曰「三月不違仁」，曰「不改其樂」，曰「不遷怒，不貳過」，不識亦有可得而知者乎？讀論語者，固當求所以爲學之方，日肄之業，故願與諸君論其所疑。夫子之所以教人與當時門弟子之所以學於夫子者，苟不在是，而今日學者之所患亦不在是，則亦願與諸君備論而索言之，毋略。

問：聖人備物制用，立成器以爲天下利。是故網罟、耒耜、杵臼作，而民不艱於食；上棟下宇以待風雨，而民不病於居；服牛乘馬，刳舟剡楫，而民得以濟險；弦弧剡矢，重門擊柝，而民得以禦暴。凡聖人之所爲，無非以利天下也。二典載堯舜之事，而命羲和授民時，禹平水土，稷降播種，爲當時首政急務。梁惠王問「何以利吾國」，未有它過，而孟子何遽闢之峻，辯之力？夫子亦曰「君子喻於義，小人喻於利」，樊遲欲學圃，亦斥以爲小人，何也？孟子曰：「我能爲君約與國，戰必克，今之所謂良臣，古之所謂民賊也。」闢土地，充府庫，約與國，戰必克，此其爲國之利固亦不細，而孟子顧以爲民賊，何也？豈儒者之道將坐視土地之荒蕪，府庫之空竭，鄰國之侵陵，而不爲之計，而徒以仁義自解，如徐偃王、宋襄公者爲然耶？不然，則孟子之説亦不可以鹵莽觀，而世俗之蔽亦不可以不深究而明辨之也。世以儒者爲無用，仁義爲空言。不深究其實，則無用之譏，空言之誚，殆未可以苟逃也。願與諸君論之。

問：古不以科舉取士，天下之從事者不專於文。至漢始射策決科，然仕進者不一途，習其業者，未始專且重也。綿延以至於唐，進士爲重選，習其文者殆遍天下，至于今不變，文宜益工於古。然六經之文、先秦古書，自漢而視之已不可及。由漢以降，視漢之文又不可及矣。唐三百年，文章宗伯惟韓退之，其次柳子厚，而二人皆服膺西漢之文章，恨悼當世鮮有能共興者，何耶？夫文一也，豈科舉之文與古之文固殊而不可同耶？何其習之者益專且衆而益不如也？言而不文，行之不遠，子以四教，文與居一焉，文固聖人所不廢也。然夫子四科，善言德行者不在言語之科，而言語又不與文學。自小子應對至於會同之相、四方之使，言語之用亦重矣，而反不與文學，則所謂文學者果何所習而何所用耶？科舉取士未遽可變，而諸公於科舉之習亦未能遽免，方將朝夕從事於文，其所以爲文者，可不深知乎？願與諸君論之。

問：「盡信書，不如無書」，理固然也。然自書出煨燼，千有餘年，其更賢知多矣，則所同尊而信之者，固不可概以書不可盡信而不之信也。然亦不可以人之所同信而苟信之而弗之思也。觀古人之書，泛然而不得其實，則如弗觀而已矣。孔子惡鄉原，語、孟載之詳矣。夫「居之似忠信，行之似廉潔，自以爲是，人皆悦之」，此鄉原之行也。夫苟自以爲是，而人皆悦之，則必以爲真忠信，真廉潔者矣，獨自孟子言之，則以爲似耳。「至於心，獨無所同然乎？」此孟子之言也。今鄉原者，人皆悦之，而夫子惡之，人皆以爲忠信廉潔，而孟子獨以爲似之，此人之所同然者，而夫子、孟子乃不與之同，何也？「居斯世也，爲斯世也，善斯可矣。」夫居斯世爲斯世而善，果有不可者乎？「何以是嘐嘐也？言不顧行，行不顧言，則曰：『古之人，古之人。』行何爲踽踽涼涼？」夫言不顧行，行不顧言，誠足病也，而又不謂是何耶？孟子闢楊墨，蓋自比於禹之治洪水，周公之驅虎豹〔一〕。夫楊朱、墨翟皆當時賢者，自孟子視之，則爲先進。孟子之後，人猶曰孔、曾、墨子之賢，墨子之賢蓋比於孔、曾。楊朱之道，能使舍者避席，煬者避竈，猶以爲未也，進而至於争席

〔一〕「周公」，成化本、正德本、嘉靖本、四庫本作「益」。

争寵，則其所得豈淺淺者哉？而孟子闢之，至曰「無父無君，是禽獸也」，又曰「天下之言不歸楊則歸墨」。夫兼愛之無父，爲我之無君，由孟子之言而辨釋之，雖五尺童子粗習書數者，立談之頃亦可解了。豈有以大賢如楊朱、墨翟，其操履言論足以傾天下之士，而曾不知此，必待孟子之深言力闢，貽好辯之譏，而猶未得以盡白於天下而熄其説，何耶？若曰此皆聖賢之事，後學未敢妄措其説，則孟子固曰「能言距楊墨者，聖人之徒」，必不敢少置其思，措其議，是不得爲聖人之徒矣，亦何以學爲？且書稱「爲學遜志」，記稱「學不躐等」，而顔子則曰：「舜何人也？予何人也？有爲者亦若是。」成覸曰：「彼丈夫也，我丈夫也，吾何畏彼哉？」公明儀曰：「文王，我師也，周公豈欺我哉？」必如顔子、成覸、公明儀之言，無乃與遜志不躐等之説悖乎？苟以爲必顔子、成覸、公明儀而後敢爲此言，則滕文公好馳馬試劍，未嘗學問，而孟子亦遽勉之以是，何也？願與諸君併論其説，毋愛詞。

問：欲學耕必問諸農，欲學斲必問諸工，天下之事非可以浪爲之也。業是事而不知本末，則浪爲之而已。唐、虞、商、周之佐起於隱釣而登宰輔，其道前定，其業既修，固矣。陳平、韓信佐高祖取天下，其將相之業皆素定於困窮之時，此豈偶然而成者耶？又如諸葛孔明抱膝長嘯，祖逖之聞雞起舞，雖其功業不能大酬其志，而人皆信其始志之不妄也。後世豪傑之士各以其才自見於當時，雖未可責以古人之學，而觀其規模先定，則與泛泛浪爲者殊也。今諸君求講古聖賢之書，從事於古聖賢之學，不識規模果有先定如古人者乎？夫子之門，如由治千乘之賦，求宰百乘之家，二人皆以此自許，夫子亦以是許之。不識諸君自知其才而人信之有如此者乎？曾子鏗爾舍瑟而言志，不知其所志果何事？而其志果何如？夫子喟然歎而與之，果何所取而然耶？夫子稱顏子「終日不違如愚，退而省其私，亦足以發。回也不愚」。夫終日如愚可知者也，而所謂終日不違者果何道？而亦足以發者果何事也？古人雖不可妄議，然讀其書，爲其事，可不知其說乎？不然，亦願聞諸君之志。

問：知人古所難，以堯之聖，其知鯀蓋審，及四岳請試之，猶不敢必。漢高祖亡命崛起，亦不知書，其得天下殆有天命，初非盡出其智謀，然其於知人亦異矣。張良授書老父，爲他人言不省，而帝能聽之。陳平、韓信，楚不能用，而帝用之。至告呂后以後日將相之任，掇擠其才能，殆若權度，雖善論人物者，未必逮此。世見其言之符契，遂謂其得異書前知其事者，非也。顧不知高祖果何以能之耶？文帝世稱賢君，儒者之論往往以爲優於七制。賈生慷慨言事，帝抑不用，世以爲非不知生，獨以其壯鋭不更涉，姑少抑之以老其才耳。賈生姑不論，當時之才豈獨止生耶？然匈奴大侵邊數四，帝不能堪，至御鞍講武，拊髀求將，遠想廉頗、李牧，乃爲馮唐所慚，則平日所以收羅人才者，可知矣。武帝號雄才大略，然終其身無一名宰相。快心胡越，取前世紅腐之粟、貫朽之錢而空之，至於海内虚耗，户口減半。輪臺之詔終亦自悔悼而已。未聞有一人能開悟之者，豈當世獨無其人耶？是又不可以厚誣也。知人固所難，而爲天下以人爲本，使終於不能知，則天下亦終不可爲矣。堯以不得舜爲己憂，舜以不得禹、皋陶爲己憂。皋陶曰「在知人」，又曰「知人則哲，能官人」，豈可以終不知之耶？知人則必有道矣，願併與漢三君論之。

問：逢蒙殺羿，孟子曰：「是亦羿有罪焉。」庾公之斯追子濯孺子，子濯孺子知其獲免，曰：「尹公之他，端人也，其取友必端矣。」論學取友，必入學七年而後可責。然自其一年辨志，則所辨者即其事也，取友之事亦有不得不論者矣。自非聖人，安能每事盡善。人誰無過？如以其行之有過，事之不善，而遂絶之，則是天下皆無可教之人矣。逢蒙思天下惟羿爲愈己，然後萌殺羿之心，將何以使羿能逆知之而不教之耶？必以爲不可知，則子濯孺子未嘗識庾公之斯，而能知其端人，何也？所謂端人，果何如其端？而知之者，果何如其知之也？二三子其詳言其本末而備論之，亦羣居之大益也。

問：書稱堯、舜、禹、皋陶皆曰「若稽古」。記稱仲尼「祖述堯舜，憲章文武」。傅説告高宗曰「事不師古，以克永世，匪説攸聞」。所貴乎聖人者，以其寬洪博大，無自用自私之心，其所施設必有稽考祖述，理固然也。然所謂稽考祖述者，果獨取其無自用自私之心而然耶？亦其事之施設，必於古有所考而後能有所濟也？如曰事必於古有所考而後能有濟，則如網罟、耒耜、杵臼、弧矢、舟楫、棟宇、棺椁、書契皆上世所無有，而後世聖人創之而皆能有濟，何耶？若曰是事之小者，因時而創制，至其大者，則必有所師法而後可，則如堯傳天下不與子，不與在朝之大臣，舉舜於匹夫而授之，果何所師法耶？堯傳舜，舜傳禹，禹獨與子而傳以世，此又何耶？湯以諸侯有天下，孔子匹夫而作春秋，此事之莫大焉者，而皆若此，無乃與稽古之説戾乎？且均之爲事，亦安有大小之間哉？今之天下所謂古者，有堯舜，有三代，自秦而降，歷代固多，而其昭昭者曰漢、曰唐，其君之賢者甚衆，事之施設蓋有不勝其異。今朝廷有祖宗故事，祖宗故事尚且不一。今欲建一事而必師古，則將安所適從？如必擇其事之與吾意合者而師之，無乃有師古之名而居自用之實乎？若曰吾擇其當於理者而師之，則亦惟理之是從而已，師古之説無乃亦持其虛説而已乎？二三子其詳考而備論之。

問：中庸稱「隱惡」，而尚書載其受終巡狩之後，獨汲汲於明刑，自四罪而放之、流之、竄之、殛之，無乃與隱惡之意異耶？孔子自言「爲政以德」，又曰「道之以德，齊之以禮」，又曰「政者正也」。季康子問：「殺無道以就有道，何如？」對曰：「子爲政，焉用殺？子欲善，而民善矣。」宜不尚刑也，而其爲魯司寇七日，必誅少正卯於兩觀之下，而後足以風動乎人，此又何也？夫子曰：「德之流行，速於置郵而傳命。」湯德足以及禽獸，而不行於葛伯，必舉兵征之。又東征西征不已，必十一征而天下服。周世世修德，莫若文王，而不行於崇，必再駕而後降。至伐阮、共，伐密須，伐玁狁，伐昆夷，蓋未始不以兵，何耶？七國用兵爭强，攻城取地如恐不及，而孟子乃遊於其間，言「深耕易耨，修其孝弟忠信」之事，曰「仁義而已」，曰「仁者無敵」，曰「强爲善而已矣」，曰「可使制梃以撻秦楚之堅甲利兵」，曰「齊王猶反手耳」，曰「天下莫不與也」，其説儻可信乎？願究其説而悉言之，毋略。

問：高宗得傅説以夢，文王得呂望以卜，置相重事，而夢卜是信，可乎？洪範稽疑，自乃心、卿、士、庶人，而後及卜筮。大舜命禹，必曰：「朕志先定，詢謀僉同，鬼神其依，龜筮協從。」夢卜似非聖賢所宜專信者，高宗之知傅説，文王之知呂望，其必有不止於夢卜者矣，儻可得而考乎？鮑叔言管仲，齊威公用之〔一〕；徐庶言諸葛孔明，蜀先主用之。威公、先主，豈惟人言是信耶？管仲與威公，讐也，而至於「一則仲父，二則仲父」。先主既見孔明，雖關、張之愛將不能間，至曰：「孤之有孔明，猶魚之有水也。」觀此則二君二臣之所以相知者，果不苟矣。其相知之處果安在耶？諸君其併言之，將以觀其所藴。

問：古者八歲入小學，十五歲入大學。小學教之射御書數，大學之道則歸乎明明德於天下者。今教童稚，不過使之習字畫、讀書，稍長則教之屬文。讀書則自孝經、論語以及六經、子史，屬文則自詩、對至於所謂經義、詞賦、論策者，不識能有古者小學、大學之遺意乎？若曰今之教

〔一〕「齊威公」，指齊桓公，此係陸九淵避宋真宗趙恒之諱而改。以下「威公」同。

人者不必如古，惟使之能爲文，應有司程度，可以取科第而已，則竊有疑焉。幼所誦書，長必知其意義，及其作文，則所謂題目者又皆出於古書，則必能言其義，而後文可成也。如孝經首章所謂「立身行道」，論語首章言「學而時習之」，孟子首章言「何必曰利，亦有仁義而已」。不知果何如而立身？何如而行道？所學所習果何道、何業？利與仁義何如而辨？若此等類，今之爲文者果有不必知之者乎？若曰今之教人者與古大異，言之於口，筆之於紙，施之於場屋者，不必有其實，巧與勤者斯可矣，然亦不廢仁義忠信之道，兩者並行不相悖。不識有是理乎？夫仁義忠信之道，古人汲汲學之，猶懼有間〔一〕。今悉力從事者初不在是而曰自能不廢，則是今人才質過古人遠矣。不然，則是父語其子，兄語其弟，友朋之羣居相與從事者，皆爲欺爲僞，相驅入於罟獲陷阱也，而可安乎？諸君幸詳考備究而精言之，當得其實而後可。

問：夫子講道洙泗，論語所載，問仁者不一。又曰「子罕言仁」，如陳文子、令尹子文之所爲皆世所難得，而不許以仁；如子貢、子路、冉有之徒〔二〕，皆不許以仁。豈仁之爲道大，而非常人

〔一〕「間」，成化本、嘉靖本、萬曆本作「闕」。

〔二〕「子貢」，原作「子夏」，據成化本、正德本、嘉靖本、四庫本改。本段下文復以子貢、子路、冉有並舉，故知作「子貢」是。

所能逮及耶？審如是，則所謂罕言者是聖人之教人常秘其大者，而姑以其小者語之也。且以子路、子貢、冉有皆聖門之高弟，其所自立者皆足以師表百世。令尹子文、陳文子皆列國之賢大夫，非獨當時所難得，人品如此，蓋亦古今天下之所難得也。然而猶皆不足以與於仁，則今日之學者宜皆絶意於仁，不當復有所擬議矣。今世讀書者未有不先論語，自童子而已誦習之矣。不識學者每讀至言仁處，果可置而不思乎？亦可試思而不必其遂知之也？今世又以科舉取士，苟其題之言仁者，又將累累而言之，其爲誣欺無乃已甚乎？諸生方將從事於聖人之學，近世言仁者亦衆，而持罕言之説以排言仁者亦衆，故願與諸生論之。

問：天之生物，自足以供一世之用，天之生才亦猶是也。古之興王未嘗借才於異代，而後世常患人才之不足。或者歸咎於科舉，以爲教之以課試之文章，非獨不足以成天下之材，反從而困苦毁壞之。科舉固非古，然觀其課試之文章，則聖人之經、前代之史、道德仁義之宗、治亂興亡得喪之故皆粹然於其中，則其與古之所謂「學古入官」「學而優則仕」者何異？困苦毁壞之説，其信然乎不也？人才之不如古，其故安在？抑果未嘗無才，而獨上之所以取而用之者未至耶？願有以究其説。

卷二十五

詩

少時作

從來膽大胸膈寬，虎豹億萬虬龍千，從頭收拾一口吞。有時此輩未妥帖，哮吼大嚼無毫全。朝飲渤澥水，暮宿崑崙巔。連山以爲琴，長河爲之弦。萬古不傳音，吾當爲君宣。

聞鶯

百喙吟春不暫停，長疑春意未丁寧。數聲緑樹黄鸝曉，始笑從前着意聽。

鶯 六言

巧囀風臺急筦，清逾石澗回溪。好去枝枝驚夢，無人心到遼西。李評：前人語翻來得妙。

晚春出箭溪 二首

晴雲冉冉薄斜暉，春静衡門半掩扉。風入牆頭丹杏晚，高枝頻颭亂花飛。

又

長蹊窈窕晴沙暝，緑樹交加細草香。歸去不緣吾興盡，月明應得更褰裳。

子規 六言

柳院竹齋茅店，雲蕪風樹煙溪。聽徹殘陽曉月，不論巴蜀東西。

蟬

風露枯腸裏，宫商兩翼頭。壯號森木晚，清嘯茂林秋。

贈化主

學佛居山林，往往儀狀野。道人翩然來，禮節何爾雅。職事方惛惛，言論翻灑灑。安得冠其顛，公材豈云寡。

疏山道中

村静蛙聲幽，林芳鳥語警。山樊紛皓葩，隴麥摇青穎。離懷付西江，歸心薄東嶺。忽忘飢歉憂，翻令發深省。

鵝湖和教授兄韻

墟墓興哀宗廟欽，斯人千古不磨心。涓流積至滄溟水，拳石崇成泰華岑。易簡工夫終久大，支離事業竟浮沉。欲知自下升高處，真僞先須辯只今。

挽石子重

古重百里長，寄命謀託孤。今以京秩授，麇至無賢愚。李注：麇，與「羣」同。左傳：「求諸侯而麇至。」州家督版帳，殿最視所輸。況乃積弊久，宿負堆文符。老姦乘倉皇，陰拱爲師模。民窮斂愈急，吏飽官自癯。天子爲焦勞，宵旰思良圖。高選部使者，庶使德意敷。石君在薦剡，聞者皆懽愉。不知何方民，凋瘵遲君蘇。君丞同安日，歲旱當蠲租。縣白如故事，守怒勞睢盱。李注：睢，音揮。

盱，音吁，仰視也。小人喜悅貌。賴君争之力，意得所請俞。揭數授里正，俾後不可渝。又嘗宰尤溪，吏輩初窺闞。首以財賈告，欲闞侵民途。君乃治税籍，弊蠹窮根株。簡易以便民，上下交相孚。民自不忍負，豈復煩催驅。關征且損數，孰謂儒術迂？使家得此人，黄屋何憂虞。惜哉不及用，重使吾嗟吁！

挽張正應

海門晝夜吼奔雷，却立吴山亦壯哉！前殿神仙三島邃，正陽閶闔九天開。玉階恭授太官賜，象簡親承御墨回。多少簞瓢蓬蓽士，輸君留宿兩宮來。

和黄司業喜雪

疇昔詩囊未破慳，瓊瑰益自倍枵然。才華甘落諸公後，誠實徒居野老前。臘雪晚成春雪早，梅花静對雪花妍。從今長作豐登瑞，廪庾家家贍九年。

遊湖分韻得西字

命駕不辭春徑泥，少蓬高會帝城西。物非我輩終無賴[一]，書笑蒙莊只强齊[二]。天入湖光隨廣狹，山藏雲氣互高低。誰憐極目茭芻裏，隱隱蒼龍卧古堤。

和楊廷秀送行

學粗知方耻爲人，敢崇文貌蝕誠真？義難阿世非忘世，志不謀身豈誤身？逐遇寬恩猶得禄，歸衝臘雪自生春。君詩正似清風快，及我征帆故起蘋。

送德麟監院歸天童和楊廷秀韻二首

盡道吾廬登陟難，上人得得到相看。莫言無物堪延待，也有茶澆舌本乾。

[一]「物」，原作「書」，據成化本、正德本、嘉靖本、萬曆本、四庫本改。

[二]「書」，原作「物」，據成化本、正德本、嘉靖本、萬曆本、四庫本改。

又

聞説淮民未免飢，春頭已掘草根歸。羨君捆載還山去，更挾星郎大字詩。李評：民飢而遊惰者富。

送勾熙載赴浙西鹽

平分浙江流，東境浮海角。其民仰魚鹽，久已困征榷。麥禾與桑麻，耕鋤到磽确。往歲比不登，場圃幾濯濯。荒政勞廟謀，賑廩聞數數。飢羸不待飽，共感君澤渥！仁哉覆育恩，所惡吏齷齪。教詔彌諄諄，聽受祇藐藐。何知國與民，足己肆貪濁。流離且未還，已復事椎剥。按察殊未曾，聖主獨先覺。重貽宵旰憂，顧盻求卓犖。君固岷峨英，懷抱富荆璞。邇來奏對語，朝陽鳴鸑鷟。鏘然歷帝聰，簡記諒已確。外臺適虚席，妙選出親擢。此節豈輕授，委寄重山嶽。除音九天下，衆論靡瑕駁。攬轡首越山，青萍方在握。送君無雜言，當不負所學。

題慧照寺

春日重來慧照山，經年詩債不曾還。請君細數題名客，更有何人似我頑？

贈畫梅王文顯

子作寒梢已逼真，不須向上更稱神。由來絶藝知音少，只恐今人過古人。

簡朱幹叔諸友

利名風浪日相催，青眼難於世上開。何事諸君冒艱險，杖藜來入白雲堆。

書劉定夫詩軸

人生不更涉，何由知險艱？觀君一巨軸，奚啻百廬山。

玉芝歌

靈華兮英英，芝質兮蘭形。瓊葩兮瑶實，冰葉兮雪莖。石室兮宛宛，苔茵兮菁菁。蔭長松之偃蹇，帶飛瀑之琮琤。實青端而黄表，眇中藏而不矜。匪自昭其明德，羌無愧兮疇能。

淳熙戊申，余居是山。夏初，與二三子相羊瀑流間，得芝草，三偶相比如卦畫。成華如蘭，玉明冰瑩，洞徹照眼，乃悟芝蘭者非二物也。己酉上巳，復覩瑶芽，迫歸拜掃，不及見其華。是日訪風練、飛雪，始得一華。方掇至案間時，雲庵僧適至，且求余言爲鄉道。余方作是歌，因謂之曰：「當爲子書之，第持此以往，會當有賞音者。」紹熙元年三月二十六日〔一〕，象山翁書。

〔一〕「二十六日」，原作「二十八日」，據成化本、正德本、嘉靖本、萬曆本、四庫本改。

卷二十六

祭文

祭吕伯恭文

〔維皇宋淳熙八年，歲次辛丑，十有一月癸酉朔，六日戊寅，迪功郎、新建寧府崇安縣主簿陸九淵，謹以清酌庶羞之奠，致祭於故主管直閣郎中吕公先生之靈。〕〔一〕

玉在山輝，珠存川媚，邦家之光，緊人是寄。惟公之生，度越流輩，前作見之，靡不異待。外朴如愚，中敏鮮儷，晦嘗致侮，彰或招忌。纖芥不懷，惟以自治，侮者終敬，忌者終愧。遠識宏量，英才偉器，孤騫無朋，獨立誰配。屬思紆徐，摛辭綺麗，少日文章，固其餘事。顔、曾其學，

〔一〕各本均無此段文字，據東萊吕太史文集附録卷第二所收此文補。見黄靈庚主編：吕祖謙全集，浙江古籍出版社，二〇〇八年，第一册，頁七六七。

伊、吕其志，久而益專，窮而益厲。約偏持平，棄疵養粹，玩心黄中，處身白賁，停澄衍溢，不見涯涘。豈伊人豪，無乃國瑞。

往年之疾，人已愕眙，逮其向痊，全安是冀。詩傳之集，大事之記，先儒是裨，麟經是嗣。杜門養痾，素業不廢。訃音一馳，聞者隕涕！主盟斯文，在數君子，纍纍奪之，天乎何意？荆州云亡，吾兄既逝，曾未期年，公又棄世。死者何限，人有鉅細，斯人之亡，匪躬之瘁。嗚呼天乎！胡不是計？竭川夷陵，忍不少俟。辛卯之冬，行都幸會，僅一往復，揖讓而退。既而以公，將與考試，不獲朝夕，以吐肝肺。公素與我，不交一字，糊名謄書，幾千萬紙。一見吾文，知非他士，公之藻鏡，斯已奇矣。公遭大故，余忝末第，迫歸覲親，徒以書慰。甲午之夏，公尚居里，余自錢塘，溯江以詣。值公適衢，浹日至止，一見懽然，如獲大利。我坐狂愚，幅尺殊侈，言不知權，或以取戾。雖訟其非，每不自制，公賜良箴，始痛懲艾。問我如傾，告我如秘，教之以身，抑又有此。惟其不肖，往往失墜，竟勤公憂，抱以没地。鵝湖之集，已後一歲，輒復妄發，宛爾故態。公雖未言，意已獨至，方將優游，以受砭劑。潢池之兵，警及郡界，亟還親庭，志不克遂。

先兄復齋，比一二歲，兩獲從款，言符心契。冉疾顔夭，古有是比，嗚呼天乎，胡嗇於是！復齋之葬，不可無紀，幽鐫之重，豈敢他委？道同志合，惟公不二，拜書乞銘，公即揮賜。琅琅之音，河奔岳峙，嗚呼斯文，何千萬祀。我固罷駑，重以奔踶，惟不自休，强勉希驥。比年以來，日覺少異，更嘗差多，觀省加細。追惟曩昔，粗心浮氣，徒致參辰，豈足酬義？期此秋冬，以親講肄，庶幾十駕，可以近理。有疑未決，有懷未既，訃音東來，心裂神碎。與二三子，慟哭蕭寺，即拜一書，以慰令弟。惟是窀穸，祈厕未肂，繼聞其期，不後日至。躡屩擔簦，宵不能寐，所痛其來，棺藏幃蔽。誰謂及門，紼翣已邁，足趼塗泥〔二〕，追之不逮。矯首蒼茫，涕零如霈，不敏不武，將以誰罪？及其既虞，几筵進拜，觴酒豆肉，哀辭以載。聞乎不聞？神其如在！〔嗚呼哀哉！伏維尚饗。〕〔三〕

代致政祭姪槱之文

吾年七十有六，闔門且將千指，田僅充數月之糧。卒歲之計，每用凜凜。汝在同行十餘人之下，獨能任吾事以紓吾憂，彌縫補苴於缺絶迫窄之中，如霈然者，不動聲色，而中外巨細靡不整辦，使吾有以安之。然吾念汝獨勞久矣，顧難於代汝者耳。去年雖令諸子與汝輪幹，以遂汝學問之志，而事之本末緊汝是賴。籬落之未葺，舂揄之未便，皆在隱處，汝死之日，猶悉爲吾治之。吾平日見爲人臣而不恤君之民，不任君之事者，每竊憤之，有盡瘁者，必喜而愛之，況汝在

〔二〕「足趼」，原作「足跡」，據成化本、嘉靖本改。

〔三〕各本均無「嗚呼哀哉伏維尚饗」八字，據東萊呂太史文集附録卷第二所收此文補。

子弟之中而服勤於至難之事，若此者乎？如汝之賢，或壽而死，人猶傷之，況於未壯而亡乎？而天遽奪乎汝，汝其有以知我之哀也。命也奈何！莫非命也。吾既以紹孫、環孫爲汝後，高選之山，真佳城也，吾見之矣。翌日維吉，汝其行乎！

代教授祭神文

孔子曰：「非其鬼而祭之，諂也。」禮曰：「非所祭而祭之，名曰淫祀。」惟爾神，稽諸禮典，非士庶所當祭於家者。鄉者因循舊俗，未適厥正。夫聰明正直之謂神。非所當祭而祭之，固非所以祀神。非所以當祭而欲人之祭之，亦非所以爲神。今將革舊俗之失，以爾神之祀而歸諸正，惟爾有神鑒之。

石灣禱雨文

惟皇宋紹熙元年，歲次庚戌，六月甲申朔，十有三日丙申，奉議郎新權發遣荆門軍事兼管內勸農營田事陸某，謹以元酒、茗飲、蓬萊之香、清陂之蓮，就所居青田石灣山頂除地爲壇，昭告於是鄉五方山川神祇：

蓋聞天子祭天地，諸侯祭其境內名山大川，雩禜祭水旱，（李注：禜，音詠，祭名。）山林川谷丘陵，能出雲爲風雨則祭之。國有常典，掌在有司，非其職守，誰敢奸焉。然輔相不任燮調，以吏事爲責；守令無暇撫字，以催科爲政；論道經邦，承流宣化，徒爲空言；簿書期會，獄訟財計，斯爲實事，爲日久矣。況今日輿圖未歸，東南事力有限，而朝廷、百官、有司、城郭、宫室、郊社、宗廟諸費，事大體重，未易損削。東西被邊殆幾萬里，養兵之費乃十八九。公卿大臣，寬厚有體，日以靖恭謹重相告誡，方重改作，惡紛更，服膺仍舊貫之旨，則民力日屈，郡縣日困，守令救過不給，其勢然也。旱雩水禜，雖欲竭精盡誠，而本職常務，所分過半矣。故祈禱散在庶民，遍滿天下，久以爲常。法有其文，官無其禁，亦其勢然也。李評：非守土之官，不任祈禱之責。先生推原所以禱祀之由，出於不得已，神而有靈，安得不應？而文氣古奥莊重，直與西京相近。蓋有德之言不同如此。

今不雨彌月，龜坼已深，水泉頓縮，陂池鄉涸。車聲塞耳而浸不終畝，憂色在面而歎不成聲，民心自危，日加一日。客有病某者曰：「居是鄉者，莫不憂一鄉之事。今人所常行而法所不禁，乃獨守區區古説，坐視旱暵之災，不一出心力，以祈神明，以輔郡縣，以慰鄉里，以分父兄之憂，無乃類刻舟求劍、嫂溺不援者乎？」某因念今天下一家，郡守再期，縣令三期而易之矣。今日事體又有如前所陳者。某嘗備員朝著之末列，今又分符荆壘，待次於家。郡縣不鄙其愚，禮以上客，父兄子弟往往過而問以所長。誠無以分父兄之憂，慰子弟之望，則客之所病不爲過矣。是用齋戒，以祈于爾有神。是鄉之東有象山、雲臺、仙岩、龍虎、湖嶺、豪嶺、侯楝、仙鶴、中山，南有崖山、雲林、白馬、頭陀、麻姑、軍峰、余源、清江、南山、登高，西有大嶺、崇嶺、靈谷、何嶺、明珠、觀原、翁塘、火源、官山、箭溪、四集，北有柘岡〔二〕、金峰、禪嶺、積煙、吉嶺、萬石塘、斗門、石瀨、沙岡、三牛〔三〕、桂枝，駢羅環遶，韜奇蘊秀，炳靈兆異，歲享鄉民禱祈祭祀者多矣。旱魃如此，不爲一出雲爲風雨，以殺其虐而惠斯民，則父兄子弟之責望恐不獨在某也。惟爾有神裁之，尚饗。

謝雨文

維皇宋紹熙元年，歲次庚戌，六月甲申朔，十有六日己亥，具位陸某謹以元酒、茗飲、蓬香、蓮花，登石灣之壇，致謝于是鄉五方山川神祇。除壇之日，陰雲交覆，致告之辰，涼雨遞灑，旋而風雨四作，神祇參會，連日未已。諸鄉周洽，靈應特達，惠澤優渥。惟神正直，盡道舉職，以贊上帝，以蘇下民，安肯論功望報？然感焉而應，祈焉而遂，在吾民之心豈其敢忘？用敢率兹前儀，以致虔謝。惟神其鑒之，以毋替德惠，尚饗。李評：求雨而雨立降，求雪而雪立降。所謂「至誠而不動者，未之有也」。於先生益信。

〔二〕「岡」，嘉靖本作「崗」。

〔三〕「牛」，原作「峰」，據成化本、正德本、嘉靖本、萬曆本、四庫本改。

荆門禱雨文

荆門故楚國也。江、漢爲疆，沮、漳在境，東有百頃，南有龜山，西有玉泉，北有上泉，中爲蒙泉，皆炳靈效異，爲此土之望。旱乾水溢，實與守臣同其責。

往歲之冬，兹歲之春，霈澤殊嗇。今既立夏矣，陂池涸絶，種未入土，斯民凛凛有無年之憂。守臣不德，當身受其咎，斯民何辜？謹卜日爲壇於蒙泉山頂，刑鵝薦血，瘗于兹壇之右，庸敬告于爾有神，其尚鑒於兹。

望壇謝雨文

蠲吉爲壇，以元酒、茗飲禱雨于是邦山川神祇。曾不崇朝，雷動雲合，甘澤隨降，霶霈浹洽，冬春所無。靈應響答，民情大慰。謹率官僚，望壇祇謝。惟兹積暘，陂池久涸，泉源未動，是安得無數？願無愛威靈，尚終惠之，是用卒請。

又

屬以是邦，經冬涉春，雨澤殊少。啓蟄之後，雷震不作，已踰立夏，陂池尚涸。創兹爲壇，用祈于爾有神。爲壇之辰，油雲四興，疏雨爲兆。致禱之日，先以震雷，從以膏雨，霶霈周浹，連日不怠。靈應昭然，凡厥吏民，孰不感動？謹率郡寮，詣壇祗謝！繼是雨暘時若，百穀順成，民戴神惠，其有窮哉！

東山禱雨文

謹率闔郡官僚，以元酒、茗飲致告於山川之神。荆門爲郡，大抵在江、漢之間。正南爲江陵，而江實在焉。唯沮、漳由當陽以入江，在郡之西。正北爲襄陽，而漢實略襄陽而後南折，爲長林東境。故荆門之山發於嶓嵥，止於西山。蒙泉原其下，以在郡之西，故曰西山。其支山沿溪而東，以繞郡治，有峰峨峨然，曰東山，有浮圖在其上，於西山爲賓。

季春之月，以不雨之久，爲壇西山之巔，以致其禱。靈應響答，沛然爲霖。比日又以不雨申致其請，連三日皆詣壇致請。有雲油然，有雨瀟然，而竟未霶霈。正晝間開霽，二日三日之夕，西北境有雷雨甚久，電光密邇而不及郡城。東南土田至廣，仰雨尤急，殊不霑及。

竊惟所以事神者未至。古之祠山川者，皆爲壇望其所祠。今西山之壇既獲靈應，不敢廢也。然觀東山，正爲西山之賓，西望則山川之本原皆森列在前，宜爲壇以致禱。是用於此申致前請，惟神其鑒之。李評：文氣疏古，直逼子長。

東山刑鵝禱雨文

謹率闔郡官僚詣東山新壇，以望西山，敢告于兹土五方山川之神：自九月庚辰致禱之後，境内每有雨澤。凡詣壇之時，雲氣必變，雨澤雖未霑洽，可見靈應。然郡城至今未得大雨，諸鄉亦未週遍。竊懼所以事神之禮未至。春季致禱西山之時，刑鵝薦血，瘞於壇側，用著厥誠。兹月之禱，此禮未講。惟神恕其不逮，而許其自新，其尚鑒兹誠。

上泉龍潭取水禱雨文

兹歲不雨之久。是月六日於蒙泉山頂爲壇致禱，十有二日又於東山望壇申致厥請。自六日之朝，有雲油然，有雨祈然〔一〕，由郡城以及諸鄉。是故諸鄉循環得雨，但未霶霈浹洽。雖蒙靈應，未終大惠。是用竭誠致請。敢敬以浄瓶迎泉，歸置郡治東荆岑亭上，朝夕致敬，以幸靈沛。尚饗。

〔一〕「祈」，原作「祁」，據成化本、正德本、嘉靖本、萬曆本、四庫本改。

卷二十七

行狀

全州教授陸先生行狀

先生名九齡，字子壽。其先嬀姓，田敬仲裔孫齊宣王少子通，封於平原般縣陸鄉，即陸終故地，因以爲氏。通曾孫烈爲吴令、豫章都尉，既卒，吴人思之，迎其喪葬于胥屏亭，子孫遂爲吴郡吴縣人。自烈三十九世，至唐末爲希聲，論著甚多。後仕不偶，去隱義興。晚歲相昭宗，未幾罷。邠、隴、華三叛兵犯京師，輿疾避難，卒，謚曰文。文公六子，次子崇，生德遷、德晟，以五代末避地于撫之金谿，解槖中裝，買田治生，貲高閭里。德晟之後散徙不復可知。德遷遂爲金谿陸氏之祖，六子。高祖有程爲第四子，博學，於書無所不觀，三子。曾祖演爲第三子，能世其業，寬厚有容，四子。祖戩爲第四子。再從兄弟蓋四十人，先祖最幼。好釋老言，不治生産，四子。先考居士君賀爲次子，生有異禀，端重不伐，究心典籍，見於躬行，酌先儒冠、昏、喪、祭之禮，行之家，家道之整著聞州里，六子。

先生爲第五子，生而穎異，能步趨則容止有法。五歲入學，同學年長踰倍者所爲，盡能爲之。讀書因析義趣。十歲丁母憂，居喪哀毁如成人。十三應進士舉，爲文優贍有理致，老成歎異。年十六遊郡庠，每課試必居上游。時方擯程氏學，先生獨尊其説。郡博士徐君嘉言高年好修，留意學校，間日獨行訪諸齋。先生侍諸兄衣冠講論，未嘗懈弛，由是徐君雅相禮敬。明年，徐君物故。又明年，新博士將至，先生聞其嗜黄老言，脱略儀檢，慨歎不樂，賦詩見志。歸葺茅齋，從父兄讀書講古，間出見故老先達，所咨叩皆不苟。時居士君欲悉傳家政，平日紀綱儀節更加隱括，使後可久，先生多與裁評。

弱冠，造吏部外郎許公忻。許公居閒久，故知少，見先生如舊相識。明年，許公守邵陽，欲先生來〔一〕，居士君亦啓其四方之志，先生於是游湖、湘，抵邵陽。久之而東至臨江，郡守鄧君予延先生于學，臨江士人皆樂親之。居半歲，乃歸。越數年，郡博士苗君昌言復延先生於學，從遊者益衆。苗自謂平生所尊賞者不苟，至其所以禮先生者特異，人亦以是信之。其與先生啓有云：「文辭近古，有退之、子厚之風；道學造微，得子思、孟軻之旨。」推尊蓋如此。

〔一〕「來」，原作「往」，據成化本、正德本、嘉靖本、萬曆本、四庫本改。

先生覽書無滯礙，繙閱百家，晝夜無倦，於陰陽、星曆、五行、卜筮靡不通曉。性周謹，不肯苟簡涉獵，所習必極精詳。歲在己卯，始與舉送。同郡官中都者，適有二人皆先進知名士，閱貢籍見先生姓名，相顧喜曰：「吾州今乃可謂得人。」庚辰，春官試不利。辛巳，補入太學。故端明汪公實爲司業，月試輒居上游。場屋之文大抵追時好，拘程度，不復求至當。惟先生之文據經明理，未嘗屈其意。嘗有先進以是病之，先生曰：「是不可改。」先生寬裕平直，人皆樂親，久愈敬愛，學校知名士無不師尊之。明年，丁居士君憂。乙酉，升補内舍。丙戌，爲學録，學校綱紀日肅，弊無巨細皆次第革之，人不駭異。嘗有小戾規矩者，先生以正繩之，無假借。後或以先生問其人，顧稱先生之德，不以爲怨。丁亥，升補上舍。

戊子，館于婺女之張氏。先生授其子以中庸、大學，其父老矣，每隅坐，拱手與聽講授，且曰：「不自意晚得聞此。」張君之死，其子喪以古禮，不用浮屠氏。

己丑，登進士第，授迪功郎、桂陽軍軍學教授。壬辰當赴，迓吏且至，時太孺人間親藥餌，先生以桂陽道遠，風物不類江鄉，難於迎侍，陳乞不赴。甲午，授興國軍軍學教授〔一〕。

明年夏，湖之南有寇侵軼，將及郡境。先是，建炎虜寇之至，先生族子謂嘗起義應募。是後

〔一〕前一「授」字，成化本、正德本、嘉靖本、四庫本作「受」。

寇攘相次犯州境，謌皆被檄保聚捍禦，往往能却敵，州里賴焉。至是謌已死，舊部伍願先生主之，以請於郡。時先生適在信之鉛山，聞警報亟歸。抵家，請者已盈門，却之不去，日益衆。先生與兄弟門人論所以宜從之義甚悉。會郡符已下，先生將許之。或者不悦，謂先生曰：「先生海内儒宗，蹈履規矩，講授經術，一旦乃欲爲武夫所爲。衛靈公問陳於孔子，孔子不答，今先生欲身爲之乎？」先生曰：「男子生以弧矢，長不能射，則辭以疾。文事武備，初不可析。古者有征討，公卿即爲將帥〔二〕，比閭之長則伍兩之長也。衛靈公家國無道，三綱將淪。既見夫子，非哲人是尊，社稷是計，而猥至問陳〔三〕，其顛荒甚矣，故夫子答以俎豆而遂行。夾谷之會、三都之墮、討齊之請，夫子豈不知兵者？其爲委吏、乘田，則會計當，牛羊茁壯長，使靈公捨戰陳而問會計、牧養之事，則將遂言之乎？執此而謂夫子誠不知軍旅之事，則亦難與言理矣。」或者又曰：「禮別嫌疑，事有宜稱。使先生當方面，受邊寄，誰復敢議此？閭里猥事何足以累先生？今鄉黨自好者不願尸此，尸此者必豪俠武斷者也。今先生尸之，人其謂何？」先生曰：「子之心殆未廣也。使自好者不尸此，而豪俠武斷者卒尸此，是時之不幸也。子亦將願之乎？事之宜稱，當觀

〔二〕「爲」，成化本、嘉靖本作「與」。
〔三〕「陳」，成化本、嘉靖本、萬曆本作「陣」。下「陳」字同。

其實。假令寇終不至，郡縣防虞之計亦不可已。是社之初，倉卒應募，非有成法令，備禦文移，類以軍興從事，郡縣欲事之集，勢必假借，主者或非其人，乘是取必於閭里，何所不至？是其爲慘，蓋不必寇之來也。有如寇至，是等皆不可用，無補守禦，因爲剽劫，仁者忍視之哉？彼之所以必諉我者，爲其有以易此也。吾固以許之爲宜。」或者又曰：「曾子之在魯，寇至則先去，寇退則曰：『修我牆屋，我將反』，爲其爲師也。今先生居於鄉，有師儒之素，命於朝，爲師儒之官，而又欲尸此，無乃與曾子異乎？」先生曰：「吾居鄉講授，自窮約之分〔二〕。吾求仕，爲禄養。今之官乃吏按銓格而與之耳，異乎曾子之爲師也。今又遲次居鄉，老母年且八十，家累過百人。寇未至，先去，固今郡縣所禁。比至而去，必不達，剽劫、踐蹂、狼狽、流離之禍往往不可免。去固不可，藉令可去，扶八九十老者，從以千餘指，去將焉之？子欲使吾自附於分位不同之曾子，而甘家之禍、忍鄉之毒，縮手於所可得爲之事，此奚啻嫂溺不援者哉？」或者乃謝不及。先生於是始報郡符許之。已而調度有方，備禦有實，寇雖不至，而郡縣倚以爲重。

丙申夏四月到任，先生於事無大小，處之未嘗不盡其誠；於人無衆寡，待之未嘗不盡其敬。富川單僻，李注：興國州，號「富川」。絃誦希闊，士人在學校者無幾。先生涖職，舉措謹重，規模雅

〔二〕「自」，原作「甘」，據成化本、正德本、嘉靖本、萬曆本、四庫本改。

正，誠意孚達，士人莫不感動興起。先生方將收拾茂異，而遠近願來親依者日衆。富川學廩素薄，而又負逋不輸，歲入僅六百石，而比年不輸者乃七八百石。民未必盡負，姦吏黠徒乾没其間，簿書緣絶，莫可稽證。先生爲覈實催理受輸之法，甚簡而便，白郡行之。於是無文移之繁，無追督之擾，簿書以正，負者樂輸，儲廩充裕，士人至者日衆。不滿歲，丁太孺人憂，去職。在富川者莫不惋惜！

己亥四月，服闋，冬末到選。庚子春，授全州州學教授。夏中得寒熱之疾，繼以脾泄，屢止屢作，竟不可療，九月二十有九日卒，享年四十有九。先生雖卧病，見賓客必衣冠，舉動纖悉皆有節法。卒之日，晨興，坐于牀，問疾者必留與語，幼者人人有所訓誨，談笑歡如也。先生未嘗不以天下學術人才爲念，病中言論每每在此，是日言之尤詳。夜稍久，則正卧，整衣衾，理鬚髯，疊手腹間，不復言笑，又數刻而逝。先生道德之粹，繫天下之望，曾未及施，一疾不起，識與不識，莫不痛惜！

先生少有大志，而深純浩博，無涯涘可見。親之者無智愚賢否，皆不覺敬愛慰釋。稱其善者往往各以所見，未嘗同也。不區區撫摩，而藹然慈祥愷悌之風，有以消争融隙。不斷斷刻畫，而昭然修潔清白之實，足以澄汙律慢。趣尚高古而能處俗，辨析精微而能容愚。一行之善，一言之得，雖在巫醫卜祝、農圃臧獲，亦加重敬珍愛。自少以聖賢爲師，其於釋老之學辯之嚴矣，然其徒苟有一善，亦所不廢。故先生無棄人，而〔人〕於先生亦鮮有不獲自盡者〔一〕。與人言未嘗迫遽，從容敷析，本末洞徹，質疑請益者莫不得所欲而去。於人言行之失，度未可與語則不發。或者疑之，先生曰：「人之惑，固有難以口舌争者。言之激，適以固其意，少需之，未必不自悟也。扞格忤狠之氣當消之，不當起之。責善固朋友之道，聖人猶曰『不可則止』，況泛然之交者乎？又況有親愛之情者乎？雖朋友商確，至不可必通處，非大害義理，與其求伸而傷交道，不若姑待以全交道。且事有輕重小大，吾懼所益者小，所傷者大，所争者輕，所喪者重故也。然有時而遽言之、盡言之、力言之者，蓋權之以其事，權之以其人，權之以其時也。」

母饒氏，繼母鄧氏，淳熙三年，以慶壽恩封太孺人。娶王氏，魏公曾孫通州使君珹之長女也。通州君亦以是年八月卒，先生卧病聞訃，制服成禮，逮遣祭，纖悉皆自經畫。子良之，年十三，女□人，皆幼。

先生未及著書，若場屋之文與朋友往來論學之書，則傳録者頗衆，其餘雜著、古律詩、墓誌、書啓、序跋等，門人方且編次。

〔一〕「人」，各本均無，據陸子學譜及文義補。

將以十二月乙酉葬于鄉之萬石塘，謹書其行實之大概，以求誌於當世之君子。

淳熙七年十一月既望，弟某狀。

吴公行狀

公諱漸，字德進，姓吴氏，舊名興仁，字茂榮，以舊字行。其先自金陵徙家臨川，今幾百年矣。曾大父嗣宗。大父景章。父萬石〔一〕，迪功郎致仕。兄弟三人，公居次。少隨伯氏從學於江公匯。江爲鄉先生，從遊多老成宿學，一時英異，如李公浩、曾公季貍皆在。公以童幼居其間，愿慤恭遜，得子弟禮。有所未解，人樂告之。年十有五，喪母高氏。服除，致仕公使之治生。公雅好文學，重違致仕公意，服勤數歲。一日從容言其志，致仕公大悦之，更使從學。未幾，會新教官至，試補弟子員。郡之士大集，公居第一。自是每試輒居上游，人服其藝異。時同事江公者，與爲執友。公每自挹損，事之如子弟。紹興癸酉，始與舉送，人謂公一第固可俯拾。明年省試不偶，公不以罪有司，曰：「吾殆業不精。」丙子再舉，壬午三舉，省試皆報罷，自是仕進之意衰矣。其後雖屢到省，皆以其子姪或門人與舉送，願公表率，親舊敦勉以行。公往來超然，殊不以得失介

〔一〕「石」，嘉靖本作「右」，屬下句，讀爲「父萬，右迪功郎致仕」。

意。或以特奏名留之，公曰：「吾來此聊復爾耳，不能久也。」謝之竟歸。日率諸子讀書，以自娱樂，其聲洋洋，踵門者未及見，已爲之起。淳熙十年六月朔，以疾卒，享年六十，鄉閭莫不惋惜！

公性孝，事親左右無違。見老者，雖賤必敬。慈祥愛物，力所及者，螻蟻蛙蚓之難亦必免之。其謙恭不競，人皆以爲不可及。至有不當其心，引義正色，堅勇亦不可奪。家甚貧，自奉甚薄，唯祭祀賓客則致其豐鮮。公在郡庠，以行藝推爲前廊。居無何，輒逡巡辭去。乾道庚寅，許君及之、蘇君總龜爲教官，尤留意學校。聞公學行信於鄉里，造廬敦請，至于再三，不得已就之。公雅爲許所知。許方欲盡去宿弊，事無巨細，皆以委公。公爲區處條畫，如指諸掌。許每歎曰：「於是見君後日之施設矣。」事有緒，即辭去。其後合郡之士屢請延公入學，教官、郡守各致其禮，公皆固辭，不復出矣。鄉里先達皆期公以有用，乃竟不三試而死，悲夫！

公娶黄氏。子五人，顒若、厚若、誠若皆世其業。厚嘗與丁酉舉送。女四人，長歸某，次甫笄而死，次許胥訓，次未許嫁。孫男女各一人，尚幼。

卒之年，秋九月壬申，葬于金谿縣歸德鄉金石源祖塋之側。葬之日，送車塞塗，祖奠於道者相望不絕，行過者莫不齎咨涕洟〔一〕。

〔一〕「涕洟」，原作「涕夷」，據正德本、四庫本改。

某在童穉時爲公所知，後又妻以其女，知公之平生可謂深且詳矣。如公之德，不可不表顯於後，謹覈書以告當世之君子。

淳熙十一年九月既望，壻承奉郎充詳定一司敕令所删定官陸某狀。

卷二十八

墓誌銘

黄氏墓誌銘 文安公岳母之妹也

淳熙庚子三月八日，梁君世昌以書抵予，言繼室黄氏將葬，以李君蟠狀來乞銘。余未嘗銘墓，抑銘墓非古。惟孔悝鼎銘見戴記，則衛侯策書曰：「予汝銘。」墓之有銘，柳子厚謂始於公室用碑以葬，其後子孫因銘德行。如此，則非公侯不得有是。然郭林宗不過嘗給事縣廷，其葬也，刻石立碑，蔡邕爲之銘，是則東漢時銘墓已無限制。今人力能辦者必銘其墓，余滋不悦。

然黄氏，余外姑之妹也，舊聞其賢，梁君亦惓惓於余。是春之初，余訪梁君，梁君内顧，酒肴立具。梁君去年嘗遊廬阜，其談山水之勝，誦高人逸士之文，亹亹不倦。余於是益知其在中饋者能安於梁君，而後梁君能安於所好也。嗚呼！乃不知余去數日而黄氏死矣。墓銘今世皆用，黄氏又賢，余又親戚，前其死數日，余又適至其家，梁君又惓惓於余，是以重違其請。李注：違，猶依違，言兩可也。銘曰：

世居臨川，其姓則黄。曰謂之女，少慧且良。謂殊愛之，擇配至詳。爰綏其歸，繼室於梁。歲時祭祀，潔蠲盛湘，有親有賓，飭具有常。撫其二子，成章、大章，與其一女，藹然慈祥。梁賴其相，志願畢償。家用益肥，於前有光。庚子孟春，甲子遽亡，年止四十，壽胡不長？其穴伊何？靈臺之鄉，桐嶺、梁源，舅姑塋傍。三月壬申，體魄以藏。後有興者，是不可忘。

張公墓誌 張誠子父

公諱琬，字禹錫，姓張，系出漢留侯，世居信之龍虎山。曾祖嗣宗，賜虚白先生。祖大方，贈武功郎。考念，承信郎。公生於元符二年十有一月五日癸酉，卒於淳熙八年三月十有四日庚申，享年八十有三。

公甫冠，應舉不利，乃去入京師。宣和間，應募破方臘，補進義副尉。建炎初，自京師從馮獬等詣濟南府，扈從至南京，轉進武校尉。明年，以嘗從使虜，轉承信郎。傾側擾攘汴、淮之間，所志不就，浩然歸休。居家處鄉，孝慈悌順，無所違拂。留意吐納，希蹤喬、松。中年卜居，不用世俗陰陽地理等説，自得勝處。家既饒給，益自燕適。晚歲尊延禮法之士爲子弟師，變其舊俗，軌範一新，鄉里改觀焉。寢疾且亟，召子孫申戒之，言訖而逝。娶莊氏，早卒，繼室周氏。子男四人：崇之、簡之、安之、明之。女二人：長適章如璋，次適將仕郎倪安國。孫男八人，女七人，曾孫男一人。卜以十月三日丙午葬于長湖，既得吉〔二〕，子明之來求誌其墓。公繼室，余表姊也，明之又嘗從予遊，不可辭。

青田陸某誌。

宋故陸公墓誌

公姓陸氏，名九叙，字子儀，撫州金谿人。曾大父演，大父戩。父賀，贈承事郎。母饒氏，贈孺人。繼母鄧氏，封太孺人。公生於宣和五年七月乙卯，卒於淳熙十四年五月癸亥，享年六十有五。以卒之年十月壬辰葬于臨川縣長壽鄉羅首峰下。

公氣禀恢廓，公正不事形迹。萃居族談〔三〕，公在其間，初若無與，至有疑議，或正色而斷之

〔二〕「吉」，成化本、正德本、嘉靖本、萬曆本、四庫本作「卜」。
〔三〕「萃」，成化本、正德本、嘉靖本、萬曆本、四庫本作「群」。

以一言，或談笑而解之以一説，往往爲之渙然。家素貧，無田業，自先世爲藥肆以養生。兄弟六人，公居次。伯叔氏皆從事場屋，公獨總藥肆事，一家之衣食百用盡出於此。子弟僕役分役其間者甚衆，公未嘗屑屑於稽檢伺察，而人莫有欺之者。商旅往來，咸得其懽心。不任權譎計數，而人各獻其便利以相裨益，故能以此足其家而無匱乏。後雖稍有田畝，至今計所收，僅能供數月之糧。食指日衆，其仰給藥肆者日益重〔一〕。公周旋其間，如一日也。李評：理學不獨士人也。農工商賈皆可行之，如公是也。

公娶余氏，先公十一年卒。余氏孝順出於天性，娣姒皆以爲莫及。當窮約時，公之子女衣服敝敗特甚，余氏或時及之，公即正色呵止，必伯叔氏爲之處，乃始得衣。李評：先行我心。雖公之衣服器用，亦往往如此。及伯季有四方游，雖至窘急，裹囊無不立具。

自公云亡，遠方士友聞訃，慰唁諸孤與公之伯季，稱公德美，悼痛傷惋無異辭。子男四人：望之、麟之、李注：麟之與周清叟、熊鑑俱見朱子鹿洞講義跋。立之、尚之。女六人：長適鄉貢進士張商佐，次適黄叔豐，次適危三畏，先公十七年卒，次適徐翔龍、周清叟、熊鑑。孫男三人，女五人，皆幼。

弟宣義郎主管台州崇道觀某謹誌。

〔一〕「重」，原作「衆」，據成化本、正德本、嘉靖本、萬曆本、四庫本改。

黄公墓誌銘 諱文晟，建昌南豐彦文父也，常問學文安公

南豐黄世成少事場屋，再舉不第，即棄去，益繙經史百家言，究窮其道理。結廬石仙巖，有終焉之意。其兄世永甫冠登科，所志穎脱以出。暇日憩石仙，與世成劇論時事，歎美其才，勉之使出，堅不可奪。世永益奇之，名其廬曰「壺隱」。其父南雄府君，官至正郎，澤及世成，世成推以與弟，澤再及，又推以與次弟。有季弟，澤不及，則推己田與之。或惡其背馳，議之曰「是非人情」，曰「矯」，曰「好名」，世成處之泰然，議者浸以熄。久之，遠近咸服，不稱姓字，但曰「壺隱」。

在童稚時，嘗爲横浦張公賞識。及長，結交皆一時名流。雖絶意仕進，其於國之治忽、民之休戚，未嘗不關其心。故舊居職任事者，每賴以有聞。江西之救荒，湖廣之弭盗，往往出其策。比年移書左司楊廷秀、諫議謝昌國，其言尤剴切深至。二公還書，推重嘉歎，然卒不能有所施行。

余不識世成，而得其爲人至詳。粹然其容，褪然其中，剸煩若易，處大若細，其施不匱，其守不渝。爲文操筆立成，藻思贍蔚，統紀不紊，有苦心極力所不到者。得諸儒言論，必沉涵紬繹，頗復論著，訂其真僞，然不自以爲是也。比十數年，辱余以書無曠時，若所嚴事。學絶道喪，片

善寸長，必自介恃，世成之所可挾者衆矣，乃自視欿然，汲汲於求道，過人亦遠矣。今其亡也，其子來請銘。以世成之賢，雖不吾屬，猶將彰之，況請之勤邪？

世成諱文晟。曾祖履中，康州司理參軍，妣葉氏。祖俯，左迪功郎，處州司理參軍，贈左朝請大夫，妣太宜人吕氏、曾氏。父越，左朝奉大夫，知南雄州，妣宜人曾氏。娶曾氏。子男五人：長曰楫，先四年卒，次曰柟、曰槐、曰椿、曰棐。女三人：長適湛覺，次適曾林宗，幼在室。孫男二人：熹、勳，女一人。世成生於紹興丁巳二月己亥，卒於淳熙丁未十二月壬辰，享年五十有一。將以戊申十一月己酉葬于石仙巖之金鵝谷。銘曰：

匪屋之潤于其身，匪爵之尊于其仁，無其責而有其言，非其位而及其民。孰曰余咎？孰曰余咎？嗚呼壼隱，豈其隱淪？誰尚顯之，在其後人。

象山陸某誌。

黄夫人墓誌銘 文安公岳母也

余少時見墓銘日多，往往緣稱美之義，不復顧其實，侈言溢辭，使人無取信。竊念之曰：「苟如是，不如無銘。」及長，人或過聽，俾爲墓銘，輒終辭之，蓋不獨以才薄品卑也。歲在庚子，同郡梁君光遠繼室黄氏之亡，乞銘於余，於是銘之，且具誌其故。然其原、大抵以其爲吾外姑之妹，而有以信其賢也。昔者外舅吴君茂榮之葬，余狀其行，乞銘於尤太史，不敢加一辭。如所謂闔郡之士願以爲領袖，謁諸郡博士，造廬延致，至於再三，乃始應命，則許君深父哀詞言之尤詳。深父乃當時郡博士，今年自右拾遺進貳奉常者也。余比歲又銘南豐、慈溪二君子之墓，海内名識謂無愧辭。今吾外姑之葬，雖微諸孤之請，吾敢無銘乎？

外姑踰笄，歸予外舅，尊卑内外，姻戚鄰里，僚友之家，下與僕妾，舉無間言。自吾爲壻，未嘗見其喜怒，唯見其慈祥恭謹，爲姑如婦。祭祀賓客，酒殽葅醢，靡不躬親，滌濯致潔，調割致適，奉承薦獻，致其誠敬。其勤勞中饋殆如一日，諸婦祈欲逸之而不可得。待子壻卑行，猶孳孳若有不及。然幽閒安詳，不動聲色，履之如素，亦使人有以安之。詩書傳記所稱婦德於是有證。嗚呼賢哉！

享年六十有四。邑氏先諱，見乃妹銘章。子孫男女名數，具外舅行狀與尤公之誌。獨子之幼，非外姑出，其氣體稚弱，外姑慈撫，鞠育劬勞，有加於疇昔，莫辨其非己出也。其女之季，前一年卒。孫則增男一人，女四人。卒之日，維淳熙十有五年二月丁卯，明年十月己酉葬于金谿東漕之龍岡。銘曰：

龍岡之阡，雲林之别。盱江陳前，浮霜涌雪。瀦若鑑明，繚若冰潔。旁羅諸峰，麻姑就列。却負書山，屏隱巀嶭。靈谷後車，雷公並轍。維姑之賢，往訓是埒。維姑之身，命服不設。天實酬之，窆以斯穴。余實知之，詩之斯碣。尚其子孫，自致閥閲。褒綸崇封，弈世不缺。

葬月之朔，壻宣義郎、新權發遣荆門軍、兼管内勸農營田事陸某書。

楊承奉墓碣 楊簡先生父

年在耄耋而其學日進者，當今所識，四明楊公一人而已。公長不滿五尺，薾然臞儒，而徇道之勇不可回奪。血氣益衰而此志益厲，賁、育不足言也。

余獲遊甚晚，而知公特深。平生爲學本末，無不爲余言者。四方士友辱交於余，惟四明爲多。自余未識公時，聞公行事言論詳矣。

公爲人恭謹精悍，不屑碌碌，視天下事無不可爲者。其言有曰：「畏夷狄，憂用財，此宰相非才之明驗。」

少時蓋常自視無過，視人則有過。一日，自念曰：「豈其人則有過？」旋又得二三，已而紛然，乃大恐懼，痛懲力改，刻意爲學。讀書聽言，必以自省，每見其過，内訟不置，程督精嚴，及於夢寐，怨艾深切，或至感泣。積時既久，其工益密。念慮之失，智識之差，毫氂之間，無苟自恕。嘉言善行，不曠耳目，書之盈室，著之累帙。嘗曰：「如有樵童牧子謂余曰『吾誨汝』，我亦當敬聽之。」檢身嚴而安其止，取善博而知所擇，舊習日遠，新功日著。自其子識事，未嘗見公有過。

所自責者，類非形見，公每發明，以示鑑戒。人患忿懥，公容物若虛；人患吝嗇，公捐財若無。或歎其不可及，公曰：「昔甚不然，吾改之耳。」

一夕被盜，翌日諭子孫曰：「婢初告有盜，吾心止如此；張燈視笥，告所亡甚多，吾心止如此；今吾心亦止如此。」

四明士族多躬行有聞，公家尤盛，闔門雍雍，相養以道義。仲子簡尤克肖，入太學，治易，冠諸生。既第，主富陽簿。訪余於行都，余敬誦所聞，反復甚力。余既自竭，卒不能當其意，謂皆其兒時所曉，殆庸儒無足采者。此其腹心，初不以語人，後乃爲余言如此。又一再見，始自失。久乃自知就實據正，無復他適。自謂不逮乃翁遠甚，恨其未聞余言。

後簡自以告公，公果大然之。於是盡焚所藏異教之書。每曰：「人心至靈，迷者繆用。」又曰：「動静語默，皆天性也。」又曰：「顔回屢空，夫子所賞，必以所得填塞胸中，抑自苦耳。」又曰：「今吾之樂，何可量也！」

余爲國子正，公攜二孫訪余，留月餘而去。後其子爲浙西帥屬，迎公以來，余更卜廨爲鄰，每侍函丈，屬厭誨言。晚學庸虛，無能啓助，負公所期，斯爲愧耳。

公嘗行步小跌，拱手自若，徐起翛然，殊不少害，從行異之。公曰：「蹉跌未必遽傷，此心不存，或自驚擾，則致傷耳。」余聞之曰：「所謂顛沛必於是」。

江浙相望，千里而遥。公既還第，余亦屏處，時想風采，如鞭其後。公之云亡，子簡遣訃。余適西遊，僕及余館，余不知其爲訃也，方喜見之。首問：「公安否？」僕答曰：「已下世。」余驚嗟再三，哭之爲慟！簡又以墓碣屬余，於是次而銘之。

公諱庭顯，字時發。其先居台之寧海黄壇，九世祖徙明之奉化，其子又徙鄞。紹興末，北虜犯淮，又徙慈溪。曾祖倫、祖宗輔、父演皆隱德不仕。淳熙十一年，壽聖慶霈，公以子官封承務郎。十三年，光堯慶霈，封承奉郎。十五年秋八月戊寅以疾卒，享年八十有二。卜以十一月庚申葬於縣之石壇鄉句餘村孝順里。娶莊氏，先公十四年卒，公蓋合葬。子男六：籌、篆、簡、權卿、篪、籍。篆嘗與舉送。簡宣教郎，新知紹興府嵊縣。權卿夭。女三：長適孫楷，次適馮象先，次適王洽。孫男十二：恬、恢、惟、悔、懌、怟、恪、慥、愉、憺、惿、㦤。女九：長適顔衮，次適舒鉞，餘未許嫁。曾孫三：鋻、厔、圭。女一。

銘曰：

施之家，可移天下。海可竭，斯銘不滅。

契姪臨川陸某撰并書。

葛致政誌 葛逢時父

余稚齒在先君侍側，見客有長大、面目方整、坐立聳直、揖遜恭謹者，心獨異之。廉問左右，知爲葛公德載，而未能詳其爲人。

及長，則聞葛才美有聲學校。有業五行術者曰黄實，久遊鄉里，常往來吾家。每科詔下，問此舉誰當薦名，實必曰葛才美，已而不驗，人皆笑實曰：「是獨采有能名者耳。」才美竟以乾道戊子與其子同與舉送。明年，才美登科。余聞實言時，實已老矣，不知此時猶在否也？才美，公仲子也。公平日待之甚嚴，其母嘗乘間爲才美泣曰：「兒未嘗有過，盍少假借之。」公曰：「此非兒女子所知，吾如是，猶懼其業不進、德不修，可假借乎？是所以成之也，爾毋以爲苦。」由是母亦喻其意。

才美未第時，余嘗造郡庠，由東序以入，有二士並立西序，稍相睥睨。一士容色甚少，益自嵬崖，面焉以出；一士低回恭謹，翼翼趨庭間見，即乃才美也。才美齒出吾上遠甚，而其恭如此，余由是益敬重之。已而聞其有嚴君焉，余然後知才美恭遜固天性，亦其教有以成之也。

才美與先兄復齋爲同年進士，自是往來加密。余亦屢造公，公年耆行尊，過自謙抑，如見所畏，未獲從容。比年客有過我，道公疇昔語，且及其行事，余竊有慕焉。因介客道意，欲求款晤，以究本末。因循未遂，而公下世矣。余往哭公柩，諸孤執喪甚哀，余亦不知涕泗之横集。既歸，即束書入山房。公葬有日，才美徒行，匍匐登山，以銘爲請。余雅不樂銘墓，異時所辭却者衆矣，或破此意而爲之者，皆適有所感而不能自已者也。余於葛公所感深矣！遂次而銘之：

公諱賡，葛其姓，德載其字。其先五代間自番陽徙撫之金谿〔一〕。曾祖祈、祖豐、父思審皆不仕，世以力田殖其家。公爲人剛決，臨事無凝滯。年十三，區處家務如成人，父兄異之，於是付之以其政。時公父年未五十，爲堂舍北以自燕適，如遺世者，凡三十餘年而後即世。公有二兄，仲早卒，事伯兄，撫仲孤，敬愛飭盡，人無間言。遭時多故，縣官倚辦於民者幾倍常賦。公調度有方，從容贍給。

建炎間，盜賊蜂起，所在爲保伍以自衛。郡每被寇，必檄以捍禦。臨川爲寇衝，虜騎侵軼亦嘗及城下，皆賴鄉社以免。公善用長戈，慷慨徇義，人所樂親，所部皆勇敢，以是見推爲前鋒，摧堅陷陣，未嘗有所避。虜騎既敗退，王燮後軍叛卒數千，尋至城下。他兵遇者輒不利，城中恟懼。金谿鄉社既至，城中則大喜。城上呼曰：「賊中有髯而騎者善戰，宜謹備之。」既陣，果有髯而騎者奮刀馳突。公直前以長戈擣之，應手墜馬，賊衆驚潰，獲其告身，官已正使。人皆曰：

〔一〕「番陽」，原作「番易」，據正德本、四庫本改。按：「番陽」爲江西鄱陽縣古稱。

「盍論功乎？」公曰：「今日之事本爲除賊。賊除，足矣，論功非吾事也。」有司亦不復有所省録。公仲子既仕，凡三遇慶霈，累封至承事郎，賜緋魚袋。今上登極，加封宣義郎。公功不見録於有司，天則録之矣。

紹興乙卯歲旱，明年民難糴米，斗踰十錢。富民方閉廩，時公先下價散其米，徒手來者，輒貸與之。公限粟不多，而里中賴之宏矣。蔬圃蒔茶爲用，餘者以易所乏，農家往往有之。嚚猾持以榷禁，愚民不知所辨，則可以得貨。公有三貧族嘗遭此厄，訟者亦公之族，被訟者願賂入訟者萬錢求已，而未能得錢，丐公爲保，公欣然保之。已而訟者迫公索錢，凡三人，爲錢三萬。公度三家者貧甚，終不能得錢，即代償之。公輕財類是，以是家無餘財，然公處之裕如也。柯山所客，廬山公所聞，皆願從容者。李注：此三句難會。其子丞西安，令星子，皆適當公意。方其迎侍之官，訪舊賞新，窮日不倦。及其興盡而返，子亦不能留也。性喜飲酒，客至治具，隨有無，飲必至醉。

公生無他疾，中年指間有贅，天陰或痛，久者彌日而後止，醫者不能曉。自其子登科，痛乃浸殺，久而失之。年益高，飲食步移無異壯時。一日出門小跌，既歸，如有微恙。後數日，從容就枕如平常，左右視之，公則逝矣。享年八十有四。卒之日，實紹熙改元五月庚午。

公娶楊氏，早卒，繼室余氏，封宜人。子男六人：曰造、曰逢時、儒林郎，知南康星子縣。曰述、先公五年卒。曰宗允、曰少良，嘗從余遊。曰亮。女四人：王通一、胡溥、余邦光、馮文載，其壻也。孫男十三人：俊卿即與其父同舉者、玉卿、有光、有開、如霆、有爲、祖蒙、憲卿、如江、冠卿，三人尚幼。女五人。曾孫男五人，女三人。卜十月己酉葬于池頭鶴叩嶺下。湖陰尉朱桴濟道實狀其行。

銘曰：

捐財致身，紓難去害，其聲則微，其功則大。象笏昂昂，朱銀煌煌，公固不言，天其以章。

前葬十日，奉議郎、新權發遣荆門軍、兼管内勸農營田事陸某撰并書。

吳伯顒墓誌

臨川吳伯顒，余妻弟也。外舅五子[一]，伯顒爲長。孝友謹飭，見於稚齒，婣族賓朋，每所歎賞。年十五，補入郡庠，歲選嘗多。許深甫、蘇待問爲教官時，學校最盛。伯顒居上游，所爲生財有大道論，深甫極賞之，謂後日當爲世用。初爲詩，後爲書，爲三禮，月試皆嘗冠其倫，然竟不薦名，人爲稱屈。家甚貧，外舅既下世，變故仍出，歲益艱。伯顒處以義理，凜然不移，尤人所

[一]「五」，原作「三」，據成化本、正德本、嘉靖本、萬曆本、四庫本改。據本書卷二十七吳公行狀，陸九淵岳父吳漸「子五人」，故知作「五」是。

難。外姑之喪，將及大祥，以微疾卒。嗚呼痛哉！

伯顒名顒若，世系先諱，具尤禮侍穆堂先生改爲禮部侍郎尤延之。所爲外舅茂榮之碑。生於紹興戊辰閏八月丁巳，卒於紹熙庚戌十一月乙亥，以十有二月壬寅葬于金谿龍岡母塋之東。娶周氏，再娶亦其族，一女尚幼。既死，以族子爲嗣，名繼孫，生四歲矣。

前葬五日，奉議郎、新權發遣荊門軍、兼管内勸農營田事陸某誌。

陸修職墓表

陸氏徙金谿，年餘二百，嗣見九世。公居五世，諱九皋，字子昭。同胞六人，公爲叔氏，子美其季也，次爲子壽，次爲某。子壽下世，今十有三年矣，某狀其行，述世系爲詳。當是時，先君子未贈官。其後某誌仲兄子儀之墓，不復具世次，獨載先君子贈承事郎。今再贈宣教郎。去年秋，某迎侍伯兄子强來守荊門。伯兄至，甫一月既歸，歸未及家，公已下世。嗚呼痛哉！

公少力于學，日課經子文集必成誦，夜閲史册，不盡帙不止。嘗夜過分，先君子見公猶觀書，勉使寢息。公後不能自已，爲之障燈屏息，懼先君之復知之也。及長，補郡學弟子員，一試即居上游。郡博士徐君視公文行俱優，擢爲齋長。公與二季嘗正衣冠講誦不懈，徐君每所咨賞。月試必聯名占前列。徐君嘗語於衆曰：「此其學皆有淵源，非私之也。」然公年過三十，始獲薦名，又復不第，投老乃得一官，兹非命耶？

公持論根據經理，耻穿鑿之習，雖蹭蹬場屋，而人所推尊不在利達者後。授經之士或以獨步膠庠，或以擅場南省，而公之與否曾不以是，一視其言行如何耳。今有徒有忠信自將，退然里巷庠序之間，若將終焉，而進修不替者，公之教也。

先君子居約時，門户艱難之事，公所當，每以條理精密，濟登平易。吾家素無田，蔬圃不盈十畝，而食指以千數，仰藥寮以生。伯兄總家務，仲兄治藥寮，公授徒家塾，以束脩之饋補其不足。先君晚歲用是得與族黨賓客，優游觴詠，從容琴弈，裕然無窮匱之憂。當是時，公於妻子裘葛未嘗問也。杜子美北征詩謂：「海圖坼波濤〔一〕，舊繡移曲折。天吳及紫鳳，顛倒在短褐。」公妻子無海圖可坼，無天吳、紫鳳可衣，然舊繡移曲折，顛倒在短褐，則有之矣。

先君子之喪既除，公不復御講席，家塾教授屬諸其季。過從之隙，時時杖策徜徉畦壟阡陌間，檢校種刈，若無意斯世者，豈各以其時耶？

番陽許氏爲書院桐嶺，李注：從先生遊者有許昌朝，見翠雲題壁。延師其間，以處鄉之學者，又自稟若干人，然其季子往往從學于外，亦嘗來從余游，因得侍公函丈之末。公之餘論遺風或者竊有

〔一〕「坼」，原作「圻」，據杜甫北征詩改。下「坼」字同。

所聞矣。一日，父子協謀，闢廬舍，儲器用，廣會集之堂，增自稟之員，介其鄉之賢者，致禮以延公。公却之再三，請益固，公爲一出。桐嶺學者於是變而樂義理之言，厭場屋之陋，士大夫聞風莫不願與參席，自遠至者，踵繫不絶，興起甚衆。然公年益高，頗倦酬應，未幾謝去。越數歲，安仁宰曾君，文清孫也，至則葺縣學，增士廩，修禮儀，尊師道，願公主之，公不復出矣。

淳熙丁未，江西歲旱，撫爲甚，撫五邑，金谿爲甚。倉臺、郡守留意賑恤，别駕廖君實主之。廖知其説，莫善於鄉得其人，莫不善於吏與其事。造廬問公計策，且屈公爲鄉官，於是鄉之所得多忠信之士，而吏不得制其權以牟利。明年，賑糶行，出粟受粟，舉無異時之弊。里閭熙熙，不知爲歉歲，而俗更以善，公力爲多。

公平居混然無異於人者，而智識濬深，遇事始見，又其晦明之變，人所不解。當其晦時，童子所了，隸人所知，公或不辨，然特間見於燕閒、視聽、使令之間，未始害事。至事理之盤錯，情僞之隱伏，賢識趦趄，或用蹉跌，惟公之明，如辨蒼素。客有以名聞者，公探衣將見之矣，户間偶目其貌，退而却衣曰：「吾不欲見斯人也。」已而果非佳士。凡此非獨人所不解〔二〕，公亦有不能自知者。不以學自命，而就證者類有愜志；不以智自多，而就謀者類有寤心。公之得於天者，

〔二〕「凡此」，成化本、嘉靖本、萬曆本作「況此」。

如玉在山，如珠在淵，其可量哉？逆遜溺心，形似蔽實，微者過當，甚者易位，今之賢者未易免此。惟公之明，好惡不能亂，形似不能蔽。大學曰：「好而知其惡，惡而知其美者，天下鮮矣。故諺有之曰：『人莫知其子之惡，莫知其苗之碩。』」公疇昔亟誦斯言，而屢歎其難。公之所以自致其力者深矣。是書之流行，近世特甚，然其靈足以造此者，求諸其傑，未見如公者焉。

公壯年以吕氏次序大學章句猶有未安，於是自爲次序。今遠方學者傳録浸廣，吾家獨亡其藁。公之子，長者年將四十，乃不知父嘗有是書，蓋自其省事，惟見公正文講授故也。

公見善未嘗不喜，而稱道不浮其實；見惡未嘗不惡，而指摘不加其罪。兩益之辭無所和，一切之論無所取，疑似之跡不輕實，流傳之事不輕據。故人之所稱，有所未許；人之所擯，有所不絕。衆人所決，發言盈庭，公每低回以致裁抑。憂世之士或病公首鼠，不足以植風聲，示懲勸，而公隱然持之自若。近年以文祭舊生徒劉堯夫，頌其平日之美，責其晚節之過，謂改之冥冥，尤足爲貴。其辭深切著明，讀者無不感動。理之所存，何間幽顯，當疑而決，當決而疑，均爲不明也。孰謂公首鼠哉？公嘗名所居齋曰「庸」，學者因號庸齋先生，然公未嘗言其義，學者亦未嘗有所請。公著述頗多，皆未編次。

生於宣和乙巳十有二月十有四日辛亥，卒於紹熙辛亥十月十日乙酉，享年六十有七。卒之前一夕，起旋小跌，自是倦乏，然就枕即熟睡。覺時醫者視脉，家人進藥，雖飲之，必曰：「吾不起矣！」十日之朝，侍疾者忽不聞鼻息，察公則已逝矣。娶吴氏。子四人：損之、益之、賁之、升之。女二人：長先公二年卒，未及許嫁，次許嫁貴溪張氏。孫男一人、女三人。卜以紹熙壬子七月十有二日葬于鄉之長慶寺側。公以淳熙甲辰壽聖慶恩，授迪功郎，監潭州南嶽廟。十六年己酉，上登極，覃恩進修職郎。

某效官重湖，疾不侍藥，斂不撫棺，葬不臨穴，嗚呼痛哉！敬次序公平生以表墓。某聞命之日，嘗請迎侍，公曰：「子行矣，吾往時當自訪子。」訃前數日，從公于夢，自是節朔必夢見公，嗚呼痛哉！東望隕涕，爲之銘曰：

如珠潛光，可以照夜，公之明也。如玉儲潤，可以賁山，公之德也。表公之墳，與斯銘其長存。

卷二十九

程文

「庸言之信，庸行之謹，閑邪存其誠，善世而不伐，德博而化」解試

知所以成己而無非僻之侵，則誠之在己者不期而自存；知所以成物而無驕盈之累，則德之及物者不期而自化。乾之九二，何其誠之至而德之博也！庸言之必信，庸行之必謹，是知所以成己矣。知所以成己，則誠豈有外乎此哉？又懼夫邪之爲吾害而閑之也嚴，使無一毫非僻之習以侵之，則誠日益至，而在己者不期存而自存矣。反而誠其身，推以善斯世，是知所以成物矣。知所以成物，則德豈有外乎此哉？又懼夫伐之爲吾病而去之也盡，使無一毫驕盈之氣以累之，則德日益博而及物者不期化而自化矣。誠之在己者，不期存而自存，而其端特在於閑邪；德之及物者，不期化而自化，而其機特在於不伐。則天理人欲之相爲消長，其間可謂不容髮矣。「庸言之信，庸行之謹，閑邪存其誠。善世而不伐，德博而化。」此所以爲君德歟？

中庸之言誠曰：「非自成己而已也，所以成物也。」然則成己成物一出於誠，彼其所以成己者，乃其所以成物者也，非於成己之外復有所謂成物也。又曰：「性之德也，合内外之道也。」然則曰誠、曰德，一本乎性。彼其所謂誠者，乃其所以爲德者也，非於誠之外復有所謂德也。明乎中庸之説，則乾九二之君德可得而議矣。言行之信謹，二之所以成己者也；善世而不伐，二之所以成物者也。彼其所謂信謹者，乃其所以不伐者也，舍言行而求其所以善世者則乖矣。閑邪存其誠，誠之存諸己者也；德博而化，德之及乎物者也。彼其所以閑而存者，乃其所以博而化者也。外乎誠之存，而求其所謂德之博，則惑矣。若夫朝謀夕訪，求所以治乎人，而不知反求諸其身，安知夫大人正己而物正？而二之善世者，特在乎言行之間而已也。小惠小信，欲以爲己之德，而不知誠之不可掩，安知夫明明德於天下者蓋本於正心誠意？而二之德博者，由乎其誠之存也。

至矣哉！誠之在天下也。一言之細，一行之微，固常人之所忽，然言出乎身，加乎民，行發乎邇，見乎遠。「言行，君子之所以動天地也。」君子喘言蠕動皆足法，李注：喘言蠕動，本荀子勸學篇，微言也，微動也。造次顛沛必於是。庸言之信而莫不可以爲天下則，庸行之謹而莫不可以爲天下法，知至乎吾之誠，而不知夫言行之細也。然邪之與正，猶明魄之相爲生死，陰陽之相爲消長。非僻之習，一毫焉侵之，則言隨以不信，而行隨以不謹矣，尚何有於誠之至？故爲冠以莊其首，爲履以重其足，在車聞和鸞之音，行步聞佩玉之聲，盤盂有銘，几杖有戒，所以防閑其邪，而使非僻無自而至者備矣。則凡見乎吾身而充乎天地者，何往而非誠哉，兹不曰不期而自存者乎？

大矣哉！德之見於天下也。推吾所有兼善天下，此固人之所甚欲。然有諸己而後求諸人，無諸己而後非諸人，所藏乎身不恕，而能喻諸人者，未之有也。故君子正身以正四方，修己以安百姓。且日麗必照物，雲油必雨苗〔一〕，和順積中，英華發外，極吾之善，斯足以善天下矣。然伐之害德猶木之有蠹，苗之有螟。驕盈之氣一毫焉間之，則善隨以喪，而害旋至矣，尚何有於德之博？故有焉而若無，實焉而若虛，功贊化育而不居，智協天地而若愚，消彼人欲而天焉與徒，謙沖不伐。而使驕盈之氣無自而作，則凡不言而信，不怒而威者乃所以爲德也。兹不曰不期而自化者乎？

嗚呼！由乎言行之細而至於善世，由乎己之誠存而至於民之化德。則經綸天下之大經者，信乎其在於至誠；而知至誠者，信乎非聰明睿知達天德者有不能也。以經考之，乾之六爻，隱而未見，行之未成者，初之潛也；貴而無位，高而無民者，上之亢也；三則以危而進德；四則以疑而自試；惟五以飛龍在天，而二以見龍在田，皆有利見大人之美。夫君位既已在五，則夫君

〔一〕「油」，成化本、嘉靖本作「濃」。

德者，非人之龍德而正中，其孰足以當之？聖人於是發成己成物之道，存誠博德之要，使後之人君能明聖人之言，以全九二之德，則天下有不足爲矣。

竊嘗稽之於「舜好問而好察邇言，隱惡而揚善」，則庸言之信，庸行之謹爲如何？納伯益儆戒之辭，則罔有忌諱；詳伯禹股肱之命，則使之弼違，閑邪存誠可見於此矣。巍巍乎有天下而不與，則善世不伐爲如何？若禹稷之心〔一〕，則天下同戴；稽其民之俗，則比屋可封。德博而化，可見於此矣。九二之德，大舜其盡之矣。説易者以爲九二之爻蓋舜之田漁時也。今概以爲帝之事，可乎？曰：以位而言，則田漁時也；以德而言，則夫子匹夫也，或曰「祖述堯舜」，或曰「賢於堯舜」，孰謂乾之九二而不足以言舜乎？不然，則何以謂之君德？

「黄裳元吉」「黄離元吉」

用中者雖異其時，獲吉者皆極其大。中之爲德，言其無適而不宜也。黄，中色也。坤中在五，而有黄裳之義。裳，下裳也。黄裳者，守中而居下也。在上者患不能居下，能守中而居下，安得而不大吉哉？離中在二，而有黄離之義。離，麗也。黄離者，所麗得中正也。附麗者患不

〔一〕「若禹稷」，成化本、正德本、嘉靖本、萬曆本、四庫本作「考其民」。

得中正，如所麗之中正，安往而不大吉哉？位有二、五之殊，辭有裳、離之異，其居下附麗，雖因時而不同，而其爲大吉則一而已。非中之爲德，疇克爾哉？

坤之六五曰「黄裳元吉」，離之六二曰「黄離元吉」，嘗謂中之爲道大矣，世嘗玩於其説而莫之省也。夫以堯舜禹三聖人相授受而同出於一辭，則道宜莫大於此矣，而不過曰「允執厥中」。故子思之書反覆乎大中之説，丁寧乎時中之論。而世之喜事者不明乎中之説，欲爲驚人可喜之行，是非獨得罪於聖人，而其所以速戾取禍者，蓋亦不旋踵矣。嘗試告之以大吉之可願，則莫不願，至告之以大中之道，則又玩而不知省。嗚呼！安知所願者乃出於其所玩者歟？

然子思之言中，不獨有大中之説，而又有時中之論。蓋中而非其時，則烏在其爲中也！時乎坤之六五，則疑乎陰之在上，疑乎其上，則居下之爲中矣。守中而居下，則以貴而下賤，以尊而下卑，以能而下於不能，以多而下於寡。夫守中而居下如此，則天道之所益，地道之所流，人道之所好，鬼神之所福，其吉豈不亦大矣乎？「黄裳元吉」，坤之六五所以爲中也。時乎離之六二，則以陰而麗於兩陽之間。麗於兩陽之間，則麗之中正者也。所麗者中正之道，所附者中正之人。以下而附乎上，則在上者中正也。以上而附乎下，則在下者中正也。夫所麗之中正如此，則上交不諂，下交不瀆，建諸天地而不悖，質諸鬼神而無疑，其吉豈不亦大矣哉？「黄離元吉」，離之六二所以爲中也。坤、離之五、二，其居下附麗之義雖殊，而其獲吉則咸底乎大，信乎無適而不宜也。

竊嘗求之有周之臣，周公以叔父之親、師保之任而握髮吐哺，下於白屋之夫，終以周致太平，魯疆以啓。「黄裳元吉」，周公以之。太公抱鷹揚之策，垂釣乎磻溪之涯，年且八十矣，一旦聞文王作，興曰：「盍歸乎來」，終以大告武成，齊國以建。「黄離元吉」，太公以之。

雖然，古之聖賢未有不中者。夫子之聖而卒於旅人，顔子之賢而終於陋巷，則所謂元吉者果安在哉？曰：孔顔萬世稱聖賢，吉孰大焉。若乃險賊而崇軒列鼎，吾見其益疾而已，未見其吉也。

「使民宜之」

民不可使知吾道之義，而可使享吾道之宜。使道而不宜於天下，則聖人亦烏取乎道哉？聖人出而有爲於天下，變而通之，神而化之，而天下之民鼓舞踴躍，莫不以爲宜而安之者，亦盡其道而已矣。大傳曰「使民宜之」，以此。夫子曰：「民可使由之，不可使知之。」非聖人固不使之知也，若道之義，則彼民之愚，蓋有所不能知也。若乃其道之宜，則聖人固與天下之民共由而共享之。

方民未知佃漁也，聖人作爲網罟，而民宜於網罟矣。方民未知耕稼也，聖人作爲耒耜，而民宜於耒耜矣。以至舟楫、弧矢、杵臼，莫不皆宜於民。雖其以象以義取諸離、益之諸卦，而其所以使民宜之者，蓋無以異於黄帝、堯、舜之乾、坤也。當黄帝、堯、舜氏之作，其備物制用，立成器以爲天下利者，前聖已備之矣，故其使民由之者，獨見於垂裳之治。黄帝之事於六藝無所考信。而堯舜之事則載之典謨，彰彰可考。如明五刑、典三禮、疏江河、驅虎豹，凡建法立制，都俞諮詢，以宜其民者，蓋不爲少矣。而夫子特稱其蕩蕩無名，無爲而治，則其所以宜之者，一出於道而已。故曰「堯以是傳之舜」。

「聖人以此洗心，退藏於密，吉凶與民同患。神以知來，知以藏往」省試

滌人之妄，則復乎天者自爾微；盡己之心，則交乎物者無或累。蓍卦之德，六爻之義，聖人所以復乎天，交乎物者，何其至耶！以此洗心，則人爲之妄滌之而無餘。人妄既滌，天理自全，退藏於密微之地，復乎天而已。由是而吉凶之患與民同之，而己之心無不盡。心既盡，則事物之交，來以神知，往以知藏，復何累之有哉？妄滌而復乎天者自爾微，心盡而交乎物者無或累，則夫蓍卦六爻之用，又豈可以形迹滯？而神知之説，又豈可以荒唐窺也哉？「聖人以此洗心，退藏於密，吉凶與民同患。神以知來，知以藏往」，其意如此。

中庸言：「君子之道費而隱，夫婦之愚可以與知焉，及其至也，雖聖人有所不知焉；夫婦之

不肖，可以能行焉，及其至也，雖聖人有所不能焉。」夫聖人有所不知不能，則可謂隱密精微之地矣，而不外乎夫婦之所可知，所可能。蓋道之費者未嘗不隱，而隱者未嘗不費。内外合，體用備，非人之所可毫末加而斯須去也。聖人洗心於蓍卦六爻之間，退藏於隱密精微之地，而同乎民，交乎物者，雖吉凶往來之紛紛，而吾之心未嘗不退藏於密。此堯之所以無名，舜之所以無爲，文王之所以不識不知，而易之書所以不可以象數泥而浮虛説也。

狎海上之鷗，游呂梁之水，可以謂之無心，不可以謂之道心，以是而洗心退藏，吾見其過焉而溺矣。濟溱、洧之車，移河東之粟，可以謂之仁術，不可以謂之仁道，以是而同乎民，交乎物，吾見其淺焉而膠矣。

聖人懼夫道之不明也，舉而揭之蓍卦六爻之間，反覆而發明之，使知夫妄滌而復乎天者自微，心盡而交乎物者無累，夫其所以曉天下，亦云至矣。「大衍之數五十，其用四十有九」，則由衍以生蓍。「四營而成易，十有八變而成卦」，則由蓍以立卦。蓍生卦立，剛柔相推，吉凶以告，爻在其中矣。人爲之妄，尚安得而與於其間哉？以此洗心，信乎其復於天矣。雖六七八九之錯綜無窮，乾坤六子之摩盪不息，而五十之數所謂不用之一者，實於是乎見之。則聖人退藏之地，豈所謂過而溺焉者哉？

得失之象形，悔吝之情著，則爻之所以爲吉凶者，吾之所以與民同患者也。至誠如神，受命如響，事物之來，神以知之，無以異於蓍之圓也。物各付物，所過者化，事物之往，知以藏之，無以異於卦之方也。夫聖人之同乎民，交乎物者，亦異於不及而膠焉者矣。由是觀之，蓍卦六爻之用，其諸以執其兩端，用其中於民也歟？

嘗考於咸之卦，而得聖人洗心之妙。於咸之象，發天地萬物之情。於咸之象，發以虚受人之義。此固可以滌人妄而復天理，觀乎同民交物之道也。至於九四一爻，聖人以其當心之位，其言感通爲尤至。曰「正吉悔亡」[二]，而象以爲「未感害也」。蓋未爲私感所害，則心之本然，無適而不正，無感而不通。曰「憧憧往來，朋從爾思」，而象以爲「未光大也」。蓋憧憧往來之私心，其所感必狹，從其思者獨其私朋而已。聖人之洗心，其諸以滌去憧憧往來之私，而全其本然之正也歟？此所以「退藏於密」而能同乎民，交乎物，而不墮於溺焉膠焉之一偏者也。

或曰聖人生知安行，彼其心之酬酢萬變者，蓋不思而得，不勉而中，而何以洗爲？蓋不知堯舜不能忘危微之戒，而當時大臣有淫逸遊樂之辭，有慢遊傲虐之辭，君亦不以爲輕己，且樂聞而願聽之。嗚呼！此其所以爲生知安行，不思不勉者歟？於洗心乎何疑？

[二]「正」，各本同，據周易咸卦應作「貞」，此係陸九淵避宋仁宗趙禎之諱而改。

「天地設位，聖人成能，人謀鬼謀，百姓與能」

天地有待乎聖人，而天地爲不可及；聖人有待乎天下，而聖人亦爲不可及。大哉！天地聖人之不可及乎！

位乎上而能覆物者，天也；位乎下而能載物者，地也。天地能覆載萬物，而成其能者則有待乎聖人。天地未嘗專之也，而覆載之功卒歸之天地，此天地之所以爲不可及也。聖人參天地而立，成天地之能，其智能非天下之敵也。然人焉謀之卿士，鬼焉謀之蓍龜，雖百姓之愚且賤，亦不謂其不能而與之焉，則聖人之有待於天下者，亦云衆矣。然成能之功卒歸之聖人，此聖人之所以爲不可及也。然則恃一己之智能，而謂人莫己若者，豈可與論天地聖人之事哉？「天地設位，聖人成能，人謀鬼謀，百姓與能」，以此。嘗觀箕子爲武王陳洪範，其七稽疑曰：「汝則有大疑，謀及乃心，謀及卿士，謀及庶人，謀及卜筮。」蓋與易言聖人所以成天地之能者，異經同旨。天錫之洪範，出於温、洛之水，則天地之心於此甚白，而道之大原，吾於此而見之矣。大哉！天地聖人之所以爲不可及者乎！

天之高也，日月星辰繫焉，陰陽寒暑運焉，萬物覆焉；地之厚也，載華嶽而不重，振河海而不洩，萬物載焉。天地之間，何物而非天地之爲者，然而覆載萬物之能猶有待於聖人。聖人之政，有以當天地之心，則諸福百祥以嘉慶之；有以失天地之心，則妖孽災異以警懼之。彼其望於聖人以成其能者，何其至耶！無他，無私焉而極天下之大也。聖人膺裁成輔相之任，秉參贊爕理之權，道奚而可與天地殊？心奚而可與天地異？朝焉卿士，善責汝進，違責汝弼，余愆是繩，余繆是糾。廟焉蓍龜，揲枯鑽朽，余不敢不敬，有行有疑，余不敢不問。人謀鬼謀，猶以爲未也，懼夫百姓之能，吾不與謀焉。工誦箴諫，士傳民語，庶人謗於道，商旅議於市，雖芻蕘之賤，未嘗不詢焉，則聖人所以有待於天下者亦何其至耶！無他，無私焉，而與天地同其大也。天地有待於聖人，而覆載之功歸焉；聖人有待於天下，而成天地之能者歸焉。嗚呼！此天地聖人之所以爲不可及也。

夫子頌堯曰「惟天爲大，惟堯則之」，而其所以爲大者，民無能名焉。孟子頌舜曰「大舜有大焉」，而其所以爲大者，亦不過舍己從人，樂取諸人以爲善。廟堂之上，都焉而吁，咈焉而俞，昆命之龜，協從之筮，罔有不敬，闢四門，明四目，而芻蕘之賤咸得上達，吾於此見其所以成天地之能者歟！嗚呼！「匹夫匹婦不獲自盡，民主罔與成厥功。」君天下者，可不勉所以與天地相似者乎？

「首出庶物，萬國咸寧」

聖人有兼覆之道，天下無難辨之功。庶物之多，萬國之衆，聖人欲首出而使之咸寧，可謂難辨之功矣。然聖人體兼覆之乾，以是首出庶物，則萬國咸寧不足多也。

「首出庶物，萬國咸寧」，聖人所以得乾元之用固大矣，非天下之所可得而易言也。大而言之，何物而不備，何所而不該。然品物之形既流，洪纖高下，毫釐之間而各有所宜。六位之成，則潛、見、飛、躍，其道各異。欲體是道以首庶物而寧萬國，非夫學之超乎天下之上，吾未見其能也。

方其潛也，隱而未見，行而未成，則學固不可以已也。及見而在田，則庸言之信，庸行之謹，閑邪存誠，是學果可以已乎？三之厲、四之疑，固進德修業不可懈也。至於五之與天地合德，上而知進退存亡而不失其正，非學果何以致之？「首出庶物」，蓋在於乘六龍，而聖人於乾之六位，莫不反復乎學。使其學能超乎天下之上，則天下有不足爲，而萬國咸寧，信乎其不足多也。

用九之辭曰「天德不可爲首」，而乃以首出庶物，何耶？嗚呼！不爲首，蓋所以首出庶物，而愚所以謂不可以無學者也。

卷三十

程文

孝文大功數十論

頌人之美者，必增重乎其人。頌人之美而不足以增重乎其人，則其非爲無疑矣。立言之非者，必貽譏於後世，立言之非而不足以貽譏於後世，則其非又有大焉者矣。

孝文，漢之賢君也。鼂錯大廷之對，枚數其興利除害變法易故之事，而凡之曰「大功數十」，其美亦已至矣，其言亦已夸矣。而後世稱文帝之賢者，初不以斯言而增重。蓋文帝以直言極諫求人，而錯亦以直言極諫充詔，不聞條疏闕失，輔帝不逮，而猥用稱述功烈，其辭諄複，駸駸乎佞譽誣諛之風，勞於附會粉飾，而無中情當理之實，其非無足疑矣。

然自昔公明通方之士，於錯之對未嘗深致意於斯言，非以爲然而或取之也，蓋以其言之非有大過於是者，而不必以斯言輕重之也。君子一言以爲智，一言以爲不智，此一言之失者也。

若錯之對，無非遷就牽合之說，如五帝、三王、五伯之說，一篇之襟領，而悖理尤甚，要其歸，獨欲以自親事一說勸帝，而又大乖乎帝王之道。此「孝文大功數十」之說宜昔人之無譏焉耳。雖然，言，心聲也。錯以大廷對策，豈徒爲是繆戾不根之說以塞詔而已耶？蓋其刑名慘刻之學，深欲其君廢放股肱之臣，身履叢脞之任，智憊力竭，欲已不可，欲進不能，則勢必委之於我，而我之辯智得伸焉。其機如此，則亦不得不盛稱其功烈能事，以聳動其欲爲之心，激發其敢爲之氣，使之樂吾之說而不自知焉。然則「大功數十」之說豈可謂之不足輕重而置之乎？孟子曰：「長君之惡其罪小，逢君之惡其罪大。」錯之斯言，其逢君之惡者矣。

爲錯解者曰：「將順其美，亦事君之道，而何過之深乎？」嗚呼！不知言，無以知人也。彼其終身之所學，平日之所存，發之於言者，雖欲掩匿蔽覆[一]，由君子觀之，如見其肺肝。況其處心積慮，旁求曲取，以附致其邪說，而有所不知，則不可謂之知言者矣。説春秋者，以爲言之重，辭之複，其中必有大美惡焉。聖人之情猶可以辭見。蓋聖愚邪正雖異，而情見乎辭則同。目動言肆，懼我之情見矣；幣重言甘，誘我之情見矣。錯述文帝之功，其目數十。如躬親本事，廢去淫末，農民不租，親耕節用，示民不奢，此五者特一事也；如絶秦之迹，除苛解嬈，寬大愛人，肉

[一]「蔽」，原作「盖」，據成化本、正德本、嘉靖本、萬曆本、四庫本改。

刑不用，罪人不孥，誹謗不治，除去虐刑，此七者亦一事也。其餘事同而條異者，亦又有之。號之以大功，凡之以數十，則其意亦可見矣。蓋將以夸許聳動文帝之心，而作其自任之意，投之膠擾之地，陰拱以窺其困而乘其隙，以伸辯智焉。

肇端於文帝之日，而遂申於景帝之朝，卒然讙於七國之變，而山東幾非漢有。袁盎從容一說，而要領竟分於東市。世莫不有讒忌之惜，而愚獨喜其少足以正逢君之惡。

「天地之性人爲貴」論

聖人所以曉天下者甚至，天下所以聽聖人者甚藐。人生天地之間，稟陰陽之和，抱五行之秀，其爲貴孰得而加焉！使能因其本然，全其固有，則所謂貴者固自有之，自知之，自享之，而奚以聖人之言爲？惟夫陷溺於物欲而不能自拔，則其所貴者類出於利欲，而良貴由是以寖微。聖人憫焉，告之以「天地之性人爲貴」，則所以曉之者亦甚至矣。誦其書，聽其言，乃類不能惕焉有所感發，獨膠膠乎辭説議論之間，則其所以聽之者不既藐矣乎？「天地之性人爲貴」，吾甚感夫聖人所以曉人者至，李注：感，似當作惑。然以前後文求之，即作感亦可。而人之聽之者藐也。孟子言「知天」，必曰「知其性，則知天矣」；言「事天」，必曰「養其性，所以事天也」。中庸言「贊天地之化育」，而必本之「能盡其性」。人之形體與天地甚藐，而孟子、中庸則云然者，豈固爲是闊誕以欺天下哉？誠以吾一性之外無餘理，能盡其性者，雖欲自異於天地，有不可得也。自夫子告曾子以孝曰：「事父孝，故事天明；事母孝，故事地察。」舉所以事天地者，而必之於事父母之間，蓋至此益切而益明，截然無辭説議論之蹊徑。至因其有「無以加於孝乎」之問，又告之以「天地之性人爲貴」。有篤敬之心、踐履之實者，聽斯言也，獨不有感於心乎？於此而猶膠膠於辭説議論之間，亦奚啻不以三隅反者哉？

雖然，愚豈敢以是殫責天下，獨以爲古之性説約，而性之存焉者類多；後之性説費，而性之存焉者類寡。告子湍水之論，君子之所必辨；荀卿性惡之説，君子之所甚疾。然告子之不動心實先於孟子，荀卿之論由禮，由血氣、智慮、容貌、態度之間，推而及於天下國家，其論甚美，要非有篤敬之心、踐履之實者〔一〕，未易至乎此也。今而未有篤敬之心、踐履之實，拾孟子性善之遺説，與夫近世先達之緒言，以盜名干澤者，豈可與二子同日道哉？李評：今童子甫完急就，即已侈口論性命，而俗儒粗通章句者，率逢人高談性命，自矜爲理學，不知皆先生之所訶也。故必有二子之質，而學失其道，此君子之所宜力辯深詆，挽將傾之轅於九折之坂，指迷途而示之歸也。若夫未有篤敬之心、踐履之實，而遽爲之廣性命之説，愚切以爲病而已耳。

〔一〕「踐」字前，成化本、正德本、嘉靖本、萬曆本、四庫本多一「有」字。

嗚呼！循頂至踵皆父母之遺體，俯仰乎天地之間，惕然朝夕，求寡乎愧怍而懼弗能，儻可以庶幾於孟子之「塞乎天地」，而與聞吾夫子「人爲貴」之説乎？

「智者術之原」論

實亡莫甚於名之尊，道弊莫甚於説之詳。自學之不明，人争售其私術，而智之名益尊，説益詳矣，且誰獨無是非之心哉？聖人之智，非有喬桀卓異不可知者也，直先得人心之同然耳。其見於設施，則合物理，稱事情，犁然當乎人心，夫婦之愚可以與知焉，奚名之尊？奚説之詳哉？逮夫智失而私術興，則向之良心日馳騖乎詭譎奸詐之場，實不足以欺天下也。將竊智者之名以售其詭，故名不得不尊。名不可以徒尊也，將文近似之説以實其名，故説不得不詳。名尊説詳，而智之實益亡、弊益甚矣，此則智之賊也。

漢公孫洪謂「智者術之原」，其賊智之誅固不可逭，而愚又幸智之説由是而益明也。世之罪洪者，常以其飯脱粟，爲布被，殺主父偃，徙董仲舒膠西，此雖其挾術之明驗，而特一人之過，一時之害，而常情之所易知者。多詐不情，汲黯能詰其不忠；外寬内深，班固能知其意忌，蓋有不足深誅者。至於竊智之名以售己之術，要之以利害之效，文之以近似之辭，使聽之者誠以爲治天下不可以無術，而聖人之智亦不過如此而已，此吾所謂智之賊而不可逭之誅也。

然墨之賊仁，楊之賊義，鄉原之賊德，皆以近似之亂真，其罪正與洪之言智等耳。及孟子辭而闢之，而曰仁，曰義，曰德，由楊、墨、鄉原而其説益明。有能因洪説而闢之，使天下曉然知夫私術之賊智，則洪之説亦智之幸也。

洪之説曰：「擅殺生之柄，通壅塞之塗，權輕重之數，論得失之迹，使遠近情僞畢見於上，謂之術。」此所謂要之以利害之效，文之以近似之辭，使聽之者誠以爲聖人之智亦不過如此而已也。

且聖人之智明徹洞達，無一毫私意芥蔕於其間。其於是非利害，不啻如權之於輕重，度之於長短，鑑之於妍醜，有不加思而得之者。故其處大疑，定大論，亦若饑食渴飲，夏葛冬裘焉已耳。雖酬酢萬變，無非因其固然，行其所無事，有不加毫末於其間者。夫如是，可謂之術乎？果必若洪之説乎？鑠金爲刃，凝土爲器，爲網罟，爲耒耜，爲宮室、棺槨，爲舟車、弧矢、杵臼之利，此皆上世之所無有，創物以教天下者也。而夫子則以爲皆取諸易之卦畫，是聖人之智見於創立者，猶皆因其固然而無容私焉。况於生殺、通塞、輕重、得失之常，而洪欲以其私術爲之乎？語稱「舜、禹之有天下而不與焉」，詩稱文王「不識不知，順帝之則」。夫生殺、通塞、輕重、得失之理，昔非有異於今也。必欲以私術爲之，則舜、禹、文王誠不公孫氏若也。

自學之不明，而聖人之智不復見矣。世之人往往以謂凡所以經綸天下，創立法制，致利成順，應變不窮者，皆聖人之所自爲，而不知夫蓋因其固然，行其所無事，而未嘗加毫末於其間。彼役役者方且各以其私術求逞於天下，而曰此聖人之所謂智也。故老氏出於春秋而有棄智之説，孟子生於戰國而有惡鑿之言，是皆見夫逞私術之失也。然終至於縱横如儀、秦，刑名如鞅、斯者，雜然四出，而天下遂以分裂潰散，至秦則燼然也。公孫氏生於漢，而以儒名當世，此溺待拯、焚待救之時也，乃復尊智之名，詳智之説，以售其私術。世之人雖欲聞先王之智，孰從而聽之，故曰智之賊也。

孟子者，聖學之所由傳也。故其言發明聖人之智，而指當時所謂智者以爲鑿。老氏者，得其一，不得其二，而聖學之異端也。故幸夫私術之失，因欲申己之學，而其言則曰「絶聖棄智」，又曰「以智治國國之賊」，是直泛舉智而排之。世之君子常病其污吾道，而不知其皆售私術者之過也。使術之説破，則爲老氏者將失其口實，而奔走吾門牆之不暇，其又何污焉？嗚呼！觀老氏之説、孟子之言，與儀、秦、鞅、斯之所爲，則術之害智所從來久矣，非直至漢而然也。然昔之爲私術者，名未甚尊，説未甚詳，故辯之者不力，罪之者不深。若孟子者，不過曰行其所無事，惡夫鑿而已。至於公孫，以黠中辯吻，發策人主之前，陳智之名益尊，而術之説甚詳，非明於道者，有不能不爲其疑似所惑，故辯之不得不力，罪之不得不深。辯之力，罪之深，而智之説不明者不也。故曰：洪之説亦智之幸。

房杜謀斷如何論

李評：議論機權之文，推眉山三蘇，若先生此文，峻厲卓越，有過之無不及，信乎有德者必有言也。

事之要者無二機，計之得者無二説，然而得於積思者其意疑，得於忽悟者其意決，此謀之與斷所以異任而同功，殊稱而一致者也。天下之事，惟其要而難處也，於是乎有賴於謀。彼其以善謀稱而不足與斷者，豈無得於其機而嘗試爲之説也哉？顧特以其旁推曲考，原始要終，紬繹復熟而得之，則謹重之心勝，而剛決之意微，故不能不自疑其有所未善。至於善斷者，因其謀而遂斷之。其始之爲謀，雖不出於己，而亦豈無得乎其心，而徒狥人之説，以勇於必行而已哉？蓋其權奇倜儻，方鬱於紬繹復熟之久，而聞言輒契，覩機忽悟，如雷蟄而忽驚，日曀而忽明，其勢不能不決。然則謀之與斷雖所任各異，所稱各殊，而要其實，豈不同功而一致也哉？

唐房、杜佐太宗取天下，而史稱玄齡善謀，如晦長於斷，愚請以是而論之。甚哉！機事之可畏，而謀斷之任不可以非其人也。嘗觀漢高祖聽酈生之謀，刻印立六國後，高祖方食，以告張良，良借前箸籌之，高祖至輟飯吐哺怒罵，令趣銷印。石勒去高祖五六百載，以奴虜之身據有中原，初不知書。一旦聽讀漢史，至刻印事，駭曰：「此法當失，何以得天下？」及讀至張良之籌，乃曰：「賴有此人。」嗚呼！使酈生佩印已行數舍之遠，則高祖之天下幾已去矣。知天下之機事率如是之可畏，而張良之籌、高祖之罵、石勒之駭皆機緘互發，如聲響相應，非直偶然而已。則知凡所謂謀者斷者皆不可以或非其人，而房、杜之才智可得而論之矣。

雖然，玄齡謀事帝所，必曰「非如晦莫與籌之」，及如晦至，則卒用玄齡策。自常情觀之，玄齡不失爲謙抑謹重，而如晦則爲無謀而因人成事者耳。嗚呼！以此論房、杜，此與兒童之見何異？弈秋中枰而輟弈，（李注：枰，音平，博局。）少下於弈秋者，必不能以舉其棊矣。王良中道而弭輿，少下於王良者，必不能以振其策矣。天下之機事，而可以非其人而與於其間哉？或謀、或斷，必其機緘識略之相符者而後可也。韓信破趙之後，發使使燕，而燕人從風而靡。其策乃不出於韓信，而出於李左車，然天下不以韓信爲不知兵。鄒陽受梁之謝，入見王長君，而梁罪竟解。其計乃不出於鄒陽，而出於王先生，然天下不以鄒陽爲非辯士。蓋因其善而用之，與夫發悟於心者，實機緘識略之相符，而非苟從之者也。知此則知房、杜之謀斷，如宮商之相應而同於成聲，如斤斧之迭用而同於成器，初不可以差殊觀而優劣論也。

抑嘗言之，太宗以弓矢定天下，其智略之出於己者，班班見於紀傳。大焉制勝千里之外，小焉決機兩陣之間，超逸神變，不可窮極。及天下既定，談治道，論政理，則老師宿儒詘其辯，此亦難乎其爲臣矣。然而自渭北一見之初，秦府表留之後，謀必於房，斷必於杜，則夫二公之才智豈淺淺者所可得而窺議哉？及考之傳紀，則夫謀斷之迹有不可得而見焉。嗚呼！此二公之才智所以爲不可及歟？史臣取柳芳之言曰：「帝定禍亂，而房、杜不言功；王、魏善諫，而房、杜遜其直；英、衛善兵，而房、杜濟以文。」此真足以知房、杜謀斷之本矣。若乃謀之不善，而强欲以辯屈人之異己，如徐湛之於沈慶之者；又有嫉其謀之善，而必爲沮格撓敗之計，如牛僧孺之於李德裕者，其視房、杜之謀斷，奚啻天淵之相遼哉？雖然，法律之書詳，而望之以禮樂則缺；功利之意篤，而概之以道義則疏。此雖不足以是責之，而亦不能不使人歎息也。李評：收束仍歸正論，所以爲有道者之言。

劉晏知取予論

天下之事不兩得，知其説者斯兩得之矣。「取予」之説，事之不兩得焉者也。民有餘而取，國有餘而予，此夫人而能知之者也。至於國之匱，方有待乎吾之取而濟；民之困，方有待乎吾之與而蘇。當是時，顧國之匱而取之乎？必不恤民焉而後可也；顧民之困而予之乎？必不恤國焉而後可也。事之不兩得，孰有甚於此哉？使終於不兩得，則終無一得焉爾矣。故取予之説不可謂易知也。取而傷民，非知取者也；予而傷國，非知予者也。操開闔斂散之權，總多寡盈縮之數，振弊舉廢，挹盈注虚，索之於人之所不見，圖之於人之所不慮，取焉而不傷民，予焉而不傷國，豈夫人而能知之者哉？必有其才而後知其説也。非唐之劉晏，吾誰與歸？史氏以知取予許之，真知晏者哉。

夫所病夫取予之難者，非一不足之難，而皆不足之難也。下有餘而取之可也，彼方不足也，而何以取之？上有餘而予之可也，此方不足也，而何以予之？天下有皆不足之病矣，而有皆不足之理乎？聞之曰「川竭而谷盈，丘夷而淵實」，天下蓋未始皆不足也。方其上之不足也，不必求之下也，其可以足之者，固有存乎其上焉者矣。下之不足也，不必求之上也，其可以足之者，固有存乎其下焉者矣。將輸之利害不明，則費廣於舟車之徭；儲藏之利害不悉，則公困於腐蠹之弊。李評：精語似經。物苦道遠，則尋以輸尺，斛以輸斗；吏污法弊，則私良公害，私盈公虛，此所謂不必求之下焉者也。富賈乘急而騰息〔一〕，豪民困弱而兼并，貪胥旁公而侵漁，繩甕不立而連阡陌者猶未已也，糟糠不厭而餘芻豢者猶争侈也，此所謂不必求之上焉者也。由是言之，有餘不足之數可得而見，而取予之説可得而知也。

然狃於常者，變之則駭；便於私者，奪之則争；黨繁勢厚，則扞格而難勝；謀工計深，則詭秘而不可察。圖利而害愈繁，趨省而費益廣，則夫天下之才果不易得，而取予之説果不易知也。支左屈右，夫射者舉知之也，至於中秋毫於百步之外，左右前後惟的之從，知之者惟后羿而已。

〔一〕「賈」，原作「貴」，據成化本、嘉靖本、萬曆本改。

攬轡執策，夫御者舉知之也，至於致六馬於千里之遠，周旋曲折，惟意所適，知之者惟造父而已。國不足而取，民不足而予，夫人而能知之也，至於取不傷民，予不傷國，知之者惟晏而已。李評：按劉晏判度支，用法精密。初，歲入錢六十萬緡，迨後賦入計歲得一千二百萬緡，而鹽利居大半。其理財，置知院官，每旬月具雨雪豐歉之狀以告，豐則貴糴，歉則賤糶。爲轉運使，立常平鹽法，官獲其利而民不乏鹽。蓋其才智有過人者也。

利病具於元載之書，而轉漕之説詳；鼓吹出於東渭之橋，而轉漕之功著；補辟之選精也，干請者寧奉以廪入，故趨督倚辦而功成；教令之出嚴也，數千里無異於目前，至嚬呻諧戲不敢隱；鹽法密於第五琦，而地無遺入；鼓鑄興於淮、楚間，而貨有餘緡，彼其所以取之者，豈盡出乎下哉？是以取之而民不傷。駛足募，而商賈不得制物價之低昂；賑救行，而豪植不得乘細民之困溺；檢核出内，李注：内，同納。一委之士，而吏無所竄巧；督漕主驛，一出之官，而民得以息肩；無名之斂雖罷，而鹽榷實行；米粟之賑雖出，而雜貨則入，彼其所以予之者，豈盡出乎上哉？是以予之而國不乏。嗚呼！創殘之餘，而嚮敵之甲未解也；饑疫之後，而饋軍之輸未艾也。上方宵旰，而民且嚻嚻，而晏也遑遑於其間，深計密畫，推羡補闕，國不增役而民力紓，民不加賦而國用足，非夫知取予之説，妙取予之術，疇克濟哉？

若夫頭會箕斂，剥膚椎髓，疲民力而徼便漕之功於難成之渠，捨吏欺而責負逋之租於已輸之民，竭下以益上，困民以悦君，此則韋堅、王鉷、楊國忠之倫，無耻敗國，甘處乎晏之下，而人皆憤焉者也。至於談仁義，述禮樂，既古人之文而不既古人之實，大言侈説而不適於用。如裴光庭之暴宇文融之惡，而不能任國用不足之責；房琯知惡第五琦，而不能對何所取財之問。此則不知堯舜孔孟之學，雖自處不在晏之下，而天下皆笑之者也。甘處乎下者如彼，欲出乎上者如此，則夫知取予者，非晏之與而誰與也。

雖然，論之以聖人之道，照之以君子之智，則堅、鉷、國忠雖晏所不爲，而愚恐其有時而同科；琯、光庭雖不足以詆晏，而愚恐晏未免於可詆。何則？晏之取予出於才而不出於學，根乎術而不根乎道。出於才而根於術，則世主之忠臣而聖君之罪人也。上有道揆，而責以有司之事焉可也，人君悦而尊寵之，鮮有不弊焉者也。易之理財，周官之制國用，孟子之正經界，其取不傷民，予不傷國者，未始不與晏同，而綱條法度，使官有所守，民有所賴，致天下之大利，而人知有義而不知有利，此則與晏異。故曰：出於才而不出於學，根於術而不根於道。李評：按前文極其推服，此處歸本於學與道，亦春秋責備賢者之意。

晏之治財未能過管、商氏。仲尼之門，五尺童子羞稱管仲，曾西之不爲，孟子之不願。至於商君，則後世篤論，以爲帝秦者商君也，而亡秦者亦商君也。今晏之所爲，如茗橘珍貢常冠諸府，要官華使多出其門，畏權貴而稟其人，默其口而啖以利，爲國家者，亦何利於此哉？使不死於楊炎之擠，則其污身敗國者將不止此。人莫不以楊炎之擠爲晏惜，而愚獨以爲晏之幸。故曰：論之以聖人之道，照之以君子之智，蓋未免於可詆，亦未必不與堅、鉷、國忠等同科。雖然，才之難也久矣。道不稽諸堯舜，學無窺於孔孟，毋徒爲侈説以輕議焉可也。

政之寬猛孰先論

君不可以有二心，政不可以有二本。君之心、政之本不可以有二，而後世二之者，不根之説有以病之也。「寬猛」之説，其論政之不根者歟！歧君之心，撓政之本，其害有不可勝言者，惜乎未之辨也。

唐憲宗問權德輿政之寬猛孰先。當時德輿之對似亦有得乎吾所謂「君之心，政之本」者矣，惜乎其不能伸之、長之，而寬猛之説未及辨也。

寬者，美辭也。猛者，惡辭也。寬猛可以美惡論，不可以先後言也。强弗友之世，至於頑嚚、疾狠、傲逆，不遜，不可以誨化懷服，則聖人亦必以刑而治之。然謂之剛克可也，謂之猛不可也。五刑之用謂之天討，以其罪在所當討，而不可以免於刑，而非聖人之刑之也，而可以猛云乎哉？「蠻夷猾夏，寇賊姦宄」，舜必命皋陶以明五刑。然其命之之辭曰「以弼五教，期於無刑」。皋陶受士師之任，固以詰姦慝、刑暴亂爲事也，然其復於舜者，曰「御衆以寬」，曰「罰弗及嗣」，曰「罪疑惟輕」，曰「與其殺不辜，寧失不經，好生之德洽於民心，兹用不犯於有司」。嗚呼！此吾所謂君之心而政之本也，而可以猛云乎哉？

寬猛之説，古無有也，特出於左氏載子産告子太叔之辭，又有「寬以濟猛，猛以濟寬」之説，而託以爲夫子之言。嗚呼！是非孔子之言也。李評：自先生説破，然後確乎知非孔子之言。先生知言之學，直接孔孟，不徒知邪説而已也。且其辭曰：「政寬則民慢，慢則糾之以猛，猛則民殘，殘則施之以寬。」使人君之爲政，寬而猛，猛而寬，而其爲之民者，慢而殘，殘而慢，則亦非人之所願矣。嗚呼！是非夫子之言也。語載夫子之形容，曰「威而不猛」。書數羲、和之罪，曰「烈於猛火」。記載夫子之言，曰「苛政猛於虎也」。故曰：猛者惡辭也，非美辭也。是豈獨非所先而已耶？是不可一日而有之者也。故曰：可以美惡論，不可以先後言也。左氏之傳經，説春秋者病其失之誣，柳宗元非其國語，以爲「用文錦覆陷穽」。彼其寬猛之説，其爲誣而設陷穽也大矣。

左氏不足道也，吾觀西漢董生三策，不能無恨。三策之辭大抵粹然有皋、夔、伊、傅、周、召之風，使人增敬加慕。其首篇有「王者宜求端於天，任德不任刑」之説，尤切時病。至武帝再策之，有所謂「商人執五刑以督姦，傷肌膚以懲惡」之説，且繼以周秦之事爲問。嘗謂當時待詔者百有餘人，至於此語，未必非仲舒「任德不任刑」之言有以激之也。此其説蓋亦有所自來，而仲舒乃不之辯，特推周家刑措之效，以爲由於教化之漸、仁義之流，非獨傷肌膚之效也。殆若無以加答，而遷就其説者然。若夫周措刑之美，秦用刑之非，武帝固自言之矣。彼之所問者，特以

「商人執五刑以督姦，傷肌膚以懲惡」，有異於周之措而秦之用，此則武帝之所據以遂其任法之意者也。此其説蓋出於戴記「商人先罰後賞」之言。嗚呼！「盡信書，不如無書。」戰國之君，争城以戰，殺人盈城，争地以戰，殺人盈野。孟子必力辯「血流漂杵」之言，以爲非是。武成，周書也；戰國，周之世也；書者，又夫子所定，去孟子未久也。至其言有害理非實，而足以病人君之心術，亦必力辯而無嫌。武帝之時，經籍出於秦火灰燼之餘，而記禮之書特傳於二戴之口，其非聖人之全書明甚。其所謂「執五刑，傷肌膚」之説，又背理非實，亦彰彰明甚。仲舒胡不稽「克寬克仁」之言，「敷政優優」之言，「后來其蘇」「后來其無罰」之言以告之，且申戴記「先罰後賞」之説，明辨其是非，以祛武帝之惑，顧乃遷就其説而不之辯，亦異於吾孟子矣。張湯之徒竟以任職稱意，公卿之間往往繫獄具罪，知見之法興，繡衣之使出，網密文峻〔一〕，而姦宄愈不勝，吾於仲舒之策不能無遺恨焉。至再傳而爲宣帝之雜霸，又轉而爲元帝之優柔，皆此説之不明也。

嘗謂古先帝王未嘗廢刑，刑亦誠不可廢於天下，特其非君之心，非政之本焉耳。夫惟於用刑之際而見其寬仁之心，此則古先帝王之所以爲政者也。堯舉舜，舜一起而誅四凶。魯用孔子，孔子一起而誅少正卯。是二聖人者以至仁之心恭行天討，致斯民無邪慝之害，惡懲善勸，咸

〔一〕「網」，原作「罔」，據四庫本改。

得游泳乎洋溢之澤，則夫大舜、孔子寬仁之心，吾於四裔兩觀之間而見之矣。然則君人者，豈可以頃刻而無是心，而所謂政者，亦何適而不出於此也。故曰：君不可以有二心，政不可以有二本。

唐李吉甫嘗言於憲宗曰：「刑、賞，國之二柄，不可偏廢。今恩惠洽矣，而刑威未振，中外懈怠，願加嚴以振之。」當時帝顧問李絳，絳雖能以「尚德不尚刑」之說折之，然終未能盡愜於理。盍亦曰：「吉甫爲宰相，若中外誠有傲逆淫縱，敗常亂俗，麗於法而不可逭者，盍亦明論其罪，告主上以行天討乎？何乃泛言刑威不振，勸人主以加嚴，此豈大舜明刑之心，而皋陶所以告舜之意乎？」如此，則不墮於偏廢之説，而吉甫之失自著矣。噫！吉甫斯言，可謂失其本心者矣。其後于頔勸帝峻刑，帝乃告諸朝而推論其意，吉甫退而抑首，不言笑竟日，則吉甫亦可謂知耻者矣。後之欲以險刻苛猛之説復其君者，尚鑒於此哉！

善哉！德輿之所以告其君者乎，蓋亦有合乎吾孟子告君之機，惜乎其無以終之也。人君之所以進於先王之政者，蓋始於仁心之一興耳，然而事物之至，利害之交，此心常危而易蔽。況夫水溺火烈之説載於左氏，嚴理寬亂之論著於崔寔，而世莫之非。一旦而君有「寬猛孰先」之問，安知其不有所蔽而然乎？德輿首告以太宗觀明堂圖以罷鞭背之罪，此與孟子以見牛之説告齊宣王何異，真足以興其仁心矣。宜乎憲宗然之無疑，其後不惑於吉甫、于頔之説，而能顧問李絳，推論於朝者，未必非德輿斯言力也。雖然，有仁心仁聞，而民不被其澤者，不行先王之政也。

仁心之興，固未足以言政。孟子之興其仁心者，固將告之以先王之政也。若德輿則不復進於是矣，此吾所以惜其無以終之也。

嗚呼！是説之難久矣。自堯以是而哀鰥寡之辭，舜以是而稱皋陶之休，禹以是拜伯益之言，湯以是優代虐之政，文王以是明丕顯之德，武王以是釋箕子之囚，至于穆王猶能以是而作呂侯之命。三代降，斯道其不行矣；孟子没，斯道其不明矣。夫自漢儒之純如仲舒，猶不能使人無恨，則吾於德輿乎奚責！

「常勝之道曰柔」論

人情之所甚欲常出於其所甚不欲。處天下之勝，而舉天下常無以勝之者，此固人情之所甚欲也。若乃暴之而有勝人之形，張之而有勝人之勢，嘵嘵然與物爲敵，而未始少屈者，此則快於常人之情，而以爲可以致勝焉者也。然而天下之取敗者常出於此，而幸勝者不萬一焉。至於窺之而無勝人之形，抗之而無勝人之勢，退然自守，初若無以加乎人者，此則常情之所甚不欲，而以爲無足以致勝焉者也。然而勇者於此喪其力，智者於此喪其謀，舉天下之所謂若可以勝人者，皆於此而喪其强，則夫常勝之道蓋無越於此者。然則其所甚不欲者，乃所以致其所甚欲者，而人或未之知也。「常勝之道曰柔」，列禦寇之所以言也。

切嘗論之，禦寇是説固不可以苟訾，亦不可以苟贊。何者？論勝之勢而不及理，則勝有不出於柔；語柔之體而不及用，則柔有不可以致勝。悉楚甲以奔鄒之陳，則鄒之將必俘楚之庭；掃齊境以臨薛之城，則薛之君必惟齊之命，是勝未始出乎柔也。然周以岐山之邑而興王業，越以會稽之棲而成伯圖，蜀漢足以斃項，昆陽足以死莽，是勝未始不出乎柔也。蓋不出乎柔者，勢也；出乎柔者，理也。理可常也，而勢不可常也，是勢果不足論而勝果出於柔也。蒙鳩之巢不足以當嵩、衡之遺石，枯楊之稊不足以試鏌鋣之餘鋒，是柔未始可以致勝也。然天下之至柔者莫若水，而攻堅强者莫之能先。洞庭、彭蠡之瀦是汪然者，非犀兕之堅、金石之郛也。有賤丈夫焉，奮劍而裂之，力則疲而水則不可裂也；投石而破之，石則墜而水則不可破也，則是柔未始不可以致勝也。蓋不可以致勝者，其體也；可以致勝者，其用也。體者徒柔也，而用者不徒柔也，是體果不足論，而柔果可以致勝也。論勝之勢而不及勝之理，語柔之體而不及柔之用。然而贊之者，是不明而苟於徇人也。然而訾之者，是愚而果於自任也。訾之之弊，往往徒恃其有勝之勢，而不知其無勝之理。六國并而秦以破，南北混而隋以亡，此恃勝之勢，而不知勢之不可常也。贊之之弊，往往徒以其有柔之體，而不知其無柔之用。元帝以優柔而微漢，德宗以姑息而弱唐，此有柔之體，而不知徒柔之無用也。

「尺蠖之屈，以求伸也；龍蛇之蟄，以存身也。」猛虎伏於深谷，而其威愈不可玩；翠虬蟠於深淵，而其靈愈不可狎。使勝之勢而若此，則烏有不可常也哉？是其勢固出乎柔，而非向之所謂勢者也。泊然而無勝人之形，寂然而無震人之聲，誘之不可得而喜，激之不可得而怒。使柔之體而若此，則亦何往而不勝哉？是其體固有所用，而非向之所謂徒柔也。嗚呼！天下之言勝者，每快於秦之并吞，隋之混一。而言柔者，又多溺於漢之優柔，唐之姑息。則吾又安得夫知柔之説者，而與之論常勝之道哉？

雖然，登華嶽則衆山不能不迤邐，浮滄海則江漢不能不汙沱，明聖人之道，則禦寇之學幾不能立其門牆。蓋正己之學初無心於求勝，大中之道初不偏於剛柔。「沉潛剛克，高明柔克」，德之中也。「强弗友，剛克；燮友，柔克」，時之中也。時乎剛而剛，非剛也，中也；時乎柔而柔，非柔也，中也。其爲道也，内外合，體用備，與天地相似，與神明爲一，又安有求勝之心於其間哉？屈伸視乎時，勝否惟其德。湯嘗事葛矣，而仇餉之師竟舉；文王嘗事昆夷矣，而柞棫之道終兑，非求勝也，時也。虞干舞而苗格，周壘因而崇降，非用柔也，德也。且南方之强在於「寬柔以教」，而申棖之慾則不可謂之剛。蓋剛之中有至柔之德，而柔之中有至剛之用，安得以一偏而名之哉？彼靡靡而言柔，行行而言勝，固無譏焉耳矣〔二〕。顧爲禦寇之説者，於此非羞汙反走，則亦

〔二〕「譏」，嘉靖本作「議」。

將舍所學而問聖道之津矣。故明聖人之道，則禦寇之學幾不能立於門牆。

雖然，禦寇之學得之於老氏者也。老氏駕善勝之説於不争，而禦寇託常勝之道於柔，其致一也。是雖聖學之異端，君子所不取，然其爲學固有見乎無死之説，而其爲術又有得於翕張取予之妙，殆未可以淺見窺也。其道之流於説者，爲蘇、張之縱横；流於法者，爲申、韓之刑名；流於兵者，爲孫、吴之攻戰。高祖得於張良而創漢業，曹參得於蓋公而守漢法，逮光武有見乎苞桑之説，遂以興漢而理天下。今苞苴竿牘之智，弊精神乎蹇淺者，其於蘇、張、申、韓之倫無能爲役，而欲肆其胸臆以妄議老氏、禦寇之學，多見其不知量也。故曰：不可以苟訾，亦不可以苟贊。

卷三十一

程文

問制科 解試

對：制科不可以有法，制科而有法，吾不知制科之所取者何人也。以蝸蛭之餌垂海而冀吞舟之魚，唐賈至猶以爲諸科之病。今制科者，天子所自詔以待非常之才也。孰謂非常之才而可以區區之法制束而取之乎？

然是科始於漢，盛於唐。至於我宋，其爲法益密，而其得人之盛視漢唐有優焉，何哉？愚嘗論之，漢病於經，唐病於文，長才異能之士類多淪溺於訓詁、聲律之間，故漢唐之制舉不可以罪法。我宋之盛莫盛於仁宗。蓋其承三朝涵養天下之久，和氣浹洽，人才衆多，學術雅正，經不病漢，文不病唐，而天聖復科之詔，又其圖治之心鋭而求才之意切。天下之士雷動雲合，欲振聳於天子之庭者，心洋洋而冠峨峨也。是以一舉而得富鄭公，再舉而得張文定，其餘如何、張、蘇、錢之流亦往往可稱數，號爲得人之盛。

然未幾而范文正公且言曰：「朝廷命試之際，或將訪以不急之務，雜以非聖之書，欲伺其所未知，誤其所熟習，適足以誤多士之心，非勸學育材之意也。」嘉祐之末，蘇文忠公制策之對，且曰：「陛下所爲親策賢良之士，以應故事而已，豈以臣言爲真足有感於陛下耶？」愚以爲仁宗英特之主，好賢之誠蓋不後於堯舜三王，而乃使當時大臣有誤多士之論，制科之人有應故事之説者，是蓋其法之罪也。故天聖之法不可以不變。

恭惟主上臨御以來，十年三詔，鋭意方聞之彦，凡記誦傳注之僻，識知侍從之艱，咸汛掃而新之，則夫范文正所謂誤多士者蓋革之矣。乃秋九月，實試賢良之士，執事大人，下教諸生以試之之時，有可變而通之之理，謂今歲列郡不雨者非一，則成湯之自責，宣王之憂民，甯莊子之知天意，臧文仲之知人事，其所先所宜，可用可爲者，宜有得於大廷之對。誠如是，則蘇文忠所謂應故事者又革之矣。雖然，慶曆六年，監察御史唐詢嘗請如漢故事，俟有災異，然後舉之，親策當世要務，罷試秘閣六篇，參政吴育執以爲不可，愚嘗交譏其齷齪庸陋。蓋詢之意，非知待賢之體而能勉君以盡其禮，顧患應科者之衆，而欲設術以抑其進。爲育者正當誅其意而取其説，從而廣之。若曰「思未治則舉之，思遺逸則舉之，有缺政則舉之，有災異則舉之，有大謀議則舉之，惟人君之所欲舉欲問，毋拘以法，毋限以時」，則是科之設庶乎其有補，而是科之名庶乎其無愧矣。不知出此，而猥曰「法不可變」。嗚呼！待賢良而有若待胥吏徒隸者存焉，是尚爲不可變乎？齷齪庸陋之臣不知待賢者之禮，適以蕪累明君之政如是哉！故曰：天聖制科之法不可不變。

若夫漢唐之時，則未始有定法也。所謂舉之以五者，惟晁錯爲然。當時特詔有司、諸侯王及三公、九卿、主郡吏舉賢良，而舉晁錯者適有五人耳。若乃公孫洪、董仲舒、谷永、杜欽之流，而推之、選之、舉之皆不必其五也。故彼之以五者非有定法，而我之以二則法之一定者也。問之以三者，惟董仲舒爲然。當時固以對策者條貫靡竟，統紀未終，辭不别白，旨不分明，故至于再、至于三耳。若乃晁錯、谷永、杜欽皆止於一篇，而公孫洪止於復問，初不必其三也。故彼之以三者，初非定法，而我之以一者，則法之一定者也。至於應者之多寡尤不可概論，漢之應者以百數，而唐永昌之初，對策者至千餘。當時張柬之爲第一，此狄仁傑之所謂宰相材，而成誅二張之功者也。固不可謂其應者之多，而所得之非才也。故曰：漢唐之制科不可以罪法。

若夫比方之事，非承學之任，故愚不復爲執事道。謹對。

〔問〕料敵[一] 解試

曹操能注兵法，而不能諭於其子；趙括能讀父書，而不見許於其父。兵家之變又豈可以言傳而迹窺也哉？

李靖佐李孝恭平蕭銑，靖請乘水傳壘，以爲必擒。及叩夷陵，銑以惶駭，而其敗軍之將適屯清溪，靖乃以爲不可擊，孝恭擊之，果以敗還。賊委舟散掠，靖視其亂，擊而破之，孝恭繼進，銑遂以降。夫圖銑一事也，始而曰必擒，中而曰不可擊，終而擊，其說三變，而無一不酬。知此，則韓安國、淮南王之説可得而判矣。李德裕之在劍南也，追咎韋皋招徠羣蠻之策，以爲召寇之端；撫納蕃將悉怛維州之降，以爲制敵之要。夫劍南一方也，羣蠻之來，悉怛之至，大略相類，一以爲召寇，一以爲制敵，而君子兩是其説。審乎此，則耿國、柳渾之説可得而知矣。故孫武以兵爲書，而曰「兵家之勝，不可先傳」。霍去病以兵爲事，而曰「何至學古兵法」。誠以兵家之變在於機緘識略之相符，非可以言傳而迹窺也。

然則高祖之前料，子房之決勝，夫豈偶然而已哉？嘗觀石勒素不知書，聽讀漢書至食其立

[一]「問」，原無，據成化本、正德本、四庫本補。

六國事，搏手驚曰：「此法當失，何以得天下？」及至張良借箸之説，則曰：「賴有此人耳。」以是知高祖輟飯吐哺之時，豈無見乎其事之機，而惟良之爲信者。後世書生以陳迹臆見斷天下之成敗者，豈不貽笑矣哉？

若夫宣帝之使單于慕義，郭子儀之使回紇下拜，此其誠之所感，則又進乎兵矣。

問賑濟 解試

對：賑濟之策，前人之迹可求也。然無得乎其本，而惟末之求，則其策有時而窮。文潞公之在成都也，米價騰貴，因就諸城門相近院凡十八處，減價而糶，仍不限其數，張榜通衢，翼日米價遂減〔一〕。此蓋劉晏之遺意。然公廪無儲，私困且竭，則其策窮矣。趙清獻之守越，米價踴貴。傍州皆榜衢路，禁增米價。清獻獨榜衢路，令有米者任增價糶之。於是諸路米商輻輳詣越，米價更賤，民無餓莩。此蓋盧坦之舊策。然商路不通，鄰境無粟，則其策窮矣。舍是二策，獨可取之富民。而富民之囷廪盈虚，穀粟有無，不得而知。就令知之，而閉糶如初，又誠如明問所慮。以公家之勢，發民之私藏，以濟賑食，不爲無義，顧其間尚多他利害。故愚請舍

〔一〕「翼日」，嘉靖本作「異日」。

其末而論其本，可乎？

漢倪寬以租不辦居殿，當去官，百姓思之，大家牛車，小家負擔，乃更居最。夫寬於科斂之方略亦疏矣，而能旦暮之間以殿爲最，則愛民之心孚乎其下故也。誠使令之縣令有倪寬愛民之心，感動乎其下，則富民之粟出，而邇臣散給之策可得而施矣。

方略之未至，利害之未悉，皆可次第而講求。若監司、郡守不能以是心爲明主謹擇縣令，或憚於有所按發，而務爲因循舍貸，則吾未如之何也已矣！

問唐取民制兵建官 省試

對：古之是非得失常易論，今之施設措置常難言。論古之是非得失而不及今之施設措置，吾未見其爲果知古也。

然則古亦豈可以易言乎哉？取民、制兵、建官之法，蓋莫良於三代。遭秦變，古先王之制掃地而盡。由漢以來，因循苟簡，視三代之法幾以爲不可復行。蓋不知大冬之寒可以推而爲大夏之暑，毫末之小可以進而爲合抱之大，顧當爲之以漸，而不可以驟反之也。唐因魏、隋之舊，而成租調、府衛之制，官約以六典，而省之至於七百三十，此可以爲復三代之漸，而唐之所以爲可稱者也。至於貧無以葬者，許鬻永業；自狹鄉徙寬鄉者，併鬻口分。啓兼并之端，開避地之釁，此固失在於其法。省官之初，自謂吾以此待天下賢才足矣。既而增員外，置寢廣而不復除，此固失在於其身。居重御輕之説，在唐固不能無蔽，而府兵之廢實出於版圖隳而不可考，閱習弛而不可用，其源蓋與授田相表裏，皆其立法之遺恨也。彍騎、兩税，雖皆一時可喜之事，而壞經常簡易之法，馴致鉅創大蠹而不能救。承良法之弊，不知修而復之，苟且變更，以偷一時之利而不顧其後，此尤君子之所深惡，不可諉前人之失而逭其誅。至於斜封、墨敕之濫，則誠無足深責。大抵君子之望於唐者，欲其等而上之，而唐愈下；欲其推而進之，而唐愈退。其是非得失豈不較然甚明哉。

至推之於今日，則又有難言者：唐租調之法固可以爲復井田什一之漸矣。然連阡陌者難於行削奪之法，厭糟糠者無以爲播種之資。削奪之法不行，則田畝孰給？播種之資既乏，則租課孰供？況今之取於民者，斗斛之數定而輸再倍，和市之名存而直不給，殊名異例，不可殫舉。而州縣遑遑，有乏須負課之憂；大農汲汲，爲支柱權宜之計。於此而議復租調之法，誰曰爲通世務者？

唐府兵之法，固可爲復軍旅卒伍之漸矣。然授田之制不行，則府衛之制不可復論。況邇者兩淮流徙之民，朝廷欲因賑救之粟，使耕荒棄之地，以成屯田之業，而議者猶懼資儲之乏，事弗克究。列營而居，負米而爨者，或者猶懼拊循之未至，居處之未安，習勤之未集，而遽欲望被堅蹠勁於田畝捨鋤釋耒之人，亦已難矣。於此而言府衛之制，蓋索商舶於北溟之涯者也。唐虞官百，夏商官倍，周官三百六十，而唐承隋後，官不勝衆，驟而約之，七百有奇，則復古建官，亦莫近於唐矣。今之内而府寺場局，外而參幕佐貳，可以罷而省之者蓋不爲少。天下莫不知之，而朝廷之憚爲此者，則懼夫衣裳之流離而無以生也。今雖不省，而受任者或數千里，需次者或八九年。奪園夫紅女之利，不復可以責士大夫。爲省官之説，則又不可無以處此。故曰：論古之是非得失者易，言今之施設措置者難。然則三代之法，其終不可復矣乎？曰：大夏之暑，大冬之推也；合抱之木，毫末之進也。况夫修己以安百姓，篤恭而天下平，仲尼謂「朞月而可，三年有成」。有包荒之量，有馮河之勇，有不遐遺之明，有朋亡之公，於復三代乎何有？愚不佞，他日執事大人論思之次，願與聞焉。

問德仁功利

對：仲尼屢歎管仲之功，而遊於其門者，五尺童子羞稱焉，曾西有所不爲，孟子有所不願。然觀威公由莒轉戰而入齊，管仲釋囚拘而相之，其學焉而後臣之也，孟子至與成湯、伊尹同稱。然觀其始志，不過欲立功名於天下，以自尊榮其身而已。豈有「匹夫匹婦有不與被堯舜之澤者，若己推而納之溝中」之心哉？召陵之役，反未及國，而陳轅濤塗之執、驕恣之迹已形，其視成湯之慚德爲如何？嗚呼！此功利德仁之所從分歟！

唐太宗與裴寂、劉文静謀動高祖時，其志無異於威公、管仲之事，及其有天下之後，致正觀之治〔一〕，而論者以爲庶幾三代之王。吾獨於其聽魏徵之言而見之。宇文士及稱：「南衙羣臣面折庭争，陛下不得舉手。」蓋當時輔拂鯁挺之臣不獨徵而已，顧獨徵之言爲尤詳且切。取徵之言而讀之，蓋有富翁貴仕之所不能堪者，而太宗富有天下，貴爲天子，功業皆其所自致，而能俯首抑意，聽拂逆之辭於疇昔所惡之臣。嗚呼！此其所以致正觀之治，庶幾於三代之王者乎！

恭惟主上盛德至仁，其學蓋出於五帝、三王，而俯取唐太宗德仁功利之問，與魏徵之所以對者，發於奎書，形於詔旨，詢及侍臣，一何其德之盛、仁之熟，勉勉亹亹而無有窮已也？實天下萬世之幸！執事大人仰取而俯用之，策諸生於旅試之場，甚大惠也。設功利德仁之疑於魏徵之辭，愚既以齊威、管仲之事決之於前矣。至於「帝王之德之仁，豈但如匹夫見於修身齊家而已」之説，愚竊以爲不然。夫所謂修身齊家者，非夫飭小廉，矜小行，以自託於鄉黨者然也。顔子視聽言動之間，曾子容貌辭氣顔色之際，而五帝、三王、皋、夔、稷、契、伊、吕、周、召之功勳德業在

〔一〕「正觀」，各本同，此指唐太宗年號「貞觀」，係陸九淵避宋仁宗趙禎之諱而改。以下「正觀」同。

焉。李評：此數語非有見於聖學者不能及。故大學言「明明德於天下者」，取必於格物致知、正心誠意之間。愚不敏，姑誦所聞，執事大人幸恕其狂斐。

問漢文武之治

對：嘗讀洪範至於「沉潛剛克，高明柔克」之辭，未嘗不反復深考而敬思之，以爲古先帝王之所以未嘗不學，而求警戒磨勵之心未嘗不切也。執事教諸生以漢文帝、武帝之事，愚獨以學而斷二君之失。

夫文帝之爲君，固寬仁之君也，然其質不能不偏於柔。故其承高、惠之後，天下無事，不知上古聖人弦弧剡矢、重門擊柝之義，安於嫁胡之恥，不能飭邊備，講武練兵，以戒不虞。而匈奴大舉入邊者數四，甚至候騎達於雍、甘泉，僅嚴細柳、灞上、棘門之屯。雖拊髀求將，御鞍講武，而志終不遂。使其有學以輔之，而知高明之義，必不至於此矣。

武帝之爲君，固英明之君也，然其質不能不偏於剛。故其承文帝富庶之後，貫朽粟腐，憤然欲犁匈奴之庭，以刷前世之耻。然不知舞干格苗、因壘降崇之事。不止衛青、霍去病之師，而窮貳師之兵，至於海内虚耗，户口減半，雖下輪臺哀痛之詔，亦無及矣。「飄風不終朝，驟雨不終日」，執事謂始作者有以基之，信其然乎。使其有學以輔之，而知沉潛之義，不至於此矣。

嗚呼！富庶之效雖遼於虚耗之報，而拊髀之歎有不如輪臺之哀。堯舜三王之心，吾於漢武帝末年之詔而知之，此吾所以重惜其無學以輔之也。若聖天子求治之至，而治道未盡舉，此則執事大人之任，愚未敢僭。

卷三十二

拾遺

「好學近乎知」

聖人之言有若不待辯而明，自後世言之，則有不可不辯者。夫所謂智者，是其識之甚明，而無所不知者也。夫其識之甚明，而無所不知者，不可以多得也。然識之不明，豈無可以致明之道乎？有所不知，豈無可以致知之道乎？學也者，是所以致明致知之道也。向也不明，吾從而學之，學之不已，豈有不明者哉？向也不知，吾從而學之，學之不已，豈有不知者哉？學果可以致明而致知，則好學者可不謂之近智乎？是所謂不待辯而明者也。

然大道之不明，斯人之陷溺，古之所謂學者，後世莫之或知矣。今自童子受一卷之書，亦可謂之學；雖學農圃技巧之業，亦不可不謂之學。人各隨其所欲能者而學之，俗各隨其所漸誘者而學之，均之爲學也。雖其學之也，有好有不好，其好之也，有篤有不篤，而當其篤好之也，均之爲好學也。今學農圃技巧之業者姑不論；而如童子受書，如射御書數專爲一藝者亦姑不論；又如詭怪妖妄之人，學爲欺世誣人之事者亦姑不論。而世蓋有人焉，氣庸質腐，溺於鄙陋之俗，習於庸猥之説，膠於卑淺零亂之見，而乃勉勉而學、孜孜而問、茫茫而思、汲汲而行，聞見愈雜，智識愈迷，東轅則恐背於西，南轅則恐違於北，執一則懼爲通者所笑，泛從則懼爲專者所非，進退無守，彷徨失據。是其好之愈篤，而自病愈深。若是而學、若是而好者，果可謂之近於智乎？此所謂自後世言之則有不可不辯焉者也。[李評：章句支離之學，不得謂之學。]

學問求放心

舉天下從事於其間而莫知其説，理無是也，而至於有是，是豈可以不論其故哉？學問也者，是舉天下之所從事於其間者也。然于其所以學問者而觀之，則汙雜茫昧，駁乎無以議爲也。古者學問之道，於是而有莫知其説者矣。

「仁，人心也。」心之在人，是人之所以爲人，而與禽獸草木異焉者也，可放而不求哉？古人之求放心，不啻如饑之於食、渴之於飲、焦之待救、溺之待援，固其宜也。學問之道，蓋於是乎在。下愚之人忽視玩聽，不爲動心。而其所謂學問者，乃轉爲浮文緣飾之具，甚至於假之以快其遂私縱欲之心，扇之以熾其傷善敗類之燄，豈不甚可歎哉！「學問之道無他，求其放心而已矣。」孟子斯言，誰爲聽之不藐者。

「主忠信」

人不可以無所主，尤不可以主非其所主。蓋人而無所主，則倀倀然無所依歸，將至於無所不爲，斯固有所不可也。然至於主非其所主，則念慮云爲舉出於其心之所主，方且陷溺於其中而自以爲得，雖有至言善道、賢師良友，亦無如之何。則又不若無所主者之或能入於善也。此夫子所以屢言之。

忠者何？不欺之謂也；信者何？不妄之謂也。人而不欺，何往而非忠？人而不妄，何往而非信？忠與信初非有二也。特由其不欺於中而言之，則名之以忠；由其不妄於外而言之，則名之以信。果且有忠而不信者乎？果且有信而不忠者乎？名雖不同，總其實而言之，不過良心之存，誠實無僞，斯可謂之忠信矣。由是言之，忠信之名，聖人初非外立其德以教天下，蓋皆人之所固有，心之所同然者也。

然人之生也，不能皆上智不惑。氣質偏弱，則耳目之官不思而蔽於物，物交物，則引之而已。由是向之所謂忠信者，流而放僻邪侈，而不能以自反矣。當是時，其心之所主，無非物欲而已矣。然則聖人所欲導還其固有，舍曰「主忠信」，其何以哉？是故爲人子而不主於忠信則無以事其親，爲人臣而不主於忠信則無以事其君，兄弟而不主於忠信則傷，夫婦而不主於忠信則乖，朋友而不主於忠信則離。視聽言動，非忠信則不能以中理；出處語默，非忠信則不能以合宜。凡文辭之學，與夫禮樂射御書數之藝，此皆古之聖賢所以居敬養和，周事致用，備其道，全其美者。一不出於忠信，則雖或能之，亦適所以崇姦而長僞，況其餘乎？

嗚呼！忠信之於人亦大矣。欲有所主，捨是其可乎？故夫子兩以告門人弟子，而子張之問崇德，亦以是告之；至於贊易，則又以爲「忠信所以進德也」。誠以忠信之於人，如木之有本，非是則無以爲木也；如水之有源，非是則無以爲水也。人而不忠信，果何以爲人乎哉？鸚鵡鸜鴒能人之言，猩猩猿狙能人之技，人而不忠信，何以異於禽獸者乎？嗚呼！學者能審其所主，則亦庶幾乎其可矣。

國以君爲主，則一國之事莫不由君而出；軍以將爲主，則一軍之事莫不由將而出；家以長爲主，則一家之事莫不由長而出。人能以忠信爲主，則念慮云爲、舉一身之事莫不由忠信而出，然而不能進於聖賢者，吾未之信也。

「毋友不如己者」

人之技能有優劣，德器有大小，不必齊也。至於趨向之大端則不可以有二，同此則是，異此則非。向背之間、善惡之分、君子小人之别，於是決矣。友者，所以相與切磋琢磨以進乎善，而爲君子之歸者也。其所向苟不如是，惡可與之爲友哉？此「毋友不如己者」之意。甚矣！趨向之不可不謹，而友之不可不擇也。

耳目之所接，念慮之所及，雖萬變不窮，然觀其經營，要其歸宿，則舉係於其初之所向。布乎四體，形乎動静，宣之於言語，見之於施爲，醖釀陶冶，涵浸長養，日益日進而不自知者，蓋其所向一定而勢有所必然耳。彼其趨向之差，而吾與之友，則其朝夕遊處之間，聲薰氣染，波蕩風靡者，豈不大可畏哉？子張氏有「於人何所不容」、「如之何其拒人」之説，殆未知夫「主忠信，毋友不如己者」之義也。李評：陸子以「如」字作「似」字解，本於乾卦「同聲相應，同氣相求」之義，所謂君子以同道爲朋也。若朱子則以「如」字作「及」字解，蓋用子貢悦與不若己者處之義。於理皆通。但孔子之時，豈有如孔子者，是孔子無友而斯言爲虚設也。然孔子言志，老安少懷，與朋友並，稱衛蘧、齊晏，皆不如孔子，而孔子皆友之。惟原壤夷俟，然後杖叩其脛，則所謂道不同者。由是觀之，似陸子之解不爲無見。

「人不可以無耻」

人惟知所貴，然後知所耻。不知吾之所當貴，而謂之有耻焉者，吾恐其所謂耻者非所當耻矣。夫人之所當貴者，固天之所以與我者也，而或至於戕賊陷溺，顛迷於物欲，而不能以自反，則所可耻者亦孰甚於此哉？不知乎此，則其愧耻之心將有移於物欲得喪之間者矣。然則其所以用其耻者，不亦悖乎？由君子觀之，乃所謂無耻者也。孟子曰「人不可以無耻」，以此。

又

不善之不可爲，非有所甚難知也。人亦未必不知，而至於甘爲不善而不之改者，是無耻也。夫人之患莫大乎無耻。人而無耻，果何以爲人哉？今夫言之無常，行之不軌，既已昭著，乃反睢睢揚揚，飽食煖衣，安行而自得，略無愧怍之意，吾不知其與鱗毛羽鬣、山棲水育、牢居野牧者何以異也。人而至此，果何以爲人乎哉？鈞是人也，而至於有爲聖爲賢者，獨何爲而能然哉？人之無耻者，盍亦於是而少致其思乎！「人不可以無耻」，以此。

「思則得之」

義理之在人心，實天之所與而不可泯滅焉者也。彼其受蔽於物而至於悖理違義，蓋亦弗思焉耳。誠能反而思之，則是非取舍蓋有隱然而動、判然而明、決然而無疑者矣。

「君子喻於義」

非其所志而責其習，不可也；非其所習而責其喻，不可也。義也者，人之所固有也。果人之所固有，則夫人而喻焉可也。然而喻之者少，則是必有以奪之，而所志所習之不在乎此也。孰利於吾身，孰利於吾家，自聲色貨利至於名位禄秩，苟有可致者，莫不營營而圖之，汲汲而取之。夫如是，求其喻於義，得乎？君子則不然，彼常人之所志，一毫不入於其心，念慮之所存，講切之所及，唯其義而已。夫如是，則亦安得而不喻乎此哉？然則君子之所以喻於義者，亦其所志所習之在是焉而已耳。

「求則得之」

良心之在人，雖或有所陷溺，亦未始泯然而盡亡也。下愚不肖之人所以自絶於仁人君子之域者，亦特其自棄而不之求耳。誠能反而求之，則是非美惡將有所甚明，而好惡趨舍將有不待强而自決者矣。移其愚不肖之所爲，而爲仁人君子之事，殆若決江疏河而赴諸海，夫孰得而禦之？此無他，所求者在我，則未有求而不得者也。「求則得之」，孟子所以言也。

「里仁爲美」

自爲之，不若與人爲之；與少爲之，不若與衆爲之，此不易之理也。「仁，人心也。」「爲仁由己，而由人乎哉？」「我欲仁，斯仁至矣。」仁也者，固人之所自爲者也。然吾之獨仁，不若與人焉而共進乎仁。與一二人焉而共進乎仁，孰若與衆人而共進乎仁。與衆人焉共進乎仁，則其浸灌薰陶之厚、規切磨礪之益，吾知其與獨爲之者大不侔矣。故一人之仁不若一家之仁之爲美，一家之仁不若鄰焉皆仁之爲美，其鄰之仁不若里焉皆仁之爲美也。「里仁爲美」，夫子之言，豈一人之言哉？

「則以學文」

欲明夫理者，不可以無其本。本之不立，而能以明夫理者，吾未之見也。宇宙之間，典常之昭然、倫類之燦然，果何適而無其理也。學者之爲學，固所以明是理也。然其疇昔之日，閨門之內，所以慕望期嚮，服習踐行者，蓋泯然乎天理之萌蘖，而物欲之蔽實豪據乎其中而爲之主，則其所以爲學之本者固已壓矣。然而方且汲汲於明理，吾不知所謂理者果可以如是而明之乎？苟惟得之於天者未始泯滅，而所以爲學之本者見諸日用，而足以怙乎人，則雖其統紀條目之未詳，自可以切磋窮究，次第而講明之，而是理亦且與吾相契，而涣然釋，怡然順者，將不勝其衆矣。「則以學文」，夫子所以言也。

「人心惟危，道心惟微，惟精惟一，允執厥中」

知所可畏而後能致力於中，知所可必而後能收效於中。夫大中之道，固人君之所當執也。然人心之危，罔念克念，爲狂爲聖，由是而分。道心之微，無聲無臭，其得其失，莫不自我。曰危，曰微，此亦難乎其能執厥中矣，是所謂可畏者也。苟知夫危、微之可畏也如此，則亦安得而不致力於中乎？毫釐之差，非所以爲中也，知之苟精，斯不差矣。須臾之離，非所以爲中也，守之苟一，斯不離矣。「惟精惟一」，亦信乎其能執厥中矣，是所謂可必者也。苟知夫精一之可必也如此，則亦安得而不收效於中乎？知所可畏而致力於中，知所可必而收效於中，則舜禹之所以相授受者豈苟而已哉？

「學古入官，議事以制，政乃不迷」

天下有不易之理，是理有不窮之變。誠得其理，則變之不窮者皆理之不易者也。理之所在固不外乎人也，而人之生亦豈能遽明此理而盡之哉？開闢以來，聖神代作，君臣之相與倡和彌縫，前後之相與緝理更續，其規恢締建之廣大深密，咨詢計慮之委曲詳備。證驗之著，有足以析疑〔一〕；更嘗之多，有足以破陋。被之載籍，著爲典訓，則古制之所以存於後世者，豈徒爲故實文具而已哉？以不易之理禦不窮之變，於是乎在矣。學之以入官，操之以議事，政之不迷，固其所也。

「汝分猷念以相從，各設中于乃心」

必有所辨，然後私說可得而破；必有所主，然後私意可得而絶。道之所在，固非私說之可擬；中之所存，固非私意之可間。有道之君率由是中以圖事揆策，其爲民之意至炳炳也。而不便於其私者，輒持其私意倡爲異說，以鼓動吾民。彼民之愚，至怵於其私說，黨於其私意，相率

〔一〕「析」，成化本、嘉靖本、萬曆本作「折」。

而違上之令。何理之是非至是而難見，而心之權度至是而無所準如此哉？是殆其外之無所辨，而異説之來不能無惑；內之無所主，而宅心之素不于其中，而物得以奪。

「養心莫善於寡欲」

將以保吾心之良，必有以去吾心之害。何者？吾心之良吾所固有也。吾所固有而不能以自保者，以其有以害之也。有以害之而不知所以去其害，則良心何自而存哉？故欲良心之存者，莫若去吾心之害。吾心之害既去，則心有不期存而自存者矣。

夫所以害吾心者，何也？欲也。欲之多，則心之存者必寡；欲之寡，則心之存者必多。故君子不患夫心之不存，而患夫欲之不寡，欲去則心自存矣。然則所以保吾心之良者，豈不在於去吾心之害乎？

「取二三策而已矣」

昔人之書不可以不信，亦不可以必信，顧於理如何耳。蓋書可得而僞爲也，理不可得而僞爲也。使書之所言者理耶，吾固可以理揆之；使書之所言者事耶，則事未始無其理也。觀昔人之書而斷於理，則真僞將焉逃哉？苟不明於理而惟書之信，幸而取其真者也，如其僞而取之，則其弊將有不可勝者矣。孟子曰：「吾於武成，取二三策而已矣。」非明於理者，孰能與於此？

嘗謂言而無稽，往哲以爲不足聽；事不師古，昔賢以爲非所聞。堯舜之聖，書以「稽古」稱之。夫子之聖，自謂「好古，敏而求之」〔一〕。「古訓是式」，詩所以稱仲山甫之賢。「必則古昔，稱先王」，禮所以爲學者之軌範也。然則昔之聖賢，蓋未嘗有不取於書者也。欲求稽古昔以爲師法訓式，而非書之取，將孰取之哉？然而古者之書不能皆醇也，而疵者有之；不能皆然也，而否者有之。真僞之相錯，是非之相仍，使不通乎理而概取之，則安在其爲取於書也？昔之聖賢，豈其然乎？

自羲皇以來至於夫子，蓋所謂有道之世，雖中更衰亂，而聖明代興。而周家又號爲典章之備，而職守之詳且嚴者。當時載籍之傳，宜其無所謂疵者、否者、僞者、非者。然而夫子之於書也，於易則有八索之黜，於職方則有九丘之除，書必定，詩必删，言夏商之禮，則以爲杞、宋不足證〔二〕，武之樂未久也，而聲淫及商。至於老聃之問、萇弘之問、郯子之訪，無非所以考覈其醇疵、真僞、是非、可否，而一斷之以理者也。然則書之不可一概而取也久矣。

雖然，夫子，天下後世固宜取信焉者也。孟子之時，去夫子爲未遠，而經籍皆出於夫子之筆

〔一〕「而」，正德本、四庫本作「以」。
〔二〕「證」，各本同，論語作「徵」，此係陸九淵避宋仁宗趙禎之諱而改。

削，則雖概而取之可也。而於武成一篇，所取者纔二三策而已，無亦好高求異之過耶？嗚呼！非也。夫子所以取信於後世者，豈徒爾哉？抑以其理之所在，而其一以貫之者，建諸天地而不悖，質諸鬼神而無疑，百世以俟聖人而不惑而已。使書不合於理，而徒以其經夫子之手而遂信之，則亦安在其取信於夫子也？況夫孟子雖曰去聖人之世未遠，而亦百有餘歲矣。言爵禄之班，則曰：「諸侯惡其害己也，而皆去其籍。」論堯舜之事，則曰：「齊東野人之語，而非君子之言。」然則於武成之篇，不惟其書之信，而一斷之以理，又何疑焉？

故曰：書不可以不信，亦不可以必信。使書而皆合於理，雖非聖人之經，盡取之可也。況夫聖人之經，又安得而不信哉？如皆不合於理，則雖二三策之寡，亦不可得而取之也，又可必信之乎？蓋非不信之也，理之所在，不得而必信之也。古人之於書，稽求師式，至於爲聖爲賢，而後世乃有疲精神、勞思慮，皓首窮年以求通經學古，而内無益於身，外無益於人，敗事之誚、空言坐談之譏皆歸之者。庸非不通於理，而惟書之信，其取之者不精而致然耶？

今夫藥石之儲，不能皆和平也，而悍毒者有之；不能皆真良也，而僞蠹者有之。彼良醫之遊於其間也，審病者之脉理，知藥石之性味，擇之精而用之適其宜，是以百發而百中。至非能醫者，而以其病而遊焉，概取而試之，苟其不中，得無遇毒以益病而戕其身也哉？不明乎理，而惟書之信，取之不當，以至於悖理違道者，得無類是乎？故曰「盡信書，不如無書」。

「保民而王」

民生不能無羣，羣不能無争，争則亂，亂則生不可以保。王者之作，蓋天生聰明，使之統理人羣，息其争，治其亂，而以保其生者也。夫争亂以戕其生，豈人情之所欲哉？彼其情驅勢激而至於此，未有不思所以易之者也。當此之時，有能以息争治亂之道，拯斯民於水火之中，豈有不翕然而歸往之者？「保民而王」，信乎其莫之能禦也。

續書何始於漢

安於所習而絶意於古，固君子之所患也。以其所知而妄意於古，尤君子之所大患也。君臣上下之大分，善惡義利之大較，固天下不易之理，非有隱奥而難知者也。然而世衰道喪，利欲之途一開，而莫之或止，角奔競逐，相師成風，如大防之一潰，滮漫衍溢，有不可復收之勢。當是時，所謂大分大較，非隱奥而難知者，往往顛倒錯亂，廢墜湮没，而莫之或顧，此後世之公患也。人性之靈，豈得不知其非？然志銷氣腐，無豪傑特立之操，波流之所蕩激，終淪胥而不能以自振，尚何望其能軒輊於人哉？然則安於所習而絶意於古者，誠亦人之所深患也。

有人於此，被服儒雅，師尊聖賢，知大分大較之不可易，隱然思以易當世，志不得而攄其所有，著之簡編，以自附於古人，此何啻去國之似人、李注：「似」字有訛。虛空之足音，有識者之所宜深嘉屢歎，稱揚頌羨之不能自已者也，而曰君子之所大患者何耶？理之所當然而時不然。有能去彼取此，自拔於流俗，自一言一行以往，莫不有益，莫不可貴，然其高下淺深、大小多少，雖毫釐之間，不可以相踰越。乘人之不然，而張其殊於人者，以自比於古之聖賢，襲其粗迹，偶其大形，而侈其説以欺世而盜名，則又有大不然者矣。彼固出於識量之卑，聞見之陋，而世衰道微，自爲翹楚，莫有豪傑之士剖其蒙，開其蔽，而遂至於此，非固中懷譎詐，而昭然有欺世盜名之心而爲之也。然其不知涯分，偃蹇僭越，自以爲是，人皆悦之，而不可與入堯舜之道者，蓋與賊德之鄉原所蔽不同，而同歸於害正矣。欺世盜名之號，夫又焉得而避之？李評：後之偃蹇僭越，自以爲是、人皆悦之者，不獨一續書之王通也。

〔策〕[一]

續書何始於漢，吾以爲不有以治王通之罪，則王道終不可得而明矣。

問：古者言之不出，耻躬之不逮也。故君子欲行之浮於言，不欲言之浮於行。傅説告高宗

〔一〕此處原無標題。但底本目録中此篇有標題「策」。今據補。

以遜志；詩人稱文王小心翼翼；記美后稷禄及子孫，歸之於其辭恭，其欲儉。大言侈志，固君子之所不取。夫子講道洙泗之間，而遊於其間者，五尺童子羞稱五伯。豈其五尺童子與管仲、舅犯輩度長絜大，舉能無所愧耶？蜀諸葛孔明距今且千載，更閱賢智多矣，莫敢少訾，而當時不過自比管、樂，孔門之童子豈皆度越孔明者乎？不然，何其言之大而志之侈也？禮不苟訾，學不躐等，夫子之教必不其然。苟以稱五伯之説爲非是，則孟子亦曰：「仲尼之徒無道桓、文之事者。」或問曾西與管仲孰賢，則曰：「爾何曾比予於是！」然則羞稱之説信矣。孟子言必稱堯舜，且曰：「能言距楊墨者，聖人之徒也。」楊墨亦當世所推，使當時後生小子不自揆度，靡然而非之，豈遜志、小心、辭恭、欲儉、不苟訾、不躐等之道乎？諸君以孔孟爲師者也，願有所析其疑。

對：東明之升，羣陰畢伏。咸池既作，窪鄭不可復陳矣。康衢之謡，擊壤之歌，後世高文大册不能無忝。中林之夫，漢上之女，後世碩儒宗工不能無愧。豈其智有所不足，而力有所不逮哉？道之不明不行，而所以用其智力者病矣。談中華之壯麗，則夷裔之君長不如王朝之下士；論滄海之汪洋，則雍、梁之秀民不如渤澥之庸夫，理固然也。道之行與不行、明與不明，相去遠矣。傅説之遜志，將以「時敏厥修」；文王之小心，所以「昭事上帝」；「其辭恭，其欲儉」，后稷之德於是乎在矣。必不苟訾而後可與言此，必不躐等而後可以進此。「羞稱五伯」，「能言距楊墨」，然後可以免於苟訾、躐等之過，而進乎遜志小心、辭恭欲儉之地矣。

卷三十三

謚議　覆謚　行狀

謚議嘉定十年三月二十八日聖旨特賜謚

宣教郎、太常博士孔煒撰

議曰：學道以聖賢爲師，聖賢遺書，萬世標的也。孟軻氏有言曰：「君子深造之以道，欲其自得之也。自得之，則居之安；居之安，則資之深；資之深，則取之左右逢其原。故君子欲其自得之也。」甚矣！古人之講學，其端緒源委誠未易言。學而未至於安，難與議聖賢之閫域矣。傳記所載，如曰「安而行」、「安則久」、「恭而安」，皆取諸此也。自軻既没，逮今千有五百餘年，學者徇口耳之末，昧性天之真，凡軻之所以詔來世者，卒付於空言〔一〕。有能尊信其書，修明其

〔一〕「付」，原作「符」，據嘉靖本改。

學，反求諸己，私淑諸人，如監丞陸公者，其能自拔於流俗，而有功於名教者歟！

公生而穎悟，器識絶人。與季兄復齋講貫理學，號「江西二陸」。其學務窮本原，不爲章句訓詁；其持論雄傑卓立，不苟隨聲趨和。唯孟軻氏書是崇是信。蓋謂此心之良，人所均有，天所予我，非由外鑠，先立乎其大者，則其小者莫能奪。信能知此，則宇宙無非至理，聖賢與我同類。大端既立，趨嚮既定，明善充類以求之，强力勇敢以行之，如木有根，如水有源。逮其久也，此心之靈，此理之明，將涣然釋、怡然順，真有見夫居廣居、立正位、行大道皆吾分内事。所謂操存求得，盛行不加，窮居不損者，端不我誣也。公惟見理昭徹，加以涵養踐履之功，故能自得於心，有餘於身，即其成己，用以成物。四方才俊之士風動雲集，至無館舍以容。公桀䕶端嚴，對之者非心邪念自然消沮；論説爽邁〔二〕，聽之者如指迷塗，如出荆棘。質諸遺編，義利之分，王霸之别，天理人欲，凡介於毫芒疑似之間者，辨之弗措，叩之弗竭。自非學本正大，充乎自然，安能如是之周流貫通，動與理會也哉？繇其推是學以爲文，則辭達而不事乎雕鎸〔三〕，理勝而無用乎繚繞，無意於文，而文自爾工。施是學於有政，則視吾民如子弟，遇僚屬如朋友，誠心所孚，自有

〔二〕「爽邁」，嘉靖本作「爽厲」。
〔三〕「事」，嘉靖本作「争」。

不言之教。當時元臣碩輔，或薦進其心悟理融，出於自得；或稱美其治郡善政，可驗躬行。夫理而造於自得，政而本於躬行，則君子之所養可知矣。使天假之年，上之得君行道，次之立言明道，俾獲盡宣其用，則以利生民，以惠後學，可勝既哉！

謹按謚法：「敏而好古曰文，貌肅辭定曰安。」公天稟純明，學無凝滯，服膺先哲，發揮憲言，非敏而好古乎？抗志洪毅，師道尊嚴，記久傳遠，言皆可復，非貌肅辭定乎？謚曰文安，於義爲稱。謹議。

覆謚

朝請大夫、行尚書考功員外郎丁端祖撰

議曰：儒學之盛，自三代以來未有如我本朝者也。夫六經厄於秦，而士以權謀相傾。漢尚申韓，晉尚莊老，唐惟辭章是誇，先王之道陵遲甚矣。至我本朝，伊洛諸公未出之時，易之一書猶晦蝕於虛無之談；書之「皇極」，詩之二南，記禮中庸大學之旨，春秋尊王之義，皆未有能發明其指歸者也。自濂溪、明道、伊川義理之學爲諸儒倡，而窮理盡性之説、致知格物之要，凡堯、舜、禹、湯、文、武、周公、孔子相傳之大原，始暴白於天下。其後又得南軒張氏、晦庵朱氏、東萊吕氏，續濂溪、明道、伊川幾絶之緒而振起之，六經之道晦而復明。是三君子，奉常既已命謚矣。

又有象山陸氏者，自丱角時，聞誦伊川語，嘗曰：「伊川之言奚爲與孔子、孟子之言不類？」初讀論語，即疑有子之言支離。及長而與朋友講學，因論及太極圖，斷然以太極之上不復更有無極。其他特立之見、超絶之論不一而足，要皆本於自得。天分既高，學力亦到。蓋自三四歲時請問於親庭，其立論已不凡，真所謂少成若天性者。惜乎不能盡以所學見之事業。立朝僅丞、匠、監，旋即奉祠以歸。惠政所加，止荆門小壘而已。世固有能言而不能行，内若明了而外實迂闊不中事情者。公言行相符，表裏一致。其吐辭發論，既卓立乎古今之見，至於臨政處事，實平易而不迂，詳審而不躁，當乎人情而循乎至理，而無一毫蹈常襲故之迹。若公者，在吾儒中真千百人一人而已。奉常謚以文安，誠未爲過。博士議是。謹議。

象山先生行狀

先生姓陸，諱九淵，字子静。其先嬀姓，至齊宣王少子元侯諱通，始封平原般縣陸鄉，因以爲氏。曾孫諱烈，爲吴令，子孫遂爲吴郡吴縣人。自吴公四十世爲唐宰相文公，諱希聲，是爲先生八世祖。七世祖諱崇，六世祖諱德遷，五代末，避地于撫州金谿。高祖諱有程，曾祖諱演，並以學行重於鄉里。祖諱戩。父贈宣教郎諱賀，生有異禀，端重不伐，究心典籍，見於躬行，酌先儒冠昏喪祭之禮，行之家，家道之整著聞州里。母孺人饒氏生六子，先生其季也。

先生幼不戲弄，静重如成人。三四歲時，常侍宣教公行，遇事物必致問。一日，忽問天地何所窮際，宣教公笑而不答，遂深思至忘寢食。角總，經夕不脱衣，履有弊而無壞，韈至三接，手甲甚修，足跡未嘗至庖厨。常自掃灑林下，宴坐終日。立于門，過者駐望稱歎，以其端莊雍容，異常兒也。五歲讀書，紙隅無捲摺。六歲侍親會嘉禮，衣以華好，却不受。季兄復齋，年十三，舉禮經以告，先生乃受。與人粹然樂易，然惡無禮者。讀書不苟簡，外視雖若閒暇，而實勤於考索。伯兄總家務，常夜分起，必見先生秉燭檢書。伊川近世大儒，言垂于後，至今學者尊敬講習之不替。先生獨謂簡曰：「丱角時，聞人誦伊川語，自覺若傷我者，亦嘗謂人曰『伊川之言奚爲與孔子、孟子之言不類』。初讀論語，即疑有子之言支離。」先生生而清明，不可企及，有如此者。他日讀古書，至「宇宙」二字，解者曰：「四方上下曰宇，往古來今曰宙。」忽大省曰：「宇宙内事乃己分内事，己分内事乃宇宙内事。」又嘗曰：「東海有聖人出焉，此心同也，此理同也。西海有聖人出焉，此心同也，此理同也。南海、北海有聖人出焉，此心同也，此理同也。千百世之上有聖人出焉，此心同也，此理同也。千百世之下有聖人出焉，此心同也，此理同也。」

乾道八年，登進士第。時考官吕祖謙能識先生之文於數千人之中，他日謂先生曰：「未嘗款承足下之教，僅得之傳聞，一見高文，心開目明，知其爲江西陸子静也。」

其始至行都，一時俊傑咸從之游。先生朝夕應酬答問，學者踵至，至不得寐者餘四十日。

所以自奉甚薄而精神益强，聽其言，興起者甚衆。還里，遠邇聞風而至，求親炙問道者益盛。先生既受徒，即去今世所謂學規者，而諸生善心自興，容體自莊，雍雍于于，後至者相觀而化。猗歟盛哉！真三代時學校也。有一生飯次微交足，飯既，先生從容問之曰：「汝適有過，知之乎？」生略思曰：「已省。」先生曰：「何過？」對曰：「中食覺交足，雖即改正，即放逸也。」其嚴如此。先生深知學者心術之微，言中其情，或至汗下。有懷於中而不能自曉者，爲之條析其故，悉如其心。亦有相去千里，素無雅故，聞其大概而盡得其爲人。嘗有言曰：「念慮之不正者，頃刻而知之，即可以正；念慮之正者，頃刻而失之，即爲不正。有可以形迹觀者，有不可以形迹觀者。必以形迹觀人，則不足以知人；必以形迹繩人，則不足以救人。」又曰：「今天下學者唯有兩途，一途朴實，一途議論。」嗚呼至哉！足以明人心之邪正，破學者之窟宅矣。嘗攻切問者之疵，問者不領，惡聲輒至，旁觀不能堪，而先生悠然從容，乃及他事。

淳熙元年，授迪功郎、隆興府靖安縣主簿。未上，丁繼母太孺人鄧氏憂。服闋，調建寧府崇安縣主簿〔二〕。八年，少師史公浩薦先生之辭曰：「淵源之學，沉粹之行，輩行推之，而心悟理融，

〔二〕「建寧府」，嘉靖本、萬曆本作「延寧府」。按：南宋時無延寧府，而崇安縣爲福建路所轄建寧府之屬縣，故作「建寧府」是。

出於自得。」得旨都堂審察陞擢，不赴。九年，侍從復上薦，除國子正。諸生叩請，孳孳啓諭，如家居教授，感發良多。十年冬，遷敕令所删定官。同志之士相從講切不替。僚友多賢，相與問辯，大信服。先生自少時聞長上道靖康間事，慨然有感於復讐之義。至是遂訪求智勇之士，與之商確，益知武事利病、形勢要害、人物短長。十一年，當輪對，期迫甚，猶未入思慮，所親累請，久乃下筆，繕寫甫就，厥明即對，上屢俞所奏。修寬恤詔令，書成，有旨改承奉郎。十三年，轉宣義郎。親朋謂先生久次，宜求去。先生曰：「往時面對，粗陳大義，明主不以爲非。然條貫靡竟，統紀未終，思欲再望清光，少自竭盡，以致臣子之義。」距對五日，除將作監丞，後省疏駁，得旨主管台州崇道觀。

先生既歸，學者輻輳愈盛，雖鄉曲老長亦俯首聽誨，言稱先生。先生悼時俗之通病，啓人心之固有，咸惕然以懲，躍然以興。每詣城邑，環坐率一二百人，至不能容，徙觀寺。縣大夫爲設講坐於學宮，聽者貴賤老少，溢塞塗巷，從遊之盛未見有此。貴溪有山，實龍虎之本岡，先生登而樂之，結茆其上。山高五里，其形如象，遂名之曰象山，自號象山翁。四方學徒復大集，至數百人。從容講道，詠歌怡愉〔二〕，有終焉之意。於是人號象山先生。

〔二〕「愉」，原作「然」，據成化本、正德本、嘉靖本、萬曆本、四庫本改。

十六年，祠秩滿，今上登極，除知荆門軍。是年，轉宣教郎，又轉奉議郎。紹熙二年九月，初領郡事，吏以故例白：「内諸局務，外諸縣，必有揭示約束，接賓受詞分日。」先生曰：「安用是？」延見僚屬如朋友，推心豁然，論事惟理是從。先生家書有云：「每日同官稟事，衆有所見，皆得展其所懷，辯争利害於前，太守唯默聽，候其是非既明，乃從讚歎，以養其徇公之意。太守所判，僚屬却回者常有之。」先生教民如子弟，雖賤隸走卒亦諭以理義。接賓受詞無早暮，下情盡達無壅。故郡境之内，官吏之貪廉，民俗之習尚，忠良材武與猾吏暴强，先生皆得之於無事之日。

往時郡有追逮，皆特遣人。先生唯令訴者自執狀以追，以地近遠立限，皆如期，即日處決。輕罪多酌人情，曉令解釋。至人倫之訟既明，多使領元詞自毁之，以厚其俗。唯怙終不可誨化，乃始斷治，詳其文狀，以防後日反覆。久之，民情益孚，兩造有不持狀，唯對辯求決。亦有證者，不召自至，問其故，曰：「事久不白，共約求明。」或既伏，俾各持其狀去，不復留案。嘗夜與僚屬坐，吏白有老者訴甚急，呼問之，體戰，言不可解。俾吏狀之，謂其子爲羣卒所殺。先生判翌日呈，僚屬難之。先生曰：「子安之〔一〕，不至是。」凌晨追究，其子蓋無恙也，人益服先生之明。有

〔一〕「之」，正德本、嘉靖本、萬曆本作「知」。

訴遺竊，脱而不知其人，先生自出二人姓名，使捕至，訊之伏辜，盡得所竊物還訴者，且宥其罪，使自新。因語吏曰：「某所某人尤暴。」吏亦莫知。翌日有訴遭奪掠者，即其人也。乃加追治。吏大驚，郡人以爲神。初，保伍之制，州縣以非急務，多不檢覈，盜賊得匿藏其間，近邊尤以爲患。先生首申嚴之，姦無所蔽。有劫僧廬，鄰伍遽集，擒獲不逸一人，至是羣盜屏息。

荆門素無城壁，先生以爲此自古戰争之場，今爲次邊，在江漢之間，爲四集之地，南捍江陵，北援襄陽，東護隨、郢之脅，西當光化、夷陵之衝。荆門固則四鄰有所恃，否則有背脅腹心之虞。由唐之湖陽以趨山，則其涉漢之徑已在荆門之脅。由鄧之鄧城以涉漢，則其趨山之道已在荆門之腹。餘有間途淺津，陂陁不能以限馬，灘瀨不能以濡軌者，所在尚多。自我出奇制勝，徼敵兵之腹脅者，亦正在此。雖四山環合〔一〕，易於備禦，義勇四千，彊壯可用，而倉廩藏庫之間麋鹿可至。累議欲修築子城，憚重費，不敢輕舉。先生審度決計，召集義勇，優給庸直，躬自勸督，役者樂趨，竭力工倍，二旬訖築。初計者擬費緡錢二十萬，至是僅費緡錢五千而土工畢。後復議成砌三重，置角臺，增二小門，上置敵樓、衡天渠、荷葉渠、護險牆之制畢備，纔費緡錢三萬。又郡學、貢院、客館、官舍衆役並興。初，俗習惰，人以執役爲耻，吏惟好衣閒觀。至是此風一變，督

〔一〕「山」，原作「方」，據成化本、正德本、嘉靖本、萬曆本、四庫本改。

役官吏布衣雜役夫佐力，相勉以義，不專以威。盛役如此，而人情晏然，郡中恬若無事。

荆門兩縣置壘，事力綿薄，連歲困於送迎，庫藏空竭〔一〕，調度倚辦商税。先是，日差使臣暨小吏伺商人于門，檢貨給引，然後至務，務唯據引入税，出門又覆視。官收無幾，而出入其費已多。初謂以嚴禁榷，杜奸弊，而門吏取賄，多所藏覆，禁物亦或通行。商苦重費，多由僻途，務入日縮。先生罷去之，或曰：「門譏所以防奸，列郡行之以爲常，一旦罷廢，商冒利，必有不至務者。」先生曰：「是非爾所知。」即日揭示，俾徑至務，復減正税援例，是日税入立增。有一巨商已遵僻途，忽聞新令，復出正路。巡尉卒於岐捕之。先生詰得其實，勞而釋之，巨商感涕。行旅聞者莫不以手加額，誓以毋欺，私相轉告，必由荆門。旁觀者詰其故，商曰：「罷三門引，減援例，去我輩大害，不可不報德。」税收增倍，酒課亦如之。

荆門故用銅錢，後以近邊，以鐵錢易之。銅錢有禁，而民之輸於公者尚容貼納。先生曰：「既禁之矣，又使之輸，不可。」即蠲之。又減鈔錢，罷比較，不遣人詣縣，給吏札，置醫院官，吏民咸悦，而郡吏亦貧而樂。獄卒無以自給，多告罷，先生以僚屬訪察得其實，遂廪給之。

朔望及暇日，詣學講誨諸生。郡有故事，上元設齋醮黄堂，其説曰爲民祈福。先生於是會

〔一〕「庫藏」，原作「藏庫」，據陸子學譜改。

吏民，講洪範斂福錫民一章，以代醮事，發明人心之善，所以自求多福者，莫不曉然有感於中，或爲之泣。

湖北諸郡軍士多逃徙，視官府如傳舍，不可禁止，緩急無可使者。先生病之，乃信捕獲之賞，重奔竄之刑。又數閱射，中者受賞，役之加庸直，無饑寒之憂，相與悉心弓矢，逸者絶少。他日兵官按閱，獨荆門整習，他郡所無。先生平時按射，不止於兵伍，郡民皆得而與，中亦同賞。薦舉其屬，不限流品。嘗曰：「古者無流品之分，而賢不肖之辨嚴；後世有流品之分，而賢不肖之辨略。」

先生之家居也，鄉人苦旱，羣禱莫應。有請於先生，乃除壇山巔，陰雲已久，及致禱，大雨隨至。荆門亦旱，先生每有祈，必疏雨隨車，郡民異之。治化孚洽，久而益著。既踰年，笞箠不施，至於無訟。相保相愛，閭里熙熙，人心敬向，日以加厚。吏卒亦能相勉以義，視官事如其家事。識者知其爲郡有出於政刑號令之表者矣。諸司交章論薦，丞相周公必大嘗遺人書，有曰：「荆門之政，于以驗躬行之效。」

三年冬十一月，語女兄曰：「先教授兄有志天下，竟不得施以没。」女兄蠹然。又嘗謂家人曰：「吾將死矣。」或曰：「安得此不祥語，骨肉將奈何？」先生曰：「亦自然。」又告僚屬曰：「某將告終。」先生素有血疾，居旬日大作，實十二月丙午。越三日，疾良已，接見屬僚，與論政理如平時。宴息静室，命掃灑焚香，家事一不掛齒。庚戌禱雪，辛亥雪驟降。命具浴，浴罷，盡易新衣，幅巾端坐。家人進藥，先生却之，自是不復言。癸丑日中，奄然而卒。郡屬棺斂竭誠，哭哀甚。吏民哭奠，充塞衢道，各有辭以叙陳痛戀之情。柩歸，門人奔哭會葬以千數。郡縣於其講學之地爲立祠。先生遺文，諸生已次第編紀。先生生於紹興九年二月乙亥，享年五十有四。娶吴氏，封孺人。二子：持之、循之。女一。明年十有一月壬申，葬於鄉之永興寺，山距妣饒氏孺人墓爲近。

先生之道，至矣大矣，簡安得而知之？惟簡主富陽簿時，攝事臨安府中，始承教於先生。及反富陽，又獲從容侍誨。偶一夕，簡發本心之問，先生舉是日扇訟是非以答，簡忽省此心之清明，忽省此心之無始末，忽省此心之無所不通。簡雖凡下，不足以識先生，而於是亦知先生之心，非口説所能贊述。所略可得而言者：日月之明，先生之明也；四時之變化，先生之變化也；天地之廣大，先生之廣大也；鬼神之不可測，先生之不可測也。欲盡言之，雖窮萬古，不可得而盡也。雖然，先生之心與萬古之人心一貫無二致，學者不可自棄。謹狀。

紹熙五年二月十有六日，門人、奉議郎、知饒州樂平縣主管勸農公事楊簡狀。

卷三十四

語録上

「道外無事，事外無道。」先生常言之。

道在宇宙間，何嘗有病[一]？但人自有病。千古聖賢只去人病，如何增損得道？

道理只是眼前道理。雖見到聖人田地，亦只是眼前道理。

唐虞之際，道在皋陶；商周之際，道在箕子。天之生人，必有能尸明道之責者，皋陶、箕子是也。箕子所以佯狂不死者，正爲欲傳其道。既爲武王陳洪範，則居於夷狄，不食周粟。

論語中多有無頭柄的説話，如「知及之，仁不能守之」之類，不知所及、所守者何事；如「學而時習之」，不知時習者何事。非學有本領，未易讀也。苟學有本領，則知之所及者，及此也；仁之所守者，守此也；時習之，習此也。説者説此，樂者樂此，如高屋之上建瓴水矣。學苟知

[一]「嘗」，原作「常」，據正德本、嘉靖本、四庫本改。

本，六經皆我注脚。

天理人欲之言亦自不是至論。若天是理，人是欲，則是天人不同矣。此其原蓋出於老氏。樂記曰：「人生而静，天之性也；感於物而動，性之欲也。物至知知[一]，而後好惡形焉。不能反躬，天理滅矣。」天理人欲之言蓋出於此。樂記之言亦根於老氏，且如專言静是天性，則動獨不是天性耶？書云：「人心惟危，道心惟微。」解者多指人心爲人欲，道心爲天理，此説非是。心一也，人安有二心？自人而言，則曰「惟危」；自道而言，則曰「惟微」。罔念作狂，克念作聖，非危乎？無聲無臭，無形無體，非微乎？因言莊子云：「眇乎小哉！以屬諸人；謷乎大哉！獨遊於天。」又曰：「天道之與人道也，相遠矣。」是分明裂天人而爲二也。

「動容周旋中禮」，此盛德之至，所以常有先後。「言語必信，非以正行」。纔有正其行之心，已自不是了。

古人皆是明實理，做實事。

近來論學者言：「擴而充之，須於四端上逐一充。」焉有此理？孟子當來，只是發出人有是四端，以明人性之善，不可自暴自棄。苟此心之存，則此理自明，當惻隱處自惻隱，當羞惡，當辭

[一]「知知」，原作「知之」，據正德本、嘉靖本、萬曆本、四庫本及禮記樂記改。

遜，是非在前，自能辨之。又云：「當寬裕温柔自寬裕温柔，當發强剛毅自發强剛毅。所謂『溥博淵泉，而時出之』。」

夫子問子貢曰：「汝與回也孰愈？」子貢曰：「賜也，何敢望回！回也，聞一以知十；賜也，聞一以知二。」此又是白著了夫子氣力，故夫子復語之曰：「弗如也。」時有姓吴者在坐，遽曰：「爲是尚嫌少在。」先生因語坐間有志者曰：「此説與天下士人語，未必能通曉。而吴君通敏如此。雖諸君有志，然於此不能及也。」吴遜謝，謂偶然。

子貢在夫子之門，其才最高，夫子所以屬望，磨礲之者甚至。如「予一以貫之」，獨以語子貢與曾子二人。夫子既没三年，門人歸，子貢反築室於場，獨居三年，然後歸。蓋夫子所以磨礲子貢者極其力，故子貢獨留三年，報夫子深恩也。當時若磨礲得子貢就，則其材豈曾子之比。顔子既亡，而曾子以魯得之。蓋子貢反爲聰明所累，卒不能知德也。

子貢言「性與天道不可得而聞」，此是子貢後來有所見處。然謂之「不可得而聞」，非實見也，如曰「予欲無言」，即是言了。

天下之理無窮，若以吾平生所經歷者言之，真所謂伐南山之竹不足以受我辭。然其會歸總在於此。顔子爲人最有精神，然用力甚難。仲弓精神不及顔子，然用力却易。顔子當初仰高鑽堅，瞻前忽後，博文約禮，遍求力索，既竭其才，方如有所立卓爾。逮至問仁之時，夫子語之，猶下「克己」二字，曰「克己復禮爲仁」。又發露其旨曰「一日克己復禮，天下歸仁焉」。既又復告之曰：「爲仁由己，而由人乎哉？」吾嘗謂此三節乃三鞭也。至於仲弓之爲人，則或人嘗謂「雍也，仁而不佞」。仁者靜。不佞，無口才也。想其爲人，沖靜寡思，日用之間自然合道。至其問仁，夫子但答以「出門如見大賓，使民如承大祭，己所不欲，勿施於人」。只此便是也。然顔子精神高，既磨礲得就，實則非仲弓所能及也。

顔子問仁之後，夫子許多事業皆分付顔子了。故曰：「用之則行，舍之則藏，惟我與爾有是。」顔子没，夫子哭之曰：「天喪予。」蓋夫子事業自是無傳矣。曾子雖能傳其脉，然參也魯，豈能望顔子之素蓄。幸曾子傳之子思，子思傳之孟子，夫子之道至孟子而一光。然夫子所分付顔子事業亦竟不復傳也。

學有本末，顔子聞夫子三轉語〔一〕，其綱既明，然後請問其目。夫子答以非禮勿視〔二〕、勿聽、勿言、勿動。顔子於此洞然無疑，故曰：「回雖不敏，請事斯語矣。」本末之序蓋如此。今世論學者，本末先後，一時顛倒錯亂，曾不知詳細處未可遽責於人。如非禮勿視、聽、言、動，顔子已知

〔一〕「聞」，原作「問」，據正德本、嘉靖本、四庫本及論語顔淵改。
〔二〕「答」，嘉靖本作「對」。

道，夫子乃語之以此。今先以此責人，正是躐等。視、聽、言、動勿非禮，不可於這上面看顔子，須看「請事斯語」，直是承當得過。

天之一字是臯陶説起。

夫子以仁發明斯道，其言渾無罅縫。孟子十字打開，更無隱遁，蓋時不同也。

自古聖賢發明此理，不必盡同。如箕子所言有臯陶之所未言，夫子所言有文王、周公之所未言，孟子所言有吾夫子之所未言，理之無窮如此。然譬之弈然，先是這般等第國手下棊，後來又是這般國手下棊，雖所下子不同，然均是這般手段始得。故曰：「其或繼周者，雖百世可知也。」古人視道，只如家常茶飯，故漆雕開曰：「吾斯之未能信。」斯，此也。

此道與溺於利欲之人言猶易，與溺於意見之人言却難。

涓涓之流，積成江河。泉源方動，雖只有涓涓之微，去江河尚遠，却有成江河之理。若能混混不舍晝夜，如今雖未盈科，將來自盈科；如今雖未放乎四海，將來自放乎四海；如今雖未會其有極，歸其有極，將來自會其有極，歸其有極。然學者不能自信，見夫標末之盛者便自荒忙，舍其涓涓而趨之，却自壞了。曾不知我之涓涓雖微却是真，彼之標末雖多却是僞。恰似檐水來相似，其涸可立而待也。故吾嘗舉俗諺教學者云：「一錢做單客，兩錢做雙客。」

傅子淵自此歸其家，陳正己問之曰：「陸先生教人何先？」對曰：「辨志。」正己復問曰：

「何辨？」對曰：「義利之辨。」若子淵之對，可謂切要。

此道非争競務進者能知，惟静退者可入。又云：學者不可用心太緊，今之學者大抵多是好事，未必有切己之志。夫子曰：「古之學者爲己，今之學者爲人。」須自省察。

夫民，合而聽之則神，離而聽之則愚，故天下萬世自有公論。

先生與晦翁辯論，或諫其不必辯者。先生曰：「女曾知否？建安亦無朱晦翁，青田亦無陸子静。」

不曾過得私意一關，終難入德。未能入德，則典則法度何以知之？

居象山，多告學者云：「女耳自聰，目自明，事父自能孝，事兄自能弟，本無欠闕，不必他求，在自立而已。」

生於末世，故與學者言，費許多氣力，蓋爲他有許多病痛。若在上世，只是與他説：「入則孝，出則弟。」初無許多事。

千虚不博一實，吾平生學問無他，只是一實。

或問先生何不著書，對曰：「六經注我！我注六經？」韓退之是倒做，蓋欲因學文而學道。歐公極似韓，其聰明皆過人，然不合初頭俗了。或問如何俗了，曰：「符讀書城南、三上宰相書是已。」至二程方不俗，然聰明却有所不及。

正人之本難，正其末則易。今有人在此，與之言：「汝適某言未是，某處坐立舉動未是。」其人必樂從[一]。若去動他根本所在，他便不肯。

釋氏立教，本欲脱離生死，惟主於成其私耳，此其病根也。且如世界如此，忽然生一個謂之禪，已自是無風起浪，平地起土堆了。

「無它，利與善之間也。」此是孟子見得透，故如此説。

或問先生之學當來自何處入。曰：「不過切己自反，改過遷善。」

有善必有惡，真如反覆手。然善却自本然，惡却是反了方有。

人品在宇宙間迥然不同。諸處方嘵嘵然談學問時，吾在此多與後生説人品。

此道之明如太陽當空，羣陰畢伏。

「典憲」二字甚大，惟知道者能明之。後世乃指其所撰苛法，名之曰「典憲」，此正所謂無忌憚。

朱元晦曾作書與學者云：「陸子静專以尊德性誨人，故游其門者多踐履之士，然於道問學處欠了。某教人豈不是道問學處多了些子？故游某之門者踐履多不及之。」觀此，則是元晦欲

〔一〕「其」，原作「某」，據正德本、嘉靖本、四庫本改。

去兩短，合兩長。然吾以爲不可，既不知尊德性，焉有所謂道問學？

吾之學問與諸處異者，只是在我全無杜撰，雖千言萬語，只是覺得他底，在我不曾添一些。近有議吾者云：「除了『先立乎其大者』一句，全無伎倆。」吾聞之曰：「誠然。」

復齋家兄一日見問云：「吾弟今在何處做工夫？」某答云：「在人情、事勢、物理上做些工夫。」復齋應而已。若知物價之低昂，與夫辨物之美惡、真僞，則吾不可不謂之能，然吾之所謂做工夫，非此之謂也。

後世言學者須要立個門户。此理所在，安有門户可立？學者又要各護門户，此尤鄙陋。人共生乎天地之間，無非同氣。扶其善而沮其惡，義所當然。安得有彼我之意？又安得有自爲之意？

二程見周茂叔後，吟風弄月而歸，有「吾與點也」之意。後來明道此意却存，伊川已失此意。

吾與常人言，無不感動；與談學問者，或至爲仇。舉世人大抵就私意建立做事，專以做得多者爲先，吾却欲殄其私而會於理，此所以爲仇。

吾與人言，多就血脉上感移他，故人之聽之者易。非若法令者之爲也。如孟子與齊君言，只就與民同處轉移他，其餘自正。

今之論學者只務添人底，自家只是減他底。此所以不同。

宇宙不曾限隔人，人自限隔宇宙。

「乾以易知，坤以簡能。」先生常言之云：「吾知此理即乾，行此理即坤。知之在先，故曰乾知大始；行之在後，故曰坤作成物。」

夫子平生所言，豈止如論語所載，特當時弟子所載止此爾。今觀有子、曾子獨稱「子」，或多是有若、曾子門人。然吾讀論語，至夫子、曾子之言便無疑，至有子之言便不喜。

先生問學者云：「夫子自言『我學不厭』，及子貢言『多學而識之』，又却以爲非，何也？」因自代對云：「夫子只言『我學不厭』，若子貢言『多學而識之』，便是蔽説。」

學者須先立志，志既立，却要遇明師。

「攻乎異端，斯害也已。」今世類指佛老爲異端。孔子時佛教未入中國，雖有老子，其説未著，却指那個爲異端？蓋「異」與「同」對，雖同師堯舜，而所學之端緒與堯舜不同，即是異端，何止佛老哉？有人問吾異端者，吾對曰：「子先理會得同底一端，則凡異此者皆異端。」

「子不語怪力亂神。」夫子只是不語，非謂無也。若力與亂分明是有，神怪豈獨無之？人以雙瞳之微，所矚甚遠，亦怪矣。苟不明道，則一身之間無非怪，但玩而不察耳。

「可與適道，未可與立；可與立，未可與權。」「『棠棣之華，偏其反而，豈不爾思，室是遠而。』子曰：『未之思也，夫何遠之有？』」上面是説階級不同，夫子因舉詩中「室是遠而」之語，因以掃上面階級，蓋雖有階級，未有遠而不可進者也。因言李清臣云：「夫子删詩，固有删去一二語者，如棠棣之詩，今逸此兩句，乃夫子删去也。」清臣又言：「碩人之詩無『素以爲絢兮』一語，亦是夫子删去。」其説皆是。當時子夏之言，謂繪事以素爲後，乃是以禮爲後乎？言不可也。夫子蓋因子夏之言而删之。子夏當時亦有見乎本末無間之理，然後來却有所泥，故其學傳之後世尤有害。「繪事後素」，若周禮言「繪畫之事後素功」，謂既畫之後，以素間别之，蓋以記其目之黑白分也，謂先以素爲地非。

柴愚參魯，夫子所愛。故子路使子羔爲費宰，子曰「賊夫人之子」。以此見夫子欲子羔來磨礱就其遠者大者。後來子羔早卒，故屬意於曾子。

「叩其兩端而竭焉。」言極其初終始末，竭盡無留藏也。

「江漢以濯之，秋陽以暴之，皜皜乎不可尚已。」此數語自曾子胸中流出。

咸有一德之書言「惟尹躬暨湯，咸有一德」。以此見當時只有尹、湯二人可當一德。

皋陶論知人之道曰：「亦行有九德，亦言其人有德，乃言曰載采采。」乃是謂必先言其人之有是德，然後乃言曰：「某人有某事，有某事。」蓋德則根乎其中，達乎其氣，不可僞爲。若事，則有才智之小人可僞爲之。故行有九德，必言其人有德，乃言曰載采采，然後人不可得而廋也。

後世言伏羲畫八卦，文王始重之爲六十四卦。其説不然。且如周禮雖未可盡信，如筮人言三易，其經卦皆八，其別皆六十有四。「龜筮協從」亦見於虞書，必非僞説。如此，則卦之重久矣。蓋伏羲既畫八卦，即從而重之，然後能通神明之德，類萬物之情，而扶持天下之理。文王蓋因其繇辭而加詳，以盡其變爾。

繫辭首篇二句可疑，蓋近於推測之辭。

吾之深信者書，然易繫言：「默而成之，不言而信，存乎德行。」此等處深可信。

伊川解比卦「原筮」作「占決卜度」，非也。一陽當世之大人，其「不寧方來」乃自然之理勢，豈在他「占決卜度」之中？「原筮」乃蒙「初筮」之義。原，初也，古人字多通用。因云：「伊川學問未免占決卜度之失。」「富貴不能淫，貧賤不能移，威武不能屈」，非知道者不能。楊子謂文王「久幽而不改其操」。文王居羑里而贊易，夫子厄於陳、蔡而弦歌，豈「久幽而不改其操」之謂耶？

自周衰以來，人主之職分不明。堯典命羲和敬授人時，是爲政首。後世乃付之星官、曆翁，蓋緣人主職分不明所致。孟子曰：「民爲貴，社稷次之，君爲輕。」此却知人主職分。

詩大雅多是言道，小雅多是言事。大雅雖是言小事，亦主於道；小雅雖是言大事，亦主於事。此所以爲大雅、小雅之辨。

秦不曾壞了道脉，至漢而大壞。蓋秦之失甚明，至漢則迹似情非，故正理愈壞。

漢文帝藹然善意，然不可與入堯舜之道，僅似鄉原。

諸公上殿多好説格物，且如人主在上，便可就他身上理會，何必別言格物。

楊子默而好深沉之思，他平生爲此深沉之思所誤。

韓退之原性却將氣質做性説了。

近日舉及荀子解蔽篇，説得人之蔽處好。梭山兄云：「後世之人病正在此，都被荀子、莊子輩壞了。」答云：「今世人之通病恐不在此。大概人之通病在於居茅茨則慕棟宇，衣敝衣則慕華好，食粗糲則慕甘肥，此乃是世人之通病。」

春秋北杏之會，獨於齊桓公稱爵。蓋當時倡斯義者，惟桓公、管仲二人。春秋於諸國稱人，責之也。

古者風俗醇厚，人雖有虛庛精神，自然消了。後世風俗不如古，故被此一段精神爲害，難與語道。

因嘆學者之難得云：「我與學者説話，精神稍高者或走了，低者至塌了，吾只是如此。吾初不知手勢如此之甚，然吾亦只有此一路。」

人方奮立，已而消蝕〔一〕，則議者不罪其消蝕，而尤其奮立之太過，舉「其進鋭者，其退速」以

〔一〕「而」，原作「有」，據正德本、四庫本及文義改。

爲證，於是併懲其初。曾不知孟子之意自不在此。

聖人作春秋，初非有意於二百四十二年行事。又云：春秋大概是存此理。又云：春秋之亡久矣。説春秋之繆，尤甚於諸經也。

嘗閲春秋纂例，謂學者曰：「啖、趙説得有好處，故人謂啖、趙有功於春秋。」又云：「人謂唐無理學，然反有不可厚誣者。」

後世之論春秋者，多如法令，非聖人之旨也。

千古聖賢若同堂合席，必無盡合之理。然此心此理萬世一揆也。

銖銖而稱之，至石必繆；寸寸而度之，至丈必差。「石稱丈量，徑而寡失」，此可爲論人之法。且如其人，大概論之，在於爲國，爲民，爲道義，此則君子人矣。大概論之，在於爲私己，爲權勢，而非忠於國，徇於義者，則是小人矣。若銖稱寸量，校其一二節目而違其大綱，則小人或得爲欺，君子反被猜疑，邪正賢否未免倒置矣。

有學者聽言有省，以書來云：「自聽先生之言，越千里如歷塊。」因云：「吾所發明爲學端緒乃是第一步，所謂升高自下，陟遐自邇。却不知指何處爲千里？若以爲今日捨私小而就廣大爲千里，非也。此只可謂之第一步，不可遽謂千里。」

吾於人情研究得到。或曰：「察見淵中魚不祥。」然吾非苛察之謂，研究得到，有扶持之方耳。

後世將讓職作一禮數。古人推讓皆是實情，唐虞之朝可見，非尚虛文，以讓爲美名也。

嘗聞王順伯云：「本朝百事不及唐，然人物議論遠過之。」此議論甚闊，可取。

嘗問王順伯曰：「聞尊兄精於論字畫，敢問字果有定論否？」順伯曰：「有定論。」曰：「何以信此説？」順伯曰：「有一畫一拐於此，使天下有兩三人曉書，問之。此人曰是此等第，則彼二人之言亦同，如此知其有定。」因問：「字畫孰爲貴？」順伯曰：「本朝不及唐，唐不及漢，漢不及先秦古書。」曰：「如此則大抵是古得些子者爲貴。」順伯曰：「大抵古人作事不苟簡，尊兄試觀古器，與後來者異矣。」此論極是。

傅子淵請教，乞簡省一語。答曰：「艮其背，不獲其身；行其庭，不見其人。」後見其與陳君舉書中云：「是則全掩其非，非則全掩其是。」此是語病。中又云：「闊節而疏目，旨高而趣深。」「旨高而趣深」甚佳，「闊節而疏目」，子淵好處在此，病亦在此。又云：「子淵弘大，文範細密。子淵能兼文範之細密，文範能兼子淵之弘大，則非細也。」

朱濟道力稱贊文王，謂曰：「文王不可輕贊，須是識得文王方可稱贊。」濟道云：「文王聖人，誠非某所能識。」曰：「識得朱濟道，便是文王。」

一學者自晦翁處來，其拜跪語言頗怪。每日出齋，此學者必有陳論，應之亦無他語。至四日，此學者所言已罄，力請誨語。答曰：「吾亦未暇詳論。然此間大綱，有一個規模説與人。今世人淺之爲聲色臭味，進之爲富貴利達，又進之爲文章技藝。又有一般人都不理會，却談學問。吾總以一言斷之，曰勝心。」此學者默然，後數日，其舉動言語頗復常。

一學者從遊閲數月，一日問之云：「聽説話如何？」曰：「初來時疑先生之顛倒，既如此説了，後又如彼説。及至聽得兩月後，方始貫通，無顛倒之疑。」

三百篇之詩，周南爲首。周南之詩，關雎爲首。關雎之詩，好善而已。

「興於詩」，人之爲學，貴於有所興起。

洙泗門人，其間自有與老氏之徒相通者，故記禮之書，其言多原老氏之意。

先生在敕局日，或問曰：「先生如見用，以何藥方醫國？」先生曰：「吾有四物湯，亦謂之四君子湯。」或問如何。曰：「任賢，使能，賞功，罰罪。」

先生云：「後世言道理者，終是粘牙嚼舌。吾之言道，坦然明白，全無粘牙嚼舌處，此所以易知易行。」或問先生：「如此談道，恐人將意見來會，不及釋子談禪，使人無所措其意見。」先生云：「吾雖如此談道，然凡有虛見虛説，皆來這裏使不得。所謂德行常易以知險，恒簡以知阻也。今之談禪者雖爲艱難之説，其實反可寄託其意見。吾於百衆人前，開口見膽。」

先生云：「凡物必有本末。且如就樹木觀之，則其根本必差大。吾之教人，大概使其本常重，不爲末所累。然今世論學者却不悦此。」

有一士大夫云：「陸丈與他人不同，却許人改過。」

先生嘗問一學者：「若事多放過，有寬大氣象；若動輒別白，似若褊隘。不知孰是？」學者云：「若不別白，則無長進處。」先生曰：「然。」

先生云：「學者讀書，先於易曉處沉涵熟復，切己致思，則他難曉者渙然冰釋矣。若先看難曉處，終不能達。」舉一學者詩云：「讀書切戒在荒忙，涵泳工夫興味長。未曉莫妨權放過，切身須要急思量。自家主宰常精健，逐外精神徒損傷。寄語同遊二三子，莫將言語壞天常。」

先生歸自臨安，子雲問近來學者。先生云：「有一人近來有省，云一蔽既徹，羣疑盡亡。」

先生云：「歐公本論固好，然亦只説得皮膚。」看唐鑑，令讀一段，子雲因請曰：「終是説骨髓不出。」先生云：「後世亦無人知得骨髓去處。」

劉淳叟參禪，其友周姓者問之曰：「淳叟何故捨吾儒之道而參禪？」淳叟答曰：「譬之於手，釋氏是把鋤頭，儒者把斧頭。所把雖不同，然却皆是這手。我而今只要就他明此手。」友答云：「若如淳叟所言，我只就把斧頭處明此手，不願就他把鋤頭處明此手。」先生云：「淳叟亦善喻，周亦可謂善對。」

先生云：「子夏之學，傳之後世尤有害。」

先生居象山，多告學者云：「汝耳自聰，目自明，事父自能孝，事兄自能弟，本無少缺，不必他求，在乎自立而已。」學者於此亦多興起。有立議論者，先生云：「此是虚説。」或云：「此是時文之見。」學者遂云：「孟子闢楊墨，韓子闢佛老，陸先生闢時文。」先生云：「此説也好。然闢楊墨、佛老者，猶有些氣道。吾却只闢得時文。」因一笑。

先生作貴溪學記云：「堯舜之道不過如此，此亦非有甚高難行之事。」嘗舉以語學者云：「吾之道真所謂『夫婦之愚可以與知』。」

或問讀六經當先看何人解注。先生云：「須先精看古注，如讀左傳則杜預注不可不精看。大概先須理會文義分明，則讀之其理自明白。然古注惟趙岐解孟子文義多略。」

有一後生欲處郡庠，先生訓之曰：「一擇交，二隨身規矩，三讀古書論語之屬。」

程先生解易爻辭，多得之彖辭，却有鶻突處。

人之文章多似其氣質。杜子美詩乃其氣質如此。

三代之時，遠近上下皆講明扶持此理，其有不然者，衆從而斥之。後世遠近上下皆無有及此者，有一人務此，衆反以爲怪。故古之時比屋至於可封。後世雖能自立，然寡固不可以敵衆，非英才不能奮興。

有學者因事上一官員書云：「遏惡揚善，沮奸佑良，此天地之正理也。此理明則治，不明則亂，存之則爲仁，不存則爲不仁。」先生擊節稱賞。

先生云：「吾自應舉未嘗以得失爲念，場屋之文只是直寫胸襟。」故作貴溪縣學記云：「不徇流俗而正學以言者，豈皆有司之所棄，天命之所遺？」

有學者曾看南軒文字，繼從先生遊，自謂有省。及作書陳所見，有一語云：「與太極同體。」先生復書云：「此語極似南軒。」

學者不可用心太緊。深山有寶，無心於寶者得之。

有學者上執政書，中間有云：「閣下作而待漏於金門，朝而議政於黼座，退而平章於中書，歸而咨訪於府第，不識是心能如晝日之昭晰，而無薄蝕之者乎？能如砥柱之屹立，而無淪胥之者乎？」先生云：「此亦可以警學者。」

曹立之有書於先生曰：「願先生且將孝弟忠信誨人。」先生云：「立之之謬如此。孝弟忠信如何說『且將』？」

惟温故而後能知新，惟敦厚而後能崇禮。

易繫上下篇總是贊易。只將贊易看，便自分明。凡吾論世事皆如此。必要挈其總要去處。

後世言易數者，多只是眩惑人之説。

「夫人幼而學之，壯而欲行之。」今之論學者，所用非所學，所學非所用。

或有譏先生之教人專欲管歸一路者，先生曰：「吾亦只有此一路。」

孟子曰：「言人之不善，當如後患何？」今人多失其旨。蓋孟子道性善，故言人無有不善。今若言人之不善，彼將甘爲不善，而以不善向汝，汝將何以待之？故曰：「當如後患何？」

見到孟子道「性善」處，方是見得盡。

退之言：「軻死，不得其傳。」荀與楊擇焉而不精，語焉而不詳。」何其説得如此端的！

程先生解「頻復厲」，言過在失，不在復，極好。

先生在敕局日，或勸以小人闖伺，李注：闖，音酖，窺也。宜乞退省。先生曰：「吾之未去，以君也。不遇則去，豈可以彼爲去就耶？」

李白、杜甫、陶淵明皆有志於吾道。

資稟之高者，義之所在，順而行之，初無留難。其次義利交戰，而利終不勝義，故自立。

吾自幼時聽人議論似好，而其實不如此者，心不肯安，必要求其實而後已。

吾於踐履未能純一，然纔自警策，便與天地相似。

後世言寬仁者類出於姑息，殊不知苟不出於文致，而當其情，是乃寬仁也。故吾嘗曰：「虞舜、孔子之寬仁，吾於四裔兩觀之間見之。」

有士人上詩云：「手抉浮翳開東明。」先生頗取其語。因云：「吾與學者言，真所謂取日虞淵，洗光咸池。」

右門人傅子雲季魯編録。

冉子退朝，子曰：「何晏也？」對曰：「有政。」子曰：「其事也。」魯國無政，所行者亦其事而已。政者，正也。

「志壹動氣」，此不待論，獨「氣壹動志」未能使人無疑。孟子復以蹶趨動心明之，則可以無疑矣。壹者，專一也。志固爲氣之帥，然至於氣之專一，則亦能動志。故不但言「持其志」，又戒之以「無暴其氣」也。居處飲食，適節宣之宜；視聽言動，嚴邪正之辨，皆「無暴其氣」之工也。

古者十五而入大學，「大學之道在明明德，在親民，在止於至善」，此言大學指歸。欲明明德於天下是入大學標的。格物致知是下手處。中庸言博學、審問、謹思、明辨，是格物之方。讀書親師友是學，思則在己。問與辨皆須即人。自古聖人亦因往哲之言、師友之言乃能有進，況非聖人，豈有任私智而能進學者？然往哲之言因時乘理，其指不一。方册所載又有正僞、純疵，若不能擇，則是泛觀。欲取決於師友，師友之言亦不一，又有是非、當否，若不能擇，則是泛從。泛觀泛從，何所至止？「如彼作室于道謀，是用不潰于成。」欲取其一而從之，則又安知非私意偏説？子莫執中，孟子尚以爲執一廢百，豈爲善學？後之學者顧何以處此？

學者規模多係其聞見。孩提之童未有傳習，豈能有是規模？是故所習不可不謹。處乎其中而能自拔者，非豪傑不能。劫於事勢而爲之趨向者，多不得其正，亦理之常也。

古者勢與道合，後世勢與道離。何謂勢與道合？蓋德之宜爲諸侯者爲諸侯，宜爲大夫者爲大夫，宜爲士者爲士，此之謂勢與道合。後世反此，賢者居下，不肖者居上，夫是之謂勢與道離。勢與道合則是治世，勢與道離則是亂世。

「如切如磋者，道學也；如琢如磨者，自修也。」骨象脆，切磋之工精細；玉石堅，琢磨之工麄大。學問貴細密，自修貴勇猛。

世人只管理會利害，皆自謂惺惺，及他己分上事，又却只是放過。争知道名利如錦覆陷穽，使人貪而墮其中，到頭只贏得一個大不惺惺去。

「陽，一君而二民，君子之道也；陰，二君而一民，小人之道也。」陽奇陰偶，陽以奇爲君，一也，陰以偶爲君，二也。有一則有二，第所主在一。彼小人之事豈遽絶其一哉？所主非是耳。故君子以理制事，以理觀象。故曰：「變動不居，周流六虚，上下無常，剛柔相易，不可爲典要，唯變所適。」

書疏云：「周天三百六十五度四分度之一，天體圓如彈丸，北高南下，北極出地上三十六度，南極入地下三十六度。南極去北極直徑一百八十二度强〔一〕。天體隆曲，正當天之中央，南北二極中等之處，謂之赤道，去南北極各九十一度。春分日行赤道，從此漸北，夏至行赤道之北二十四度，去北極六十七度，去南極一百一十五度。從夏至以後，日漸南至。秋分還行赤道，與春分同。冬至行赤道之南二十四度，去南極六十七度，去北極一百一十五度。其日之行處，謂之黄道。又有月行之道，與日相近，交路而過，半在日道之裏，半在日道〔之〕表〔二〕。其當交則兩道相合，去極遠處兩道相去六度。此其日月行道之大略也。」黄道者，日所行也。冬至在斗，出赤道南二十四度。夏至在井，出赤道北二十四度。秋分交於角。春分交於奎。月有九道，其出入黄道不過六度。當交則合，故曰交蝕。交蝕者，月道與黄道交也。

孟子「登東山而小魯」一章，紬繹誦詠五六過，始云：「皆是言學之充廣，如水之有瀾，日月之有光，皆是本原上發得如此。」

〔一〕「一百八十二度强」，今本尚書洪範孔穎達疏作「一百二十二度弱」。按：本段文字與孔穎達疏頗有異同，不一一出校。

〔二〕「之」，原無，據嘉靖本補。

「牛山之木嘗美矣」以下，常宜諷詠。

元晦似伊川，欽夫似明道。伊川蔽固深，明道却通疏。

九疇之數：一、六在北，水得其正。三、八在東，木得其正。唯金火易位，而木生火，自三上生至九，自一數至於九，正得二數，故火在南。自四數至七，亦得四數，故金在西。一變而爲七，七變而爲九，九復變而爲一者：一與一爲二，一與二爲三，一與三爲四，一與四爲五，一與五爲六。五，數之祖，故至七則爲二與五矣，是一變也。至九而極，故曰七變而爲九。數至九則必變，故至十則變爲一十，百爲一百，千爲一千，萬爲一萬，是九復變而爲一也。

或問賈誼、陸贄言論如何。曰：「賈誼是就事上説仁義，陸贄是就仁義上説事。」

臨安四聖觀，六月間，傾城士女咸出禱祠，或問何以致人歸鄉如此。答曰：「只是賞罰不明。」

一夕步月，喟然而嘆。包敏道侍，問曰：「先生何嘆？」曰：「朱元晦泰山喬嶽，可惜學不見道，枉費精神，遂自擔閣。奈何？」包曰：「勢既如此，莫若各自著書，以待天下後世之自擇。」忽正色厲聲曰：「敏道！敏道！恁地没長進，乃作這般見解。且道天地間有個朱元晦、陸子静，便添得些子？無了後，便减得些子？」

歸自臨安，湯倉因言風俗不美。曰：「乍歸，方欲與後生説些好話。然此事亦由天，亦由人。」湯云：「如何由天？」曰：「且如三年一次科舉，萬一中者篤厚之人多，浮薄之人少，則風俗自此而厚。不然，只得一半篤厚之人，或三四個篤厚之人，風俗猶自庶幾。不幸篤厚之人無幾，或全是浮薄之人，則後生從而視傚，風俗日以敗壞。」湯云：「如何亦由人？」曰：「監司、守令便是風俗之宗主。只如院判在此，毋只惟位高爵重、旗旌導前、騎卒擁後者是崇是敬，陋巷茅茨之間有篤敬、忠信、好學之士，不以其微賤而知崇敬之，則風俗庶幾可回矣。」湯再三稱善。次日謂幕僚曰：「陸丈近至城，何不去聽説話？」幕僚云：「恐陸丈門户高峻，議論非某輩所能喻。」湯云：「陸丈説話甚平正，試往聽看。」某於張、吕諸公皆相識，然如陸丈説話自是不同〔二〕。」

須知人情之無常，方料理得人。

孝經十八章，孔子於踐履實地上説出，非虚言也。

「莫知其苗之碩」，謂葉幹鬖鬆而亡實者也。

「天下之言性也，則故而已矣。」此段人多不明首尾文義。中間「所惡於智者」至「智亦大矣」，文義亦自明，不失孟子本旨。據某所見，當以莊子「去故與智」解之。觀莊子中有此「故」字，則知古人言語文字必常有此字。易雜卦中「隨無故也」，即是此「故」字。當孟子時，天下無

〔二〕「如」，嘉靖本無。

能知其性者。其言性者，大抵據陳迹言之，實非知性之本，往往以利害推説耳，是反以利爲本也。夫子贊易，治曆明時，在革之象。蓋曆本測候，常須改法。觀革之義，則千歲之日至，無可坐致之理明矣。孟子言：「千歲之日至，可坐而致也。」正是言不可坐而致，以此明不可求其故也。

「帝出乎震」：帝者，天也。震居東，春也。震，雷也。萬物得雷而萌動焉，故曰「出乎震」。「齊乎巽」：巽是東南，春夏之交也。巽，風也。萬物得風而滋長焉，新生之物齊潔精明，故曰「萬物之潔齊也」。「相見乎離」：離，南方之卦也，夏也。生物之形至是畢露，文物粲然，故曰「相見」。「致役乎坤」：萬物皆得地之養，將遂妊實，六七月之交也。萬物於是而胎實焉，故曰「致役乎坤」。「説言乎兑」：兑，正秋也。八月之時，萬物既已成實，得雨澤而説懌，故曰「萬物之所説也」。「戰乎乾」：乾是西北方之卦也。舊穀之事將始，乾不得不君乎此也。十月之時，陰極陽生，陰陽交戰之時也，龍戰乎野是也。「勞乎坎」：坎者，水也，至勞者也。陰退陽生之時，萬物之所歸也。陰陽未定之時，萬物歸藏之始，其事獨勞，故曰「勞乎坎」。「成言乎艮」：陰陽至是而定矣。舊穀之事於是而終，新穀之事於是而始，故曰「萬物之所成終成始也」。

「易之爲書也，不可遠，爲道也屢遷。變動不居，周流六虚，上下無常，剛柔相易，不可爲典要，唯變所適。」臨深履薄，參前倚衡，儆戒無虞，小心翼翼，道不可須臾離也。五典天叙，五禮天秩，洪範九疇，帝用錫禹，傳在箕子，武王訪之，三代攸興，罔不克敬典。不有斯人，孰足以語不可遠之書，而論屢遷之道也。其「爲道也屢遷」，不遷處；「變動不居」，居處；「周流六虚」，實處；「上下無常」，常處；「剛柔相易」，不易處；「不可爲典要」，要處；「惟變所適」，不變處。

「履，德之基也；謙，德之柄也；復，德之本也；恒，德之固也；損，德之修也；益，德之裕也；困，德之辨也；井，德之地也；巽，德之制也。」「易之興也，其於中古乎？作易者其有憂患乎？」上古淳朴，人情物態未至多變，易雖不作，未有闕也。逮乎中古，情態日開，詐僞日萌，非明易道以示之，則質之美者無以成其德，天下之衆無以感而化，生民之禍有不可勝言者。聖人之憂患如此，不得不因時而作易也。易道既著，則使君子身修而天下治矣。「是故，履，德之基也」，雜卦曰「履，不處也」，不處者，行也。上天下澤，尊卑之義，禮之本也。經禮三百，曲禮三千，皆本諸此常行之道。「履，德之基」，謂以行爲德之基也。基，始也，德自行而進也。不行則德何由而積？「謙，德之柄也」，有而不居爲謙，謙者，不盈也。盈則其德喪矣。常執不盈之心，則德乃日積，故曰「德之柄」。既能謙然後能復，復者陽復，爲復善之義。人性本善，其不善者遷於物也。知物之爲害而能自反，則知善者乃吾性之固有。循吾固有而進德，則沛然無他適矣。故曰「復，德之本也」。知復則内外合矣，然而不常，則其德不固，所謂「雖得之，必失之」，故曰「恒，德之固也」。君子之修德，必去其害德者，則德日進矣，故曰「損，德之修也」。善日積則寬井以養人利物爲事，君子之德亦猶是也，故曰「井，德之地也」。夫然可以有爲，有爲者，常順時制宜。不順時制宜者，一方一曲之士，非盛德之事也。順時制宜，非隨俗合污，如禹、稷、顔子是已，故曰「巽，德之制也」。

「履，和而至」：兑以柔悦承乾之剛健，故和。天在上，澤處下，理之極至不可易，故至。君子所行，體履之義，故和而至。「謙，尊而光」：不謙則必自尊自耀，自尊則人必賤之，自耀則德喪，能謙則自卑自晦，自卑則人尊之，自晦則德益光顯。「復，小而辨於物」：復貴不遠，言動之微、念慮之隱必察其爲物所誘與否。不辨於小，則將致悔咎矣。「恒，雜而不厭」：人之生，動用酢酢，事變非一，人情於此多至厭倦，是不恒其德者也。能恒者，雖雜而不厭。「損，先難而後易」：人情逆之則難，順之則易。凡損抑其過，必逆乎情，故先難；既損抑以歸於善，則順乎本心，故後易。「益，長裕而不設」：益者，遷善以益己之德，故其德長進而寬裕。設者，侈張也，有侈大不誠實之意，如是則非所以爲益也。「困，窮而通」：不修德者，遇窮困則隕穫喪亡而已。君子遇窮困，則德益進，道益通。「井，居其所而遷」：如君子不以道徇人，故曰居其所；而博施濟衆，無有不及，故曰遷。「巽，稱而隱」：巽順於理，故動稱宜。其所以稱宜者，非有形迹可見，故隱。

「履以和行」：行有不和，以不由禮故也。能由禮則和矣。「謙以制禮」：自尊大，則不能由禮；卑以自牧，乃能自節制以禮。「復以自知」：自克乃能復善，他人無與焉。「恒以一德」：不常則二三，常則一。終始惟一，時乃日新。「損以遠害」：如忿慾之類，爲德之害。損者，損其害德而已。能損其害德者，則吾身之害固有可遠之道，特君子不取必乎此也。「益以興利」：有益於己者爲利，天下之有益於己者莫如善，君子觀易之象而遷善，故曰「興利」。能遷善，則福慶之利固有自致之理。在君子無加損焉，有不足言者。「困以寡怨」：君子於困厄之時必推致其命，吾遂吾之志，何怨之有？推困之義，不必窮厄患難及己也，凡有道而有所不可行，皆困也。君子於此自反而已，未嘗有所怨也。「井以辨義」：君子之義在於濟物，於井之義，人可以明君子之義。「巽以行權」：巽順於理，如權之於物，隨輕重而應，則動静稱宜，不以一定而悖理也。九卦之列，君子修身之要，其序如此，缺一不可也。故詳復贊之。

「所謂誠其意者，毋自欺也」一段〔二〕，總是修身、齊家、治國、平天下之要，故反覆言之。「如惡惡臭，如好好色」，乃是性所好惡，非出於勉强也。自欺是欺其心，慎獨即不自欺。「誠者自成，而道自道也。」自欺不可謂無人知。「十目所視，十手所指」，其嚴若此。

〔二〕「毋」，原作「無」，據正德本、四庫本及大學改。

「惟器與名不可以假人」：只當説繁纓非諸侯所當用，不可以與此人，左氏也説差却名了，是非孔子之言。如孟子謂「聞誅一夫紂矣」，乃是正名。孔子於蒯聵、輒之事，乃是正名。至於温公謂「名者何，諸侯卿大夫是也」，則失之矣。

事不可以逆料，聖賢未嘗預料。「由也，不得其死然。」「死矣！盆成括。」其微言如此。

此理塞宇宙，誰能逃之？順之則吉，違之則凶，其蒙蔽則爲昏愚，通徹則爲明知。昏愚者不見是理，故多逆以致凶；明知者見是理，故能順以致吉。説易者謂陽貴而陰賤、剛明而柔暗，是固然矣。今晉之卦，上離以六五一陰爲明之主，下坤以三陰順從於離明，是以致吉。二陽爻反皆不善。蓋離之所以爲明者，明是理也。坤之三陰能順從其明，宜其吉無不利。此以明理順理而善，則其不盡然者亦宜其不盡善也。不明此理，而泥於爻畫名言之末，豈可以言易哉？陽貴陰賤、剛明柔暗之説，有時而不可泥也。

屯陰陽始交，一索而得長男，再索而得中男。六三「即鹿無虞，惟入於林中」，指下卦之漸入上卦坎險之地。上六「乘馬班如，泣血漣如」，正孔子曰「吾末如之何也已矣」。雖然，人當止邪於未形，絶惡於未萌，致治於未亂，保邦於未危。

蒙九二一爻爲發蒙之主，不應更論與六五相得與否。「包蒙」「納婦」，即「克家」之事。

束書不觀，游談無根。

染習深者難得浄潔。

自明然後能明人。

復齋看伊川易傳解「艮其背」，問某：「伊川說得如何？」某云：「說得鶻突。」遂命某說，某云：「『艮其背，不獲其身』，無我；『行其庭，不見其人』，無物。」

或謂先生之學是道德性命，形而上者；晦翁之學是名物度數，形而下者。學者當兼二先生之學。先生云：「足下如此說晦翁，晦翁未伏。晦翁之學自謂一貫，但其見道不明，終不足以一貫耳。吾嘗與晦翁書云『揣量模寫之工，依放假借之似，其條畫足以自信，其節目足以自安』，此言切中晦翁之膏肓。」

學者答堂試策。先生云：「諸公答策皆是隨問走，答策當如堂上人部勒堂下吏卒，乃不爲策題所纏。」

先生於門人最屬意者唯傅子淵。初，子淵請教，先生有艮背行庭、無我無物之說。後子淵謂：「某舊登南軒、晦翁之門，爲二說所礙，十年不可先生之說。及分教衡陽三年，乃始信。」先生屢稱子淵之賢，因言：「比陳君舉自湖南漕臺遣書幣下問，來書云『某老矣，不復見諸事功，但欲結果身分耳』。」先生略舉答書，因說：「近得子淵與君舉書煞好，若子淵切磋不已，君舉當有可望也。但子淵書中有兩句云『是則全掩其非，非則全掩其是』，亦爲抹出。」後聞先生臨終前數日，有自衡陽來呈子淵與周益公論道五書，先生手不釋，歎曰：「子淵，擒龍打鳳底手段。」

邵武丘元壽聽話累日，李注：丘元壽是文安公弟子。自言少時獨喜看伊川語録。先生曰：「一見足下，知留意學問，且從事伊川學者。既好古如此，居鄉與誰遊處？」元壽對以「賦性冷淡，與人寡合」。先生云：「莫有令嗣延師否？」元壽對以「延師亦不相契，止是託之二子耳」。先生云：「既是如此，平生懷抱欲説底話，分付與誰？」元壽對以「無分付處，有時按視田園，老農老圃雖不識字，喜其真情，四時之間，與之相忘，酬酢居多耳」。先生顧學者笑曰：「以邵武許多士人，而不能有以契元壽之心，契心者乃出於農圃之人。如此，是士大夫儒者視農圃間人不能無媿矣。」先生因言：「世間一種恣情縱欲之人，雖大狼狽，其過易於拯救，却是好人剗地難理會。」松云：「如丘丈之賢，先生還有力及之否？」先生云：「元壽甚佳，但恐其不大耳。『人皆可以爲堯舜』，堯舜與人同耳，但恐不能爲堯舜之大也。」元壽連日聽教，方自慶快，且云「天下之樂，無以加於此」。至是忽局蹴變色而答曰：「荷先生教愛之篤，但某自度無此力量，誠不敢僭易。」先生云：「元壽道無此力量，錯説了。元壽平日之力量乃堯舜之力量，元壽自不知耳。」元壽默然愈惑，退，松别之。元壽自述：「自聽教於先生甚樂，今胸中忽如有物梗之者，姑抄先生文集，歸而求之，再來承教。」

先生與學者説及智聖始終條理一章，忽問松云：「智、聖是如何？」松曰：「知此之謂智，盡此之謂聖。」先生曰：「智、聖有優劣否？」松曰：「無優劣。」先生曰：「好，無優劣，然孟子云『其至，爾力也；其中，非爾力』，如此説似歸重於智。」松曰：「其至，爾力也；其中，非爾力也，巧也，行文自當如此。孟子不成道：『其至，爾力也；其中，爾巧也。』」先生曰：「是。」松又曰：「智、聖雖無優劣，却有先後，畢竟致知在先，力行在後，故曰始終。」先生曰：「是。」

先生因爲子持之改所吟鶯詩云：「百喙吟春不暫停，長疑春意未丁寧。數聲緑樹黄鸝曉，始笑從來着意聽。遶梁餘韻散南柯，争奈無如春色何？剩化玉巢金綽約，深春到處爲人歌。」先生言鶯巢以他羽成之，至貼近金羽處，以白鷴羽藉之，所以養其金羽也。

有客論詩，先生誦昌黎調張籍一篇云：「李杜文章在，光燄萬丈長。不知羣兒愚，那用故謗傷？蚍蜉撼大樹，可笑不自量。云云。乞君飛霞佩，與我高頡頏。」且曰：「讀書不到此，不必言詩。」

中心斯須不和不樂，而鄙詐之心入之；外貌斯須不莊不敬，而慢易之心入之與。告子不動心，是操持堅執做；孟子不動心，是明道之力。

有行古禮於其家，而其父不悦，乃至父子相非不已，遂來請教。先生云：「以禮言之，吾子於行古禮，其名甚正。以實言之，則去古既遠，禮文不遠，吾子所行未必盡契古禮，而且先得罪於尊君矣。『喪禮，與其哀不足而禮有餘也，不若禮不足而哀有餘也。』如世俗甚不經，裁之可也，其餘且可從舊。」

有縣丞問先生赴任尚何時，先生曰：「此來爲得疾速之任之命，方欲單騎即行。」縣丞因言及虜人有南牧之意，先生遽云：「如此則荆門乃次邊之地，某當挈家以行，未免少遲。若以單騎，却似某有所畏避也。」

臨川張次房于曆子賦歸去來辭，李注：次房是文達公弟子。棄官而歸，杜門經歲，來見先生。先生云：「近聞諸公以王謙仲故，推輓次房一出，是否？」次房云：「極荷諸公此意，愧無以當之。」先生曰：「何荷之云？君子之愛人也以德，細人之愛人也以姑息。凡諸公欲相推輓者，姑息之愛也。次房初歸時，一二年間正氣甚盛，後來寖弱，先兄教授極力推輓〔二〕，是後正氣復振，比年又寖衰。次房莫未至無飯喫否？若今諸公此舉，事勢恐亦難行，反自取辱耳。某今有一官，不能脱去得，今又令去荆門，某只得去，若竄去南海，某便着去。次房幸而無官了，而今更要出來做甚麽？」次房云：「恨聞言之晚，不能早謝絶之也。」

松問先生：「今之學者爲誰？」先生屈指數之，以傅子淵居其首，鄧文範居次，傅季魯、黄元吉又次之。且云：「浙間煞有人，有得之深者，有得之淺者，有一見而得之者，有久而後得之者。廣中陳去華省發偉特，惜乎此人亡矣！」

〔二〕「先兄」，正德本、嘉靖本、四庫本作「先生」。

有傳黄元吉别長沙陳君舉，有詩送行云：「荷君來意固非輕，曾未深交意便傾。説到七篇無欠少，學從三畫已分明。每嗟自昔傷標致，頗欲從今近老成。爲謝荆門三益友，何時尊酒話平生？」

先生切聞子淵與君舉切磋，又起君舉之疑，得黄元吉，君舉方信子淵之學。松曰：「元吉之學却在子淵之上？」先生曰：「元吉得老夫鍛煉之力。元吉從老夫十五年，前數年病在逐外，中間數年换入一意見窠窟去，又數年换入一安樂窠窟去。這一二年，老夫痛加鍛煉，似覺壁立無由近傍。元吉善學，不敢發問。遂誘致諸處後生來授學，却教諸生致問，老夫一一爲之問駁〔一〕，元吉一旦從傍忽有所省。此元吉之善學。」

先生云：「今世儒者類指佛老爲異端。孔子曰『攻乎異端』。孔子時，佛教未入中國，雖有老子，其説未著，却指那個爲異端？蓋『異』字與『同』字爲對。雖同師堯舜，而所學異緒，與堯舜不同，此所以爲異端也。」先生因儆學者攻異端曰：「天下之理，將從其簡且易者而學之乎？將欲其繁且難者而學之乎？若繁且難者果足以爲道，勞苦而爲之可也，其實本不足以爲道，學者何苦於繁難之説。簡且易者，又易知易從，又信足以爲道，學者何憚而不爲簡易之從乎？」

〔一〕「駁」，嘉靖本作「剥」。

先生言：「萬物森然於方寸之間，滿心而發，充塞宇宙，無非此理。孟子就四端上指示人，豈是人心只有此四端而已？又就乍見孺子入井皆有怵惕惻隱之心一端指示人，又得此心昭然，但能充此心，足矣。」乃誦：「誠者自成也，而道自道也。誠者，物之終始。云云。天地之道，可一言而盡也。」

先生言：胡季隨從學晦翁，晦翁使讀孟子。他日，問季隨如何解「至於心獨無所同然乎」一句。季隨以所見解，晦翁以爲非，且謂季隨讀書鹵莽不思。後季隨思之既苦，因以致疾。晦翁乃言之曰：「『然』讀如『雍之言然』之然，對上同聽、同美、同嗜説。」先生因笑曰：「只是如此，何不早説與他？」

先生言：「吾家治田，每用長大钁頭，兩次鋤至二尺許，深一尺半許外，方容秧一頭。久旱時，田肉深，獨得不旱。以他處禾穗數之，每穗穀多不過八九十粒，少者三五十粒而已。以此中禾穗數之，每穗少者尚百二十粒，多者至二百餘粒。每一畝所收比他處一畝不啻數倍。蓋深耕易耨之法如此，凡事獨不然乎？」時因論及士人專事速化不根之文，故及之。

答曾宅之一書甚詳。梭山一日對學者言曰：「文所以明道，辭達足矣。」意有所屬也。先生正色而言曰：「『道有變動，故曰爻；爻有等，故曰物；物相雜，故曰文；文不當，故吉凶生焉。』『昔者聖人之作易也，幽贊於神明而生蓍，參天兩地而倚數，觀變於陰陽而立卦，發揮於剛柔而生文，和順於道德而理於義，窮理盡性以至於命。』這方是文。文不到這裏，説甚文？」

松嘗問梭山云：「有問松：『孟子説諸侯以王道，是行王道以尊周室？行王道以得天位？』當如何對？」梭山云：「得天位。」松曰：「却如何解後世疑孟子教諸侯篡奪之罪？」梭山云：「民爲貴，社稷次之，君爲輕。」先生再三稱嘆曰：「家兄平日無此議論。」良久曰：「曠古以來無此議論。」松曰：「伯夷不見此理。」先生亦云。松又云：「武王見得此理。」先生曰：「伏羲以來皆見此理。」

或勸先生之荆門，爲委曲行道之計。答云：「仲虺言湯之德曰『以義制事，以禮制心』。古人通體純是道義，後世賢者處心處事，亦非盡無禮義，特其心先主乎利害，而以禮義行之耳。後世所以大異于古人者，正在於此。古人理會利害便是禮義，後世理會禮義却只是利害。」

先生言：「吴君玉自負明敏，李注：吴君玉名貫未詳，或云臨川人，即淳熙甲辰進士吴琮。或云名□〔一〕。文安公弟子。至槐堂處五日，每舉書句爲問。隨其所問，解釋其疑，然後從其所曉，敷廣其説，每每如此。其人再三稱嘆云：『天下皆説先生是禪學，獨某見得先生是聖學。』然退省其私，又却都無事了。此人明敏，只是不得久與之切磋。」

〔一〕此處有一字，但漫漶不清。

先生言：「重華論：『莊子不及老子者三，孟子不及孔子三，其一不合以人比禽獸。』晦翁亦有此論。」松曰：「孟子言『人之所以異於禽獸者幾希』，惟恐人之入於禽獸。『是禽獸也』，爲其無君父也。『則其違禽獸不遠矣』，爲其夜氣不足以存也。晦翁但在氣象上理會，此其所以錙銖聖人之言，往往皆不可得而同也。」先生曰：「使堯、舜、禹、湯、文、武、周公、孔子，此八聖人合堂同席而居〔二〕，其氣象豈能盡同？我這裏也説氣象，但不是就外面説，乃曰『陰陽一大氣，乾坤一大象』。」因説：「孟子之言，如『孟施舍之守氣，不如曾子之守約也』，此兩句却贅了。」

「人生而静，天之性也，感物而動，性之欲也。」是爲不識「艮背行庭」之旨。

舜「隱惡而揚善」，説者曰：「隱，藏也。」此説非是。隱，伏也，伏絶其惡而善自揚耳。在己在人一也。「爲國家者，見惡如農夫之務去草焉，芟夷藴崇之，絶其本根，勿使能殖〔三〕，則善者信矣。」故君子以遏惡揚善，順天休命也。

「成湯放桀於南巢，惟有慚德。」湯到這裏却生一疑，此是湯之過也。故仲虺作誥曰：「惟天生民有欲，無主乃亂。惟天生聰明時乂。嗚呼！謹厥終，惟其始，殖有禮，覆昏暴，欽崇天道，永

〔二〕「此」，他本均作「七」。

〔三〕「殖」，正德本、嘉靖本、四庫本作「植」。

保天命。」

學者問：「荆門之政何先？」對曰：「必也正人心乎。」「人之其所親愛而辟焉，之其所賤惡而辟焉，之其所畏敬而辟焉，之其所哀矜而辟焉，之其所敖惰而辟焉。」辟，比量也。家中以次之人，以我親愛、賤惡而比量之，或效之，或議之，其弊無窮，不可悉究，要其終，實不足以齊其家。

告子與孟子並駕其説于天下。孟子將破其説，不得不就他所見處細與他研磨。一次將杞柳來論，便就他杞柳上破其説；一次將湍水來論，便就他湍水上破其説；一次將生之謂性來論，又就他生之謂性上破其説；一次將仁内義外來論，又就他義外上破其説。窮究異端，要得恁地，使他無語始得。

枚卜功臣之遜，遜出于誠；漢文帝即位之遜，遜出于僞，云云。及修代來功，詔稱「朕狐疑，唯宋昌勸朕，朕已得保宗廟，尊昌爲衛將軍」云云。後世人主不知學，人欲横流，安知天位非人君所可得而私？

夫子没，老氏之説出，至漢而其術益行。曹參相齊，盡召長老諸先生，問所以安集百姓。而齊故儒以百數，言人人殊，參未知所定。聞膠西有蓋公善治黄老言，使人厚幣請之。既見蓋公，公爲言治道貴清静而民自定，推此類具言之。參於是避正堂，舍蓋公焉。其治要用黄老術，故相齊九年，齊國安集，大稱賢相。此見老氏之脉在此也。蕭何薨，參入相，壹遵何爲之約束。擇郡縣吏長，木訥於文辭，謹厚長者，即召除爲丞相史。吏言文刻深，欲聲名，輒斥去之。日夜飲酒，不事事，見人有細過，掩匿覆蓋之，府中無事。漢家之治，血脉在此。

邵堯夫詩：「一物其來有一身，一身還有一乾坤。」不如聖人説「乾知太始」。因曰：「堯夫只是個閑道人。聖人之道有用，無用便非聖人之道。」

先生一日自歌，與姪孫濬書云「道之將廢，自孔孟之生不能回天而易命」云云。又歌柏舟詩，松爲之涕泗沾襟。少間，又歌東皇太一、雲中君。見松悲泣不堪，又歌曰：「蕭蕭馬鳴，悠悠旆旌。」乃曰：「蕭蕭馬鳴，静中有動矣；悠悠旆旌，動中有静也。」

「誠者自誠也，而道自道也。」「君子以自昭明德。」「人之有是四端而自謂不能者，自賊者也。」暴謂「自暴」，棄謂「自棄」，侮謂「自侮」，反謂「自反」，得謂「自得」。「禍福無不自己求之者。」聖賢道一個「自」字煞好。嘗言〔一〕：「年十三時，復齋因看論語，命某近前，問云：『看有子一章如何？』某云：『此有子之言，非夫子之言。』先兄云：『孔門除却曾子，便到有子，未可輕議，更思之如何？』某曰：『夫子之言簡易，有子之言支離。』」

〔一〕「嘗」，原作「常」，據正德本、嘉靖本、四庫本改。

吕伯恭爲鵝湖之集，先兄復齋謂某曰：「伯恭約元晦爲此集，正爲學術異同，某兄弟先自不同，何以望鵝湖之同。」先兄遂與某議論致辯，又令某自説，至晚罷。先兄云：「子静之説是。」次早，某請先兄説，先兄云：「某無説，夜來思之，子静之説極是。方得一詩云：『孩提知愛長知欽，古聖相傳只此心。大抵有基方築室，未聞無址忽成岑。留情傳注翻蓁塞，着意精微轉陸沉。珍重友朋相切琢，須知至樂在于今。』」某云：「詩甚佳，但第二句微有未安。」先兄云：「説得恁地，又道未安，更要如何？」某云：「不妨一面起行，某沿途却和此詩。」及至鵝湖，伯恭首問先兄別後新功。先兄舉詩，纔四句，元晦顧伯恭曰：「子壽早已上子静舡了也。」舉詩罷，遂致辯於先兄。某云：「途中某和得家兄此詩云：『墟墓興哀宗廟欽，斯人千古不磨心。涓流滴到滄溟水，拳石崇成泰華岑。易簡工夫終久大，支離事業竟浮沉。』」舉詩至此，元晦失色。至「欲知自下升高處，真僞先須辨只今」，元晦大不懌，於是各休息。翌日二公商量數十折議論來，莫不悉破其説。繼日凡致辯，其説隨屈。伯恭甚有虚心相聽之意，竟爲元晦所尼。後往南康，元晦延入白鹿講説，因講「君子喻於義」一章。元晦再三云：「某在此不曾説到這裏，負愧何言。」

先兄復齋臨終云：「比來見得子静之學甚明，恨不得相與切磋，見此道之大明耳。」

吾家合族而食，每輪差子弟掌庫三年。某適當其職，所學大進，這方是「執事敬」。

徐仲誠請教，李注：徐仲誠疑亦金谿人，早事文安公，又事梭山公。使思孟子「萬物皆備于我矣，反身而誠，樂莫大焉」一章。仲誠處槐堂一月，一日問之云：「仲誠思得孟子如何？」仲誠答曰：「如鏡中觀花。」答云：「見得仲誠也是如此。」顧左右曰：「仲誠真善自述者。」因説與云：「此事不在他求，只在仲誠身上。」既又微笑而言曰：「已是分明説了也。」少間，仲誠因問中庸以何爲要語。答曰：「我與汝説内，汝只管説外。」良久曰：「句句是要語。」梭山曰：「『博學之，審問之，謹思之，明辨之，篤行之』，此是要語。」答曰：「未知學，博學個甚麼？審問個甚麼？明辨個甚麼？篤行個甚麼？」

有學者終日聽話，忽請問曰：「如何是窮理盡性以至於命？」答曰：「吾友是泛然問，老夫却不是泛然答。老夫凡今所與吾友説皆是理也。窮理是窮這個理，盡性是盡這個性，至命是至這個命。」

稱嘆趙子新美質，謂：「人莫不有夸示己能之心，子新爲人稱揚，反生羞愧；人莫不有好進之心，子新恬淡，雖推之不前；人皆惡人言己之短，子新惟恐人不以其失爲告。羣居終日，默然端坐，陰有以律夫氣習之澆薄者多矣，可謂人中之一瑞[一]，但不能進學，可憂耳！」或云：「年亦未壯。」答云：「莫道未也，二十歲來。」一日，子新至，語之曰：「莫堆堆地，須發揚。車前不能令

[一]「瑞」，原作「端」，據嘉靖本改。

人軒，車後不能令人輊，何不發揚？」

廣中一學者陳去華，李注：陳去華，廣東廣州人，師事文安公。省發偉特。某因問：「『吾與點也』一段，尋常如何理會？」屢問之，去華終以爲理會不得。一日，又問之，去華又謂理會未得。某云：「且以去華所見言之，莫也未至全然曉不得。」去華遂謂：「據某所見，三子只是事上着到，曾點却在這裏着到。」某詰之曰：「向道理會不得，今又却理會得。」去華頓有省，自叙聽話一月，前十日聽得所言皆同，後十日所言大異，又後十日與前所言皆同，因有十詩。別後謂人曰：「某方是一學者在。待歸後，率南方之士師北方之學。」蓋廣中蒙欽夫之教，故以此爲北方耳。

臨川一學者初見，問曰：「每日如何觀書？」學者曰：「守規矩。」歡然問曰：「如何守規矩？」學者曰：「伊川易傳、胡氏春秋、上蔡論語、范氏唐鑑。」忽呵之曰：「陋説！」良久復問曰：「何者爲規？」又頃問曰：「何者爲矩？」學者但唯唯。次日復來，方對學者誦「乾知大始，坤作成物，乾以易知，坤以簡能」一章，畢，乃言曰：「乾文言云『大哉乾元』，坤文言云『至哉坤元』。聖人贊易，却只是個『簡易』字道了。」遍目學者曰：「又却不是道難知也。」又曰：「道在邇而求諸遠，事在易而求諸難。」顧學者曰：「這方喚作規矩，公昨日來道甚規矩。」

一學者聽言後，更七夜不寢。或問曰：「如此莫是助長否？」答曰：「非也。彼蓋乍有所聞，一旦悼平昔之非，正與血氣争寨作主。」又顧謂學者：「天下之理但患不知其非，既知其非，便即不爲君子以嚮晦入宴息也。」

或問：「『吾十有五而志于學，三十而立』。既有所立矣，緣何未到四十尚有惑在？」曰：「志于學矣，不爲富貴、貧賤、患難動心，不爲異端邪説摇奪，是下工夫。至三十，然後能立。既立矣，然天下學術之異同，人心趨向之差别，其聲訛相似，似是而非之處，到這裏多少疑在？是又下工夫十年，然後能不惑矣。又下工夫十年，方渾然一片，故曰『五十而知天命』。」

説「君子之道孰先傳」一段，子游、子夏皆非。

先生感嘆時俗汩没，未有能自拔者，因歌學者劉定夫象山詩云：「三日觀山山愈妍，錦囊收拾不勝編。萬山擾擾何爲者？惟有雲臺山巋然。」又誦少時自作大人詩云：「從來膽大胸膈寬，虎豹億萬虬龍千，從頭收拾一口吞。有時此輩未妥帖，哮吼大嚼無毫全。朝飲渤澥水，暮宿崑崙巔，連山以爲琴，長河爲之絃，萬古不傳音，吾當爲君宣。」又舉歐陽公贈梅聖俞詩云：「黄鵠刷金衣，自言能遠飛。擇侶異棲息，終年修羽儀。朝下玉池飲，暮宿霜桐枝。徘徊且垂翼，會有秋風時。」

有學子閱亂先生几案間文字。先生曰：「有先生長者在，却不肅容正坐，收斂精神，謂不敬之甚。」

光武謂吴漢「差强人意」，「强」訓「起」。

右門人嚴松松年所録。李注：嚴松，臨川人，師事梭山公，又事文安公于象山精舍。

卷三十五

語録下

曆家所謂朔虚氣盈者，蓋以三十日爲準。朔虚者，自前合朔至後合朔，不滿三十日，其不滿之分曰朔虚。氣盈者，一節一氣，共三十日，有餘分爲中分，中即氣也。堯典所載惟「命羲、和」一事。蓋人君代天理物，不敢不重。後世乃委之星翁、曆官，至於推步、迎策，又各執己見以爲定法。其他未暇舉，如唐一行所造大衍曆亦可取，宜若可以久用無差〔一〕，然未十年而已變，是知不可不明其理也。夫天左旋，日月星緯右轉，日夜不止，豈可執一？故漢唐之曆屢變，本朝二百餘年，曆亦十二三變。聖人作易，於革卦言：「治曆明時。」觀革之義，其不可執一明矣。

四岳舉鯀，九載，績用弗成，而遜位之咨首及四岳。堯不以舉鯀之非而疑其黨姦也。比之

〔一〕「宜」，嘉靖本、萬曆本、四庫本作「疑」。

後世罪舉主之義甚異。

後生看經書，須着看注疏及先儒解釋。不然，執己見議論，恐入自是之域，便輕視古人。至漢唐間名臣議論，反之吾心，有甚悖道處，亦須自家有「徵諸庶民而不謬」底道理，然後别白言之。

尚書一部只是説德，而知德者實難。

遜志、小心是兩般。

讀書固不可不曉文義，然只以曉文義爲是，只是兒童之學，須看意旨所在。

孝經十八章，孔子於曾子踐履實地中説出來，非虚言也。

惟天下之至一，爲能處天下之至變；惟天下之至安，爲能處天下之至危。

大禹謨一篇，要領只在「克艱」兩字上。

學者須是有志。讀書只理會文義，便是無志。

善學者如關津，不可胡亂放人過。

聖人教人只是就人日用處開端。如孟子言徐行後長可爲堯舜，不成在長者後行便是堯舜？怎生做得堯舜樣事，須是就上面着工夫。聖人所謂「吾無隱乎爾」，「誰能出不由户」，直截是如此。

「士不可不弘毅」，譬如一個擔子，盡力擔去，前面不奈何，却住無怪。今自不近前，却説道「擔不起」，豈有此理？故曰「力不足者，中道而廢，今女畫」。

讀書之法，須是平平淡淡去看，子細玩味，不可草草。所謂優而柔之，厭而飫之，自然有涣然冰釋、怡然理順底道理。

處家遇事，須着去做，若是褪頭便不是。子弟之職已缺，何以謂學？

燕昭王之於樂毅，漢高帝之於蕭何，蜀先主之於孔明，苻秦之於王猛，相知之深，相信之篤，這般處所不可不理會。「讀其書，不知其人，可乎？」

燕昭之封樂毅，漢高之械繫蕭何，當大利害處，未免摇動此心，但有深淺。

人品之説，直截是有。只如皋陶九德，便有數等。就中即一德論之，如「剛而塞」者，便自有幾般。

古今人物，同處直截是同，異處直截是異。然論異處極多，同處却約。作德便心逸日休，作僞便心勞日拙，作善便降之百祥，作不善便降之百殃。孟子言：「道二，仁與不仁而已。」同處甚約。

人莫先於自知，不在大綱上，須是細膩求。

學者不長進，只是好己勝。出一言，做一事，便道全是，豈有此理？古人惟貴知過則改，見善則遷。今各自執己是，被人點破，便愕然，所以不如古人。

主於道，則欲消而藝亦可進。主於藝，則欲熾而道亡，藝亦不進。

仁自夫子發之。

不可自暴、自棄、自屈。

志小不可以語大人事。

千古聖賢只是辦一件事，無兩件事。

「言必信，行必果，硜硜然小人哉！」宜自考察。

退步思量，不要騖外。

「共工方鳩僝功」與「如川之方至」，此「方」字不可作「且」字看。

堯之知共工、丹朱，不是於形迹間見之，直是見他心術。

吕正字館職策，直是失了眼目，只是術。然孟子亦激作，却不離正道。

揚子雲好論中，實不知中。

大雅是綱，小雅是目，尚書綱目皆具。

觀書到文侯之命，道已湮没，春秋所以作。

有所忿懥，則不足以服人；有所恐懼，則不足以自立。

志道、據德、依仁，學者之大端。

須是信得及乃可。

王文中中說與揚子雲相若，雖有不同，其歸一也。

道在天下，加之不可，損之不可，取之不可，舍之不可，要人自理會。

大綱提掇來，細細理會去，如魚龍游於江海之中，沛然無礙。

據要會以觀方來。

觀春秋、易、詩、書經聖人手，則知編論語者亦有病。

中庸言：「鬼神之爲德也，其盛矣乎！」夫子發明，判然甚白。

俗諺云「心堅石穿」，既是一個人，如何不打疊教靈利。

今之學者譬如行路，偶然撞着一好處便且止，覺時已不如前人，所以乍出乍入，乍明乍昏。

學者不自着實理會，只管看人口頭言語，所以不能進。且如做一文字，須是反覆窮究去，不得又換思量，皆要窮到窮處，項項分明。他日或問人，或聽人言，或觀一物，自有觸長底道理。

失了頭緒，不是助長，便是忘了，所以做主不得。

記言后稷「其辭恭，其欲儉」，只是說末。論語言伯夷、叔齊「求仁得仁」，泰伯「三以天下讓」，「殷有三仁」，却從血脉上說來。

利、害、毁、譽、稱、譏、苦、樂能動摇人，釋氏謂之「八風」。

七重鐵城，私心也。私心所隔，雖思非正。小兒亦有私思。

心官不可曠職。

太陽當天，太陰五緯，猶自放光芒不得，哪有魑魅魍魎來。

「小德川流，大德敦化」：小德即大德，大德即小德。發强、剛毅、齊莊、中正，皆川流也。

敦，厚；化，變化。

「皇極之君，斂時五福，錫厥庶民。」福如何錫得？只是此理充塞乎宇宙。李注：按書言：「惠迪吉」、「民協于中」。詩云：「民之質矣，日用飲食。羣黎百姓，徧爲爾德。」即是此理。

溺於俗見，則聽正言不入。

知道則末即是本，枝即是葉。又曰：有根則自有枝葉。

上達下達，即是喻義喻利。

〔人情物理上做工夫。〕[一]

老子曰：「大道甚夷，而民好徑。」

辯便有進。

[一] 此條原無，據嘉靖本補。

須是下及物工夫，則隨大隨小有濟。

天下若無着實師友，不是各執己見，便是恣情縱欲。

三百篇之詩有出於婦人女子，而後世老師宿儒且不能注解得分明，豈其智有所不若？只爲當時道行、道明。

韓退之言：「軻死，不得其傳。」固不敢誣後世無賢者，然直是至伊洛諸公，得千載不傳之學。但草創未爲光明，到今日若不大段光明，更幹當甚事？

「大衍之數五十，其用四十有九。分而爲二以象兩，掛一以象三，揲之以四以象四時，歸奇於扐以象閏。五歲再閏，故再扐而後掛。」既分爲二[一]，乃掛其一于前。掛，別也，非置之指間也。既別其一，却以四揲之，餘者謂之奇，然後歸之扐。扐，指間也。故一揲之餘，不四則八，再揲三揲之餘，亦不四則八。四，奇也；八，偶也。故三揲而皆奇，則四四四，有乾之象。三揲而皆偶，則八八八，有坤之象。三揲而得兩偶一奇，則四八八，有艮之象；八四八，有坎之象；八八四，有震之象。三揲而得兩奇一偶，則八四四，有兑之象；四八四，有離之象；四四八，有巽之象。故三奇爲老陽，三偶爲老陰，兩偶一奇爲少陽，兩奇一偶爲少陰。老陰老陽變，少陰少陽不變。分、掛、揲、歸奇

[一]「二」，原作「一」，據嘉靖本、萬曆本、四庫本及文義改。

是四節，故曰：「四營而成易。」卦有六爻，每爻三揲，三六十八，故曰「十有八變而成卦」。右揲蓍説。

右門人周清叟廉夫所録。

先生語伯敏云：「近日向學者多，一則以喜，一則以懼。夫人勇於爲學，豈不可喜？然此道本日用常行，近日學者却把作一事，張大虚聲，名過於實，起人不平之心，是以爲道學之説者，必爲人深排力詆。此風一長，豈不可懼？」

某之取人，喜其忠信誠慤，言似不能出口者。談論風生，他人所取者，某深惡之。

因論補試得失，先生云：「今之人易爲利害所動，只爲利害之心重。且如應舉，視得失爲分定者能幾人？往往得之則喜，失之則悲。惟曹立之、萬正淳、李注：萬正淳，諱人傑，興國大冶人。文達公時爲興國軍教授，求受學，旋師文安公。鄭學古李注：鄭學古，名貫未考，亦受學弟子。庶幾可不爲利害所動。故學者須當有所立，免得臨時爲利害所動。」朱季繹李注：朱季繹，名未詳，恐是朱繹之，亦建昌南城人，師事文安公。云：「如敬肆義利之説，乃學者持己處事所不可無者。」先生云：「不曾行得，説這般閑言長語則甚？如此不已，恐將來客勝主，以辭爲勝。然使至此，非學者之過，乃師承之過也。」朱云：「近日異端邪説害道，使人不知本。」先生云：「如何？」朱云：「如禪家之學，人皆以爲不可無者，又以謂形而上者所以害道，使人不知本。」先生云：「吾友且道甚底是本？又害了吾友甚底來？自不知己之害，又烏知人之害？包顯道常云『人皆謂禪是人不可無者』，今吾友又云『害道』，兩個却好縛作一束。今之所以害道者，却是這閑言語。曹立之天資甚高，因讀書用心之過成疾，其後疾與學相爲消長。初來見某時，亦是有許多閑言語，某與之蕩滌，則胸中快活明白，病亦隨減。迨一聞人言語，又復昏蔽。所以昏蔽者，緣與某相聚日淺。然其人能自知，每昏蔽則復相過，某又與之蕩滌，其心下又復明白。與講解，隨聽即解。某問：『比或有疑否？』立之云：『無疑。每常自讀書，亦見得到這般田地，只是不能無疑，往往自變其說。』某云：『讀書不可曉處，何須苦思力索？如立之天資，思之至，固有一個安排處。但恐心下昏蔽，不得其正，不若且放下，時復涵泳，似不去理會而理會。所謂優而柔之，使自求之，饜而飫之，使自趣之，若江海之寖，膏澤之潤，涣然冰釋，怡然理順，然後爲得也。』如此相聚一兩旬而歸，其病頓減。其後因秋試聞人閑言語，又復昏惑。又適有告之以某乃釋氏之學，渠平生惡釋老如仇讐，於是盡叛某之説，却凑合得元晦説話。後不相見，以至於死。」因問伯敏云：「曾聞此等語否？」伯敏云：「未也。」先生語朱云：「他却未有許多閑言語，且莫要壞了李敏求，且聽某與他説。大凡爲學須要有所立，語云『己欲立而立人』，卓然不爲流俗所移，乃爲有立。須思量天之所以與我者是甚底？爲復是要做人否？理會得這個明白，然後方可謂之學問。故孟子云『學問之道，求其放心而已矣』。如博學、審問、明辨、謹思、篤行，亦謂此也。此須是有志方可。孔子曰『吾十有五而志於學』，是這個志。」伯敏云：「伯敏於此心能剛制其非，只是持之不久耳。」先生云：「只剛制於外，而不內思其本，涵養之功不至。若得心下明白正當，何須剛制？且如在此說話，使忽有美色在前，老兄必無悅色之心。若心常似如今，何須剛制？」

先生語繆文子云：李注：繆文子，里居無考，亦從學弟子。「近日學者無師法，往往被邪說所惑。異端能惑人，自吾儒敗績，故能入。使在唐虞之時，道在天下，愚夫愚婦亦皆有渾厚氣象，是時便使活佛、活老子、莊、列出來也開口不得。惟陋儒不能行道，如人家子孫敗壞父祖家風。故釋老却倒來點檢你。如莊子云『以智治國，國之賊』，惟是陋儒不能行所無事，故被他如此說。若知者行其所無事，如何是國之賊？今之攻異端者，但以其名攻之，初不知自家已被他點檢在他下面〔二〕，如何得他服你？須是先理會了我底是，得有以使之服，方可。」

學者先須不可陷溺其心，又不當以學問夸人。夸人者，必爲人所攻。只當如常人。見人不是，必推惻隱之心委曲勸諭之，不可則止。若說道「我底學問如此，你底不是」，必爲人所攻。兼且所謂學問者，自承當不住。某見幾個自主張學問，某問他：「你了得也未？」他心下不穩，如此則是學亂說，實無所知。如此之人，謂之痼疾不可治。寧是縱情肆欲之人，猶容易與他說話，

〔二〕「已」，嘉靖本、萬曆本、四庫本作「自」。

最是學一副亂説底，没奈他何。此只有兩路：利欲、道義。不之此，則之彼。

人須是閑時大綱思量：「宇宙之間，如此廣闊，吾身立於其中，須大做一個人。」文子云：「某嘗思量我是一個人，豈可不爲人？却爲草木禽獸。」先生云：「如此便又細了，只要大綱思。且如『天命之謂性』，天之所以命我者，不殊乎天，須是放教規模廣大。若尋常思量得，臨事時自省力，不到得被陷溺了。」文子云：「某始初來見先生，若發蒙然。再見先生，覺心下快活，凡事亦自持，只恐到昏時自理會不得。」先生云：「見得明時，何持之有？人之於耳，要聽即聽，不要聽則否。於目亦然。何獨於心而不由我乎？」

先生語伯敏云：「人惟患無志，有志無有不成者。然資禀厚者，必竟有志。吾友每聽某之言如何？」伯敏曰：「每聞先生之言，茫然不知所入。幼者聽而弗問，又不敢躐等。」先生云：「若果有志，且須分别勢利、道義兩途。某之所言皆吾友所固有。且如聖賢垂教，亦是人固有。豈是外面把一件物事來贈吾友？但能悉爲發明：天之所以予我者，如此其厚，如此其貴，不失其所以爲人者耳。」伯敏問云：「日用常行，去甚處下工夫？」先生云：「能知天之所以予我者至貴至厚，自然遠非僻，惟正是守。且要知我之所固有者。」伯敏云：「非僻未嘗敢爲。」先生云：「不過是硬制在這裏，其間有不可制者，如此將來亦費力，所以要得知天之予我者。看吾友似可進，緣未曾被人閑言語所惑，從頭理會，故易入。蓋先入者爲主，如一器皿，虚則能受物，若垢汙先入，後雖欲加以好水亦費力。如季繹之學駁雜，自主張學問，却無奈何。」

伯敏問云：「以今年校之去年，殊無寸進。」先生云：「如何要長進？若當爲者有時而不爲，不當爲者有時乎爲之，這個却是不長進。不恁地理會，泛然求長進，不過欲以己先人，此是勝心。」伯敏云：「無個下手處。」先生云：「古之欲明明德於天下者，先治其國；欲治其國者，先齊其家；欲齊其家者，先修其身；欲修其身者，先正其心；欲正其心者，先誠其意；欲誠其意者，先致其知；致知在格物。格物是下手處。」伯敏云：「如何樣格物？」先生云：「研究物理。」伯敏云：「天下萬物不勝其繁，如何盡研究得？」先生云：「萬物皆備於我，只要明理。然理不解自明，須是隆師親友。」伯敏云：「此間賴有季繹，時相勉勵。」先生云：「季繹與顯道一般，所至皆勉勵人，但無根者多，其意似欲私立門户，其學爲外不爲己。世之人所以攻道學者，亦未可全責他。蓋自家驕其聲色，立門户與之爲敵，嘵嘵騰口，實有所未孚，自然起人不平之心。某平日未嘗爲流俗所攻，攻者却是讀語録精義者。程士南最攻道學，人或語之以某，程云：『道學如陸某，無可攻者。』又如學中諸公，義均骨肉，蓋某初無勝心，日用常行，自有使他一個敬信處。某舊日伊洛文字不曾看，近日方看，見其間多有不是。今人讀書，平易處不理會，有可以起人羡慕者，則着力研究。古先聖人何嘗有起人羡慕者？只是此道不行，見有奇特處，便生羡慕。自周末文弊，便有此風。如唐虞之時，人人如此，又何羡慕？所以莊周云：『臧與穀共牧羊，而俱亡其羊。問臧奚事？曰博塞以遊；問穀奚事？曰挾策讀書。其爲亡羊一也。』某讀書只看古注，聖人之言自明白。且如『弟子入則孝，出則弟』，是分明説與你入便孝，出便弟，何須得傳、注？學者疲精神於此，是以擔子越重。到某這裏，只是與他減擔，只此便是格物。」伯敏云：「每讀書，始者心甚專，三五遍後，往往心不在此。知其如此，必欲使心在書上，則又別生一心。卒之方寸擾擾。」先生云：「此是聽某言不入，若聽得入，自無此患。某之言打做一處，吾友二三其心了。如今讀書，且平平讀，未曉處且放過，不必太殢。」

繆文子資質亦費力，慕外尤殢，每見他退去，一似不能脱羅網者。天之所以予我者，至大、至剛、至直、至平、至公。如此私小做甚底人？須是放教此心，公平正直。「無偏無黨，王道蕩蕩；無黨無偏，王道平平；無反無側，王道正直。」某今日作包顯道書云：「古人之學不求聲名，不較勝負，不恃才智，不矜功能。今人之學正坐反此耳。」

讀介甫書，見其凡事歸之法度，此是介甫敗壞天下處。堯、舜、三代雖有法度，亦何嘗專恃此。又未知户馬、青苗等法果合堯、舜、三代否？當時闢介甫者無一人就介甫法度中言其失，但云「喜人同己」「祖宗之法不可變」。夫堯之法舜嘗變之〔一〕，舜之法禹嘗變之。祖宗法自有當變

〔一〕「嘗」，原作「常」，據正德本、嘉靖本、四庫本及文義改。下「嘗」字同。

者，使其所變果善，何嫌於同？古者道德一，風俗同，至當歸一，精義無二，同古者適所以爲美。惜乎無以此闢之，但云「祖宗之法不可變」，介甫才高，如何便伏？惟韓魏公論青苗法云「將欲利民，反以害民」，甚切當。或言介甫不當言利。夫周官一書，理財者居半，冢宰制國用，理財正辭，古人何嘗不理會利，但恐三司等事，非古人所謂利耳。不論此，而以言利遏之，彼豈無辭？所以率至於無奈他何處。或問：「介甫比商鞅何如？」先生云：「商鞅是脚踏實地，他亦不問王霸，只要事成，却是先定規模。介甫慕堯、舜、三代之名，不曾踏得實處，故所成就者，王不成，霸不就。本原皆因不能格物，模索形似，便以爲堯、舜、三代如此而已。所以學者先要窮理。」

後生自立最難，一人力抵當流俗不去，須是高着眼看破流俗方可。要之，此豈小廉曲謹所能爲哉？必也豪傑之士。胡丈因舉晦翁語云：「豪傑而不聖人者有之，未有聖人而不豪傑者也。」先生云：「是。」

問作文法，先生云：「讀漢、史、韓、柳、歐、蘇、尹師魯、李淇水文不誤。後生惟讀書一路，所謂讀書，須當明物理，揣事情，論事勢。且如讀史，須看他所以成、所以敗、所以是、所以非處。優游涵泳，久自得力。若如此讀得三五卷，勝看三萬卷。」

問伯敏云：「作文如何？」伯敏云：「近日讀得原道等書，猶未成誦，但茫然無入處。」先生云：「左傳深於韓、柳，未易入，且讀蘇文可也。此外別有進否？吾友之志要如何？」伯敏云：

「所望成人，目今未嘗敢廢防閑。」先生云：「如何樣防閑？」伯敏云：「爲其所當爲。」先生云：「雖聖人不過如是。但吾友近來精神都死，却無向來亹亹之意，不是懈怠，便是被異説壞了。夫人學問，當有日新之功，死却便不是。邵堯夫詩云『當鍛煉時分勁挺，到磨礲處發光輝』，磨礲鍛煉，方得此理明，如川之增，如木之茂，自然日進無已。今吾友死守定，如何會爲所當爲。博學、審問、謹思、明辨、篤行，博學在先，力行在後。吾友學未博，焉知所行者是當爲？是不當爲？防閑，古人亦有之，但他底防閑與吾友别。吾友是硬把捉。告子硬把捉，直到不動心處，豈非難事，只是依舊不是。某平日與兄説話，從天而下，從肝肺中流出，是自家有底物事，何常硬把捉？吾兄中間亦云有快活時，如今何故如此？」伯敏云：「固有適意時，亦知自家固有根本，元不待把捉，只是不能久。防閑稍寬，便爲物欲所害。」先生云：「此則罪在不常久上，却如何硬把捉？種種費力，便是有時得意，亦是偶然。」伯敏云：「却常思量不把捉，無下手處。」先生云：「何不早問？只此一事是當爲不當爲？當爲底一件大事不肯做，更説甚底？某平日與老兄説底話想都忘了。」伯敏云：「先生常語以求放心、立志，皆歷歷可記。」先生云：「如今正是放其心而不知求也，若果能立，如何到這般田地。」伯敏云：「如何立？」先生云：「立是你立，却問我如何立？若立得住，何須把捉。吾友分明是先曾知此理來，後更異端壞了。異端非佛老之謂。異乎此理，如季繹之徒便是異端。孔門惟顔、曾傳道，他未有聞。蓋顔、曾從裏面出來，他人外面入去。今所傳者乃子夏、子張之徒外入之學。曾子所傳，至孟子不復傳矣。吾友却不理會根本，只理會文字。實大聲宏，若根本壯，怕不會做文字？今吾友文字自文字，學問自學問，若此不已，豈止兩段？將百碎。」問：「近日日用常行覺精健否？胸中快活否？」伯敏云：「近日別事不管，只理會我亦有適意時。」先生云：「此便是學問根源也。若能無懈怠，暗室屋漏亦如此，造次必於是，顛沛必於是，何患不成。故云『君子以自昭明德』。古之欲明明德於天下者，在致其知，致知在格物。古之學者爲己，所以自昭其明德。己之德已明，然後推其明以及天下。『鼓鐘于宮，聲聞于外』，『鶴鳴于九皋，聲聞于天』，在我者既盡，亦自不能掩。今之學者只用心於枝葉，不求實處。孟子云『盡其心者，知其性。知其性則知天矣』。心只是一個心，某之心，吾友之心，上而千百載聖賢之心，下而千百載復有一聖賢，其心亦只如此。心之體甚大，若能盡我之心，便與天同。爲學只是理會此。『誠者自成也，而道自道也』，何嘗騰口説？」伯敏云：「如何是盡心？性、才、心、情如何分別？」先生云：「如吾友此言又是枝葉。雖然，此非吾友之過，蓋舉世之弊。今之學者讀書只是解字，更不求血脉。且如情、性、心、才都只是一般物事，言偶不同耳。」伯敏云：「莫是同出而異名否？」先生曰：「不須得説，説着便不是，將來只是騰口説，爲人不爲己。若理會得自家實處，他日自明。若必欲説時，則在天者爲性，在人者爲心。此蓋隨吾友而言，其實不須如此。只是要盡去爲心之累者，如吾友適意時，即今便是。『牛山之木』一段，血脉只在仁義上。『以爲未嘗有材焉，此豈山之性也哉？』『此豈人之情也哉？』是偶然説及，初不須分别。所以令吾友讀此者，蓋欲吾友知斧斤之害其材，有以警戒其心。『日夜之所息』，息者，歇也，又曰『生息』。蓋人之良心爲斧斤所害，夜間方得歇息。若夜間得息時，則平旦好惡與常人不甚相遠〔二〕。惟旦晝所爲，梏亡不止，到後來夜間亦不能得息，夢寐顛倒，思慮紛亂，以致淪爲禽獸。人見其如此，以爲未嘗有才焉，此豈人之情也哉？只與理會實處，就心上理會。俗諺云『癡人面前不得説夢』，又曰『獅子咬人，狂狗逐塊』。以土打獅子，便徑來咬人；若打狗，狗狂，只去理會土。聖賢急於教人，故以情、以性、以心、以才説與人，如何泥得？若老兄與别人説，定是説如何樣是心，如何樣是性、情與才。如此分明説得好，剗地不干我事，須是血脉骨髓理會實處始得。凡讀書皆如此。」又問養氣一段，先生云：「此尤當求血脉，只要理會『我善養吾浩然之氣』。當吾友適意時，别事不理會時，便是浩然。『養而無害，則塞于天地之間〔三〕』，『是集義所生者，非義襲而取之也』。蓋孟子當時與告子説。告子之意『不得於言，勿求於心』，是外面硬把捉的。要之亦是孔門别派，將來也會成，只是終不自然。孟子出於子思，則是涵養成就者，

〔二〕「不」字，正德本、嘉靖本、萬曆本均無。
〔三〕「于」，原作「乎」，據四庫本及孟子公孫丑上改。

故曰『是集義所生者』，集義只是積善。『行有不慊於心，則餒矣』，若行事不當於心，如何得浩然？此言皆所以闢告子。」又問養勇異同，先生云：「此只是比並。北宫用心在外，正如告子『不得於言，勿求於心』；施舍用心在内，正如孟子『行有不慊於心，則餒矣』。而施舍又似曾子，北宫又似子夏。謂之似者，蓋用心内外相似，非真可及也。孟子之言，大抵皆因當時之人處已太卑，而視聖人太高。不惟處己太卑，而亦以此處人，如『是何足與言仁義也』之語可見。不知天之予我者，其初未嘗不同。如『未嘗有才焉』之類，皆以謂才乃聖賢所有，我之所無，不敢承當着。故孟子説此乃人人都有，自爲斧斤所害，所以淪胥爲禽獸。若涵養此心，便是聖賢。讀孟子須當理會他所以立言之意，血脉不明，沉溺章句何益？」

伯敏嘗有詩云：「紛紛枝葉謾推尋，到底根株只此心。莫笑無弦陶靖節，個中三嘆有遺音。」先生首肯之。呈所編語録，先生云：「編得也是，但言語微有病，不可以示人，自存之可也。兼一時説話有不必録者，蓋急於曉人，或未能一一無病。」時朱季繹、楊子直、程敦蒙先在坐，（李注：程敦蒙，名貫未詳，亦受學弟子。）先生問子直學問何所據。云：「信聖人之言。」先生云：「且如一部禮記，凡『子曰』皆聖人言也。子直將盡信乎？抑其間有揀擇？」子直無語。先生云：「若使其都信，如何都信得？若使其揀擇，却非信聖人之言也。人謂某不教人讀書，如敏求前日來問某下手處，某教他讀旅獒、太甲、告子『牛山之木』以下，何嘗不讀書來？只是比他人讀得别些子。」

右門人李伯敏敏求所録。李注：李伯敏，字敏求，一字好古，師事最久，里居未詳。

學者須是弘毅，小家相底得人憎。小者，他起你亦起，他看你亦看，安得寬弘沉静者一切包容。因論争名之流皆不濟事。

因論傅聖謨無志，甘與草木俱腐，曰：「他甘得如此，你還能否？」因言居士極不喜狂者，云最敗風俗，只喜狷者，故自號「又次居士」。先生云：「此言亦有味。」

因論子才不才事，曰：「居移氣，養移體。今之學者出世俗籠絡亦不得，况能居天下之廣居？」

尋常懈怠起時，或讀書史，或誦詩歌，或理會一事，或整肅几案筆硯，借此以助精彩。然此是憑物，須要識破。因問去懈怠，曰：「要須知道『不可須臾離』乃可。」

此是大丈夫事，幺麽小家相者，不足以承當。

問楊云：「多時有退步之説，不知曾果退否？若不退，絲毫許牽得住。前輩大量的人，看有甚大小？大事他見如不見，聞如不聞。今人略有些氣燄者，多只是附物，元非自立也。若某則不識一個字，亦須還我堂堂地做個人。」

諸處論學者次第，只是責人，不能行去。

老夫無所能，只是識病。

天民如伊尹之類。

問：「作書攻王順伯，也不是言釋，也不是言儒，惟理是從否？」曰：「然。」

楊敬仲不可説他有禪，只是尚有氣習未盡。

因説薛象先，不可令於外面觀人，能知其底裏了，外面略可觀驗。

「唐虞之間，不如洙泗」，此語不是。

輪對第一劄，讀「太宗」起頭處，上曰：「君臣之間須當如此。」答：「陛下云云，天下幸甚。」讀「不存形迹」處，上曰「賴得有所悔」，連説：「不患無過，貴改過之意甚多。」答：「此爲堯、爲舜、爲禹湯、爲文武血脉骨髓，仰見聖學。」讀入本日處，先乞奏云「臣愚惷如此」，便讀「疆土未復」「生聚教訓」處，上曰「此有時」，辭色甚壯。答：「如『十年生聚，十年教訓』，此有甚時？今日天下貧甚，州貧、縣貧、民貧。」其説甚詳，上無説。讀第二劄「論道」，上曰「自秦漢而下，無人主知道」，甚有自負之意，其説甚多説禪。答：「臣不敢奉詔，臣之道不如此，生聚教訓處便是道。」讀第三劄「論知人」，上曰：「人才用後見。」答：「要見之於前意思。」忘其辭。上又曰「人才用後見」，後又説「此中有人」。云云。答：「天下未知，云云。天下無人才，執政大臣未稱陛下使令。」上默然。讀第四劄，上贊歎甚多。第五劄所陳甚多。下殿五六步，上曰：「朕不在詳處做工夫，只在要處秉笏立聽。」不容更轉對。後王謙仲云，渠每常轉對，恐小官不比渠侍從也。

事有難易。定夫初來，恐難說話，後却聽得入，覺得顯道昆仲說話難，予力辯之。先生曰：「顯道隱藏在。」然予於此一路亦時起疑，以爲人在一處，理在一處。後又解云：「只是未相合。」然終是疑。纔聞先生說，即悟得大意，曰：「道遍滿天下，無些小空闕。四端萬善皆天之所予，不勞人粧點。但是人自有病，與他間隔了。」又云：「只一些子重便是病。」又云：「只一些輕亦是病。」予於此深有省。

見道後，須見得前時小陋。「君子所貴乎道者三」，說得道字好。動容貌，出辭氣，正顏色，其道如此，須是暴慢自遠，鄙倍自遠。

人之所以病道者：一資禀，二漸習。

道大，人自小之；道公，人自私之；道廣，人自狹之。

予因說道難學，今人纔來理會此，便是也不是。何故？以其便以此在胸中作病了。予却能知得這些子，見識議論作病，亦能自說。先生曰：「又添得一場閑說話。一實了，萬虛皆碎。」

尚追惟論量前此所見，便是此見未去。

予舉荀子解蔽「遠爲蔽，近爲蔽，輕爲蔽，重爲蔽」之類，說好。先生曰：「是好，只是他無主人。有主人時，近亦不蔽，遠亦不蔽，輕重皆然。」

其他體盡有形，惟心無形，然何故能攝制人如此之甚？

若是聖人，亦逞一些子精彩不得。

平生所説，未嘗有一説。

廓然、昭然、坦然、廣居、正位、大道、安宅、正路，是甚次第？却反曠而弗居，舍而弗由，哀哉。

舊罪不妨誅責，愈見得不好；新得不妨發揚，愈見得牢固。

因説定夫舊習未易消，若一處消了，百處盡可消。予謂晦庵逐事爲他消不得。先生曰：「不可將此相比，他是添。」

大世界不享，却要占個小蹊、小徑子；大人不做，却要爲小兒態，可惜！

「小心翼翼，昭事上帝」，「上帝臨汝，無貳爾心」，戰戰兢兢，那有閑管時候。

典，常也；憲，法也，皆天也。

要常踐道，踐道則精明。一不踐道便不精明，便失枝落節。

如何容人力做！樂循理，謂之君子。

小心翼翼，心小而道大。「大人者，與天地合其德，與日月合其明，與四時合其序，與鬼神合其吉凶。」

「吾有知乎哉？」晦庵言謙辭，又來這裹做個道理。

今一切去了許多繆妄勞攘，「磨礲去圭角，浸潤著光精」，「與天地合其德」云云，豈不樂哉？

成孝敬，厚人倫，美教化，移風俗。

存養是主人，檢斂是奴僕。家兄所聞：考索是奴僕。

如今人只是去些子凡情不得，相識還如不相識云云，始是道人心。

詳道書好，文字亦好。純人專，不中，不遠。

汲黯秉彝厚，黄老學不能汩。

上是天，下是地，人居其間。須是做得人，方不枉了。

道大，豈是淺丈夫所能勝任。敏道言資稟，因舉「君子不謂命也」一段。

今且未須去理會其他，且分別小大輕重。

行狀貶剥贊歎人，須要有道，班固不如馬遷。

人爲學甚難，天覆地載，春生夏長，秋斂冬肅，俱此理。人居其間，非靈識〔二〕，此理如何解得？

〔二〕「非」，嘉靖本、四庫本作「要」。

人不辨個小大輕重，無鑒識，些小事便引得動心，至於天來大事却放下着。

小人得以爲吝，不愛教小人以藝，常教君子以藝。蓋君子得之不以爲驕，不得不以爲歉。小人得以爲吝，敗常亂教。

「吾十有五而志于學」，今千百年無一人有志也。是怪他不得，志個甚底？須是有智識，然後有志願。

人要有大志。常人汩没於聲色富貴間，良心善性都蒙蔽了。今人如何便解有志，須先有智識始得。

有一段血氣，便有一段精神。有此精神，却不能用，反以害之。非是精神能害之，但以此精神居廣居，立正位，行大道。

見一文字，未可輕易問是如何，何患不曉。

守規矩，孜孜持守，規行矩步，不妄言語。

鐵劍利，則倡優拙。

有理會不得處，沉思痛省。一時間如此，後來思得明時，便有亨泰處。

今人欠個精專不得。

人精神千種萬般，夫道一而已矣。

有懶病，也是其道有以致之。我治其大而不治其小，一正則百正。恰如坐得不是，我不責他坐得不是，便是心不在道。若心在道時，顛沛必於是，造次必於是，豈解坐得不是，只在勤與惰、爲與不爲之間。

人之資質不同，有沉滯者，有輕揚者。古人有韋弦之義，固當自覺，不待人言。但有恣縱而不能自克者，有能自克而用功不深者。

人當先理會所以爲人，深思痛省，枉自汨没虚過日月。朋友講學，未説到這裏。若不知人之所以爲人，而與之講學，遺其大而言其細，便是「放飯流歠而問無齒決」。若能知其大，雖輕，自然反輕歸厚。因舉一人恣情縱欲，一知尊德樂道，便明潔白直。

商君所説帝王，皆是破説。

因循亦好，因其事，循其理。

見理未明，寧是放過去，不要起爐作竈。

正言正論，要使長明於天下。

古之君子，知固貴於博。然知盡天下事，只是此理。所以博覽者，但是貴精熟。知與不知，元無加損於此理。若以不知爲慊，便是鄙陋。以不知爲歉，則以知爲泰，今日之歉乃他日之泰。

君子雖多聞博識，不以此自負。

要當軒昂奮發，莫恁他沉埋在卑陋凡下處。

此理在宇宙間，何嘗有所礙？是你自沉埋，自蒙蔽，陰陰地在個陷穽中，更不知所謂高遠底。要決裂破陷穽，窺測破個羅網。

誅鋤蕩滌，慨然興發。

激厲奮迅，決破羅網，焚燒荆棘，蕩夷汙澤。

世不辨個小大輕重，既是埋没在小處，於大處如何理會得？

志於聲色利達者，固是小；剿摸人言語的，與他一般是小。

君能自立後〔一〕，論汲黯便是如此論，論董仲舒便是如此論。

自得，自成，自道，不倚師友載籍。

理只在眼前，只是被人自蔽了。因一向誤證他，日逐只是教他做工夫，云不得只如此，見在無事，須是事事物物不放過，磨考其理。且天下事事物物只有一理，無有二理，須要到其至一處。

傅聖謨説：「一人啓事有云：『見室而高下異，共天而寒暑殊。』」先生稱意思好。聖謨言：

〔一〕「君」，正德本、嘉靖本、四庫本作「若」。

「文字體面大，不小家。」先生云：「某只是見此好，聖謨有許多說話。」

問：「子路死之非，只合責當時不合事輒。」曰：「此是去册子上看得來底。亂道之書成屋，今都滯在其間。」後云：「子路死是甚次第。」「你既亂道了，如何更爲你解説。泥裏洗土塊，須是江漢以濯之。」

「居移氣，養移體」，今其氣一切不好，云云。

這裏是刀鋸鼎鑊底學問。

人須是力量寬洪，作主宰。

習氣　識見凡下　奔名逐利　造次　盡歡　樂在其中　詠歸　履冰

問：「顔魯公又不曾學，如何死節如此好？」曰：「便是今人將學、將道看得太過了，人皆有秉彝。」

包犧氏至黄帝，方有人文，以至堯、舜、三代。今自秦一切壞了，至今吾輩盍當整理。

先生與李尉曼卿言：「今人多被科舉之習壞。」又舉與湯監言：「風俗成敗係君子小人窮達，亦係幸不幸，皆天也。然亦由在上之人。」

人無不知愛親敬兄，及爲利欲所昏便不然。欲發明其事，止就彼利欲昏處指出，便愛敬自在。此是唐、虞、三代實學，與後世異處在此。

人精神在外，至死也勞攘，須收拾作主宰。收得精神在内時，當惻隱即惻隱，當羞惡即羞惡。誰欺得你？誰瞞得你？見得端的後，常涵養，是甚次第。

勿無事生事。

「儆戒無虞，罔失法度，罔遊于逸，罔淫于樂。」至哉！真聖人學也。

「把捉」二字不佳，不如説「固執」。

克己，三年克之，顔子又不是如今人之病要克，只是一些子未釋然處。

要知尊德樂道，若某不知尊德樂道，亦被驅將去。

諸子百家説得世人之病好，只是他立處未是。佛老亦然。

邑中講説，聞者無不感發。獨朱益伯鶻突來問，答曰：「益伯過求，以利心聽，故所求在新奇玄妙。」

積思勉之功，舊習自除。

擇善固執，人舊習多少，如何不固執得？

知非則本心即復。

人心只愛去泊着事，教他棄事時，如鶻孫失了樹，更無住處。

既知自立，此心無事時須要涵養，不可便去理會事。如子路使子羔爲費宰，聖人謂「賊夫人之子」。學而優則仕，蓋未可也。初學者能完聚得幾多精神，纔一霍便散了。某平日如何樣完養，故有許多精神難散。

予因隨衆略説些子閑話，先生少頃曰：「顯道今知非否？」某答曰：「略知。」先生曰：「須要深知，略知不得。顯道每常愛説閑話。」

學者要知所好。此道甚淡，人多不知好之，只愛事骨董。「君子之道淡而不厭。」朋友之相資，須助其知所好者，若引其逐外，即非也。

「人皆可以爲堯舜。」此性此道與堯舜元不異，若其才則有不同，學者當量力度德。

初教董元錫自立〔一〕，李注：董元錫，名貫未詳，疑亦金谿人，受學弟子，又師事文達公。收拾精神，不得閑説話，漸漸好，後被教授教解論語，却反壞了。

人不肯心閑無事，居天下之廣居，須要去逐外，着一事，印一説，方有精神。

惟精惟一，須要如此涵養。

無事時，不可忘「小心翼翼，昭事上帝」。

老子爲學、爲道之説，非是。如某説，只云：「著是而去非，捨邪而適正。」

〔一〕「董元錫」，他本均作「董元息」。按本書卷十收有與董元錫，則作「息」或爲誤字。

有道無道之人，有才無才與才之高下，爲道之幸不幸，皆天也。

我無事時，只似一個全無知無能底人。及事至方出來，又却似個無所不知、無所不能之人。

朱濟道説：「前尚勇決，無遲疑，做得事。後因見先生了，臨事即疑恐不是，做事不得。今日中只管悔過懲艾，皆無好處。」先生曰：「請尊兄即今自立，正坐拱手，收拾精神，自作主宰。萬物皆備於我，有何欠闕。當惻隱時自然惻隱，當羞惡時自然羞惡，當寬裕温柔時自然寬裕温柔，當發强剛毅時自然發强剛毅。」

無思，無爲，寂然不動，感而遂通天下之故。

惡能害心，善亦能害心，如濟道是爲善所害。

心不可泊一事[一]，只自立心。人心本來無事，胡亂被事物牽將去。若是有精神，即時便出便好。若一向去便壞了。

人不肯只如此，須要有個説話。今時朋友盡須要個説話去講。

後生有甚事，但遇讀書不曉便問，遇事物理會不得時便問，並與人商量，其他有甚事。

自家表裏内外如一。

[一]「泊」，嘉靖本作「汩」。

因説金谿蘇知縣資質好，亦甚知尊敬。然只是與他説得大綱話，大緊要處説不得。何故？蓋爲他三四十年父兄師友之教，履歷之事幾多，今胸中自有主張了，如何掇動得他？須是一切掇動剗除了方得，如格君亦須如此。然如吏部格法，如何動得他。

朱濟道説：「臨川從學之盛亦可喜。」先生曰：「某豈不愛人人能自立，人人居天下之廣居，立天下之正位。立乎其大者，而小者弗能奪。然豈能保任得朝日許多人在此相處？一日新教授堂試，許多人皆往，只是被勢驅得如此。若如今去了科舉，用鄉舉里選法，便不如此。如某却愛人試也好，不試也好，得也好，不得也好。今如何得人盡如此？某所以憂之，過於濟道所憫小民被官吏苦者，以彼所病者在形，某之所憂人之所病者在心。」

與濟道言：「風俗驅人之甚，如人心不明，如何作得主宰。吾人正當障百川而東之。」

先生曰：「某閑説話皆有落着處，若無謂閑説話，是謂不敬。」

某與濟道同事，濟道亦有不喜某處，以某見衆人説好，某説不好，衆人説不好，某解取之。

某與人理會事，便是格君心之非事。

舉徐子宜云：「與晦庵月餘説話，都不討落着。與先生説話，一句即討落着。」

説濟道滯形泥迹，不能識人，被人瞞。

濟道問：「智者術之原，是否？」曰：「不是，伏羲畫卦，文王重之，孔子繫之，天下之理無一違者，聖人無不照燭，此智也，豈是術？」因說：「舊曾與一人處事，後皆效。彼云：『察見淵魚不祥，如何？』曰：『我這裏制於未亂，保於未危，反禍爲福，而彼爲之者，不知如何爲不祥？』」

因舉許昌朝集朱、呂學規，在金谿教學，一冊，月令人一觀，固好，然亦未是。某平時未嘗立學規，但常就本上理會，有本自然有末，若全去末上理會，非惟無益。今既於本上有所知，可略略地順風吹火，隨時建立，但莫去起爐作竈。

做得工夫實，則所說即實事，不話閑話，所指人病即實病。因舉午間一人問虜使善兩國講和。先生因贊歎：「不用兵，全得幾多生靈，是好。然吾人皆士人，曾讀春秋，知中國夷狄之辨。二聖之讐豈可不復？所欲有甚於生，所惡有甚於死。今吾人高居無事，優游以食，亦可爲耻，乃懷安，非懷義也。」此皆是實理實說。

事外無道，道外無事。皋陶求禹言，禹只舉治水所行之事，外此無事。禹優入聖域，不是不能言，然須以歸之皋陶。如疑知人之類，必假皋陶言之。

顯仲問云：「某何故多昏？」先生曰：「人氣禀清濁不同，只自完養，不逐物，即隨清明，纔一逐物便昏眩了。顯仲好懸斷，都是妄意。人心有病，須是剥落。剥落得一番，即一番清明。後隨起來，又剥落，又清明，須是剥落得浄盡方是。」

人心有消殺不得處，便是私意，便去引文牽義，牽枝引蔓，牽今引古，爲證爲靠。

既無病時好讀書，但莫去引起來。

慥姪問：「乍寬乍緊，乍明乍昏，如何？」曰：「不要緊，但莫懈怠。緊便不是，寬便是；昏便不是，明便是。今日十件昏，明日九件，後日又只八件，便是進。」

語顯仲云：「風恬浪靜中，滋味深長。人資性長短雖不同，然同進一步則皆得，同退一步則皆失。」

問傅季魯：「如何而通？如何而塞？」因曰：「某明時直是明，只是懈怠時即塞。若長鞭策，不懈怠，豈解有塞？然某纔遇塞時，即不少安，即求出。若更藉朋友切磋求出，亦鈍甚矣，所以淹没人。只朋友説閑話之類，亦能淹人。某適被顯仲説閑話，某亦隨流，不長進亦甚。然通時説事亦通，塞時皆塞。」

寫字須一點是一點，一畫是一畫，不可苟。

彘雞終日縈縈，無超然之意。須是一刀兩斷，何故縈縈如此？縈縈底討個甚麽？

仰首攀南斗，翻身倚北辰。舉頭天外望，無我這般人。

今有難説處，不近前來底又有病，近前來底又有病。世俗情欲底人病却不妨，只指教他去彼就此。最是於道理中鶻突不分明人難理會。某平生怕此等人，世俗之過却不怕。

舊横截人太甚，如截周成之後，當不得無成。今皆不然，以次第進之。有大力量者，然後足以當其横截，即有出路。

教小兒，須發其自重之意。

子問能辯朱事。曰：「如何辯？」予曰：「不得受用。」曰：「如此説便不得，彼亦可受用，只是信此心未及。」又曰：「只今明白時，便不須更推如何如何。」又曰：「凡事只過了，更不須滯滯泥泥。子淵却不如此，過了便了，無凝滯。」

區處得多少事，並應對人，手中亦讀得書。

問：「二兄恐不知先生學問旨脉？」曰：「固是。前日亦嘗與朱濟道説，須是自克却，方見得自家舊相信時亦只是虚信，不是實得見。」

我只是不説一，若説一，公便愛。平常看人説甚事，只是隨他説，却只似個東説西説底人。我不説一，楊敬仲説一，嘗與敬仲説箴他。

凡事莫如此滯滯泥泥，某平生於此有長，都不去着他事，凡事累自家一毫不得。每理會一事時，血脉骨髓都在自家手中。然我此中却似個閑閑散散全不理會事底人，不陷事中。

詳道如昨日言定夫時，宏大磊落。常常如此時好，但莫被枝葉累倒了。須是工夫孜孜不懈乃得，若稍懈，舊習又來。

君子之道，淡而不厭。淡味長，有滋味便是欲。人不愛淡，却只愛鬧熱。人須要用，不肯不算穩底人好，然又無病生病；勇往底人好，然又一概去了。然勇往底人較好，算穩底人有用；須要爲，不肯不爲。蓋器有大小，有大大器底人自別。

定夫舉禪說：「正人說邪說，邪說亦是正；邪人說正說，正說亦是邪。」先生曰：「此邪説難救者。

古人樸實頭，明播種者主播種，明樂者主樂，欲學者却學他，然長者爲主。又其爲主者自爲也，正則皆正，邪則皆邪，正人豈有邪說？邪人豈有正說？此儒釋之分也。」

宿無靈骨，在師友處有所聞，又不踐履去，是謂無靈骨。又云：「人皆可以爲堯舜，謂無靈主，其爲副者自爲副，一切皆有一定，不易不争。

後生隨身規矩不可失。骨，是謂厚誣。」

道可謂尊，可謂重，可謂明，可謂高，可謂大。人却不自重，纔有毫髮恣縱，便是私欲，與此全不相似。

法語正如雷陽，巽語正如風陰。人能於法語有省時好，於巽語有省，未得其正，須思繹。詩雅、正、變風便是巽意，離騷又其次也。變風無騷意，此又是屈原立此，出於有所礙，不得已。後世作詩雅不得，只學騷。

兵書邪説。道塞乎天地，以正伐邪，何用此？須别邪正。

「小心翼翼，昭事上帝」，「上帝臨汝，無貳爾心」，此理塞宇宙，如何由人杜撰得？文王敬忌，若不知此，敬忌個甚麽？

見季尉，因説：「大率人多爲舉業所壞。渠建寧人，尤溺於此。取人當先行義，考試當先理致，毋以舉業之靡者爲上。」

大丈夫事豈當兒戲？

自立，自重，不可隨人脚跟，學人言語。

四端皆我固有，全無增添。

説本朝官制，蔡元通所論亂道。

江泰之問：李注：江泰之，名貫未詳，或謂金谿人，又云貴溪人，從學弟子。「某每懲忿窒慾，求其放心，然能暫而不能久。請教。」答曰：「但懲忿窒慾，未是學問事。便懲窒得全無後，也未是學。學者須是明理，須是知學，然後説得懲窒。知學後懲窒，與常人懲窒不同。常人懲窒只是就事就末。」

孟子言學問之道求放心，是發明當時人。當時未有此説，便説得。孟子既説了，下面更注脚便不得。

今上重明節九月四日。早，先生就精舍庭前，朱衣象笏，向北四拜，歸精舍坐，四拜。問之，答曰：「必有所尊，非有己也。太守上任拜廳。」

學者大率有四樣：一雖知學路而恣情縱慾不肯爲，一畏其事大且難而不爲，一求而不得其路，一未知路而自謂能知。

學能變化氣質。

大人凝然不動，不如此，小家相。

先生云：「某每見人，一見即知其是不是，後又疑其恐不然，最後終不出初一見。」

道塞天地，人以自私之身，與道不相入。人能退步自省，自然相入。唐、虞、三代教化行，習俗美，人無由自私得。后以裁成天地之道，輔相天地之宜，以左右民。今都相背了，說不得。

高底人不取物，下人取物，粘於物。

資稟好底人闊大，不小家相〔一〕，不造作，閑引惹他都不起不動，自然與道相近。資稟好底人，須見得好〔二〕，自然識取，資稟與道相近。資稟不好底人自與道相遠，却去鍛煉。

〔一〕「不」，原作「小」，據嘉靖本改。
〔二〕「得好」，嘉靖本作「一面」。

東坡論嗣征甚好，李注：嗣，本「胤」字，避諱。自五子之歌推來。顧命陳設，是因成王即位，流言所致，此召公之非不任道，流俗之情也。周之道微，此其一也。又「爾有嘉謀嘉猷，則入告爾后于內，爾乃順之于外曰：斯謀斯猷，惟我后之德」，此二也。

舊嘗通張于湖書於建康，誤解了中庸，謂「魏公能致廣大而不能盡精微，極高明而不能道中庸」，乃成兩截去了。又嘗作高祖無可無不可論，誤解了書，謂「人心，人僞也；道心，天理也」，非是。人心，只是說大凡人之心。惟微是精微，纔粗便不精微。謂人慾天理，非是。人亦有善有惡，天亦有善有惡。日月蝕、惡星之類。豈可以善皆歸之天，惡皆歸之人？此說出於樂記，此說不是聖人之言。

與小後生說話，雖極高極微，無不聽得，與一輩老成說便不然。以此見道無巧，只是那心不平底人揣度便失了。

學者須是打疊田地浄潔，然後令他奮發植立。若田地不浄潔，則奮發植立不得。古人爲學即「讀書然後爲學」可見。然田地不浄潔，亦讀書不得。若讀書，則是「假寇兵，資盜糧」。

凡所謂「不識不知，順帝之則」，晏然太平，殊無一事。然却有説擒搦人不下，不能立事，却要有理會處。某於顯道，恐不能久處此間。且令涵養大處，如此樣處未敢發。然某皆是逐事逐物考究練磨，積日累月，以至如今，不是自會，亦不是別有一竅子，亦不是等閑理會，一理會便會。但是理會與他人别。某從來勤理會，長兄每四更一點起時，只見某在看書，或檢書，或默坐。常説與子姪，以爲勤，他人莫及。今人却言某懶，不曾去理會，好笑。

侍登鬼谷山，先生行泥塗二三十里。云：「平日極惜精力，不輕用，以留有用處，所以如今如是健。」諸人皆困不堪。

觀山，云：「佳處草木皆異，無俗物，觀此亦可知學。」

天地人之才等耳，人豈可輕？人字又豈可輕？有中説無、無中説有之類，非儒説。

因提公昨晚所論事，只是勝心，風平浪静時都不如此。

先生説數，説揲蓍，云：「蓍法後人皆誤了，吾得之矣。」

一行數妙甚，聰明之極，吾甚服之，却自僧中出。僧持世有暦法八卷。

「君子役物，小人役於物。」夫權皆在我，若在物，即爲物役矣。

舉柳文「乎」「歟」「邪」之類，説「乎」「歟」是疑，又是贊歎。「不亦説乎」是贊歎，「其諸異乎人之求之歟」是贊歎，孟子「杞柳」章一「歟」、一「也」皆疑。

我説一貫，彼亦説一貫，只是不然。天秩、天叙、天命、天討皆是實理，彼豈有此？

後生全無所知底，似全無知，一與説却透得。爲他中虚無事。彼有這般意思底，一切被這些子隔了，全透不得，此虚妄最害人。

過、不及，有兩種人。胸中無他，只一味懈怠沉埋底人，一向昏俗去，若起得他却好，只是難起，此屬不及。若好妄作人，一切隔了，此校不好，此屬過。人凝重闊大底好，輕薄小相底不好。

槐云：「着意重便驚疑。」答：「有所重便不得。」舉孟子「勿忘，勿助長」。

優裕寬平，即所存多，思慮亦正。求索太過，即存少，思慮亦不正。

重滯者難得輕清，刊了又重。須是久在師側，久久教他輕清去。若自重滯，如何輕清得人。

黄百七哥今甚平夷閑雅，無營求，無造作，甚好。其資與其所習似不然，今却如此，非學力而何？

人之精爽負於血氣〔一〕，其發露於五官者安得皆正？不得明師良友剖剥，如何得去其浮僞而歸於真實？又如何得能自省、自覺、自剥落？

數即理也，人不明理，如何明數？

「神以知來，智以藏往。」神，蓍也，智，卦也，此是人一身之蓍。

某自來非由乎學，自然與一種人氣相忤。纔見一造作營求底人，便不喜，有一種冲然淡然底人，便使人喜，以至一樣衰底人，心亦喜之。年來爲不了事底，方習得稍不喜，見退淡底人，只

〔一〕「負」，原作「附」，據嘉靖本改。

一向起發他。

〔某從來不尚人起爐作竈，多尚平。〕〔一〕

因見衆人所爲，亦多因他。然亦有心知其爲非，不以爲是，有二三年不説破者。如此不爲則已，一爲必中。此雖非中，然與彼好生事不中底人相去懸絶。於事則如此多不爲，至於文章，必某自爲之。文章豈有太過人？只是得個恰好。他人未有倫叙，便做得好，只是偶然。又云文章要煅煉。

詩小序，解詩者所爲。「天下蕩蕩」，乃因「蕩蕩上帝」，序此尤謬可見者。

曾參、高柴、漆雕開之徒是不及之好者，曾皙是過之好者。師過、商不及，是過不及之不好者。

「人而不爲周南、召南，其猶正牆面而立也」，學者第一義。「古之欲明明德於天下者」，此是第二。孔子志學便是志此，然須要有入處。周南、召南便是入處。後生無志難説，此與秦誓「其心休休」一章相應。周南、召南好善不厭，關雎、鵲巢皆然。人無好善之心便皆自私，有好善之心便無私，便「人之有技，若己有之」。今人未必有他心，只是無志，便不好善。樂正子好善，孟

〔一〕此條原無，據正德本、嘉靖本、四庫本補。

子喜而不寐，又不是私於樂正子。

因曾見一大鷄，凝然自重，不與小鷄同，因得關雎之意。雎鳩在河之洲，幽閑自重，以比興君子美人如此之美。

文以理爲主，荀子於理有蔽，所以文不雅馴。

「風以動之，教以化之。」風是血脉，教是條目。

夫子曰：「由！知德者鮮矣。」要知德。皋陶言：「亦行有九德，然後乃言曰載采采。」事固不可不觀，然畢竟是末。自養者亦須養德，養人亦然。自知者亦須知德，知人亦然。不於其德而徒繩檢於其外，行與事之間將使人作僞。

韓文有作文蹊徑，尚書亦成篇，不如此。

後生精讀古書文。

漢書食貨志後生可先讀，又着讀周官考工記。又云：「後生好看繫辭，皆贊歎聖人作易。」

後生好看子虛、上林賦，皆以字數多，後來好工夫不及此。

文纔上二字一句，便要有出處。使六經句，不謂之偷使。

學者不可翻然即改，是私意，此不長進。

五日畫一水，十日畫一松。若不如此，胡亂做。

某觀人不在言行上，不在功過上，直截是雕出心肝。

人生天地間，如何不植立。

窮究磨煉，一朝自省。

因問：「黎師侯詩，不是理明義精，只是揩磨得之，所以不能言與人。」曰：「此便是平生愛圖度樣子，只是他不能言，你又豈知得他是如此？」

定夫挾一物不放，李注：劉定夫，建昌南豐人，師事文安公。胡做。

荆公求必，他人不必求。

佛老高一世人，只是道偏，不是。

周康叔來問學，李注：周康叔，或云同里人，問學弟子。先生曰：「公且説扶渡子訟事來。」曾充之來問學，李注：曾充之，名貫未詳，問學弟子。先生曰：「公且説爲誰打關節來。」只此是學。

又無事尚解忘，今當機對境，乃不能明。

小人儒，爲善之小人。「士，誠小人哉。」

謹致念，大凡多隨資禀，一致思便能出。

因説詳道舊問云：「心都起了，不知如何在求道。『德成而上，藝成而下，行成而先，事成而後』，今人之性命只在事藝末上。」彭世昌云：「只是不識輕重大小。」先生笑曰：「打入廖家牛隊裏去了，因吳顯道與諸公說風水。」

禪家話頭不說破之類，後世之謬。

「繼之者善也」，謂一陰一陽相繼。

精讀書，著精采警語處，凡事皆然。

某今亦教人做時文，亦教人去試，亦愛好人發解之類，要曉此意是爲公，不是私。

凡事只看其理如何，不要看其人是誰。

說晦翁云：「莫教心病最難醫。」

內無所累，外無所累，自然自在，纔有一些子意便沉重了。徹骨徹髓，見得超然，於一身自然輕清，自然靈。

大凡文字，才高超然底，多須要逐字逐句檢點他。才穩文整底，議論見識低，却以古人高文拔之。

本分事熟後，日用中事全不離。此後生只管令就本分事用工，猶自救不暇，難，難。教他只就本分事，便就日用中事，又一切忘了本分事，難，難。精神全要在內，不要在外，若在外，一生無是處。但如獎一小人，亦不可謂今要將些子意思獎他；怒一小人，亦不可謂今要將些子意思怒他，都無事此。只要當獎即獎，當怒即怒，吾亦不自知。若有意爲之，便是私，感畏人都不得。

我這裏有扶持，有保養，有摧抑，有擯挫。

韓文章多見於墓誌、祭文，「洞庭汗漫，粘天無壁」。柳祭呂化光文章妙。

古人精神不閑用，不做則已，一做便不徒然，所以做得事成。須要一切蕩滌，莫留一些方得。

某平生有一節過人，他人要會，某不會；他人要做，某不做。

莫厭辛苦，此學脉也。

不是見理明，信得及，便安不得。

因陰晴不常，言人之開塞。若無事時有塞，亦未害，忽有故而塞，須理會方得。

不可戲謔，不可作鄉談。人欲起不肖破敗意，必先借此二者發之。某七八歲時，常得鄉譽，只是莊敬自持，心不愛戲，故小年時皆無侶，韈不破，指爪長。後年十五六，覺與人無徒，遂稍放開。及讀三國、六朝史，見夷狄亂華〔一〕，乃一切剪了指爪，學弓馬，然胸中與人異，未嘗失了。後見人收拾者，又一切古執去了，又不免教他稍放開。此處難，不收拾又不得，收拾又執。這般要處，要人自理會得。

截然無議論詞説蹊徑，一説又一就説節不是。李云：此段有誤字。又，一本作以。節，疑作即。此事極

〔一〕「夷狄亂華」，原作「文事武備」，據成化本、正德本、嘉靖本、萬曆本改。此處原有李紱校語：「文事武備，四字係改本。」則「文事武備」四字應爲清人所改。又，四庫本作「天下多事」，亦應爲清人所改。

分明，若遲疑則猶未。

大凡文字，寧得人惡，得人怒；不可得人羞，得人耻。與晦庵書不是，須是直湊。

「道在邇而求諸遠，事在易而求諸難。」只就近易處，着着就實，無尚虚見，無貪高務遠。

隨身規矩，是後生切要。莫看先生長者，他老練。但只他人看，你莫看；他人笑，你莫笑。

所謂「非禮勿視，非禮勿聽」。

管仲學老子亦然。

老衰而後佛入。

不專論事論末，專就心上説。

論嚴泰伯云：「只是一個好勝。見一好事做近前，便做得亦不是，事好心却不好。」

老氏見周衰名勝，故專攻此處而申其説，亡羊一也。

一是即皆是，一明即皆明。

指顯仲剩語多，曰：「須斬釘截鐵。」

因看諸人下象棋，曰：「凡事不得胡亂輕易了，又不得與低底下，後遇敵手便慣了，即敗。獅子捉象捉兔，皆用全力。」

其發若機括，其司是非之謂也；其留如詛盟，其守勝之謂也。莊子勢阻則謀，計得則斷。

先生舊嘗作小經，云意似莊子。

王遇子合問：李注：王子正，諱遇，一字子合，潭州龍溪人，與文達公同榜進士，屢仕江西，故問學於文安公。「學問之道何先？」曰：「親師友，去己之不美也。人資質有美惡，得師友琢磨，知己之不美而改之。」子合曰：「是，請益。」不答。先生曰：「子合要某説性善性惡、伊洛釋老，此等話不副其求，故曰是而已。吾欲其理會此説，所以不答。」

右包揚顯道所録。

阜民癸卯十二月初見先生，不能盡記所言。大旨云：「凡欲爲學，當先識義利、公私之辨。今所學果爲何事？人生天地間，爲人自當盡人道。學者所以爲學，學爲人而已，非有爲也。」又云：「孔門弟子如子夏、子游、宰我、子貢，雖不遇聖人，亦足號名學者，爲萬世師。然卒得聖人之傳者，柴之愚、參之魯。蓋病後世學者溺於文義，知見繳繞，蔽惑愈甚，不可入道耳。」阜民既還邸，遂盡屏諸書。及後來疑其不可，又問。先生曰：「某何嘗不教人讀書，不知此後煞有甚事。」

某方侍坐，先生遽起，某亦起。先生曰：「還用安排否？」

先生舉「公都子問鈞是人也」一章云：「人有五官，官有其職，某因思是便收此心，然惟有照物而已。」他日侍坐無所問，先生謂曰：「學者能常閉目亦佳。」某因此無事則安坐瞑目，用力操存，夜以繼日，如此者半月。一日下樓，忽覺此心已復，澄瑩中立，竊異之，遂見先生。先生目逆而視之曰：「此理已顯也。」某問先生：「何以知之？」曰：「占之眸子而已。」因謂某：「道果在邇乎？」某曰：「然。昔者嘗以南軒張先生所類洙泗言仁書考察之，終不知仁，今始解矣。」先生曰：「是即知也，勇也。」某因言而通，對曰：「不惟知勇，萬善皆是物也。」先生曰：「然，更當爲説存養一節。」

先生曰：「讀書不必窮索，平易讀之，識其可識者，久將自明，毋耻不知。子亦見今之讀書談經者乎？歷叙數十家之旨而以己見終之。開闢反覆，自謂究竟精微，然試探其實，固未之得也，則何益哉？」

乙巳十二月，再入都見先生。坐定，曰：「子何以束縛如此？」因自吟曰：「翼乎如鴻毛遇順風，沛乎若巨魚縱大壑，豈不快哉？」既而以所記管窺諸語請益。一二日，再造，先生曰：「夜來與朋友同看來，却不是無根據説得出來。自此幸勿輟録，他日亦可自驗。」

某嘗問：「先生之學亦有所受乎？」曰：「因讀孟子而自得之。」

右門人詹阜民子南所録。

昔者先生來自金邑，率僚友講道於白鹿洞，發明「君子喻於義，小人喻於利」一章之旨，且曰「人之所喻由其所習，所習由其所志」[一]，甚中學者之病。義利之説一明，君子小人相去一間，豈不嚴乎？苟不切己觀省，與聖賢之書背馳，則雖有此文，特紙上之陳言耳。括蒼高先生有言曰：「先生之文如黄鍾大吕，發達九地，真啓洙泗鄒魯之秘，其可不傳耶？」李云：此段夾雜，似有錯頁。考嘉定本亦如此，姑仍之。

右門人黄元吉荆州日録[二]。

爲學患無疑，疑則有進。孔門如子貢即無所疑，所以不至於道。孔子曰：「女以予爲多學而識之者歟？」子貢曰：「然。」往往孔子未然之，孔子復有非與之問。顔子仰之彌高，末由也已，其疑非細，甚不自安，所以其殆庶幾乎。李注：自此以下皆荆州日録。

學問須論是非，不論效驗。如告子先孟子不動心，其效先於孟子，然畢竟告子不是。

「君子賢其賢而親其親，小人樂其樂而利其利」，俱是一義。皆主「不忘而言」「仁者見之謂

[一] 「曰」，嘉靖本作「喻」。

[二] 「右門人黄元吉荆州日録」，嘉靖本作「黄元吉荆州日録」，爲本卷以下部分之標題。此處李紱有校語云：「此題應添『右門人』三字，移置卷後。因見舊本如此，不敢擅改。」可見李紱所見版本原無「右門人」三字。

之仁，智者見之謂之智」之義。

「人道敏政」，言果能盡人道，則政必敏矣。

洪範「有猷」是知道者，「有爲」是力行者，「有守」是守而不去者，「曰予攸好德」是大有感發者。

三德、六德、九德是通計其德多少。三德可以爲大夫，六德可以爲諸侯，九德可以王天下。翕受即是九德咸事，敷施乃大施於天下。

「履，德之基」，是人心貪慾恣縱，履卦之「君子以辨上下〔一〕，定民志」，其志既定，則各安其分，方得尊德樂道。「謙，德之柄」，謂染習深重，則物我之心熾，然謙始能受人以虛，而有入德之道矣。

九疇之數：一六在北，水得其正。三八在東，木得其正。惟金火易位，謂金在火鄉，火在金鄉，而木生火。自三上生至九，自二會生於九，正得二數，故火在南。自四至七，亦得四數，故金在西。

一變而爲七，七變而爲九，謂一與一爲二，一與二爲三，一與三爲四，一與四爲五，一與五爲

〔一〕「辨」，原作「辯」，據正德本、四庫本及周易履改。

六，五者數之祖，既見五則變矣。二與五爲七，三與五爲八，四與五爲九，九復變而爲一。卦陰蓍陽，八八六十四、七七四十九，終萬物始萬物而不與，乃是陰事將終，陽事復始。艮，「鼓萬物而不與聖人同憂」，道何嘗有憂，既是人，則必有憂樂矣。精神不運則愚，血氣不運則病。孟氏没，吾道不得其傳。而老氏之學始於周末，盛於漢，迨晉而衰矣。老氏衰而佛氏之學出焉。佛氏始於梁達磨，盛於唐，至今而衰矣。有大賢者出，吾道其興矣夫！

獨漢武帝不用黄老，於用人尚可與。

湯放桀，武王伐紂，即「民爲貴，社稷次之，君爲輕」之義。孔子作春秋之言亦如此。

王沂公曾論丁謂，似出私意，然志在退小人，其脉則正矣。迹雖如此，於心何愧焉？

學問不得其綱，則是二君一民。等是恭敬，若不得其綱，則恭敬是君，此心是民。若得其綱，則恭敬者乃保養此心也。

蓍用七七，少陽也。卦用八八，少陰也。少陽少陰，變而用之。

棋所以長吾之精神，瑟所以養吾之德性。藝即是道，道即是藝，豈惟二物，於此可見矣。

有己則忘理，明理則忘己。「艮其背，不獲其身〔二〕；行其庭，不見其人」，則是任理而不以己

〔二〕「獲」，正德本、嘉靖本、萬曆本作「見」。

與人參也。

「事父孝，故事天明；事母孝，故事地察」，是學已到田地，自然如此，非是欲去明此而察此也。「明於庶物，察於人倫」亦然。

「復，小而辨於物」，小謂心不牿也。

「在明明德，在親民」，皆主於「在止於至善」。

臯陶謨、洪範、吕刑乃傳道之書。

四岳舉丹朱、舉鯀等，於知人之明雖有不足，畢竟有德。故堯欲遜位之時，必首曰：「汝能庸命遜朕位。」

臯陶明道，故歷述知人之事。孟子曰：「我知言。」夫子曰：「不知言，無以知人也。」

「誠則明，明則誠」，此非有次第也，其理自如此。「可欲之謂善」「知至而意誠」亦同。有志於道者，當造次必於是，顛沛必於是。凡動容周旋，應事接物，讀書考古，或動或静，莫不在時。此理塞宇宙，所謂道外無事，事外無道。捨此而别有商量，别有趨向，别有規模，别有形迹，别有行業，别有事功，則與道不相干，則是異端，則是利欲爲之陷溺，爲之窠臼。説即是邪説，見即是邪見。

「君子之道費而隱」，費，散也。

釋氏謂此一物非他物故也，然與吾儒不同。吾儒無不該備，無不管攝，釋氏了此一身，皆無餘事。公私義利於此而分矣。

繫辭卦有大小，陰小陽大。

「言天下之至賾而不可惡也」，雖詭怪闔闢，然實有此理，且亦不可惡也。

「言天下之至動而不可亂也」，天下有不可易之理故也。「吉凶者，正勝者也」。易使人趨吉避凶，人之所爲當正而勝凶也。

「必也使無訟乎？」至明然後知人情物理，使民無訟之義如此。

天理人欲之分論極有病。自禮記有此言，而後人襲之。記曰：「人生而靜，天之性也；感於物而動，性之欲也。」若是，則動亦是，靜亦是，豈有天理物欲之分？若不是，則靜亦不是，豈有動靜之間哉？

磯，釣磯也。「不可磯」，謂無所措足之地也，無所措手足之義。

「可坐而致也」是疑辭，與「邪」字同義。

人各有所長，就其所長而成就之，亦是一事。此非拘儒曲士之所能知，惟明道君子無所陷溺者能達此耳。

斲之類如學爲士者必能作文，隨其才，雖有工拙，然亦各極其至而已。

與朋友切磋，貴乎中的，不貴泛説，亦須有手勢。必使其人去災病，解大病，灑然豁然，若沈疴之去體，而濯清風也。若我泛而言之，彼泛而聽之，其猶前所謂杜撰名目，使之持循是也。

「鳶飛戾天，魚躍於淵，言其上下察也。」只緣理明義精，所以於天地之間一事一物無不著察。「仰以觀象於天，及萬物之宜」，惟聖者然後察之如此其精也。

孔門高弟，顔淵、閔子騫、冉伯牛、仲弓、曾參之外，惟南宫适、宓子賤、漆雕開近之，以敏達、捷給〔二〕、才智、慧巧論之，安能望宰我、子貢、冉有、季路、子游、子夏也哉？惟其質實誠樸，所以去道不遠。如南宫适問禹稷躬稼而有天下，最是朴實。孔子不答，以其默當於此心，可外無言耳。所以适出贊之云。

「語大，天下莫能載焉。」道大無外，若能載，則有分限矣。「語小，天下莫能破焉。」一事一物，纖悉微末，未嘗與道相離。「天地之大也，人猶有所憾。」蓋天不能盡地所以爲，地不能盡天之所職。

自形而上者言之謂之道，自形而下者言之謂之器。天地亦是器，其生覆形載必有理。「六十而耳順」，知見到矣；「七十而從心所欲不踰矩」，踐行到矣。顔子未見其止，乃未能

〔二〕「捷給」，原作「捷洽」，據嘉靖本改。

臻此也。

生知，蓋謂有生以來渾無陷溺，無傷害，良知具存，非天降之才爾殊也。

漢唐近道者：趙充國、黄憲、楊綰、段秀實、顔真卿。

王肅、鄭康成謂論語乃子貢、子游所編，亦有可考者。如學而篇「子曰」次章，便載有若一章，又「子曰」而下，載曾子一章，皆不名而以子稱之。蓋子夏輩平昔所尊者，此二人耳。

不踐迹，謂已知血脉之人，不拘形着迹，然亦未造閫奥。樂正子在此地位，人能明矣，然乍縱乍警，驟明忽暗，必至於有諸己然後爲得也。

孔子十五而志于學，是已知道時矣。雖有所知，未免乍出乍入，乍明乍晦，或警或縱，或作或輟。至三十而立，則無出入、明晦、警縱、作輟之分矣。然於事物之間未能灼然分明見得。至四十始不惑。不惑矣，未必能洞然融通乎天理矣，然未必純熟。至六十而所知已到，七十而所行已到。事不師古，率由舊章，學于古訓，古訓是式。所法者皆此理也，非狥其跡，倣其事。

博學、審問、謹思、明辨，始條理也。如金聲而高下、隆殺、疾徐、疏數，自有許多節奏。到力行處則無説矣，如玉振然，純一而已。知至知終，皆必由學，然後能至之終之。所以孔子學不厭，發憤忘食。「易與天地準」「至神無方而易無體」，皆是贊易之妙用如此。「一陰一陽之謂道」，乃泛言天地萬物皆具此陰陽也。「繼之者，善也」，乃獨歸之於人。「成之者，性也」，又復歸之於天，天命之謂性也。

切磋之道，有受得盡言者，有受不得者。彼有顯過大惡，苟非能受盡言之人，不必件件指摘他，反無生意。

王道蕩蕩平平，無偏無倚。伯夷、伊尹、柳下惠，聖則聖矣，終未底於蕩蕩平平之域。

重卦而爲六十四，分三才。初、二，地也。初地下，二地上。三、四，人也。三人下，四人上。五、六，天也。五天下，六天上。一生二，二生三，三生萬物。

先儒謂屯之初九如高貴鄉公，得之矣。

蒙：「再三瀆，瀆則不告。」非發之人不以告於蒙者也。爲蒙者未能專意相向，乃至再三以相試探，如禪家云盜法之人終不成器。一有此意，則志不相應，是自瀆亂。雖與之言，終不通解，與不告同也。

八卦之中，惟乾、坤、坎、離不變，倒而觀之，亦是此卦。外四卦則不然。

學問若有一毫夾帶，便屬私小而不正大，與道不相似矣。仁之於父子固也，然以舜而有瞽叟，命安在哉？故舜不委之於命，必使底豫允若，則有性焉，豈不於此而驗。

元吉自謂智昧而心犄。先生曰：「病固在此，本是骨凡。學問不實，與朋友切磋不能中的，每發一論，無非泛説，内無益於己，外無益於人，此皆己之不實，不知要領所在。遇一精識，便被他胡言漢語壓倒，皆是不實。吾人可不自勉哉？」

格物者，格此者也。伏羲仰象俯法，亦先於此盡力焉耳。不然，所謂格物，末而已矣。

顔子仰高鑽堅之時，乃知枝葉之堅高者也，畢竟只是枝葉。學問於大本既正，而萬微不可不察。

規矩嚴整，爲助不少。

卷三十六

年譜

先生諱九淵，字子静，姓陸氏。陸出嬀姓，周武王封嬀滿於陳。春秋時，陳公子敬仲適齊，别其氏曰田。後田氏有齊，至宣王時，封其少子通於平原般縣陸鄉，又别其氏爲陸。通曾孫烈爲吴令，子孫遂爲吴郡吴縣人〔一〕。烈三十九世至希聲，論著甚多，晚歲相唐昭宗，卒謚文公，生六子。次子崇，生德遷，五代末避地於撫州金谿，解囊中資裝，置田治生，貲高閭里，爲金谿陸氏之祖，居延福鄉之青田。第四子諱有程，先生高祖也，博學，於書無所不觀。曾祖諱演，能世其業，寬厚有容。祖戩爲第四子，趨尚清高，不治生産。考諱賀，字道卿，生有異稟，端重不伐，究心典籍，見於躬行。酌先儒冠、昏、喪、祭之禮行於家，不用異教。家道整肅，著聞于宇内〔二〕。

〔一〕「遂」，嘉靖本、萬曆本作「避」。
〔二〕「宇内」，嘉靖本作「州里」。

贈宣教郎。生六子：長九思，字子彊，與鄉舉，封從政郎。弟梭山撰行狀。有家問，朱子爲跋。略云：「家問所以訓飭其子孫者，不以不得科第爲病，而深以不識禮義爲憂。其慇懃懇切，反覆曉譬，説盡事理，無一毫勉强緣飾之意，而慈祥篤實之氣藹然。諷味數四，不能釋手云。」

次九叙，字子儀，公正通敏，時賢稱曰處士。善治生，總藥肆以足其家。先生撰墓表。次九臯，字子昭，少力學，文行俱優，與鄉舉。晚得官，終修職郎，監潭州南嶽廟。名齋曰「庸」，學者號庸齋先生。有文集。先生撰墓表。

次九韶，字子美，不事場屋，兄弟共講古學，與朱元晦友善。首言太極圖説非正。又因其奏立社倉之制行於鄉，民甚德之。與學者講學於近地，名梭山，梭山在金谿陸氏義門之東是也。號曰梭山居士。諸司列薦，以居士應詔，舉遺逸。臨終自撰終禮，戒不得銘墓。有文集曰梭山日記，中有居家正本及制用各二篇。

次九齡，字子壽，生而穎悟，能步移則容止有法。少有大志，浩博無涯涘。嘗與鄉舉，補入太學，已負重名，知名士無不師尊之。登進士第，授桂陽教授〔一〕，以不便迎侍，陳乞不赴。改興

〔一〕「陽」，原作「楊」，據嘉靖本、萬曆本改。

國教授，未滿，丁艱。服除，授全州教授，未上而卒。爲時儒宗，道德繫天下重望。特贈朝奉郎，直秘閣，賜謚文達。名齋曰「復」，學者稱復齋先生。有文集行于世。嘉定間，撫州守高商老刊文集于郡治，李注：高商老，浙江括蒼人，今處州府。登進士，師事文安公最篤。自爲序。先生狀其行，吕成公銘其墓，朱文公書其碑。

次則先生，與復齋先生齊名，稱爲江西二陸，以比河南二程。謹序次家世本末大略于此，而先生之道德事功則表年以繫之于後云。

高宗紹興九年己未，二月乙亥，辰時，先生始生。

紹興十年庚申，先生二歲。

紹興十一年辛酉，先生三歲。

幼不戲弄。

冬十一月十五日，母孺人饒氏卒，葬鄉之楊美嶺。

紹興十二年壬戌，先生四歲。

靜重如成人。

常侍宣教公行，遇事物必致問。一日，忽問「天地何所窮際」，公笑而不答，遂深思至忘寢食。總角誦經〔一〕，夕不寐，不脱衣。履有弊而無壞，指甲甚修，足跡未嘗至庖廚。常自灑掃林下，宴坐終日。立于門，過者駐望稱歎，以其端莊雍容異常兒。

紹興十三年癸亥，先生五歲。

入學讀書，紙隅無捲折。

紹興十四年甲子，先生六歲。

侍親會嘉禮，衣以華好，却不受。季兄復齋先生年十三歲，舉禮經以告，乃受。

〔一〕「誦」，原作「即」，據嘉靖本、萬曆本改。

紹興十五年乙丑，先生七歲。

得鄉譽。嘗云：「某七八歲時，常得鄉譽。只是莊敬自持，心不愛戲。」

紹興十六年丙寅，先生八歲。

讀論語學而，即疑有子三章。及看孟子，到曾子不肯師事有子，至「江漢以濯之，秋陽以暴之」等語，因歎曾子見得聖人高明潔白如此。又丱角時，聞人誦伊川語，云：「伊川之言奚爲與孔孟之言不類？」蓋生而清明，有如此者。梭山嘗云：「子静弟高明，自幼已不同，遇事逐物皆有省發。嘗聞鼓聲振動窗櫺，亦豁然有覺。其進學每如此。」

紹興十七年丁卯，先生九歲。

善屬文，包敏道祭文云：「九歲，屬文能自達。」

紹興十八年戊辰，先生十歲。

復齋入郡庠，侍諸兄誦講，衣冠未嘗解弛。先生往侍學焉，文雅雍容，衆咸驚異。有老儒謂前廊吴茂榮曰：「君有愛女，欲得佳婿，無踰此郎。」因以爲媪。

紹興十九年己巳，先生十一歲。

讀書有覺。

從幼讀書便着意，未嘗放過。外視雖若閒暇，實勤考索。伯兄總家務，嘗夜分起，見先生觀書，或秉燭檢書最會。一見便有疑，一疑便有覺。後嘗語學者曰：「小疑則小進，大疑則大進。」嘗云：「向與復齋家兄讀書疏山寺，止是一部論語，更無他書。」或問：「曾見先生將聖人與門人語分門，各自録作一處看。」先生曰：「此是幼小時事。」

紹興二十年庚午，先生十二歲。

紹興二十一年辛未，先生十三歲。

因「宇宙」字義，篤志聖學。

與李侍郎及權郡書，皆云：「十三志古人之學。」先生自三四歲時，思「天地何所窮際」不得，至於不食。宣教公呵之，遂姑置，而胸中之疑終在。後十餘歲，因讀古書至「宇宙」二字，解者曰：「四方上下曰宇，往古來今曰宙。」忽大省曰：「元來無窮。人與天地萬物皆在無窮之中者也。」乃援筆書曰：「宇宙内事乃己分内事，己分内事乃宇宙内事。」又曰：「宇宙便是吾心，吾心即是宇宙。東海有聖人出焉，此心同也，此理同也。西海有聖人出焉，此心同也，此理同也。南海、北海有聖人出焉，此心同也，此理同也。千百世之上至千百世之下有聖人出焉，此心此理亦莫不同也。」故其啓悟學者多及「宇宙」二字。如曰：「道塞宇宙，非有所隱遁。在天曰陰陽，在地曰剛柔，在人曰仁義。仁義者，人之本心也。」又曰：「是理充塞宇宙。天地順此而動，故日月不過，而四時不忒；聖人順此而動，故刑罰清而民服。」又曰：「此理塞宇宙，誰能逃之，順之則吉，逆之則凶。」又曰：「宇宙不曾限隔人，人自限隔宇宙。」是年，復齋因讀論語，命先生近前，問云：「看有子一章如何？」先生曰：「此有子之言，非夫子之言。」復齋曰：「孔門除却曾子，便到有子，未可輕議。」先生曰：「夫子之言簡易，有子之言支離。」復齋嘗於窗下讀程易，至「艮其背」四句，反復誦讀不已。先生偶過其前，復齋問曰：「汝看程正叔此段如何？」先生曰：「終是不直截明白。『艮其背，不獲其身』，無我；『行其庭，不見其人』，無物。」復齋大喜。

紹興二十二年壬申，先生十四歲。

與徐任伯書曰：「某氣質素弱，年十四五手足未嘗温暖。後以稍知所向，體力亦隨壯也。」嘗云：「吾於踐履未能純一，然才自警策，便與天地相似。」

紹興二十三年癸酉，先生十五歲。

初夏，侍長上郊行，分韻得「偕」字，詩云：「講習豈無樂，鑽磨未有涯。書非貴口誦，學必到心齋。酒可陶吾性，詩堪述所懷。誰言曾點志，吾得與之偕。」

紹興二十四年甲戌，先生十六歲。

讀三國、六朝史，見夷狄亂華，又聞長上道靖康之事，乃剪去指爪，學弓馬。然胸中與人異，未嘗失了。嘗云：「做得工夫實，則所説即實事，所指人病即實病。」又云：「吾人讀春秋，知中國夷狄之辨。二聖之讐豈可不復？所欲有甚於生，所惡有甚於死。今吾人高居優游，亦可爲耻。乃懷安，非懷義也。此皆是實理實説。」

紹興二十五年乙亥，先生十七歲。

作大人詩。見前卷二十五。

紹興二十六年丙子，先生十八歲。

紹興二十七年丁丑，先生十九歲。

紹興二十八年戊寅，先生二十歲。

紹興二十九年己卯，先生二十一歲。

紹興三十年庚辰，先生二十二歲。

紹興三十一年辛巳，先生二十三歲。

紹興三十二年壬午，先生二十四歲。

秋試，以周禮鄉舉。

初，先生未肯赴舉。復齋素善臨川李侍郎浩，每爲公言之。是年春，俾姪焕之侍先生同訪公。公觀其贄見之書，大奇之。留數日，力勉其赴舉。歸則題秋試家狀者在門，閱其籍，則諸家經賦咸在，惟無周禮，先生即以此注籍。蒲節後，始精考周禮，求程文觀之。及期，三日之試，寫其所學，無凝滯。考官王景文質批曰：「毫髮無遺恨，波瀾獨老成。」拆號日，先生偶過梭山，方鼓琴，捷吏至，曲終而後問之，再鼓一曲乃歸。先生第四名，外舅吳漸第九名。見舉送官啓末云「某少而慕古，長欲窮源，不與世俗背馳而非，必將與聖賢同歸而止。忘己意之弗及，引重任以自强，謂先哲同是人，而往訓豈欺我？窮則與山林之士約六經之旨，使孔孟之言復聞於學者；達則與廟堂羣公還五服之地，使堯舜之化純被於斯民」云云。先生嘗云：「吾自應舉，未嘗以得失爲念。場屋之文只是直寫胸襟。」故作貴溪縣學記云：「不徇流俗而正學以言者，豈皆有司之所棄，天命之所遺？」又嘗云：「復齋家兄一日問曰：『吾弟今在何處做工夫？』某答曰：『在人情、事勢、物理上做工夫。』復齋應之而已。若知物價之低昂，與夫辨物之美惡真僞，則吾不可謂之不能。然吾之所謂做工夫者，非此之謂也。」又云：「吾家合族而食，每輪差子弟掌庫三年〔二〕，某適當其職，所學大進，這方是執事敬。」

冬十月二十七日，丁父宣教公憂，葬饒州安仁縣崇德鄉之毛源。

孝宗隆興元年癸未，先生二十五歲。

〔二〕「三」，嘉靖本、萬曆本作「二」。

隆興二年甲申，先生二十六歲。

乾道元年乙酉，先生二十七歲。

有與童伯虞書。見前三卷首。

乾道二年丙戌，先生二十八歲。

乾道三年丁亥，先生二十九歲。

冬，成嘉禮，孺人吴氏始大歸也。

乾道四年戊子，先生三十歲。

乾道五年己丑，先生三十一歲。

乾道六年庚寅，先生三十二歲。

乾道七年辛卯，先生三十三歲。

秋試，以易經再鄉舉。

考官批義卷云：「如端人正士，衣冠佩玉。」論策批：「如其義。」

得解見提舉書。見前卷四。

八月十七日，子持之生。

乾道八年壬辰，先生三十四歲。

春試南宫，奏名時，尤延之袤知舉，吕伯恭祖謙爲考官。讀先生易卷，至「狎海上之鷗，遊吕梁之水，可以謂之無心，不可以謂之道心。以是而洗心退藏，吾見其過焉而溺矣。濟溱洧之車，移河内之粟，可以謂之仁術，不可以謂之仁道。以是而同乎民，交乎物，吾見其淺焉而膠矣」，擊節嘆賞。又讀天地之性人爲貴論，至「嗚呼！循頂至踵皆父母之遺體，俯仰乎天地之間，惕然朝夕，求寡乎愧怍而懼弗能，倘可以庶幾於孟子之『塞乎天地』，而與聞夫子『人爲貴』之説乎」，愈加嘆賞。至策，文意俱高。伯恭遽以内難出院，乃囑尤公曰：「此卷超絶有學問者，必是江西陸子静之文，此人斷不可失也。」又併囑考官趙汝愚子直。二公亦嘉其文，遂中選。他日，伯恭會先生曰：「未嘗款承足下之教，一見高文，心開目朗，知其爲江西陸子静文也。」

徐誼子宜侍學。李注：徐在僞學籍，列朱子之次。

子宜侍先生，每有省。同赴南宫試，論出天地之性人爲貴。試後，先生曰：「某欲説底，却被子宜道盡，但某所以自得受用底，子宜却無。」曰：「雖欲自異於天地，不可得也，此乃某平日得力處。」

夏五月，廷對，賜同進士出身。

先生既奏名，聲振行都。廷對，考官意其必慷慨極言天下事，欲取置首列。及唱第，乃在末甲。或問之，先生曰：「見君之初，豈敢過直。」識者稱其得事君之體云。

在行都，諸賢從游。

先生朝夕應酬問答，學者踵至，至不得寢者餘四十日。所以自奉甚薄，而精神益强，聽其言者興起甚衆。時永嘉蔡幼學行之爲省元，李注：蔡在僞學籍，列黄灝前。蔡行之，諱幼學，温州永嘉人，年十八發解，謚文懿，師事文安公。連日無所問難，似不能言者。先生從容問其所志，乃答曰：「幼學之志在於爲善而已。」先生嘉嘆而勉勵焉。四明楊敬仲時主富陽簿，攝事臨安府中，始承教於先生。及返富陽，三月二十一日，先生過之，問：「如何是本心？」先生曰：「惻隱，仁之端也；羞惡，義之端也；辭讓，禮之端也；是非，智之端也。此即是本心。」對曰：「簡兒時已曉得，畢竟如何是本心？」凡數問，先生終不易其説，敬仲亦未省。偶有鬻扇者訟至于庭，敬仲斷其曲直訖，又問如初。先生曰：「聞適來斷扇訟，是者知其爲是，非者知其爲非，此即敬仲本心。」敬仲忽大覺，始北面納弟子禮。故敬仲每云：「簡發本心之問，先生舉是日扇訟是非答，簡忽省此心之無始末，忽省此心之無所不通。」先生嘗語人曰：「敬仲可謂一日千里。」

復齋與學者書云：「子静入浙，則有楊簡敬仲、石崇昭應之、李注：石應之，諱崇昭，浙江紹興新昌人，與兄斗文字天民同從學。諸葛誠之、胡拱達才、高宗商應朝〔二〕、孫應時季和從之游〔三〕，其餘不能悉數，皆亹亹篤學，尊信吾道，甚可喜也。」先生六月二十九日復如富陽。七月初九日舟離富陽。

秋七月十六日至家。

遠近風聞來親炙，初以「存」名讀書之齋。與曾宅之書云：「某舊亦嘗以『存』名讀書之齋。」家之東扁曰槐堂，槐堂前有古槐木，至今猶存，乃學徒講學之地。又堂東有陋室，西有高軒，北窗南窗，東有隱室，又曰留軒，西有玉淵，又近家之西有茅堂。

與包顯道書云：「貴溪桂店一族甚盛，其子弟有德輝者，今夏來處茅堂。」李注：桂德輝，諱照然，廣信貴溪人，慶元五年進士。桂店即今之鷹潭。師事文安公最早。

〔二〕「應朝」，嘉靖本、萬曆本作「應時」。

〔三〕「孫應時」，嘉靖本、萬曆本作「孫應朝」。

西南有八石寺，與顏子堅書云：「向者在八石寺，嘗納區區之忠。」先生既受徒，即去今世所謂學規者，而諸生善心自興，容禮自莊，雍雍于于，後至者相觀而化。蓋先生深知學者心術之微，言中其情，或至汗下。有懷于中而不能自曉者，爲之條析其故，悉如其心。亦有相去千里，素無雅故，聞其大概，而盡得其爲人。嘗有言曰：「念慮之不正者，頃刻而知之，即可以正。念慮之正者，頃刻而失之，即爲不正。有可以形迹觀者，有不可以形迹觀者。必以形迹觀人，則不足以知人；必以形迹繩人，則不足以救人。」又曰：「今天下學者唯兩途：一途朴實，一途議論。」同里朱桴濟道、弟泰卿亨道長於先生，皆來問道，與人書云：「近到陸宅，先生所以誨人者深切著明，大概是令人求放心。其有志於學者，數人相與講切，無非此事，不復以言語文字爲意，令人歎仰無已。其有意作文者，令收拾精神，涵養德性，根本既正。不患不能作文。」陳正己、劉伯文皆不爲文字也。李注：劉伯文，南城人，疑伯協從兄弟，同學受業。盱江傅子淵云：「夢泉向來只知有舉業，觀書不過資意見耳，後因困志知反。時陳正己自槐堂歸，問先生所以教人者。正己曰：『首尾一月，先生諄諄只言辨志，又言古人入學一年，早知離經辨志，今人有終其身而不知自辨者，是可哀也。』夢泉當時雖未領略，終念念不置。一日讀孟子公孫丑章，忽然心與相應，胸中豁然蘇醒。嘆曰：『平生多少志念精力，却一切着在功利上。』自是始辨其志。雖然如此，猶未知下手處。及親見先生，方得個入頭處。」嘗云：「傅子淵自此歸其家，陳正己問之曰：『陸先生教人何先？』對曰：『辨志。』復問曰：『何辨？』對曰：『義利之辨。』」若子淵之對，可謂切要。周伯熊來學，李注：周伯熊，南城人，登紹熙元年進士，從學文安公。先生問：「學何經？」對曰：「讀禮記。」「曾用工於九容乎？」曰：「未也。」「且用功於此。」後往問學於晦庵，晦庵曰：「仙里近陸先生，曾見之否？」曰：「亦嘗請教。」具述所言。晦庵曰：「公來問某，某亦不過如此説。」

答諸葛受之書。見前卷三。答舒西美書。見前卷五。

乾道九年癸巳，先生三十五歲。

春閏二月十四日，答陳正己書。見前卷十二。

三月十七日，和王弱翁銓闈中詩。

冬十一月，送毛原善序。見前卷二十。

淳熙元年甲午，先生三十六歲。

三月赴部調官，過四明，遊會稽，浹兩旬，復至都下，授迪功郎、隆興府靖安縣主簿。五月二十六日，訪吕伯恭於衢。

伯恭與汪聖錫書云：「陸君相聚五六日，淳篤敬直，流輩中少見其比。」又與陳同甫書云：

「自三衢歸，陸子靜相待累日，又留七八日，昨日始行。篤實淳直，朋游間未易多得。渠云『雖未相識，每見尊兄文字，開豁軒翥，甚欲得相聚』，覺其意甚勤，非論文者也。」與徐子宜書。見前卷五。

秋八月十二日，子循之生。

淳熙二年乙未，先生三十七歲。

呂伯恭約先生與季兄復齋，會朱元晦諸公於信之鵝湖寺。復齋云云。見前卷三十四。元晦歸後三年，乃和前詩云：「德業流風夙所欽，別離三載更關心。偶携藜杖出寒谷，又枉籃輿度遠岑。舊學商量加邃密，新知培養轉深沉。只愁説到無言處，不信人間有古今。」後信州守楊汝礪建四先生祠堂於鵝湖寺，勒陸子詩于石。復齋與張欽夫書云：「某春末會元晦於鉛山，語三日，然皆未能無疑。」按呂成公譜：「乙未四月，訪朱文公於信之鵝湖寺，陸子靜、子壽、劉子澄及江浙諸友皆會，留止旬日。」鄒斌俊父録云：李注：鄒斌，字俊父，臨川人，嘉定四年成進士，從學文安公。「朱、呂二公話及九卦之序，先生因亹亹言之。大略謂：『復是本心復處，如何列在第三卦，而先之以履與謙？蓋履之爲卦，上天下澤，人生斯世，須先辨得俯仰乎天地而有此一身，以達於所履。其所履有得有失，又繫於謙與不謙之分。謙則精神渾收聚於內，不謙則精神渾流散於外。惟能辨得吾一身所以在天地間舉錯動作之由，而斂藏其精神，使之在内而不在外，則此心斯可得而復矣。次之以常固，又次之以損益，又次之以困。蓋本心既復，謹始克終，曾不少廢，以得其常，而至於堅固。私欲日以消磨而爲損，天理日以澄瑩而爲益，雖涉危蹈險，所遭多至於困，而此心卓然不動。然後於道有得，左右逢其原，如鑿井取泉，處處皆足。蓋至於此則順理而行，無纖毫透漏，如巽風之散，無往不入，雖密房奥室，有一縫一罅即能入之矣。』」二公大服。」朱亨道書云：「鵝湖講道切誠，當今盛事。伯恭蓋慮陸與朱議論猶有異同，欲會歸於一，而定其所適從，其意甚善。伯恭蓋有志於此，語自得則未也。臨川趙守景明邀劉子澄、趙景昭。景昭在臨安與先生相款，亦有意於學。」又云：「鵝湖之會，論及教人。元晦之意，欲令人泛觀博覽，而後歸之約。二陸之意，欲先發明人之本心，而後使之博覽。朱以陸之教人爲太簡，陸以朱之教人爲支離，此頗不合。先生更欲與元晦辯，以爲堯舜之前何書可讀？復齋止之。趙、劉諸公拱聽而已。先發明之説，未可厚誣。元晦見二詩不平，似不能無我。」元晦書云：「某未聞道學之懿，兹幸獲奉餘論，所恨匆匆別去，彼此之懷皆若有未既者。然警切之誨，佩服不敢忘也。還家無便，寫此少見拳拳。」

冬十二月十五日〔二〕，作敬齋記。見前卷十九。

〔二〕「十二月」，原作「十一月」，據本集卷十九所收敬齋記改。

淳熙三年丙申，先生三十八歲。

與王順伯書，再書。俱見前卷二。

淳熙四年丁酉，先生三十九歲。

春正月十四日，丁繼母太孺人鄧氏憂，葬鄉之官山。

先生事繼母，與諸兄曲盡孝道。嘗聞孝宗皇帝聖語：「陸九淵滿門孝弟者也。」

淳熙五年戊戌，先生四十歲。

淳熙六年己亥，先生四十一歲。

服除，授建寧府崇安縣主薄。

淳熙七年庚子，先生四十二歲。

在滋瀾。

先生因居之南五里有園林屋宇，扁是名。與包顯道書云：「今歲與朋友讀書，在滋瀾。」

春，聞張欽夫卒。

與包顯道書。見前卷六。

秋九月二十九日，季兄復齋先生卒。

復齋臨終云：「比來見得子静之學甚明，恨不更相與切磋，見此道之大明耳。」先生嘗曰：「復齋先生涵養深密，躬行篤實。」

朱元晦與林擇之書云：「陸子静兄弟，其門人有相訪者，氣象皆好。此間學者却與渠相反。初謂只在此講道漸涵，自能入德。不謂末流之弊只成説話，至人倫日用最切近處，都不得毫末氣力，不可不深懲而痛警之也。」

冬十一月望日，作復齋行狀。十二月己酉，葬於鄉之萬石塘。

淳熙八年辛丑，先生四十三歲。

春二月，訪朱元晦于南康。

時元晦爲南康守，與先生泛舟，樂，曰：「自有宇宙以來，已有此溪山，還有此佳客否？」乃請先生登白鹿洞書院講席，先生講「君子喻於義，小人喻於利」一章畢，乃離席言曰：「熹當與諸生共守，以無忘陸先生之訓。」再三云：「熹在此不曾説到這裏，負愧何言。」乃復請先生書其説，先生書講義。見前二十三卷。尋以講義刻於石。先生云：「講義述於當時，發明精神不盡。當時説得來痛快，至有流涕者。元晦深感動。天氣微冷，而汗出揮扇。」元晦又與楊道夫云：「曾見陸子静義利之説否？」曰：「未也。」曰：「這是子静來南康，熹請説書，却説得這義利分明，是説得好。如云『今人只讀書便是利，如取解後又要得官，得官後又要改官。自少至老，自頂至踵，無非爲利』，説得來痛快，至有流涕者。」

秋作祭吕伯恭文。見前卷二十六。

丞相少師史浩薦先生，六月二十三日得旨，都堂審察升擢，先生不赴。薦云：「陸某淵源之學，沉粹之行，輩行推之，而心理悟融，出於自得者也。」

淳熙九年壬寅，先生四十四歲。

項平甫來書，略云：「安世聞陸先生之名，言者不一。往得交於傅子淵，警發柔惰，自此歸向，取師之意始定。奉親之官越土，多見高第及門子弟，愈覺不能自已。雖未得親承於謦欬，然受沾渥亦已多矣。獨念心師之久，不可不以尺紙布萬一，伏乞加察。一二年來，數鉅公相繼淪落，任是事者，獨先生與朱先生耳。」

侍從復上薦，得旨與職事官，薦辭未詳。除國子正。秋初，先生赴國學。與陳倅書。見前卷七。

始講書，八月十七日，講春秋六章。九月，享明堂，爲分獻官。

淳熙十年癸卯，先生四十五歲。

在國學。

二月七日，講春秋九章。七月十五日，講春秋五章。十一月十三日，講春秋四章。諸生叩請，孳孳啓諭〔一〕，如家居教授，感發良多。

朱元晦來書，略云：「比約諸葛誠之在齋中相聚，極有益。浙中士人，賢者皆歸席下，比來所得爲多，幸甚！」再書云：「歸來臂痛，病中絕學捐書，却覺得身心收管似有少進處。向來泛濫，真是不濟事。恨未得款曲承教，盡布此懷也。」

項平甫再書，略云「某自幼便欲爲善士，今年三十一矣，欲望尊慈，特賜指教」云云。答書不傳。按朱元晦答平甫書云：「所語陸國正語，三復爽然，所以警於昏惰者爲厚矣。大抵子思以來教人之法，尊德性、道問學兩事爲用力之要。今子静所説尊德性，而某平日所聞却是道問學上多。所以爲彼學者多持守可觀，而看道理全不仔細。而熹自覺於義理上不亂説，却於緊要事

〔一〕「諭」，原作「論」，據嘉靖本、萬曆本改。

上多不得力。今當反身用力，去短集長，庶不墮一邊耳。」先生聞之曰：「朱元晦欲去兩短，合兩長，然吾以爲不可。既不知尊德性，焉有所謂道問學。」

冬，遷敕令所删定官。先生在敕局，同志之士相從講切不替，僚友多賢，相與問辯，大信服。與漕使尤延之書，略云：「朱元晦在南康已得太嚴之聲。元晦之政亦誠有病，然恐不能泛然以嚴病之。使罰當其罪，刑故無小。遽可以嚴而非之乎？某嘗謂不論理之是非，事之當否，而泛然爲寬嚴之論者，乃後世學術議論無根之弊。道之不明，政之不理，由此其故也。元晦浙東救旱之政，比者屢得浙中親舊書及道途所傳，頗知梗概，浙人殊賴。自劾一節尤爲適宜。其誕慢以僥寵禄者，當少阻矣。至如其間言事處，誠如來諭所言者云。」

儼陵詹子南侍學。

阜民初見先生，不能盡記所言。大指云：「凡欲學者，當先識義利公私之辨。今所學果爲何事？人生天地間，爲人自當盡人道。學者所以爲學，學爲人而已，非有爲也。」又云：「孔門弟子，如子游、子夏、宰我、子貢，雖不遇聖人，亦足以號名學者，爲萬世師，然卒得聖人之傳者，回之愚，參之魯。」蓋病後世學者溺於文義，知見繳繞，蔽惑愈甚，不可入道耳。阜民既還邸，遂屏棄諸書。及後來疑其不可，又問，先生則曰：「某何嘗不許人讀書，不知此後有事在。」又曰：「讀書不必窮索，平易讀之，識其可識者，久將自明，毋耻不知。」先生舉孟子「鈞是人也」一章云：「須先使心官不曠其職。」子南因是便收此心，如此半月。一日下樓，忽覺此心已復澄瑩中立。遂見先生，先生目逆而視之曰：「此理已顯也。」

淳熙十一年甲辰，先生四十六歲。

在敕局。春祀祚德廟，爲獻官。記事始末，書於祠下。

朱元晦書，略云：「敕局時與諸公相見，亦有可告語者否？於律令中極有不合道理、不近人情處，隨事改正得一二亦佳。中蔿程可久，於法令甚精，可以入局中。然此猶是第二義，不知輪對班在何時？果得一見明主，就緊要處下得數句爲佳，其餘屑屑不足言也。謙仲甚不易得，今日尚有此公，差强人意。元善爽快，極難得，更加磨琢沉浸之功乃佳。機仲既得同官，乃其幸，會當能得日夕親炙也。浙東諸朋友想時通問，亦有過來相聚者否？立之墓表，今作一通，顯道甚不以爲然，不知尊意以爲如何？」

三月十三日，答朱元晦書。見前卷七。

編朱元晦奏立社倉事。戊申歲，先生兄梭山居士欲立社倉于青田。先生與趙監書。見前卷首。

上殿輪對五劄。

時對期甚迫，猶未入思慮，所親累請，久乃下筆。繕寫甫就，厥明即對。五劄俱見前卷十八。讀劄未云，見前三十五卷語録。

讀究武略。先生少時聞靖康間事，慨然有感於復讐之義。至是訪求智勇之士，與之商確，益知武事利病、形勢要害。李將使雲，李注：李雲，興國人，受學文安公。將家子也，興國人，有勇力，先生奇而教之。後獲用太尉畢再遇帳下。其家祠事先生，或問何爲，曰：「雲少時嘗欲率伍百人打劫起事。一日，往見先生，蒙誨，翻然而改。不然，此身不得爲人矣。」先生平日獎激人才類如此。後守荆門，獎拔奇才亦多。

論醫國。或問：「先生見用，以何醫國？」先生曰：「吾有四物湯。」問：「如何？」曰：「任賢、使能、賞功、罰罪。」

論駁中外奏對不可行者。

答蘇宰書。見前卷八。

朱元晦書。

時有言奏劄差異者，元晦索之，先生納去一本。元晦貽書云：「奏篇垂示，得聞至論，慰沃良深。其規模宏大，源流深遠，豈腐儒鄙生所可窺測？然區區私憂，未免有萬牛回首之歎，然於我何病耶？語圓意活，混浩流轉，益見所養之深，所蓄之厚。但向上一路未曾撥着。」

答朱元晦書，略云：「奏劄獨蒙長者褒揚獎譽之厚，俱無以當之。深慚疏愚，不能回互藏匿，肺肝悉以書寫，而兄尚有向上一路未曾撥着之疑，豈待之太重，望之太過，未免金注之昏耶？」

改授承奉郎。以修寬恤詔令書成，與樞密使王謙仲語及孟子「辟土地，充府庫」一段，因云：「方今正在求此輩而不可得。」謙仲爲之色變。又舉柳子厚「捧土揭木而致之廟堂之上，蒙以紱冕，翼之徒隸，而趨走其左右，豈有補於萬事之勞若哉？聖人之道無益於世，凡以此也」。謙仲爲之默然。先生嘗云：「當時諸公見上下相安，内外無事，便爲太平氣象。獨鄭溥之有一語極好：『而今只要爲虜人借路登泰山云耳。』」

秋九月既望，作外舅吴公行狀。末云：「某在童稚時爲公所知，後又妻以其女。」尤延之作吴公墓誌云：「陸君子静，數爲予道其婦翁吴公之賢。居亡何，有墨服踵門而求見者，則吴公之子顒若也，袖子静之狀，且告曰『敢因子静以請誌』。予不識吴公，然子静信人也，其言有證，乃叙而誌之。夫能識子静於童幼之中，而能以子妻之，其賢可知矣。」後敬仲作孺人吴氏墓誌云「孺人諱愛卿，吴公茂榮諱漸之長女也。幼有異質，女工不學而能，詩書過目不忘，公大奇之。一見先生，謂可妻，歸焉。先生爲國子正、删定敕局，居中五年，四方之賓滿門，旁無虚宇，併假於館，中饋百需，先生不一啓齒，孺人調度有方，舉無缺事。暨先生奉祠歸，囊蕭然，同僚共賸之。還里之明年，經理象山，孺人捐奩中物助之」云云。

作本齋記，爲成都郭醇仁作。

淳熙十二年乙巳，先生四十七歲。

在敕局。

與尤延之書，略云：「此間不可爲久居之計。吾今終日區區，豈不願少自效？至不容着脚手處，亦只得且退而俟之。職事間又無可修舉，覩見弊病，又皆須自上面理會下來，方得在此。但望輪對可以少展胸臆。對班尚在後年，鬱鬱度日而已。」或勸以小人闖伺，宜乞退。先生曰：「吾之未去，以君也。不遇則去，豈可以彼爲去就耶。」

詹子南問學。子南嘗問：「先生之學亦有所受乎？」曰：「因讀孟子而自得之於心也。」

淳熙十三年丙午，先生四十八歲。

在敕局。夏五月，作格矯齋記。爲三衢徐載書。

朱元晦通書，略云：「傅子淵去冬相見，氣質剛毅，極不易得，但其偏處亦甚害事。雖嘗苦口，恐未以爲然。近覺當時説得亦未的，宜其不以爲然也〔一〕。今想到部必已相見，亦嘗痛與砭劑否？道理極精微，然初不在耳目聞見之外。是非黑白只在面前，此而不察，乃欲别求玄妙於意慮之表，亦已誤矣。熹衰病日侵，所幸邇來日用工夫頗覺省力，無復向來支離之病，甚恨未得從容面論。未知異時尚復有異同否耳。」

轉宣義郎，除將作監丞，給事王信疏駁。十一月二十九日得旨，主管台州崇道觀。

初，親朋謂先生久次，宜求退。先生曰：「往時面對，粗陳大義，明主不以爲非。思欲再望清光，少自竭盡，以致臣子之義。」距對班五日，除監丞。

先生與李成之書。見前卷十。

和楊萬里廷秀送行詩。見前卷二十五。

既歸，學者輻輳。時鄉曲長老亦俯首聽誨。每詣城邑，環坐率二三百人，至不能容，徙寺觀。縣官爲設講席於學宫，聽者貴賤老少溢塞途巷，從游之盛未見有此。

與朱子淵書。見前卷十三。

〔一〕「宜」，嘉靖本、萬曆本作「疑」。

淳熙十四年丁未，先生四十九歲。

春，如臨川。先生訪倉使湯公思謙，公因言風俗不美。先生曰：「乍歸，方欲與諸後生説些好話。此事亦由天，亦由人。」公曰：「如何由天？」曰：「且如三年一科舉，中者篤厚之人多，浮薄之人少，則風俗自此而厚；不幸篤厚無幾，或全是浮薄，則後生從而視效，風俗日以敗壞。」公曰：「如何亦由人？」曰：「監司守令是風俗之宗主，只如判院在此，無只爲位高爵重，旗旄導前，驅卒擁後者，是崇是敬；陋巷茅茨之間，有篤敬忠信好學之士，不以其微賤而知崇敬之，則風俗庶幾可回矣。」公再三稱善。次日謂幕僚友曰：「陸丈至誠，何不去聽説話。」幕僚云：「恐陸丈門户高峻，議論非某輩所能喻。」公曰：「陸丈説話甚平正，試往聽看。某於張、吕諸公皆相識，然如陸丈説話，自是不同。」

作朱元瑜名字説。見前卷二十。

登貴溪應天山講學。

初，門人彭興宗世昌訪舊于貴溪應天山麓張氏，因登山遊覽，則陵高而谷邃，林茂而泉清，乃與諸張議結廬以迎先生講學。先生登而樂之，乃建精舍居焉。與楊敬仲書云：「『精舍』二字出後漢包咸傳，其事在建武前。儒者講習之地用此名，甚無歉也。」

答江西程帥叔達惠新刊江西詩派劄子。

答沈宰書。見前卷十七。

包敏道跋江泰之所收劄子墨蹟云「象山先生論詩，又出告往知來、以意逆志者之外。蓋其精鑑如權度，舉天下之輕重長短，毫髮絲粟不可得而加損也，豈特於詩爲然哉？當程君劄送詩至時，僕在席下，先生顧諸生曰：『誰能代答？』須臾呈藁者數人。先生嘆曰『將紙來』，一筆寫就」云云。

夏五月，答馮傳之書。見前卷十三。

初冬，答朱元晦書。見前卷十三。

元晦答書，略云：「所諭與令兄書辭費而理不明〔一〕。今亦不記當時作何語，恐或實有此病。承許條析見教，何幸如之？虛心以俟，幸因早便見示。如有未安，却得細論，未可便似居士兄遽斷來章也。」辯無極、太極始此。

冬十月庚辰，葬仲兄子儀于臨川之羅首峰下，作子儀墓誌。十一月，作宜章學記。

作無營齋說。贈吴叔有。

十二月，與漕使宋若水書，言金谿月樁之重，及臺郡督積欠困民之弊。見前卷八。

〔一〕「諭」，原作「論」，據嘉靖本、萬曆本改。

淳熙十五年戊申，先生五十歲。

在山間精舍。春正月，作荆國王文公祠堂記。與薛象先書。見前卷十三〔一〕。先生嘗云：「讀介甫書。」見前卷三十五。答倉使趙汝謙書。俱見前首卷。

易應天山名爲象山，學徒結廬。先生既居精舍，又得勝處爲方丈〔二〕，及部勒羣山閣，又作圓庵，學徒各來結廬，相與講習。與姪孫濬書云「山間近來結廬者甚衆，諸生始聚糧相迎，今方丈前又成一閣，部勒羣山，氣象亦偉」云云。

居仁齋、由義齋、養正堂、張伯强。明德、張行己。志道、周孚先。儲雲、伯强、行己。佩玉、張少石。愈高、倪伯珍。規齋、祝才叔。蕙林、周元忠。達誠、朱幹叔。瓊芳、傅季魯學徒馮泰卿，初名梅囱〔三〕，以季魯家諱，先生爲改今名。濯纓池、浸月池、吴子嗣創齋，先生與之書云：「草廬在二池之間，欲名以『濯纓』，當爲書之。」封庵、少石。批荆。先生書于世昌之堂。各因山勢之高、原塢之佳處爲之。李注：張伯强、張行己，羣從兄弟，或云即象山山主，同結屋受學。周孚先，里居無考，結屋從學。張少石，諱鎮，南城人，淳熙八年進士，結屋從學。倪伯珍，名貫未詳，疑

〔一〕「十三」，各本均作「十二」，按此文各本均在卷十三，據改。

〔二〕「方丈」，原作「講堂」，據嘉靖本、萬曆本改。下「方丈」同。

〔三〕「囱」，原作「西」，據嘉靖本改。

亦同鄉或廣信人耳，結屋師事。祝才叔，或云臨川南櫟人，結屋從學。周元忠，見前。朱幹叔，諱克家，同縣人，居象山從學。吴子嗣，見前。馮元質，名貫未詳，亦受業弟子。

三月，與江西帥王謙仲書。見前卷九。

五月，與錢守伯同書。見前卷九。

郡縣禮樂之士時相謁訪，喜聞其化，故四方學徒大集。

先生從容講道，歌詠愉愉，有終焉之意。

馮元質云：「先生常居方丈。每旦精舍鳴鼓，則乘山簥至，會揖，升講座，容色粹然，精神炯然。學者又以一小牌書姓名、年甲，以序揭之，觀此以坐，少亦不下數十百，齊肅無譁。首誨以收斂精神，涵養德性，虚心聽講，諸生皆俛首拱聽，非徒講經，每啓發人之本心也。間舉經語爲證，音吐清響，聽者無不感動興起。初見者或欲質疑，或欲致辯，或以學自負，或有立崖岸自高者，聞誨之後，多自屈服，不敢復發。其有欲言而不能自達者，則代爲之説，宛如其所欲言，乃從而開發之。至有片言半辭可取，必獎進之，故人皆感激奮礪。平居或觀書，或撫琴。佳天氣則徐步觀瀑，至高誦經訓，歌楚詞及古詩文，雍容自適。雖盛暑，衣冠必整肅，望之如神。諸生登方丈請誨，和氣可掬，隨其人有所開發，或教以涵養，或曉以讀書之方，未嘗及閑話，亦未嘗令看先儒語録。每講説痛快，則顧傅季魯曰：『豈不快哉！』季魯齒最少，坐必末。嘗掛一座于側間，令代說。時有少之者，先生曰『季魯，英才也』。先生大率二月登山，九月末始歸〔二〕，中間亦往來無定。居山五年，閱其簿，來見者踰數千人。」

與陳宰書云：「同志之士，方此盍簪，紬繹簡編，商略終古，粗有可樂。雖品質不齊，昏明異趣，未能純一，而開發之驗、變化之證亦不可謂無其涯也。倘得久於是山，以既厥事，是所願幸！」

傅季魯云：「先生居山，多告學者云：『汝耳自聰，目自明，事父自能孝，事兄自能弟，本無少缺，不必他求，在乎自立而已。』學者於此多有興起。有立議論者，先生云：『此自是虛說，此是時文之見。』常曰：『今天下學者有兩途，惟朴實與議論耳。』」

毛剛伯必强云：李注：毛剛伯，諱必强，里居無考，結屋象山從學。「先生之講學也，先欲復本心以爲主宰，既得其本心，從此涵養，使日充月明。讀書考古，不過欲明此理，盡此心耳。其教人爲學，端緒在此，故聞者感動。當時先生與晦翁門徒俱盛，亦各往來問學。晦庵門人乍見先生教門不同，不與解說無益之文義，無定本可說，卒然莫知所適從。無何辭去，歸語師友，往往又失其本旨，遂起晦翁之疑，良可慨嘆。或問：『先生之學自何處入？』先生曰：『不過切己自反，改過遷善。』又曰：『吾之學問與諸處異者，只是在我全無杜撰。雖千言萬語，只是覺得他底，在我不曾

〔二〕「始歸」，嘉靖本作「治歸」。

添一些。』且又曰：『吾之與人言，多就血脉上感動他，故人之聽之者易。』」

章仲至云：李注：章仲制，諱節夫，號從軒，一作仲至，臨川人，居象山從學。「先生講論，終日不倦，夜亦不困，若法令者之爲也。動是三鼓，學者連日應酧，勞而蚤起，精神愈覺炯然。問曰：『先生何以能然？』先生曰：『家有壬癸神，能供千斛水。』」

嚴松年問：「今學者爲誰？」先生屈指數之，以傅子淵居其首，鄧文範、傅季魯、黄元吉居其次。且云：「浙間煞有人，有得之深者，有得之淺者，有一見而得之者，有久而後得之者。廣中一陳去華省發偉特，惜乎此人亡矣。」

朱元晦語録云：「今浙東學者多子静門人，類能卓然自立，相見之次，便毅然有不可犯之色。自家一輩朋友又却覺不振。」又云：「子静之門如楊簡輩，躬行皆有可觀。」又與詹侍郎書云：「高教授能留意學校，甚善。渠從子静學，有意爲己，必能開導其人也。」又與劉仲復書云：李注：劉仲復亦從學弟子，名貫里居無考。「陸丈回書，其言明當，且就此持守，自見功效，不須多疑多問，却轉迷惑。」

論解書。南豐劉敬夫學周禮，李注：劉敬夫，名思忠，建昌南豐人，淳熙八年進士，與弟定夫並師事文安公。見晦庵，晦庵令其精細考索。後見先生，問：「見朱先生何得？」敬夫述所教。先生曰：「不可作聰明，亂舊章。如鄭康成注書，枘鑿最多。讀經只如此讀去，便自心解。注不可信，或是諱語，或是莽制。傳季魯保社中議此甚明，可一往見之。」於是往問于季魯。又嘗曰：「解書只是明他大義，不入己見於其間，傷其本旨，乃爲善解書。後人多以己意，其言每有意味，而失其真實，以此徒支離蔓衍，而轉爲藻繪也。」又嘗曰：「河圖屬象，洛書屬數，先天圖非聖人作易之本旨，有據之以説易者陋矣〔一〕。」又嘗曰：「後世之論春秋者，多如法令，非聖人之旨也。觀春秋、詩、書、易，經聖人手，則知編論語者亦有病，顧記禮之言，多原老氏之意。」

論傳道。與姪孫濬書，見前首卷。先生有云：「學者至本朝而始盛，自周茂叔發之。」又云：「韓退之言『軻氏之死，不得其傳』，固不敢誣後世無賢者，然直是至伊洛諸公，得千載不傳之學，但草創未爲光明。今日若不大段光明，更幹當甚事。」又云：「二程見茂叔後，吟風弄月而歸，有『吾與點也』之意。後來明道此意却存，伊川已失此意。」又云：「元晦似伊川，欽夫似明道。伊川蔽錮深，明道却疏通。」又云：「道譬則水。人之於道，譬則蹄涔、汙沱、百川、江海也。海至大矣，而四海之廣狹淺深不必齊也。至其爲水，則蹄涔亦水也。」又嘗以手指心曰：「某有積學在此，惜未有承當者。」

〔一〕「以」，嘉靖本、萬曆本作「於」。

夏四月望日，與朱元晦書，辯太極圖説。見前卷二。與提刑應仲寔書〔一〕。見前卷十〔二〕。與趙詠道書。見前卷十二。

秋八月，遊仙岩，題新興寺壁。見前卷二十。

訪江西帥王謙仲。時帥幕邵叔誼在坐，聽談命者，曰：「吾之談命異於是。伯夷、叔齊餓死於首陽之下，民到于今稱之，此命極好。齊景公有馬千駟，死之日，民無德而稱焉，此命極不好。」先生與叔誼書。見前首卷。

作南豐黄世成及慈溪楊承奉二墓銘。

先生每謂：「誌墓非古而銘多溢辭，故不苟作。余銘南豐、慈溪二君之墓，海内名識謂無愧辭。」

十二月十四日，答元晦書。見前卷二〔三〕。又別幅云：「大傳曰『在天成象，在地成形』，又曰『見乃謂之象，形乃謂之器』。見乎上者，可得而見矣，猶不謂之形，而謂之成象。必形乎下，可得而用者，乃始謂之器。易之言器，本於聖人備物致用，立成器以爲天下利。如網罟、耒耜、車

〔一〕「寔」，原作「實」，據嘉靖本、萬曆本改。

〔二〕「十」，原作「十二」，按此文各本均在卷十，據改。

〔三〕「二」，原作「一」，按此書各本均在卷二，據改。

輿、門柝、杵臼、弧矢、棟宇、棺槨之類，乃所謂器也。昔者聖人之制斯器也，蓋取諸易之象。易有聖人之道四，而制器尚象與居一焉。道者，天下之所由，而聖人則能知之；器者，天下之所利，而聖人則能制之。由其道而利其器，在一身則爲有道之人，在天下則爲有道之世。不由其道而利其器，則爲無道矣。『誰能出不由户？何莫由斯道也？』然中人以下，則由而不知，蓋其知識卑近，所見淺末，形而下者所能由，形而上者所不能知。故曰『民可使由之，不可使知之』。非有知道者以長治之，左右之，則趨於下，惟利之見，而不由其道矣。上必有下，下必有上。上而無下何以爲上？下而無上何以爲下？道之與器，未始相無。不由其道而利其器，器者非其有矣。『負且乘，致寇至』，此之謂也。故惟聖人爲能制器。精義入神，所以致用；利用安身，所以崇德。百慮一致，道固然也。『化而裁之謂之變，推而行之謂之通，舉而措之天下之民，謂之事業。』非知道者孰能與於此？故道者，形而上者也。器者，形而下者也。器由道者也。『一陰一陽之謂道，繼之者善也。』而謂其屬於形器，不得爲道，其爲昧於道器之分也甚矣！」

聞朱元晦喜晴詩云：「川源紅緑一時新，暮雨朝晴更可人。書册埋頭何日了，不如抛却去尋春。」先生聞之色喜，曰：「元晦至此有覺矣，是可喜也。」

淳熙十六年己酉，先生五十一歲。

祠秩滿，在山間方丈。

春正月，朱元晦來書，略云：「老氏之言有無，以有無爲二；周子之言有無，以有無爲一。更請子細着眼，未可容易譏評也。無極而太極，如曰『無爲』之爲，非謂别有一物也。非如皇極、民極之有方所，有形象，而但有此理之至極耳。」又别紙末云：「如曰未然，則『我日斯邁，而月斯征』，各尊所聞，各行所知，亦可矣，無復可望其必同也。」

題達本庵詩：「梁光結廬其親塋，名曰達本，求言於予，敬賦是詩，以助孝德。詩云：孩提無不愛其親，不失其心即大人。從此勸君休外慕，悦親端的在誠身。」

壽皇内禪，光宗皇帝即位，詔先生知荆門軍。先生始欲著書，嘗言諸儒説春秋之謬尤甚於諸經，將先作傳。值得守荆之命而不果。

覃恩轉宣教郎。夏六月，與黄循中書。見前卷十二。磨勘轉奉議郎。答趙然道書。見前卷十二。

秋七月四日，與朱元晦書。見前卷二。七日，贈疏山益侍者帖。見前卷二十。

八月六日，元晦答書云：「荆門之命，少慰人意！今日之計，惟僻且遠，猶或可以行志，想不以是爲厭。三年有半之間，消長之勢又未可以預料，流行坎止亦非人力所能爲也。聞象山墾闢架鑿之功益有緒，來學者亦益甚，恨不得一至其間，觀奇覽勝。某春首之書，詞氣粗率，既發即知悔之，然已不及矣。」

論無極之辯，與陶贊仲書，再書。俱見前卷十五。論私立門户之非，與唐司法書。見前卷十五。

朱元晦論學徒競辯之非，答諸葛誠之書云：「示諭競辯之論，三復悵然！愚深欲勸同志者兼取兩家之長，不輕相詆毀。就有未合，亦且置勿論，而力勉於吾之所急。吾人所學喫緊着力處，正天理人欲相去之間，如今之論，則彼之因而起者，於二者之間果何處乎？子靜平日自任，正欲身率學者於天理，不以一毫人欲雜於其間，恐決不至如賢者之所疑也。」包顯道侍晦庵，有學者因無極之辯貽書詆先生者，晦庵復其書云：「南渡以來，八字着脚，理會着實工夫者，惟某與陸子靜二人而已。某實敬其爲人，老兄未可以輕議之也。」

秋八月十一日，答趙詠道書。見前卷十二。答曾宅之書。見前卷首。與姪孫濬書。見前卷十四。

冬十月朔，作外姑黃夫人墓銘。

自云「先丈母誌銘叙次頗復明暢」云。

與王順伯書。見前卷十一。

冬至前五日，跋曾裘甫答屈待舉詩。後三日，遊翠雲寺，題名于壁。先生遊翠雲寺帖。見前卷二十。

光宗紹熙元年庚戌，先生五十二歲。

在山間方丈。

春正月，與姪孫濬書。見前卷十四。三月二十六日，與包敏道書。見前卷十四。

夏五月，作經德堂記。堂名取諸孟子「經德不回」。六月旱，十三日石灣禱雨〔一〕，十六日謝雨。俱見前卷二十六。

秋八月二十六日，作貴溪縣重修學記。見前卷十九。

與饒壽翁書。見前卷十二。與郭邦逸書。見前卷十三。作玉芝歌。見前卷二十五。與路彥彬書，略云：「切不自揆，區區之學，自謂孟子之後至是而始一明也。」

紹熙二年辛亥，先生五十三歲。

在山間方丈。春二月，與劉伯協書。俱見前卷十二。三月三日，與林叔虎書。見前卷九。跋資國寺雄石鎮帖。寺在象山之西址，隔溪之山間，先生往來必憩焉。

〔一〕「十三」，原作「十二」，據嘉靖本、萬曆本及本集卷二十六所收石灣禱雨文改。

夏六月，作武陵縣學記。見前卷十九。中澣，作臨川簿廳壁記。簿張季海〔一〕。得旨，疾速之任，云云。俱見前卷三十五語録。

囑傅季魯居山講學。先生將之荆門，謂季魯曰：「是山繄子是賴，其爲我率諸友日切磋之。吾遠守小障，不得爲諸友掃浄氛穢，幸有季魯在，願相依親近。」

秋七月四日啓行，十一日書贈陳晉卿。名綰，時爲撫州學官。書見前卷二十。

九月三日至荆門軍。舟車所經，見豐城王允文祭文云「南浦維舟，徑浮彭蠡，覽奇康廬，濯纓瀑水，潯陽晚薄，齊安晝艤，臨皋雪堂，周覽遺趾。長淮以西，野岸曠平，撰杖西風，或憩柴荆。桑棗蔭塗，葭葦連汀，笑談之間，造微詣精。黄鶴入雲，芳洲在目，憑高倣古，北轅西輻，薄于開藩，霜蕚破菊」云。李注：王允文，字文伯，豐城人，乾道進士，從學文安公。撰杖，出禮内則。

即日親事，上謝表。表見前卷十八。「吏以故例云〔二〕」，俱見前三十三卷〔三〕。與羅點春伯書。見前卷十五。與漕使薛象先叔似書，與漕使論民間疾苦。俱見前卷十五。

〔一〕「張季海」，原作「長季海」，據本集卷十九所收臨川簿廳壁記改。
〔二〕「吏」，原作「使」，據嘉靖本改。
〔三〕「三十三卷」，原作「三十二卷」，按「吏以故例云」見本集卷三十三所收象山先生行狀，據改。

新築城。

荆門素無城壁。先生以爲此自古戰争之場，今爲次邊，在江漢之間，爲四集之地，南捍江陵，北援襄陽，東護隋、郢之脇，西當光化、夷陵之衝。荆門固則四鄰有所恃，否則有背脇腹心之虞。雖四山環合，易於備禦，義勇數千，强壯可用，而倉廩府庫之間麋鹿可至。累議欲修築子城，憚重費不敢輕舉。先生審度決計，召集義勇，優給庸直，躬自勸督，役者樂趨，竭力功倍，二旬訖築。初計者擬費緡錢二十萬，至是僅費五千而土工畢。復議成砌三重，置角臺，增二小門，上置敵樓〔一〕、衝天渠、荷葉渠、護險牆之制畢備，纔費緡錢三萬。

郡學、貢院及客館、官舍，衆役並興。

初，習俗惰〔二〕，人以執役爲耻，吏惟好衣閑觀〔三〕。至是此風一變，督役官吏布衣，雜役夫佐力，相勉以義，不專以威。盛役如此，而人情晏然，郡中恬若無事。

革税務之弊，革弊政。事俱見前卷三十三。朔望及暇日，詣學講誨諸生。

〔一〕「置」，嘉靖本、萬曆本作「至」。
〔二〕「惰」，原作「偷」，據嘉靖本改。
〔三〕「惟」，嘉靖本作「爲」。

紹熙三年壬子，先生五十四歲。

在荆門。

春正月十三日，會吏民講洪範「五皇極」一章。郡有故事，上元設醮黄堂，其説曰：「爲民祈福。」先生於是會吏民，講洪範斂福錫民一章，以代醮事。發明人心之善，所以自求多福者，莫不曉然有感於中，或爲之泣。有講義，仍書河圖八卦之象、洛書九疇之數於後，以曉後學。更定圖、書，與今世所傳者不同，所以復古圖、書之舊也。先生未及著書發明後學，傅季魯作釋義以明之。

二十四日，與姪焕之書，略云：「正月十三日，以講義代醮，除官員、士人、吏卒之外，百姓聽講者不過五六百人，以不曾告戒也。然人皆感動，其所以相孚信者又在言語之外也。此間不復掛放狀牌，人有訴事，不拘早晚接受，雖入夜未閉門時，亦有來訴者，多立遣之，壓服而去。見客亦無時。」

二月九日之夜，郡火災。與鄧文範書。見前卷十七。與吴仲詩書。見前卷六。

閲武。

湖北諸郡軍士多逃徙，視官府如傳舍，不可禁止，緩急無可使者。先生病之，乃信捕獲之賞，重奔竄之刑。又數閲射，中者受賞，役之後加庸直，無饑寒之憂。相與悉心弓矢，逸者絶同賞。

少。他日兵官按閲，獨荆門整習，他郡所無。平時按射，不止於兵伍，郡民皆得而與，中亦同賞。

上廟堂劄子，乞撥常平銀助城費，略云：「荆門素無城壁，某去冬妄意聞于帥府，請就此役。尋得帥檄，令委官置局，逕自修築。已於十二月初四日發手，亦幸天氣晴霽，人心齊一。小壘綿薄，會計用磚包砌，猶當用緡錢三萬。本軍有買名銀一萬七千餘兩，在常平，稽之專條，不可擅用。欲乞鈞慈，特爲敷奏，於數内撥支銀五千兩應付支用。使城壁一新，形勢益壯，姦宄沮謀，民心有賴，實爲無窮之利。」

與章茂獻論築城書，略云：「有當控告廟堂者，敢不布本末，庶幾一言之助。去冬修築子城，適值天氣晴霽，民心悦懌。此邦士女未嘗識城，遠村僻塢，携持來觀，自臘至今，踵係不絶。」

答羅田宰吴斗南書，論太玄。見前卷十五。作監嶽兄庸齋墓表。

夏四月十九日，朱元晦來書云：「去歲辱惠書慰問，尋即附狀致謝。其後聞千騎西去，相望益遠，無從致問。近辛幼安經由，及得湖南朋友書，乃知政教並流，士民化服，甚慰！某憂苦之餘，疾病益侵，形神俱瘁，非復昔時。歸來建陽，失於計度，作一小屋，期年不成，勞若百端，欲罷不可。李大來此，備見本末，必能具言也。渠欲爲從戎之計，因走門下，撥冗附此，未暇他及。

政遠，切祈爲道自重，以幸學者。彼中頗有好學者否？峽州郭丈著書頗多〔一〕，悉見之否？其論易數頗詳。不知尊意以爲如何也？近著幸示一二，有委併及。」

與總卿張體仁元善書。見前卷十六。

答倉使書，末云：「比來訟牒益寡，終月計之，不過二三紙。此間平時多盗，今乃絶無。」

荆南府帥章森德茂以先生政績上薦，先生與書。見前卷十六。

答章茂獻書云「某承乏」云云。見前卷十五。李注：章茂獻，名穎。又云：「先生治化孚洽，久而益著。既逾年，笞箠不施，至於無訟。相保相愛，閭里熙熙，人心敬向，日以加厚。吏卒亦能相勉以義，視官事如家事。識者知其有出於政刑號令之表者矣。」諸司交章論薦，丞相周公必大嘗遺人書，有曰：「荆門之政可以驗躬行之效。」

周益公判湖南帥府，復傳子淵書，末云：「曾通象山書否？荆門之政如古循吏，躬行之效至矣。」

禱雨。事見前卷二十六。

〔一〕「郭丈」，原作「郭文」，據朱熹遺集卷二收此文改。見郭齊、尹波點校朱熹集，四川教育出版社，一九九六年，第九册，頁五六四三。按：此「郭丈」指郭雍，南宋易學家，字子和，隱居峽州，宋史有傳。

與章帥二書。俱見前卷十六。

秋七月，薦屬縣二宰，併自劾狀。

時姦民楊彥翼、萬九成素號論官社，楊景春尤甚。先生以其世惡，奏乞施行，因以自劾。先生曰：「古者無流品之分，而賢不肖之辨嚴；後世有流品之分，而賢不肖之辨略。」

贈劉季蒙。見前卷二十。與伯兄致政書。見前卷十七。

冬十二月六日，與姪麟之書，末云：「此間風俗，旬月浸覺變易形見，大概是非善惡處明，人無貴賤皆向善，氣質不美者亦革面，政所謂『脉不病，雖瘠不害』。近來吏卒多貧，而有『窮快活』之説。」

七日丙午，先生疾。十一日庚戌，禱雪。郡僚問疾，因言冬暖盍祈雪，乃命倪巨川濟甫畫乾卦，揭之黄堂，設香花。翌早，往迎蒙泉，取水歸安奉，而風雲遽興。辛亥日，雪驟降。

先是，十一月，語女兄曰：「先教授兄有志天下，竟不得施以殁。」女兄衋然。又語家人曰：「吾將死矣。」或曰：「安得此不祥語？骨肉將奈何？」先生曰：「亦自然。」又告僚屬曰：「某將告終。」先生素有血疾，居旬日，大作。越三日，疾良已，接見僚屬，與論政理如平時。宴息靜室，命灑掃焚香，家事亦不掛齒。雪降，命具浴。浴罷，盡易新衣，幅巾端坐。家人進藥，却之。自是不復言。

十四日癸丑，日中，先生卒。郡屬棺斂，哭泣哀甚，吏民哭奠，充塞衢道。

僉判洪伋率僚屬祭文略云「斯道龐洪，充塞兩儀。孔孟既没，日以湮微。賴我先生，主盟正學。開悟聾瞶，惟時先覺」云云。

學録黄嶽祭文略云：「先生之學，正大純粹。先生之教，明白簡易。其御民也，至誠之外無餘術。其使人也，寸長片善，未始或棄。若夫憂國忘家，愛人利物，所謂造次於是，顛沛於是。是以先生之亡，雖小夫賤隸，婦人女子，莫不咨嗟歎息，至於流涕。」

父老李斂等祭文云：「刺史以詩書爲政，待邦人如子弟，百姓安之，何遽驚哲人之萎也。蓋刺史之賢，周、孔之學，方將公是道於天下，慰四海蒼生之望，非我民得以私之也。然斂此大惠，施於一邦，近者服其教，遠者化其德，豈期天不憖遺，而奪我父師之速也。古之君子，所居民愛，所去民思，而況賢刺史之亡，其遺愛在人，真有不可解於心者。我民將子子孫孫尸而祝之，社而稷之，以至於無窮也。」

湖北帥章森祭文略云：「惟公學本之經，行通於天，淵源之漸，伊、孟之傳。自本自根，即聞即見，見之躬行，死守不變。德業培深，我皋我夔，用之斯世，舍公其誰？」李注：章森，字德茂。

湖廣總領張體仁祭文略云「儒者之學，入孝出弟，人言江西，陸氏兄弟。儒者之仕，通道行志，人言荆門，如古循吏。有修其綆，汲深未既，有恢其規，游刃餘地。詞流滔滔，壽考日遂，豈伊斯人，而俾憔悴」云云。李注：張體仁，字元善，在僞學五十五人之籍，學於朱子而推尊陸子如此，蓋朱子門人中之賢者固如是也。

江淮總領鄭湜祭文略云：「聖去千載，所傳者書，獨公深造，忘其緒餘。謂心至靈，可通百聖，謂物雖繁，在我能鏡。欲世知師，欲人知味，未之能行，慨其將廢。」李注：鄭湜，字溥之。

湖南漕豐誼祭文略云「公禀正氣，早以道鳴，叱呵非聖，奔走諸生」云云。李注：豐誼，字叔賈。

朱元晦聞訃，帥門人往寺中，爲位哭。

紹熙四年癸丑

春正月，二孤護先生柩歸，沿途弔哭致祭者甚衆。三月至家。

鄂州教授許中應祭文略云：「是理流行，宇宙之彌，卑不問於樵牧，皆可得而與知。自條理之科不續，一何名世之稀？蓋所以見吾夫子者，未至如曾參之皜皜，而詖淫邪遁，不能如孟子之無疑。則皆未免隨揣摩之形似，困聞見之支離，雖勉强以力行，徒爾增附益之私。公以間氣而自得師，燭乎大，天淵之無際；洞乎微，芒芴之無遺。混混乎由源而達委，鼎鼎乎自幹而敷枝。故言動無一之不實，而表裏不至乎相違。豈非合彼己於一源，貫幽顯而同歸者乎？若乃察此理之公共，謂先覺者爲後覺之資，彼絶物者不仁，雖狂鄙皆在於扶持。開晃耀於蒙昧，出荆棘於平夷。的然顛末之無舛，二三子亦有立於斯時。即所應之有證，尚安得以佛老之空談而病之哉？」李注：許中應，里居官階莫可考。文安公知荆門軍時，中應爲鄂州教授，師事焉。

金谿宰王有大建復齋、象山二先生祠。六月癸丑，楊簡爲記，略云：「道心大同，人自區別。人心自善，人心自靈，人心自明，人心即神，人心即道，安覩乖殊？聖賢非有餘，愚鄙非不足。何以證其然？人皆有惻隱之心，皆有羞惡之心，皆有恭敬之心，皆有是非之心。惻隱，仁；羞惡，義；恭敬，禮；是非，智。仁義禮智，愚夫愚婦咸有之，豈特聖賢有之？人人皆與堯、舜、禹、湯、文、武、周公、孔子同，人皆與天地同。又何以證其然？人心非血氣，非形體，廣大無際，變通無方，倏焉而視，又倏焉而聽，倏焉而言，倏焉而動，倏焉而至千里之外，又倏焉而窮九霄之上，不疾而速，不行而至，非神乎？不與天地同乎？學者當知舉天下萬古之心皆如此也。孔子之心如此，七十子之心如此，子思、孟子之心如此，復齋之心如此，象山之心如此，金谿王令君之心如此，舉金谿一邑之心如此。學者當自信，無自棄。意慮微起，天地懸隔，不識不知，匪合匪離。直心而往，自備萬善，自絶百非，雖無思爲，昭明弗遺。」

「二陸先生，撫州金谿人。復齋諱九齡，字子壽，篤志斯道，窮深究微，兢兢孜孜，學者宗之。象山先生其弟也，諱九淵，字子静，天性清明，不染雜説。簡嘗親聞先生之言，自謂其童幼時，聞人誦伊川先生語，自覺『若傷我者』，性質素明如此。故長而益明，破學者於窟宅，開聖道之夷途，其言甚平，而或者填萬説於胸中，持萬説於胸中，以聽先生之言，故或疑其深，疑其峻。然而海内之士聞其風而趨之，如百川之東矣。簡積疑二十年，先生一語觸其機，簡始自信其心之即道，而非有二物，始信天下之人心皆與堯、舜、禹、湯、文、武、周公、孔子同，皆與天地日月鬼神同。」「王令君有大因邑人崇敬二君子，以俸資設祠於學，且將行禮焉。屬簡爲記，且曰：『欲以昭明二君子之道。』簡雖無所似，灼知二君之心無以異於天下之人心，不容穿鑿其説以惑來者，乃起敬起恭而書其略云。」

冬十一月，王有大帥邑僚來祭。

輓詩云：「篤學光前哲，知言衆所迷。學同顔氏好，功與孟軻齊。獻替心彌切，藩維政可稽。儒宫儼遺像，垂範自江西。」

九日壬申，奉先生之柩葬於延福鄉朱陂之下。距妣饒氏孺人墓爲近。一云葬於鄉之永興寺山。門人奔哭會葬者以千數。

詹阜民祭文略云「天縱夫子，以淑其徒，爰暨子思，須臾不離。孟軻親受，厥緒是承，卓哉先生，能自得師，玩其遺編，獨識其微。探原自天，立其大者，操而存之。造次弗舍，日溉月培，充實光輝。奔走學徒，四方如歸。先生設教，固亦多術，其要使人，反躬務實。一洗世習，詞説支離，達其本心，使自得之。善端既著，日用不窮，夫然後知先生之功」云。

楊簡祭文略云：「先生之道，亦既昭昭然矣，何俟乎知。仰觀乎上，先生確然示人易矣；俯察乎下，先生隤然示人簡矣。垂象著明者，先生之著明；寒暑變化者，先生之變化。書者，先生之政事；詩者，先生之詠歌；禮者，先生之節文；春秋，先生之是非；易，先生之變易。學者之所日誦，百姓之所日用，何俟乎復知？何俟乎復思？不可復思，矧可斁思？」

袁燮祭文略云「嗟維先生，任道以躬。方其未得，憤悱自攻。一日洞然，萬理俱融。如天清明，如日正中。毫髪無差，涵養日充。乃號於世，曰天降衷。至大至精，至明至公。玆焉良心，萬變不窮。學者初來，膠擾塞胸。先生教之，如槖鼓風。弟子化之，如金在鎔。有蔽斯決，有窒斯通。手舉足履，視明聽聰。式全其大，不淪虚空。此於斯世，允矣有功」云云。

傅子雲祭文略云「道塞宇宙，而人至靈，不蔽於物，易知易行。維天憂民，篤生斯聖，乃徹厥蔽，俾安正性。周衰文弊，孟没學絶，功利横流，道術分裂。所見益鑿，所言益支，易知易行，誰其覺斯。千七百載，乃有先生。先生之德，濬哲粹英。道喪既久，無所取證，深研力索，俯仰參訂。或啓于家訓，或得于羣籍，或由省察之深，或資辯白之力，惟至當之不磨，卒會歸於有極。始信夫良知良能降于上帝，可久可大，道實簡易。倘正僞之不辨，而先後之舛施，則己私之是憑，豈天德之在玆？遠紹孟氏之旨，極陳異説之非。世之學者，標末是求，而吾先生，自源徂流。世論一切，如鞭之刑，而吾先生，允稽其情。世之於人，多察鮮容，而吾先生，善與人同。世之於善，迹似情非，而吾先生，誠實自持。世排異端，惟名是泥，而吾先生，即同辯異。世讀古書，立論紛然，而吾先生，先實後言。嗚呼先生，視古如反諸掌，視民如納諸溝，斯學斯志，曾不一施，今則已矣。弧矢不去手，關河不忘懷，搜求忠勇，義欲一伸，曾不一遂，今則息矣。莫大於曆，夜觀星象，莫神於易，畫索蓍卦，考禮問樂，遠稽古制，曾不畢究，今則墜矣。間世之英，拔萃之議，作於斯世，亦如此而止矣」云云。

周清叟祭文略云「天爲斯文，乃生先生。指學者之膏肓，示入聖之門庭，不繞繳而支離，誠坦然而可行。暴之以秋陽之白，濯之以江漢之清，繼孟子之絶學，舍先生其誰能」云云。

包遜祭文云：「維吾先生，天稟絶異，洞萬古心，徹先聖秘。先立其大，須臾不離，日累月積，仁熟功熙。無偏無黨，不識不知，一順斯理，終日怡怡。雖和非惠，雖清非夷，豈伊之任，幾聖之時。」

包揚作先生贊云：「辭蔓蝕真，會當一正，剗百家僞，藥千古病。發人本心，全人性命，一洗佛老，的傳鄒孟〔一〕。」

〔一〕「鄒孟」，嘉靖本作「孔孟」。

紹熙五年甲寅

春二月十六日，楊簡狀先生行實。見前三十三卷。

寧宗慶元二年丙辰

貴溪宰劉啓晦建翁立先生祠於象山方丈之址。自立祠後，春秋致祭惟謹。臨江章茂獻爲記。宰，朱文公門人也。於是先生門人約以歲正月九日登山會祭。

開禧元年乙丑

夏六月，先生長子持之伯微編遺文爲二十八卷，外集六卷。乙卯楊簡序。略云：「易曰『百姓日用而不知』，孔子曰『二三子以我爲隱乎，吾無隱乎爾，吾無行而不與二三子者』。大戴記孔子之言，謂忠信爲大道。忠者忠實，信者誠信，不詐僞。而先儒求之過，求之幽深，故反不知道。孔子又名大道曰中庸，庸者，常也，日用平常也。孟子亦謂徐行後長即堯舜之道，又謂以羊易牛之心足以王。先生諄諄爲學者剖白斯旨，深切著明，而學子領會者寡。簡不自揆度，敢少致輔翼之力。專叙如右。」

開禧三年丁卯

秋九月庚子，撫州守括蒼高商老刊先生文集於郡庠。跋云：「洙泗之教，憤悱啓發。鄒魯之書，因衡作喻。此學久矣無傳，獨象山先生得之千載之下，最爲要切。是以聽其言者類多感發。書曰：『惟文王之敬忌。』先生之書如黄鍾大吕，發達九地，直啓洙泗鄒魯之秘，其可以不傳耶？商老嘗從先生游，頗自奮勵。今老矣，學不加進。爲州鄭鄉，愧於簿領之外，效如捕風，因刻之郡庠，以幸後學。倘有志之士伏讀其書，如見其人，知敬其所當敬，而不忌其所不必忌，其爲有補於風化，較然不誣也。然而默識心通，豈欺我哉？」

嘉定五年壬申

秋八月，張衎季悦編遺文成，傅子雲序。略云「先生生於孟子没千有七百餘年之後，當浮僞雜揉，朱紫淆亂之時，乃能獨信實理，而不奪於浮僞；精别古書，而不惑於近似。深窮力踐，天德著明，推以覺人，不加毫末。故一時趨隅以聽者，莫不由然悟良知良能、至明至近之實，灼然知自下升高、積小以大之端，躍然興堯舜可爲、不自棄自暴之志。回視曩之蔽於支離浮僞之説者，又不啻若夷猶於九軌之路，而灼見夫在荆棘泥淖者之爲陷溺也。蓋先生長於啓迪，使人蔽解疑亡，明所止於片言之下，有得於天而非偶然者。先生亦自以孟子既没，斯道之任在己，病浮僞之害正渝實，救焚拯溺，如己隱憂，撲燄障流，厥功彌大。故民彝帝則之實，孔子、孟子之傳，賴以復闡於世」云云。

九月戊申，江西提舉袁燮刊先生文集，自爲序。略云：「天有北辰而衆星拱焉，地有泰嶽而衆山宗焉，人有師表而後學歸焉。象山先生，其學者之北辰、泰嶽歟？自始知學，講求大道，不得弗措，久而寖明，又久而大明。此心此理，貫徹融會，美在其中，不勞外索。揭諸當世曰：『學問之要，得其本心而已。』心之本真，未嘗不善，有不善者，非其初然也。孟子嘗言之矣：『鄉爲身死而不受，今爲宮室之美、妻妾之奉、所識窮乏者得我而爲之。此之謂失其本心。』其言昭晰如是，而學者不能深信，謂道爲隱而不知其著，謂道爲遐而不知其近，求之愈過而愈湮鬱。至先生始大發之，如指迷途，如藥久病，迷者悟，病者愈，不越於日用之間，而本心在是矣。學者親承師訓，向也跂望聖賢如千萬里之隔，今乃知與我同本，培之溉之，皆足以敷榮茂遂，豈不深可慶哉？嗚呼！先生之惠後學弘矣。先生之言悉由中出，上而啓沃君心，下而切磨同志，又下而開曉黎庶，及其他雜然著述，皆此心也。儒釋之所以分，義利之所由別，剖析至精，如辨白黑，遏俗學之横流，援天下於既溺。吾道之統盟，不在兹乎？燮識先生於行都，親博約者屢矣。或竟日以至夜分，未嘗見其少有昏怠之色，表裏清明，神采照映，得諸觀感，鄙吝已消，矧復警策之言，字字切己歟？先生之没餘二十年，遺言炳炳，精神猶在，敬而觀之，心形俱肅，若親炙然。臨汝嘗刊行矣，尚多闕略。先生之子持之伯微裒而益之，合三十二卷，今爲刊于倉司。流布寖廣，書滿天下，而精神亦無不徧。言近而指遠，雖使聖人復生，莫之能易。嗚呼！兹其所以爲後學之師表也歟。」

東澗湯文清公鵝湖祭文〔二〕。未詳。李注：湯公，名漢，饒州人，主象山書院，後仕至尚書。

嘉定八年乙亥

冬十月二十九日，奉旨賜謚。初，嚴滋等請謚列狀云：「故荆門知軍監丞陸公，以身任道，爲世儒宗。一時名流，踵門問道，常不下千百輩。今其遺文流布海内，人無智愚，珍藏而傳誦之。蓋其爲學者大公以滅私，昭信以息僞，揭諸當世曰：『學問之要，得其本心而已。』學者與聞師訓，向者視聖賢若千萬里之隔，乃今知與我同本，培之溉之，皆足以敷榮茂遂。如指迷途，如藥久病，先生之功宏矣。縣庠郡學，所至立祠，雖足以致門人弟子之私敬，而謚號未加，識者歉焉云。本州備録申聞，乞指揮施行。」

至是奉旨賜謚。

〔二〕「湯」，嘉靖本作「楊」。按：湯漢，字伯紀，饒州安仁人，傳記見宋史卷四百三十八儒林傳八。作「楊」非。

嘉定九年丙子

春三月十七日，宣教郎、太常博士孔煒謚議。見前卷三十三。

冬十二月十三日，朝請大夫、考功員外郎丁端祖覆議。見前卷三十三。

嘉定十年丁丑

春三月二十八日，賜謚文安。撫州州學教授林恢告祠堂賜謚文。云：「先生振絶學於千載之後，躬行著論，碩大光明，播于四方，所謂百世以俟聖人而不惑者。屬者諸生請謚，郡聞于朝，訂議太常，謚以文安，聖天子俞之。嗚呼！不俟百世，斯文已有見矣。」

金谿宰何處久告謚文。云：「惟公志道精專，禀資超卓，大揚厥旨，以覺後覺。其覺維何？天降之衷，父慈子孝，君仁臣忠。列聖相傳，明若斗極，自軻之亡，異端蓁塞。公實任道，手開東明，排斥浮僞，吾道砥平。進而告后，志在經邦，退而牧民，時稱循良。天不慭遺，山頹木壞，惟有文辭，方册是載。幸公門人，佩訓不忘，請謚易名，達於太常。公論與賢，聖朝輔德，爰賜嘉名，世世烜赫。象山之學，萬古洋洋，匪公之榮，吾道之光。」

秋九月甲子，袁燮作金谿邑庠止善堂記。略云：「乾道、淳熙間，象山先生以深造自得之學，師表後進。其道甚粹而明，其言甚平而切。凡所以啓告學者，皆日用常行之理，而毫髮無差，昭晰無疑。故天下翕然推尊，而其教尤著於所居之金谿。今邑之善士趨向不迷，有志斯道，而恥爲世俗之學，蓋其源遠矣。」

理宗紹定三年己丑

夏四月，江東提刑趙彦悈重修象山精舍。云：「道在篤行，不在空言。道在反求，不在外騖。彦悈壯歲從慈湖游，慈湖實師象山陸先生。嘗聞或謂陸先生云：『胡不注六經？』先生云：『六經當注我，我何注六經？』又觀先生與學子帖，有反思自得、反而求之之訓，有朴實一途之説。人見其直易，或疑以禪學，是未之思也。誠意、正心以至治國、平天下，原於『致知』二字，果禪學矣乎？象山蓋學者講肄之地，先生没，山空屋傾，將遂湮没。載新以存先生之故蹟，使人因先生之故蹟，思先生之學，思先生之教，孜孜日思，以至不勉不思，從容中道，是謂大成。若夫山林之峻秀，景物之幽深，棟宇之多寡，廢興之源流，非學者志，不暇盡記之耳。」

紹定四年辛卯

夏六月己亥，江東提刑袁甫廣微奏建象山書院於貴溪之徐巖，祀先生，侑以楊敬仲、袁和叔。初，先生本欲創書院於山間，拜命守荆而不果。至是袁憲奏建書院，以山間不近通道，乃命洪季陽相地，得徐巖，近邑而境勝，坐巳向亥。傅季魯聞而譏之曰：「書院爲講古習禮之所，而先聖先師北面，學者南面而拜之，非禮也。宜擇南面之地。」季陽悚然，然已申聞，不復更卜。

是日祝文云：「先生之精神，其在金谿之故廬優游而容與耶？其在象山之精舍言而語語耶？抑周流於上下四方與天地游，與四方序耶？甫將指江東，聿興正學，山之旁近，爰咨爰度，得勝景於徐巖，離象山而非邈，山峰環峙兮高可仰，大溪橫陳兮清可濯，殆天造而地設，匪人謀之攸作，是可宅先生之精神，無在無不在也。先生之道精一匪二，揭本心以示人，此學問之大致。嗣先生之遺響，警一世之聾瞶，平易切近，明白光粹，至今讀其遺書，人人識我良貴。由仁義行，與行仁義者，昭昭乎易判也。集義所生，與義襲而取之者，截截乎不可亂也。宇宙內事，己分內事，渾渾乎一貫也。議論一途，朴實一途，極天下之能言者，斯言不可贊也。嗚呼！先生之學如此，先生之精神如此，然則在金谿之故廬者如此，在象山精舍者如此，周流乎上下四方者亦如此，孰謂徐巖而獨非如此耶？工役俶興，禮宜虔告，先生精神，淵淵浩浩。」

又作上梁文云「盡其心，知其性，見先生存養之皆天；在則人，亡則書，豈後學講明之無地」云云。

是冬，書院落成，買田養士。

冬十月己未，袁甫刊先生文集。略云：「象山先生文集，先君子嘗刊于江右。甫將指江左，新建象山書院，復摹舊本，以惠後學。先生發明本心，上接古聖，下垂萬世，偉矣哉！此心神明，無體無方，日用平夷，莫非大道。是謂精一，是謂彝倫，是謂乾健坤順，是謂日月星辰、風雨霜露、山川草木之變化，是謂鬼神之情狀。先生嘗言『千百世之上有聖人出焉，此心同也，此理同也；千百世之下有聖人出焉，此心同也，此理同也』。學者之心即先生之心。甫藐焉晚出，景慕先生，戰兢自勉，寡過未能。先生之道大矣，奚庸贊述，姑誦所聞，附于卷末。」

十一月朔，袁甫遣池州屬官韓祥至書院告先聖文。云：「仰惟先聖之道，昭揭萬世。後學昏蒙，不知吾心即道。有宋知荆門軍陸某，獨能奮乎百世之下，指示道心，明白的切。闡教象山，學者師尊之。而歲久祠圮，有司弗葺。被命兹來，愓然大懼。遂卜地於貴溪之徐巖，鼎建書院，招延山長。俾承學之士相與嚴事先聖，朝夕兢惕，道心融明，所以懋昭象山之教，而上繼先聖之統緒也。甫職守攸縻，弗皇躬詣祠下，心以告矣。」

紹定五年壬辰

春三月，袁甫至書院釋菜告文。云：「先生之學，得諸孟子，我之本心，光明如此〔一〕。未識

〔一〕「光」，原作「先」，據陸子學譜及文義改。

本心，如雲翳日，既識本心，元無一物。先生立言，本末具備，不墮一偏，萬世無弊。書院肇建，躬致一奠，可聞非聞，可見非見。」

禮畢，乃講書。貴賤咸集，溢塞堂廡以聽。講畢，續説曰：「象山先生家學有原。一門少長協力同心，所以敬養其親者，既已恪供子職，而伯叔之間自爲師友。梭山、復齋皆爲一時聞人，而先生又傑出其中。陋三代以下人物，而奮然必以古聖人爲師。發明本心，嗣續遺響，以大警後學之聾瞶，天下以爲真孟子復出也。言儒釋之異趨，謂釋氏爲私，吾儒爲公，釋氏出世，吾儒經世，故於綱常所關，尤爲之反覆致意。洎班朝列，直道而行，不阿世好，格心事業，斯世深望焉。而媢嫉者沮之，雖一斥不復，浩如也。」

乃禮慈湖門人錢時爲堂長主教，遠近學者聞風雲集，至無齋以容之。則又修書院之外左方廢寺之法堂以處之也。

秋，閏九月八日，賜「象山書院」額。

以尚書省劄壽諸石，後浙憲陳塤和仲跋云「象山文安先生，明本心之旨，啓千古之秘，開警羣迷，逬續道統，如日月之昭揭，太嶽之表鎮也。于是四方儒彦從者如雲，其尤碩大光明者，則有慈湖文元楊先生、潔齋正獻袁先生。淵澄峻發，木鐸鏗鍧，李注：鍧，同訇，音薨，大聲也。于以昌我宋文明之治」云云。

紹定六年癸巳

春，清明日，袁甫作象山書院記。略曰：「寧宗皇帝更化之末年，興崇正學，尊禮老臣。慨念先朝碩儒，咸賜嘉謚，風厲四方。謂象山先生發明本心之學有大功於世教，錫名文安，庸示褒美。於時慈湖楊先生、我先人絜齋先生有位於朝，直道不阿，交進讜論，寧考動容，天下學士想聞風采。推考學問淵源所自，而象山先生之道益大光明。甫承學小子，將指江東，築室百楹，既壯且安。士遐邇咸集。齋曰志道、明德、居仁、由義，精舍曰儲雲、佩玉，又皆象山先生之心畫也。」

秋七月辛未日，金谿宰天台陳詠之建象山書院于邑治之西，傅子雲記。

初，二陸先生祠堂既立，宰以祠右有隙地高爽，乃連甍建書院，買田養士，申臺郡，禮請傅季魯主教，以發明先生之學。始至講道，聽者甚衆，士風翕然向善。

記略云：「象山先生稟特異之資，篤信孟子之傳，虛見僞説不得以殽其真，奪其正。故推而訓迪後學，大抵簡易明白，開其固有，無支離繳繞之失，而有中微起痼之妙。士民會聽，沉迷利慾者惕焉改圖，蔽惑浮末者翻然就説，膠溺意見者凝然反正，莫不知足自知，仁足自守，勇足自立。猶出珠璧於泥淖而濯之清泉，脱鴻鵠於密網而游之天衢，抉浮雲之翳日以開東明，而有目者快幽隱纖微之覩也。豈天以啓悟斯人之徒，俾先生微覺其天與之善，非有識知之私加其間，則感速之效固若是耶？惜乎天嗇之年，志既不遂，而遺文垂世，又特見往來論學之書，與夫奏對、記序、贈説等作，然於著誠息僞，興起人心，亦可謂有光于孟氏矣。」

理宗皇帝嘉熙元年丁酉

秋七月既望，泉使陳塤刊先生語録，自爲序。云：「孟子歿千五百餘年，宋有象山文安陸先生挺然而興，卓然而立，昭然而知，毅然而行。指本心之清明、斯道之簡易，以啓羣心、詔後學。其教不務繁而本末備，其辭不務多而論要明，洗章句之塵，破意見之窟。使聞者涣如躍如，知心之即道，而不疑其所行。兹非晦冥之日月，崖險之津塗，丘阜之嵩華歟？塤生晚，不逮事先生，而登慈湖之門，固嘗服膺遺文矣。蒙恩司治，道由書院，瞻謁祠像，如獲執經升堂。見同門所録訓語，編未入梓，咸以爲請。再拜三復，乃授工鋟勒焉。或謂塤曰：『近世儒生闡説，其徒競出紀録，後來者搜拾摹傳，雖汗牛充棟，且未厭止也。子之所得不甚鮮約乎？』塤語之曰：『先生之道如青天白日，何庸語？先生之語如震雷驚霆，何庸録？録而刊，猶以爲贅也。而今而後，有誦斯録，能於數千言之中見一言焉，又於其中見無言焉，則先生之道明矣。敢拱以俟來者。』」

淳祐元年辛丑

冬十月，金谿進義居表：

「青田陸氏，來自吴郡〔一〕。其四世諱賀〔二〕，字道卿〔三〕，酌先儒冠婚喪祭之禮行于家，家道整肅，著聞州里。生六子，以子貴贈宣教郎。素無田産，蔬畦不盈十畝，而食指千餘。長九思，總家務；次九叙，治藥寮；次九皋，授徒於家塾，以束脩之具補不足。率其弟九韶、九齡、九淵，相與講論聖道。九淵以其道聚徒講于貴溪之應天山，山形類象，故學者號稱象山先生。彬彬乎儒門，州縣以其義聚，謹具表進。」

淳祐二年壬寅

秋九月，敕旌陸氏義門。

皇帝制曰：

〔一〕「吴郡」，嘉靖本、萬曆本作「邯郡」。

〔二〕「賀」，嘉靖本、萬曆本無。

〔三〕「字」，嘉靖本、萬曆本無。

「青田陸氏，代有名儒，載在謚典。聚食踰千指，合爨二百年，一門翕然，十世仁讓。惟爾睦族之道[一]，副朕理國之懷，宜特褒異，敕旌爾門，光於閭里，以勵風化。欽哉！」

青田義門家長陸冲進謝恩表。

「十世義居，旌表已頒於廊廟；九天申命，敕書復畀於門閭。乾坤之露澤新承，里宅之風聲益振，叨塵過分，榮耀下懷。臣誠惶誠恐，稽首頓首。臣聞修身齊家乃大學之根本，化民成俗實聖治之權輿。自唐有張公藝以來，至我宋彭氏程而下，懷終始羣居之義。乃荷蒙聖典之褒，眷念儒門，尤加篤愛。疇兹二老，乃先知先覺之民；政奉兩朝，賜文達、文安之謚。既以千餘指宗枝之衆，聚於二百年古屋之間，詩、禮相傳，饔飧合爨，衹謂閭閻之共處，詎期綸綍之昭垂，郡邑争先而快覩，室家相慶以騰歡，自愧深恩，孰兹報稱？兹蓋恭遇皇帝陛下，化民長久，霈澤豐隆，中三極以作君，奄四海以光宅[二]。人處唐虞之治，比屋可封；士遵洙泗之傳，里仁爲美，遂令瑣末亦被寵榮。臣敢不仰體聖恩，俯察族類？聖益聖，明益明，長藉照臨之德；老吾老，幼吾幼，盡叨孝弟之誠。臣無任瞻天激切屏營之至」云。

[一] 「爾」後，嘉靖本、萬曆本有「能」字。
[二] 「宅」，嘉靖本、萬曆本作「澤」。

淳祐六年丙午

春正月二日，奉旨旌表門閭。初，淳祐五年九月，漕使江萬里奏：「撫州金谿青田陸氏，義居十世，閨門雍肅，著于江右，是爲淳熙名儒文達、文安之家。揆之令典，盍表宅里，以厲風化。」下里士合詞以請于郡，郡下之邑，耆老子弟具以實對。越三歲未報。後漕使曾穎茂再剡上事，下有司考狀諏律，僉謂宜俞所請。於是丞相白上可其奏。是日命始下，撫州守趙時焕大書曰「道義里」，曰「旌表名儒之家」，令刻石于門。

淳祐八年戊申

夏五月朔，包恢撰旌表門閭記。略云：「門閭之高，不惟其人〔二〕，此古今所尤難者。惟陸氏五世而有文達、文安二大儒，以人品之高，道術之明，特起東南，上續道統，實以師表四海，非僅以師表一家。大學致知、誠意、正心、修身、齊家、治國、平天下之全體大用，具在是矣。陸氏所以名家，由二先生之名世也。」

〔二〕「不」後，《陸子學譜》收此文有「惟其世」三字。

淳祐十年庚戌

夏五月，撫州守葉夢得命金谿宰王更創祠堂[一]，增葺書院。初，二先生祠與槐堂異處。乃命王宰以七月六日鼎創新祠於槐堂之前，翼以四齋，環以門廡，自是規制悉出於郡焉。

記略云：「山川炳靈，儒英並出，美適鍾於一門，教可垂於百世。若金谿三陸先生之祠于學宫者，其風化之所係歟？三先生學問宏深，智識超卓，以斯道而任諸身，以先知而覺乎後。其生也，海宇仰而宗之；其没也，郡邑尸而祝之，朝廷又從而褒之，非偶然也。」

秋九月，葉夢得建梭山、復齋、象山三先生祠堂于郡學之東，以袁燮和叔、傅子雲季魯侑。

淳祐十一年辛亥

春三月望日，包恢撰三陸先生祠堂記。

云：「以正學名天下，而有三先生焉，萃在一郡一家，若金谿陸氏昆弟者[二]，可謂絶無而僅

[一] 「創」後，陸子學譜收此文有「先生」二字。

[二] 「金谿」，嘉靖本、萬曆本作「臨川」。

有歟。梭山寬和凝重，復齋深沉周謹，象山光明俊偉，此其資也，固皆近道矣。若其學之淺深，則自有能辨之者。梭山篤信聖經，見之言行，推之家法，具有典刑。雖服先儒之訓，而於理有不可於心者，決不苟徇。惜其終於獨善，而不及見諸行事之著明爾。復齋少有大志，浩博無涯涘，觀書無滯礙，繙閱百家，晝夜不倦，自爲士時，已有稱其得子思、孟子之旨者。其後入太學，一時知名士咸師尊之，則其學可知矣。又惜其在家在鄉，僅可見者，輔成家道之修整，備禦湖寇之侵軼〔二〕，紀綱肅而蠹弊之悉革，誠意孚而人心興起，然而爲海内儒宗，繫天下之望，而恨未得施其一二耳。若夫象山先生之言論風旨，發揮施設，則有多於二兄者。蓋自其幼時已如成人，淵乎似道，有定能静，實自天出，不待勉强。故其知若生知，其行若安行，粹然純如也。蓋學之正而非他，以其實而非虚也。故先生嘗曰：『宇宙間自有實理。此理苟明，則自有實行，有實事。實行之人，所謂不言而信。』又自謂：『平生學問惟有一實，一實則萬虚皆碎。』嗚呼！彼世之以虚識見，虚議論，習成風化，而未嘗一反己就實，以課日進日新之功者，觀此亦嘗有所警而悟其非乎？

夫道不虚行，若大路然，苟得實地而實履之，則起自足下之近，可達千里之遠。故自仁之實推而至於樂之實，自有樂生惡可已之妙。其實可欲者善也，實有諸己者信也，由善信而充實有

〔二〕「侵軼」，嘉靖本、萬曆本作「侵軌」。

光輝焉，則其實將益美而大，是誠之者人之道也。由大而化則爲聖，而入於不可知之之神，是誠者天之道也。此乃孟子之實學，可漸進而馴至者。然而無有乎爾，則亦久矣。先生嘗論學者之知至，必其智識能超出千五百年間名世之士，而自以未嘗少避爲善之任者，非敢奮一旦之決，信不敏之意，而徒爲無忌憚大言也。蓋以其初實因深切自反，灼見善非外鑠，徒以交物有蔽，淪胥以亡，自此不敢自棄，是其深造自得，實自孟子。故曰：『孟子之後，至是始一明。』其誰曰不然。四方聞其風，來學者輻輳。先生明於知人，凡所剖決必洞見其肺肝，所箴砭必的中其膏肓，有感動，覺其良心而知其正性者爲多。然則其學真可質鬼神而無疑，俟聖人而不惑者矣。昭昭如是，豈其間有所疑惑焉殆若不可曉者，是又烏得不因以致其辯歟？

且道義之門，自開闢以來一也。豈容私立門户乎？故其説曰：『宇宙即是吾心，吾心即是宇宙。』曰：『學者惟理是從，理乃天下之公理，心乃天下之同心。顔、曾傳夫子之道，不私夫子之門户，夫子亦無私門户與人爲私商也。』曰：『此理在宇宙間，未嘗有所隱遁，天地所以爲天地者，順此理而已。人與天地並立爲三極，安得自私而不順此理哉？』是先生之學乃宇宙之達道，明矣。而或者乃斥以别爲一門，何耶？釋氏之説自開闢以來無有也，豈非横出異端乎？故其説曰：『取釋氏之聖賢，而繩以春秋之法，童子知其不免。』曰：『今若徒自形迹詞語間辨之，乃彼所謂職業，要其爲不守正道，無復有毫髮之近是者矣。』曰：『方士禪伯，真爲太祟。無此迷惑，則無偏無黨，王道蕩蕩，其樂可量哉？』是先生之學，非釋氏之邪説亦明矣。而或者指以爲禪學，又何邪？

其窮理也，則曰『積日累月，考究磨練』。嘗終日不食，而欲究天地之窮際；終夜不寢，而灼見極樞之不動。由積候以考曆數，因笛聲以知律呂。復齋嘗問其用功之處，則對以在人情、物理、事勢之間。嘗曰：『吾今一日所明之理凡七十餘條。』曰：『天下之理無窮，以吾之所歷經者言之，真所謂伐南山之竹不足以受我辭，然其會歸總在於此。』則與徒研窮於方册文字之中者不同，何不知者反謂其不以窮理爲學哉？

其讀書也，則曰『古人爲學，即是讀書』。而以『何必讀書，然後爲學』之反説爲證，以『束書不觀，游談無根』之虚説爲病。平昔精勤，人所不知，惟伯兄每夜必見其觀覽檢閲之不輟，常明燭至四更而不寐。欲沉涵熟復而切己致思，欲平淡玩味而冰釋理順，此則與徒乾没於訓詁章句之末者大異。何不知者反妄議其不以讀書爲教哉？

抑或謂其惟務超悟，而不加涵養，不求精進也。曾不知其有曰：『惟精惟一，涵養須如是，學之正而得所養，如木日茂，泉日達，孰得而禦之？』曰：『雖如顔子，未見其止。易知易從者，實有親有功，可久可大，豈若守株坐井然者。』則如彼或者之所謂者誤矣。

又或謂其惟尚捷徑，而若無次第，若太高也。曾不知其有曰：『學有本末先後，其進有序，不容躐等。吾所發明端緒乃第一步，所謂升高自下也。』曰：『天所與我，至平至直，此道本日用常行，近乃張大虛聲。當無尚虛見，無貪高務遠。』至有一二問學者，惟指其嘗主何人詞訟，開通何人賄賂，以折之曰：『即此是實學。』如或者之所謂者，又誤矣。

獨所大恨者，道明而未盛行爾。故上而致君之志，僅略見於奏對。惟其直欲進於唐虞，復乎三代，超越乎漢唐，此乃朱文公稱其規模宏大，源流深遠，非腐儒鄙生之所能窺測，而語意圓活，混浩流轉，見其所造深而所養厚也。下而澤民之意，亦粗見於荆門。惟其以正人心爲本，而能使治化乎洽，人相保愛，至於無訟，笞箠不施，雖如吏卒，亦勉以義，此乃識者知其有出於刑政號令之表，而周文忠以爲荆門之政可驗躬行之效者也。然其所用者有限，而其所未用者無窮。先生以道之廣大悉備，悠久不息，而人之得於道者有多寡久暫之殊，是極其所志，非多且久未已也。故自志學而至從心，常言之志所期也。嗚呼！假之以年，聖域固其優入，而過化存神，上下天地同流之功用，非曰小補者，亦其所優爲也。孰謂其年僅踰中身而止知命哉？遡其旨，與梭山未同者，自不嫌於如二三子之不同而有同。若復齋，則初已是其説於鵝湖之會，終又指言其學之明於易簀之時，則亦無間然矣。逮論其文，則嘗語學者以窮理實則文皆實，又以凡文之不進者，由學之不進。先生之文即理與學也，故精明透徹，且多發前人之所未發，炳蔚如也。

梭山諱九韶，字子美。復齋諱九齡，字子壽，謚文達。象山諱九淵，字子静，謚文安。郡學舊有祠，未稱也。今郡守國之秘書葉公夢得下車之初，士友請易而新之。公即慨然曰：『果非所以嚴事也。』乃命郡博士趙與輈相與謀之，旋得隙地於學之西，遂肇造祠廟三間，翼以兩廡，前爲一堂，外爲四直舍，又外爲書樓，下列四齋，横開方地，地外有竹，竹間結亭，内外畢備，祠貌甚嚴〔一〕，皆前所未有也，庶幾嚴事之禮歟？左侑以袁公燮，以其爲先生之學，而嘗司庾於是邦，且教行於一道。次侑以傅公子雲，以其爲先生之所與，而嘗掌正於是學，且師表於後進。葉公得傅公之傳，而自象山者也。祠實經始於淳祐庚戌之季秋，至仲冬而落成」云。

〔一〕「嚴」，嘉靖本、萬曆本作「設」。

重刊象山先生年譜序

陸子年譜始創稿於高第弟子袁正獻燮、傅琴山子雲，而彙編於李恭伯子願。宋寶祐四年，劉應之林刻於衡陽。其後，陸氏家祠附刻於全集之末，凡集中所已見者輒加删汰，止云「見前某卷」。以此施之著述文字可也，乃楊文元簡所撰行狀之辭，亦不備載，則事實爲不全矣。至先生之諸兄，爲陸子淵源所自。復齋並稱「二陸」，合梭山爲「三陸」，其行實殆未可略。今悉爲補入，而文字有當載者，亦附見焉。

明陳建等，道聽塗説，勦襲舊聞，詆陸子爲禪學，實未究觀朱陸二家之書，不知朱子晚年之教盡合於陸子。凡朱子所以致疑者，特以其弟子包顯道、傅子淵等過爲高論，而未及盡見陸子所以爲學與所以教人之説。故其所疑爲禪者，皆懸空立論，未嘗實有所指。其實指而出之者，惟輪對五劄與答胡季隨一書耳。季隨書之駁出於語類，門人所記容有僞舛。而五劄之言則屢見於筆劄，所宜備載。俾天下後世得公聽而並觀，且亦陸子經國之大猷，不可略也。他若無極之辨，爲朱陸異同之始，而實則兩先生可以無辨。蓋非辨其理，特辨其辭耳。余別有論著，此譜照原本隱括，不復補入云。

雍正壬子歲，後學李紱敬題。

象山先生年譜後跋

文安陸先生之學偉然卓立，其遺文大略可觀矣，而不有年譜以參考其始終之條理，非缺典乎？金谿李君子願溯其淵源，緝而成編，纚若明備，恨久而未有鋟木以傳者。今年秋，得臨川謝使君奕懋刻之於郡，以與文集並行。及冬，又知衡山黄令君應龍得邑士劉君林復刻行之。其間稍有增損，似去取詳略之尤宜。夫缺之數十年，而補之於一旦，且彼此不約而成，殆山川之靈協相斯文也。使學者得而觀之，猶仿佛如見其平生而親炙之。豈曰小補之哉！

恢屢承嘉命，俾爲之志其本末於後，懼僭越不敢，然前既辭臨川不獲而冒昧爲之矣，今此同一譜，亦何異辭？敢以復臨川者，還以復衡山可乎？蓋孟氏之後千五百年，能自得師，大明此學，而因其歷年之先後，以計其始終之條理，與世之所謂譜者異。

先生生於紹興己未。乾、淳之年，時則上有高宗、孝宗爲明君師。而當年國家治道之所以興隆，人心之所以興起者，正由此學之明耳。孰主張是？孰綱維是？先生殆若特爲此學而生者，其發揮啓迪、開闢充拓之功大矣！試觀其譜，其爲人品器識之高也，則天鍾之而清明在躬，人尊之而志氣如神。自其兒時已如成人，三四歲能思天地窮際至忘寢食，十三歲因解「宇宙」二字忽大有省。凡遇事物，動有感悟，嘗聞鼓聲，豁然以覺。十七歲作大人詩以見志。昔人以千人爲英，以其年考之，若先生者，超越世表，其英傑之尤者乎！其自課己之學之進也，則謂：「執事之敬，嘗大進於掌家事之時。」日用之功實有在於人情、物理、事勢之間。深思力考，究極精詳，必造於昭然而不可昧，確然而不可移。或有踐履未能純一無間，稍加警策，即與天地相似。以其年考之，可謂學不厭矣。

其開發學者之盛也：在家則遠近聞風來學，而中情者或至汗下；在白鹿則剖判義利著明，而動心者或至流涕；在浙則從游多俊傑，咸聽言而感發；在象山則學徒益大集，皆聞教而屈服。至若以書講明，則又無處無時，無不各隨其資而切琢之，不拘於一方，各因其病以箴砭之，不拘於一藥。莫不明白洞達，深切痛快，如鋒直破的，如刃解中節。使人心開目明，猶醉之醒、寐之寤者，其感應神速。以其年考之，可謂教不倦矣。

其略陳於覲君之際也，輪對五篇自幸稍盡所懷，天語甚詳，問答不敢不盡。至於遇合，付之天命，使得盡行所言，則所謂「無愧於唐虞之朝，於復三代也何有」，其言當酬矣。國家治道之興隆，豈特如乾、淳而已哉？其小施於牧民之日也，昭示皇極，衆心曉白，治化所洽，久而益淳。農賈安恬，吏卒抑畏，盜賊衰息，訟牒稀少。將及期年，已至無訟。使得大其所施，則所謂躬行之效在政刑號令之表者，將得之天下矣。豈特如荆門而已哉？以其年考之，惜乎天命不假之壽，天子未大其用，遂不得盡行其所學。可爲發千古之慨歎！惟其言論風旨，學者求之則自有餘師也。

然恢嘗妄有隱憂疑慮焉：言先生之學者雖多，究先生之學者似少。夫學者，路也，門也。知所從入之門，則必知内有堂室之深；知所從入之路，則必知前有千萬里之遠。先生以學者茫茫如在門外，如在路旁，而莫知所從入，其誤認以爲門、以爲路而誤入者尤多，故其教多先指其所入以示之，乃發足第一步也。由是而之焉，方將循循以道其進於深遠之地。誨言俱在，皆可觀也。如自志學入，凡五進而極於從心；自欲善入，凡五進而極於聖神。宏深則有宗廟百官之美富，悠遠則有博厚高明之配合。此先生之深遠處也。苟或升而未至於室，晝而遂廢於中，猶不可。況今僅有於入路一步之初，遽止而不復進步，豈先生之學哉？抑嘗記先生之詩乎？「涓流積至滄溟水，拳石崇成泰華岑。」先生，滄溟、泰華也。學者或止涓流、拳石，而未知有積至崇成之功用。是故有以徑捷超入法，妄加横議，而莫有能破其横議之説者。非先生之負學者，實學者之負先生也。是其可不謹思而明辯哉？

年譜雖明備，又在善學者志其深者遠者，而自强不息以終之。庶乎不負於所學，不忝於先生。是區區竊有望於同門云。

寶祐丙辰仲冬朔，後學包恢拜手敬書。

附録少湖徐先生學則辯

華亭少湖徐階著

學則辯

某既編學則成，朋友之相詰難者，或引存養、格致，以爲尊德性、道問學不可合爲一事；或引學、問、思、辯、篤行，以爲必先道問學而後可及於尊德性；又或謂晦庵、象山兩夫子均之爲聖人之徒，但其入門則有不可强而同者。其説雖殊，然要皆不究夫學之所以爲學，故必認以爲二，而不能信其一也。

夫學，尊德性而已矣。問也者，問此者也；學也者，學此者也。遺此之謂禪，離此之謂訓詁。故尊德性者，君子之所主以爲問學者也；問學者，君子之所由以尊德性者也。舍問學而求尊德性，則德性不可得而尊；舍尊德性而求道問學，則亦不復有所謂問學之事。此尊德性、道問學所以爲一，而非可以存養格致分屬並言者也。且存養非他也，存其所格之理焉耳；格致非他也，格其所存之理焉耳。存也，格也，其功無二用也。是乃所謂問學，而君子所由以尊德性者也。如必析尊德性以屬存養，析道問學以屬格致，而謂尊德性之功别有出乎問學之外，則中庸首章之獨言戒懼，於義既不免有所遺，而大學之格物致知，乃徒爲博物洽聞之具，而非所以致誠、正、修、齊之實矣。此豈獨不知尊德性、道問學，亦豈識所謂存養格致哉？

乃若學、問、思、辯、篤行，其所謂博學者，非闊略於踐履，而徒務博其見聞，及其既博，然後漸次收拾以付之於行也。蓋君子修身踐行既無所不用其學矣，其或學而有疑，則問之之審；問而未有得，則思之之慎；思而猶未能了然於其心，則辯之之明；辯之既明，則益敦行之而弗怠。是所謂篤行者，乃取「博」與「篤」兩義相對而言，非所以爲先後之次也。然則道問學、尊德性不可以分先後，明矣。

至謂兩夫子入門異，而均之爲聖人之徒，則又有可言者。夫君子由學以入聖，猶人由門以入室。今指尊德性、道問學爲兩途矣。然而聖之所以爲聖，踐形盡性之外無他事也，則尊德性、道問學，室一而已，門亦一而已，安得有異入乎？凡某所以斷兩夫子之同者，固慨夫世之人舉其訓詁之陋，妄自托於朱子，而詆陸爲禪；舉其空寂之謬，妄自托於陸子，而詆朱爲俗也。今曰均之爲聖人之徒，則某之所争者固已得矣，又何異之足言哉？

大抵子思此章，其辭旨本自曉暢。蓋不徒曰尊德性，而必繼之以道問學，則可見功夫之有在，而爲尊德性者所不能遺；不徒曰道問學，而必先之以尊德性，則可見主本之有定，而爲道問學者所不能外；不徒曰尊德性、道問學，而必合之以「而」之一字，則可見其爲一事，而非耦立並行者之可倫。是故尊德性、道問學一也。朱子，世以爲專道問學，而其言必主於尊德性；陸子，世以爲專尊德性，而其言不遺夫問學，此兩夫子所以同也。學者苟反身以究夫學之不容二，而又虚心以觀兩夫子之言，則可無疑於紛紛之説矣。

右學則辯，華亭少湖徐公所作也。辯朱陸二夫子之學同歸一致，不容有毫髮之疑矣。今因補刻象山全集，附刻是辯，俾求象山之學者則焉。荆門州儒學學正閩尤溪廖恕謹識。

嘉靖己未秋九月吉旦

附録一：其他版本陸九淵文集的序跋

王宗沐序

聖人之言心：淵然無朕，其涵也；而有觸即動，其應也。佛氏語其涵者，圓明微妙，而秘之以爲奇；俗學即其應者，粧綴繳繞，而離之以爲博。要之，不能無所近，而亦卒不可入。何者？其不能無所近者緣於心，而卒不可入者遠於體也。

聖人者，不獨語其涵，懼人之求於微；而不獨語其應，懼人之求於迹。故哀與欽者，心之體也；見廟與墓而興者，其應也。體無所不具，則無所不感；無所不感，則無所不應。因其應而爲之文，於是乎有哭擗哀素之等，俎豆璧帛之儀。儀立而其心達，而儀非心也。此所以爲聖人之學也。佛氏則從其應而逆之以歸於無，曰墓與廟、哀與敬皆妄也，而性則離是，而亦不離於是者也。俗學者非之曰此有也，則從而煩其名數，深其辨博，而以爲非是則無循也。然不知泯感與應者，既以玄遠空寂爲性；而其溺於名數辨博者，又詳其末而忘其所以然。予故曰：禪與俗卒不可入者，皆遠於體也。

聖人之言心，詳於宋儒，最後象山陸氏出，盡去世之所謂繳繞者，而直指吾人之應心曰：「見虛墓哀而宗廟欽者，心也。辨此心之真僞，而聖學在是矣。」其於致力之功雖爲稍徑，而於感應之全則指之甚明。而俗學以爲是禪也，其所未及者名數辨博也。嗟乎！象山指其應者，使人求其涵也。佛氏逆其應於無，而象山指其迹於應，以是爲禪，然則爲聖人者，其必在名數辨博乎？以儀爲心，予惡夫哀欽之無從也！

是集刻於金谿，而歲久漫漶，德安吉陽何先生撫江西之明年，丕闡理學，以淑士類，乃改刻焉，而命沐爲序。辭不獲，因取象山言之粹者，據而證之。世之知者，果有取焉，則禪俗與儒之界將昭然若指掌，而象山氏之學可知也已。

大明嘉靖四十年歲次辛酉五月吉，賜進士出身、中奉大夫、江西布政司右布政使、前奉敕提督江廣兩省學政、刑部郎、臨海後學王宗沐撰。

嘉靖癸丑三月，宗沐既刻朱子大全私抄，而稍論次朱陸二氏異同之大略，以附於書間，以請於兩廣巡按侍御王公曰：「朱書備矣，陸氏書，粵之士有終身不及見者，其圖並存之。」已而廣西巡按侍御陳公始至，以請，曰：「並刻以示二三子，吾道之幸也，其亟圖之。」宗沐乃更録象山先生書、文、語録論學者，釐爲六卷，冠以慈湖、陽明二先生之序，刻焉。既成，進粵之士而告之曰：「二先生任道開來之功，傳四百年于兹。其微言奥旨固已具於二書，苟能玩味而深繹之，而不惟習見，則其旨歸之所在者，可釋然而無疑矣。」

夫原於天地以立極，而通於古今以常行者，道之致一而不可容或貳也。質有偏重，而見有早晚，當會其未備而銷其未融者，學之相成而不可獨執也。二先生偶以其一時之見相與校訂，是亦不過朋友切磋之心。而後世遂分別之，擴斥之，使不得並係於孔氏之徒焉，則夫乃采聲遺實，而責之太深矣乎？

故自今言之，以彌綸宇宙爲己分，而以繼往開來爲立心；以沉迷訓詁爲支離，而以辨别義利爲關鑰；本之於收放心以開其端，極之於充四端以致其力；由於盡心知性，而達於禮樂政刑：此象山先生之學之大也。備觀先生之書，而更合之於朱子，得其所以同，辨其所以異，則知道無不合，而言各有指。然後指之爲俗與禪者，皆可得而論其概矣。

昔者子貢以孔子爲多學而識，而孔子教之曰：「非也，予一以貫之。」比其患言之多也，則他日又曰：「予欲無言。」聞見爲知之次者，皆孔子之家法也。至於禪學之旨，其自私爲己與絶人倫類，以求免生死，誠爲異端，固聖世之所必誅而不以聽者。但其所以爲教，固以爲實際理地不染一塵，而佛事門中不捨一法，心含萬象，遍周法界，融會精粗，而至於十地、五乘、四教、三藏，傳述之多，亦未嘗專以着空爲修證者也。夫陸子之所指以示人者，既爲孔子之所嘗是，而世之所以怒陸子而夷之爲空者，又釋氏之所本非。然則陸子之學，謂其立論容有未瑩則可，而遽埒之於禪，是何異讞獄者不見兩造，不求情實，而但以前人之判其牘也而遂斷焉，夫庸無有枉濫於其間乎？

顧二先生之所以致是者，起於「無極」二字之辨。夫二字之輕重，未足以係斯道之絶續也。若以爲果道之所在而不可不辨，則孔子之書，如首章「時習」二字，其所當講，雖汗牛充棟，猶未可了，而「無極」二字不明，胡不且置，而遽若是紛紛乎？此則二先生早年未定之事。而陸子「不執文字」之教，於此亦稍自背馳，而愚猶憾其執之不固也，而論者乃更以爲禪乎？

嗟夫！道非朱陸之所得專，即今而争焉，而斥焉，於二先生無加損也。而獨怪夫學絶道喪，門户之多，而黨伐之衆，則言多而道益晦，此任道之士所爲懼而不敢安也。六經之作，本以明道。然聖人於易，則曰：「作易者，其有憂患乎？」孟子曰：「臣弑君，子弑父，孔子懼，作春秋。」然則易與春秋固以憂患與亂賊爾。苟無是焉，易、春秋不作也。後之有言者，其果有不得已焉者乎？而後之求之文字者，其果皆得夫作者之意乎？訓詁馳騁之煩，辯説争競之衆，誠可哀痛，而先覺之士亦嘗有起而闢之，而卒不能有所撲息者，何哉？蓋其所以爲此者，有本有源。本源之地，未能拔而塞之，則朱陸之旨雖明，而其沿習沉痼之蔽未能或破，宜其流之靡而莫或救也。

愚請得借禪以明之。瞿曇之宗，其始以生死禍福之説濟其必行，是以習聞其説者皆抱必得之志而來，雖狂夫悍卒皆能舍其舊而從於寂寞孤苦之鄉，甚或面壁投崖、刎身燃指而不悔者，其志誠切而其事誠專也，而尚安暇於言乎？雖其事誠戾於聖教，而在其宗門則固爲忠信篤敬之徒矣。後世之言學者，初本非有求爲聖賢之志，因循前却，與習相成，甚或姑以是而息其馳驟之倦，則其心以爲詞説之不博而記聞之不多，則其言不行。而其上焉者，始畢其力於訓注涉獵，以求爲功果，朝移暮易，而於所謂痛切身心者，宜其番有所遺而不及矣，此則立志之過也。

爲佛者，其説誠冥莫迂遠，而其爲事則未嘗苟也。付法傳衣，登壇説法，號稱具眼以續其師者，必其真證而自得焉，而猶或不敢當也。後世之言學者，實則不至，而急於立説，則固有窺之未精而見之未定者，固已遂爲人人之所傳矣。雖其或旋覺於未妥，甚或自悔於晚年，而其書遂行，已不可改。則其言之多也，雖其本意尚有未慊，而況概之於聖人之道乎？此則立言之過也。

夫佛者，屏除翳障，獨懼有我，增慢之病，比於貪淫，而强附宗言，謂之毁謗，其於執着是己之戒，若是乎其嚴也。今學者之論，誠有智者之失矣，有愚者之得矣。苟其言之是而足以相濟也，則蒭蕘鄙夫固當兼取以從。於是而乃有勝心焉，或原以偏倚而執之堅，或恥於相屈而必其勝，甚或分門異户，又從而藩籬焉，則亦無怪乎其言之多而説之激矣，此則勝心之過也。

凡是三者，相因爲病。所謂本原，沉錮纏綿，雖有特出之才，一入其中，足起足陷，未能自拔。則文字訓解縱其煒然，譬之古人畫蛇添足，而今更爲之鱗爪也。粉飾彌工，去真彌遠。凡若是者，質之於禪，曾有不若。此孟子所謂五穀不如荑稗，而孔子思欲居九夷也。道之不明，非吾黨之過，而誰執其咎乎？沐之庸下，學不知方，以嘗讀二先生之書而反思焉，於其離合異同之際稍得一二，而因以知言之多者則道轉晦。故今與二三子之所從事者，必其有求爲聖賢之志，而又有取善於人之心，務礪其粗，務濬其壅。必不得已而後言焉，言以鳴道，而非以門靡也。必有所主而後求之文字焉，文字以證其精，而非以執泥也。而凡其畔援之説舉不得入於其中，則久之必有舍筏濟岸之日，而二先生之學庶乎可續其緒矣。此則二公任道嘉惠之志，粤之士其知所以敬承之乎。陳公諱善治，蜀之巴縣人。王公諱紹元，楚之金谿人。

嘉靖癸丑十二月吉，臨海後學王宗沐謹識。

（録自嘉靖本象山先生全集）

傅文兆叙

象山先生之學得之孟子求放心，先生立其大。其初年與朱先生異者，蓋朱先生之學原由聞見入，意欲先博古今、窮事變，然後使自得於心，陸先生所以議其乃支離也。蓋學以事心爲主，本孔子以不失忠信爲好學，以主忠信爲學之固，以不事安飽而敏慎就正爲學之篤，以不遷怒貳過爲學之符，未聞以博物洽聞爲學也。然則聞見可廢乎？考古訓，效先覺，亦學之印正耳，胡可廢也！故朱先生鵝湖之會後三年詩曰：「書册埋頭何日了？不如抛卻去尋春。」至是亦覺其非，無復同異之可言矣。

或者又譏其爲禪學，夫禪學外人倫物理以爲事者也。陸先生兄弟六人，而先生爲最少，兄弟自相師友，家道雍肅，合門千指，九世共爨，宋孝宗皇帝嘗稱其「滿門孝弟」，真所謂本諸心而見之躬行之實者。且其倡道東南，及門受業者不知幾千人，或稱爲「江西三陸」，或稱爲「二陸」，而先生爲獨著。自宋迄今，愈久彌光，謂其爲禪學，可乎？

先生生於金谿青田之鄉，吾家子雲與先生同里，其受知先生爲最深，故愚亦得竊聞其緒焉。文集已經七刻，殊無善本。友人周希旦氏，孝友人也，慕先生之高致，乃求全集而刻之金陵，以廣其傳。且聖朝道學大明，而先生之學益彰，當必有知而好之者。集中不敢删削一字，雖其瑕瑜不相掩，然去聖益遠，論人於千百載之下，求其如先生人品之高、心學之正，亦不可多得。予故表而出之，以俟後之覽者考鏡焉。

萬曆乙卯夏，金谿後學傅文兆識。

（録自萬曆本象山先生全集）

吴傑跋

右象山文安先生文集二十八卷，外集四卷，先生行狀附焉。

傑聞建安狀元陳公子孫喜與人同其善，敬送上件文集，請用刊行，以與世之志學志道之士共之，仍以二賢謚議次於目録之後。傑，末學小子，竊以謂二議一以爲學得孟氏，一以爲學非伊洛，此真得先生之心，至論也。二賢可謂知人矣！覆議末章伊川之言與孔孟不類，謂有子之言支離，謂太極之上不復更有無極，未悉其用意何如，然其至論在此。

嘉定庚辰秋九月，盱水吴傑謹識。

（録自文淵閣四庫全書本象山集）

江球叙

當今皇上重道崇儒，化民成俗，邁百王而特出，高五帝而稱奇，以陸子所論説，大有關乎世教，特命江西撫臣王公重修鵝湖書院，御書「居敬窮理」匾額。

天語煌煌，裨朱子、陸子相須爲用，並傳於不朽，是真所謂歷久而彌光者，又奚待以文傳哉！況陸先生原爲晦庵先生益友，屢促其著作，陸先生且曰：「我不注六經，六經皆我注脚。」蓋先生心天地心，學聖賢學，殆爲己而不爲人者歟，義利之辨何判然若斯也。詩有云：「高山仰止，景行行止。」球自媿生雖同邑而濫官於朝，既不能如王文成公題請表揚，亦安敢不心先生之心、學先生之學耶！

比來先生嫡裔陸學海來京候選，館我署中，出先生文集若干卷。其古本業已歲久言湮，今所傳者，率皆字義訛舛，無足動觀者之目，遂言伊父如隅願哀已資重加校正，則其感發於聖天子重道崇儒、化民成俗之盛典也，亦概可知矣。謹按集中所載，如與朱晦庵先生辯論者實精切不刊，其與友人書多剴切勸勉，至若寄與家中弟姪書，悉屬天經地義、致知格物誠意正心修身之實學，以及禱雨、昭告、碑銘、序記、詩詞諸篇，則又天神感而人鬼悦。其所辯論，蓋大無不包，小無不入，宜與程子傳注、張子西銘、周子太極諸書並傳於不朽，則又不但區區羽翼乎朱子而已也。爰不揣譾陋，搦管敬書片言以附諸先正後，并以堅如隅重刻校正之志云。

雍正二年甲辰歲花月中浣，邑後學江球宜笏書於燕京官舍。

（録自雍正本象山先生全集）

楊廉序

近世學者率未見象山先生之書，而往往能指目其學，徒以朱子之言家傳人誦而知之耳。先生文集、語録寖出於世而學者遂不復契勘焉。若是者不惟不知先生，兼亦不知朱子。朱子嘗謂子靜所説專是尊德性，其學者亦多持守可觀，則固有以處先生矣。先生語録無類，不便觀覽，廉僭類之，釐爲十卷。讀者誠能以朱子所謂尊德性之説而求之，則所以師我者固有餘地矣。

（録自楊文恪公集卷十二，金谿西江陸氏宗譜亦收此文）

附録二：陸九淵集外文

與六九哥書

八月廿四日，九淵拜覆六九哥居士座前：即日秋氣澄肅，伏惟尊候動履萬福。望之輩來，得尊翰，見所與元晦書稿甚平正。同官沈正卿見之，不能去手，嘉歎至於再三，其辭望之知之。百十五之亡，可痛可駭，然其疾既已如此，則生全之理難矣。改葬之事，姑緩可也，要之亦未必在此。諸事望之輩必能具言之。立嗣一事，已與望之輩論定，當能稟也。拜覆不備。九淵拜覆六九哥居士座前。

二

九淵拜覆六九哥座前：即日季春和暢，伏惟尊候起居萬福。九淵每思去年六九哥泛舟之興，可惜不遂，此番能乘興一行，甚善。向時聞有拉五九哥同游名山之言，心甚奇之，今可遂此行矣。恐家事要人管領，寧留百一哥。若處之有條，又六三哥勢必不出，則雖使俱行可也。此間士夫皆一體人物，其勢必有藏於草野市肆者，拘于官守應接，無緣搜訪。若得長上從容其間，聞見自不止今日，不勝大願。見有一二人知前此湖廣寇盜本末曲折之詳者在此，以衮衮不暇諮問之。若遂此行，則至時其人猶未去，亦可相聚也。今時惟婦女小兒不宜在外，若丈夫有意斯世，則於世不無補也。偶臓毒作，倦甚，拜覆不備。三月五日，九淵拜覆六九哥座前。

（録自寶真齋法書贊卷二十七）

題蘭亭帖

余嘗從王順伯求觀其所藏蘭亭，二本相類而差肥，而一本瘦勁。尤延之謂瘦者乃真定武本，而順伯則主肥者。二公皆好古博雅，其辨古刻之真僞，皆爲後輩所推。今不同如此，孰能決之？此本乃類其瘦者，順伯既著語矣，盍就延之而正焉，以究其説。陸九淵。

（録自蘭亭考卷六）

閬州陳氏族譜序

予見故家舊族，語其譜，訊其先世，則懵然不知。嗚呼！此譜學不講之弊也。且豺獺皆知報本，人靈於物，不知祖宗之所自出，支派之所從來，豺獺之不如也。陳氏譜系以嗣以續，如示諸掌，其子孫之賢可知矣。

（録自道光保寧府志卷五十六）

薛氏宗譜序

「天地之性人爲貴」，所貴乎人者，謂能守身以事親也，而實不外存心以養性也。使心不拂夫性，則即體即用，不滅不竭，宇宙内事無非一己分内事矣。故人須自識其本心，志在是，習在是，而行無不在是，則放之彌滿六合，卷之停蓄方寸。以之學，可也；以之仕，可也；以之揚名顯親，亦可也。使代有此心常守不失，即所以尊祖敬宗，雖不譜猶譜矣。

蓋分昭别穆，外譜也；懷仁抱義，内譜也。倘内譜之不修，而徒饋以金顯乞當路言，或慚色而隱托名門後，是不知心通天地，自有無極而太極，所謂一己之譜者。爲人子孫而欲顯榮宗祖，縱將相王侯、英雄豪傑聲施赫濯，孰若我良貴之當圖乎？宣聖所謂「君子喻於義」，正以於己取之而各足，不必他求，不必外望，惟專其心於内，則事父自能孝，事君自能忠，況祖宗之有國有家而聚族以至今日者，亦莫不本此心之譜而出之，而後源遠流長也。苟子孫不明此義，徒粉飾以爲美觀，不惟前人所不許，抑且内問而多愧而已，自失其所謂譜矣。子默而思，夫人心、道心之間，危何以安？微何以著？則仁義禮智之譜修，必無忝於二仲一士三鳳之先聲，將南樓世世媲美河東，又何患譜之歷久易湮，欲更新而加廓哉。

余故於子之請，不以頌，而以勸，俾後之閱斯譜者，知本心之不可偶失，於以盡性而共修内譜以修外譜也夫。友生陸九淵題。

（録自江西貴溪上清鎮漸浦村薛氏宗譜，劉長明提供）

附録二：陸九淵集外詩

應天山

我家應天山，山高數萬丈。上開園池美，林壑千萬狀。山西有龍虎，煙霞耿相望。寒清漾微波，暖翠團層嶂。天光入行舟，野色隨支杖。吾黨二三子，幽賞窮清曠。引興谷雲邊，題名巖石上。碧桃吹曉笙，白鶴驚春漲。一笑詠而歸，千載應可尚。

與僧浄璋

自從相見白雲間，離聚常多會聚艱。兩度逢迎當汝水，數年隔闊是曹山。客來濯足傍僧怪，病不烹茶侍者閒。不是故人尋舊隱，只應終日閉禪關。

（以上録自宋陳思編兩宋名賢小集卷二一三）

古樓陂

臨水起高閣，紅塵不相擾。中有草元人，時來看花鳥。

訪余昌言不遇留題

蹇驢清曉破平蕪，來訪故人村外居。門掩卻尋山背路，堂虚惟閲案頭書。不知車馬從何往，借問僮奴歸得無。留待西風日停午，只聽松竹響蕭疏。癸未志。按危學士集，余昌言五子俱游陸文安公門。

（以上録自同治貴溪縣誌卷三十三）

附録四：宋史·陸九淵傳

陸九淵字子静。生三四歲，問其父「天地何所窮際」，父笑而不答。遂深思，至忘寢食。及總角，舉止異凡兒，見者敬之。謂人曰：「聞人誦伊川語，自覺若傷我者。」又曰：「伊川之言奚爲與孔子、孟子之言不類？近見其間多有不是處。」初讀論語，即疑有子之言支離。他日讀古書，至「宇宙」二字，解者曰「四方上下曰宇，往古來今曰宙」，忽大省曰：「宇宙内事乃己分内事，己分内事乃宇宙内事。」又嘗曰：「東海有聖人出焉，此心同也，此理同也。至西海、南海、北海有聖人出，亦莫不然。千百世之上有聖人出焉，此心同也，此理同也。至千百世之下有聖人出，此心此理亦無不同也。」

後登乾道八年進士第。至行在，士争從之遊。言論感發，聞而興起者甚衆。教人不用學規，有小過，言中其情，或至流汗。有懷於中而不能自曉者，爲之條析其故，悉如其心。亦有相去千里，聞其大概而得其爲人。嘗曰：「念慮之不正者，頃刻而知之，即可以爲正。念慮之正者，頃刻而失之，即爲不正。有可以形跡觀者，有不可。以形跡觀人，則不足以知人。必以形跡繩人，則不足以救之。」

初調隆興靖安縣主簿。丁母憂，服闋，改建寧崇安縣。以少師史浩薦，召審察，不赴。侍從復薦，除國子正，教諸生無異在家時。除敕令所删定官。

九淵少聞靖康間事，慨然有感於復讎之義。至是，訪知勇士，與議恢復大略。因輪對，遂陳五論：一論讎恥未復，願博求天下俊傑，相與舉論道經邦之職；二論願致尊德樂道之誠；三論知人之難；四論事當馴致而不可驟；五論人主不當親細事。帝稱善。未幾，除將作監丞，爲給事中王信所駁，詔主管台州崇道觀。還鄉，學者輻輳。每開講席，户外屨滿，耆老扶杖觀聽。自號象山翁，學者稱象山先生。嘗謂學者曰：「汝耳自聰，目自明，事父自能孝，事兄自能弟，本無欠闕，不必他求，在乎自立而已。」又曰：「此道與溺於利欲之人言猶易，與溺於意見之人言卻難。」或勸九淵著書，曰：「六經注我，我注六經。」又曰：「學苟知道，六經皆我注脚。」

光宗即位，差知荆門軍。民有訴者，無早暮皆得造於庭，復令其自持狀以追，爲立期，皆如約而至，即爲酌情決之，而多所勸釋。其有涉人倫者，使自毁其狀，以厚風俗。唯不可訓者，始置之法。其境内官吏之貪廉，民俗之習尚善惡，皆素知之。有訴人殺其子者，九淵曰：「不至是。」及追究，其子果無恙。有訴竊取而不知其人，九淵出二人姓名，使捕至，訊之伏辜，盡得所竊物還訴者，且宥其罪使自新。因語吏以某所某人爲暴，翌日有訴遇奪掠者，即其人也，乃加追治。吏大驚，郡人以爲神。中嚴保伍之法，盜賊或發，擒之不逸一人，群盜屏息。

荆門爲次邊而無城。九淵以爲：「郡居江、漢之間，爲四集之地，南捍江陵，北援襄陽，東護隨、郢之脅，西當光化、夷陵之衝，荆門固則四鄰有所恃，否則有背脅腹心之虞。由唐之湖陽以趨山，則其涉漢之處已在荆門之脅；由鄧之鄧城以涉漢，則其趨山之處已在荆門之腹。自此之外，間道之可馳，漢津之可涉，坡陀不能以限馬，灘瀨不能以濡軌者，所在尚多。自我出奇制勝，徼敵兵之腹脅者，亦正在此。雖四山環合，易於備禦，而城池闕然，將誰與守？」乃請於朝而城之，自是民無邊憂。罷關市吏譏察而減民税，商賈畢集，税入日增。舊用銅錢，以其近邊，以鐵錢易之，而銅有禁，復令貼納。九淵曰：「既禁之矣，又使之輸邪？」盡蠲之。故事，平時教軍伍射，郡民得與，中者均賞。薦其屬不限流品，嘗曰：「古者無流品之分，而賢不肖之辨嚴；後世有流品之分，而賢不肖之辨略。」每旱，禱即雨，郡人異之。逾年，政行令修，民俗爲變，諸司交薦。丞相周必大嘗稱荆門之政，以爲躬行之效。

一日，語所親曰：「先教授兄有志天下，竟不得施以没。」又謂家人曰：「吾將死矣。」又告僚屬曰：「某將告終。」會禱雪，明日，雪。乃沐浴更衣端坐，後二日日中而卒。會葬者以千數，謚文安。

初，九淵嘗與朱熹會鵝湖，論辨所學，多不合。及熹守南康，九淵訪之，熹與至白鹿洞，九淵爲講「君子小人喻義利」一章，聽者至有泣下。熹以爲切中學者隱微深痼之病。至於無極而太極之辨，則貽書往來論難不置焉。門人楊簡、袁燮、舒璘、沈焕能傳其學云。

（録自宋史卷四百三十四儒林傳四）

附録五：宋元學案象山學案案語

（一）

宗羲案：先生之學，以尊德性爲宗，謂「先立乎其大，而後天之所以與我者，不爲小者所奪。夫苟本體不明，而徒致功于外索，是無源之水也」。同時紫陽之學，則以道問學爲主，謂「格物窮理，乃吾人入聖之階梯。夫苟信心自是，而惟從事于覃思，是師心之用也」。兩家之意見既不同，逮後論太極圖説，先生之兄梭山，謂「不當加無極二字于太極之前，此明背孔子，且並非周子之言」。紫陽謂「孔子不言無極，而周子言之。蓋實有見太極之真體，不言者不爲少，言之者不爲多」。先生爲梭山反復致辯，而朱陸之異遂顯。繼先生與兄復齋會紫陽于鵝湖，復齋倡詩，有「留情傳注翻榛塞，著意精微轉陸沈」之句，先生和詩，亦云「易簡功夫終久大，支離事業竟浮沈」。紫陽以爲譏己，不懌，而朱陸之異益甚。梓材案：鵝湖之會在淳熙二年，鹿洞之請在八年，已在其後。太極之辯在十五年，又在其後。梨洲説未免倒置。于是宗朱者詆陸爲狂禪，宗陸者以朱爲俗學，兩家之學各成門户，幾如冰炭矣。嗟乎！聖道之難明，濂路之後正賴兩先生繼起，共扶持其廢墮，胡乃自相齟齬，以致蔓延今日，猶然借此辨同辨異，以爲口實，寧非吾道之不幸哉！雖然，二先生之不苟同，正將以求夫至當之歸，以明其道于天下後世，非有嫌隙于其間也。道本大公，各求其是，不敢輕易唯諾以隨人，此尹氏所謂「有疑于心，辨之弗明弗措」，豈若後世口耳之學，不復求之心得，而苟焉以自欺，泛然以應人者乎！況考二先生之生平自治，先生之尊德性，何嘗不加功于學古篤行，紫陽之道問學，何嘗不致力于反身修德，特以示學者之入門各有先後，曰「此其所以異耳」。然至晚年，二先生亦俱自悔其偏重。稽先生之祭東萊文，有曰：「比年以來，觀省加細。追維曩昔，粗心浮氣，徒致參辰，豈足酬義！」蓋自述其過于鵝湖之會也。與諸弟子書嘗云：「道外無事，事外無道。」而紫陽之親與先生書則自云：「邇來日用工夫頗覺有力，無復向來支離之病。」其別與吕子約書云：「孟子言學問之道，惟在求其放心，而程子亦言心要在腔子裏。今一向耽著文字，令此心全體都奔在册子上，更不知有己，便是個無知覺、不識痛癢之人，雖讀得書，亦何益于我事耶！」與何叔京書云：「但因其良心發現之微，猛省提撕，使此心不昧，則是做功夫底本領。本領既立，自然下學而上達矣！若不見于良心發現處，渺渺茫茫，恐無下手處也。」又謂：「多識前言往行，固君子所急，近因反求未得個安穩處，卻始知此未免支離。」與吴伯豐書自謂：「欠卻涵養本原功夫。」與周叔謹書：「某近日亦覺向來説話有太支離處，反身以求，正坐自己用功亦未切耳。因此減去文字功夫，覺得閒中氣象甚適。每勸學者亦且看孟子道性善，求放心兩章，著實體察，收拾此心爲要。」又答吕子約云：「覺得此心存亡，只在反掌之間，向來誠是太涉支離。若無本以自立，則事事皆病耳，豈可一向汩溺于故紙堆中，使精神昏蔽，而可謂之學！」又書：「年來覺得日前爲學不得要領，自身做主不起，反爲文字奪卻精神，不爲小病。每一念之，惕然自懼，且爲朋友憂之。若只如此支離，漫無統紀，展轉迷惑，無出頭處。」觀此可見二先生之虚懷從善，始雖有意見之參差，終歸于一致而無間，更何煩有餘論之紛紛乎！且夫講學者，所以明道也。道在撙節退讓，大公無我，用不得好勇鬭狠于其間，以先自居于悖戾。二先生同植綱常，同扶名教，同宗孔孟。即使意見終于不合，亦不過仁者見仁，知者見知，所謂「學焉而得其性之所近」，原無有背于聖人，矧夫晚年又志同道合乎！奈何獨不睹二先生之全書，從未究二先生之本末，糠粃眯目，强附高門，淺不自量，妄相詆毁！彼則曰「我以助陸子也」，此則曰「我以助朱子也」，在二先生豈屑有此等庸妄無謂之助己乎！昔先子嘗與一友人書：「子自負能助朱子排陸子與？亦曾知朱子之學何如？陸子之學何如也？假令當日鵝湖之會，朱陸辯難之時，忽有蒼頭僕子歷階升堂，捽陸子而毆之曰：『我以助朱子也。』將謂朱子喜乎，不喜乎？定知朱子必且撻而逐之矣。子之助朱子也，得無類是。」

（二）

百家謹案：子輿氏後千有餘載，纘斯道之墜緒者，忽破暗而有周程。周程之後，曾未幾，旋有朱陸。誠異數也！然而陸主乎尊德性，謂「先立乎其大，則反身自得，百川會歸矣」。朱主乎道問學，謂「物理既窮，則吾知自致，滃霧消融矣」。二先生之立教不同，然如詔入室者，雖東西異户，及至室中，則一也。何兩家弟子，不深體究，出奴入主，論辯紛紛，而至今借媒此徑者，動以朱陸之辨同辨異，高自位置，爲岑樓之寸木？觀答諸葛誠之書云：「示諭競辯之論，三復悵然。愚深欲勸同志者，兼取兩家之長，不輕相詆毀，就有未合，亦且置勿論，而力勉于吾之所急。」又復包顯道書：「南渡以來，八字著脚理會實工夫者，惟某與陸子静二人而已。某實敬其爲人，老兄未可以輕議之也。」世儒之紛紛競辯朱陸者，曷勿即觀朱子之言。

（三）

謝山淳熙四先生祠堂碑文曰：「予嘗觀朱子之學，出于龜山。其教人以窮理爲始事，積集義理，久當自然有得。至其『所聞所知，必能見諸施行，乃不爲玩物喪志』，是即陸子踐履之説也。陸子之學，近于上蔡。其教人以發明本心爲始事，此心有主，然後可以應天地萬物之變。

至其戒『束書不觀，游談無根』，是即朱子講明之説也。斯蓋其從入之途各有所重。至于聖學之全，則未嘗得其一而遺其一也。是故中原文獻之傳，聚于金華，而博雜之病，朱子嘗以之戒大愚，則詆窮理爲支離之末學者，陋矣！以讀書爲充塞仁義之階，陸子輒咎顯道之失言，則詆發明本心爲頓悟之禪宗者，過矣！夫讀書窮理，必其中有主宰而後不惑，固非可徒以泛濫爲事。故陸子教人以明其本心，在經則本于孟子擴充四端之教，同時則正與南軒察端倪之説相合。心明則本立，而涵養省察之功于是有施行之地，原非若言頓悟者所云『百斤擔子一齊放』者也。」

（録自陳金生、梁運華點校：宋元學案，中華書局，一九八六年，卷五十八，頁一八八五至頁一八八九）

附録六：朱熹致陸氏兄弟之信函

答陸子壽

蒙喻及祔禮，此在高明考之必已精密。然猶謙遜博謀，及於淺陋如此，顧熹何足以知之？然昔遭喪禍，亦嘗考之矣。竊以爲衆言淆亂，則折諸聖，孔子之言萬世不可易矣，尚復何說？況期而神之之意，揆之人情，亦爲允愜。但其節文次第，今不可考。而周禮則有儀禮之書，自始死以至祥禫，其節文度數詳焉。故温公書儀雖記孔子之言，而卒從儀禮之制。蓋其意謹於闕疑，以爲既不得其節文之詳，則雖孔子之言亦有所不敢從者耳。程子之説意亦甚善，然鄭氏説「凡祔，已反于寢，練而後遷廟」，左氏春秋傳亦有「特祀于主」之文，則是古人之祔固非遂徹几筵，程子於此恐其考之有所未詳也。開元禮之説，則高氏既非之矣。然其自説大祥徹靈坐之後，明日乃祔于廟，以爲不忍一日未有所歸，殊不知既徹之後，未祔之前，尚有一夕，其無所歸也久矣。凡此皆有所未安，恐不若且從儀禮、温公之説，次序節文亦自曲有精意。如檀弓諸説可見。不審尊兄今已如何行之？願以示教。若猶未也，則必不得已而從高氏之説。但祥祭之日未可撤去几筵，或遷稍近廣處。直俟明日奉主祔廟然後撤之，則猶爲亡於禮者之禮耳。鄙見如此，不審高明以爲如何？

答陸子壽

先王制禮，本緣人情。吉凶之際，其變有漸，故始死全用事生之禮。既卒哭祔廟，然後神之。然猶未忍盡變，故主復于寢而以事生之禮事之。至三年而遷于廟，然後全以神事之也。此其禮文見於經傳者不一，雖未有言其意者，然以情度之，知其必出於此無疑矣。其遷廟一節，鄭氏用穀梁練而壞廟之説，杜氏用賈逵、服虔説，則以三年爲斷。其間同異得失雖未有考，然穀梁但言壞舊廟，不言遷新主，則安知其非於練而遷舊主，於三年而納新主邪？至於禮疏所解鄭氏説，但據周禮「廟用卣」一句，亦非明驗。故區區之意竊疑杜氏之説爲合於人情也。來諭考證雖詳，其大概以爲既吉則不可復凶，既神事之則不可復以事生之禮接爾。竊恐如此非惟未嘗深考古人吉凶變革之漸，而亦未暇反求於孝子慈孫深愛至痛之情也。

至謂古者几筵不終喪而力詆鄭、杜之非，此尤未敢聞命。據禮，小斂有席，至虞而後有几筵，但卒哭而後不復饋食於下室耳。古今異宜，禮文之變，亦有未可深考者。然周禮自虞至祔曾不旬日，不應方設而遽徹之如此其速也。

又謂終喪徹几筵，不聞有入廟之説，亦非也。諸侯三年喪畢之祭，魯謂之「吉禘」，晉謂之「禘祀」，禮疏謂之「特禘」者是也。但其禮亡，而士大夫以下則又不可考耳。夫今之禮文，其殘闕者多矣，豈可以其偶失此文而遽謂無此禮耶？

又謂壞廟則變昭穆之位，亦非也。據禮家説，昭常爲昭，穆常爲穆，故書謂文王爲「穆考」，詩謂武王爲「昭考」。至左傳，猶謂畢原酆郇爲「文之昭」，邘晉應韓爲「武之穆」，則昭穆之位，豈以新主祔廟而可變哉？但昭主祔廟則二昭遞遷，穆主祔廟則二穆遞遷爾。此非今者所論之急，但謾言之，以見來説考之未精類此。

又謂古者每代異廟，故有祔于祖父祖姑之禮。今同一室，則不當專祔於一人。此則爲合於人情矣。然伊川先生嘗譏關中學禮者有役文之弊，而吕與叔以守經信古，學者庶幾無過而已，義起之事，正在盛德者行之。然則此等苟無大害於義理，不若且依舊説，亦夫子存羊愛禮之意也。熹於禮經不熟，而考證亦未及精，且以愚意論之如此，不審高明以爲如何？然亦不特如此，熹常以爲大凡讀書處事，當煩亂疑惑之際，正當虚心博采以求至當。或未有得，亦當且以闕疑闕殆之意處之。若遽以己所粗通之一説而盡廢己所未究之衆論，則非惟所處之得失或未可知，而此心之量亦不宏矣。閑併及之，幸恕狂妄。

答陸子美

伏承示諭太極、西銘之失，備悉指意。然二書之説，從前不敢輕議，非是從人脚根，依他門户，却是反覆看來，道理實是如此，别未有開口處，所以信之不疑。而妄以己見輒爲之説，正恐未能盡發其奥而反以累之，豈敢自謂有扶掖之功哉？今詳來教及省從前所論，却恐長者從初便忽其言，不曾致思，只以自家所見道理爲是：不知却元來未到他地位，而便以己見輕肆抵排也。今亦不暇細論，只如太極篇首一句，最是長者所深排。然殊不知不言無極，則太極同於一物，而不足爲萬化之根；不言太極，則無極淪於空寂，而不能爲萬化之根。只此一句，便見其下語精密，微妙無窮。而向下所説許多道理條貫脈絡井井不亂，只今便在目前，而亘古亘今，攧撲不破。只恐自家見得未曾如此分明直截，則其所可疑者乃在此而不在彼也。

至於西銘之説，猶更分明。今亦且以首句論之。人之一身，固是父母所生，然父母之所以爲父母者，即是乾坤。若以父母而言，則一物各一父母。若以乾坤而言，則萬物同一父母矣。萬物既同一父母，則吾體之所以爲體者，豈非天地之塞；吾性之所以爲性者，豈非天地之帥哉？古之君子惟其見得道理真實如此，所以親親而仁民，仁民而愛物，推其所爲，以至於能以天下爲一家，中國爲一人，而非意之也。今若必謂人物只是父母所生，更與乾坤都無干涉，其所以有取於西銘者，但取其姑爲宏闊廣大之言以形容仁體而破有我之私而已，則是所謂仁體者全是虛名，初無實體，而小己之私却是實理，合有分别；聖賢於此却初不見義理，只見利害，而妄以己意造作言語，以增飾其所無，破壞其所有也。若果如此，則其立言之失，「膠固」二字豈足以盡之？而又何足以破人之梏於一己之私哉？

大抵古之聖賢千言萬語，只是要人明得此理。此理既明，則不務立論而所言無非義理之言，不務正行而所行無非義理之實，無有初無此理，而姑爲此言以救時俗之弊者。不知子静相會，曾以此話子細商量否？近見其所論王通續經之説，似亦未免此病也。此間近日絶難得江西便，草草布此，却託子静轉致。但以來書半年方達推之，未知何時可到耳。如有未當，切幸痛與指摘，剖析見教。理到之言，不得不服也。

答陸子美

前書示諭太極、西銘之説，反復詳盡。然此恐未必生於氣習之偏，但是急迫看人文字，未及盡彼之情而欲遽申己意，是以輕於立論，徒爲多説而未必果當於理爾。且如太極之説，熹謂周先生之意恐學者錯認太極别爲一物，故著「無極」二字以明之。此是推原前賢立言之本意，所以不厭重複，蓋有深指。而來諭便謂熹以太極下同一物，是則非惟不盡周先生之妙旨，而於熹之淺陋妄説亦未察其情矣。

又謂著「無極」字便有虚無好高之弊，則未知尊兄所謂太極是有形器之物耶？無形器之物耶？若果無形而但有理，則無極即是無形，太極即是有理明矣，又安得爲虚無而好高乎？熹所論西銘之意，正謂長者以横渠之言不當謂乾坤實爲父母，而以「膠固」斥之，故竊疑之，以爲若如長者之意，則是謂人物實無所資於天地，恐有所未安爾，非熹本説固欲如此也。今詳來誨，猶以横渠只是假借之言，而未察父母之與乾坤，雖其分之有殊，而初未嘗有二體，但其分之殊則又不得而不辨也。

熹之愚陋，竊願尊兄更於二家之言少賜反復，寬心游意，必使於其所説如出於吾之所爲者而無纖芥之疑，然後可以發言立論而斷其可否，則其爲辨也不煩而理之所在無不得矣。若一以急迫之意求之，則於察理已不能精，而於彼之情又不詳盡，則徒爲紛紛，而雖欲不差不可得矣。然只此急迫即是來諭所謂氣質之弊，蓋所論之差處雖不在此，然其所以差者則原於此而不可誣矣。不審尊意以爲如何？

子静歸來，必朝夕得款聚。前書所謂異論卒不能合者，當已有定説矣。恨不得側聽其旁，時效管窺以求切磋之益也。延平新本龜山别録漫内一通。

近又嘗作一小卜筮書，亦以附呈。蓋緣近世説易者於象數全然闊略，其不然者又太拘滯支離，不可究詰，故推本聖人經傳中説象數者，只此數條，以意推之，以爲是足以上究聖人作易之本指，下濟生人觀變玩占之實用，學易者决不可以不知。而凡説象數之過乎此者，皆可以束之高閣而不必問矣。不審尊意以爲如何？

答陸子美

示諭縷縷，備悉雅意。不可則止，正當謹如來教，不敢復有塵瀆也。偶至武夷，匆匆布叙，不能盡所欲言。然大者已不敢言，則亦無可言者矣。

寄陸子静

奏篇垂寄，得聞至論，慰沃良深。其規模宏大而源流深遠，豈腐儒鄙生所能窺測？不知對揚之際，上於何語有領會？區區私憂，正恐不免萬牛回首之歎。然於我亦何病？語圓意活，渾浩流轉，有以見所造之深，所養之厚，益加歎服。但向上一路未曾撥轉處，未免使人疑著，恐是葱嶺帶來耳。如何如何？一笑。熹衰病益侵，幸叨祠禄，遂爲希夷直下諸孫，良以自慶。但香火之地，聲教未加，不能不使人慨歎耳。

答陸子静

昨聞嘗有丐外之請而復未遂，今定何如？莫且宿留否？學者後來更得何人？顯道得書云嘗詣見，不知已到未？子淵去冬相見，氣質剛毅，極不易得。但其偏處亦甚害事，雖嘗苦口，恐未必以爲然。今想到部，必已相見，亦嘗痛與砭礴否？道理雖極精微，然初不在耳目見聞之外，是非黑白，即在面前。此而不察，乃欲别求玄妙於意慮之表，亦已誤矣。熹衰病日侵，去年災患亦不少。此數日來，病軀方似略可支吾。然精神耗減，日甚一日，恐終非能久於世者。所幸邇來日用功夫頗覺有力，無復向來支離之病。甚恨未得從容面論，未知異時相見，尚復有異同否耳。

答陸子静 丁未五月二日

税駕已久，諸況想益佳。學徒四來，所以及人者在此而不在彼矣。來書所謂利欲深痼者，已無可言。區區所憂，却在一種輕爲高論，妄生内外精粗之别，以良心日用分爲兩截，謂聖賢之言不必盡信，而容貌詞氣之間不必深察者。此其爲説乖戾很悖，將有大爲吾道之害者，不待他時末流之弊矣。不審明者亦嘗以是爲憂乎？此事不比尋常小小文義異同，恨相去遠，無由面論，徒增耿耿耳。李子甚不易知向學，但亦漸覺好高。鄙意且欲其著實看得目前道理事物分明，將來不失將家之舊，庶幾有用。若便如此談玄説妙，却恐兩無所成，可惜壞却天生氣質，却未必如乃翁樸實頭，無許多勞攘耳。

答陸子静

學者病痛誠如所諭，但亦須自家見得平正深密，方能藥人之病。若自不免於一偏，恐醫來醫去，反能益其病也。所諭與令兄書辭費而理不明，今亦不記當時作何等語，或恐實有此病。承許條析見教，何幸如之！虚心以俟，幸因便見示。如有未安，却得細論，未可便似居士兄遽斷來章也。

答陸子静

十一月八日，熹頓首再拜，上啓子静崇道監丞老兄：今夏在玉山，便中得書，時以入都，旋復還舍，疾病多故，又苦無便，不能即報。然懷想德義，與夫象山泉石之勝，未嘗不西望太息也。比日冬温過甚，恭惟尊候萬福，諸賢兄、令子姪、眷集以次康寧，來學之士亦各佳勝。熹兩年冗擾，無補公私，第深愧歉。不謂今者又蒙收召，顧前所被已極叨踰，不敢冒進，以速龍斷之譏，已遣人申堂懇免矣。萬一未遂，所當力請，以得爲期。杜門竊廪，温繹陋學，足了此生。所恨上恩深厚，無路報塞，死有餘憾也。

前書誨論之悉，敢不承教。所謂古之聖賢惟理是視，言當於理，雖婦人孺子有所不棄；或乖理致，雖出古書，不敢盡信，此論甚當，非世儒淺見所及也。但熹竊謂言不難擇而理未易明。若於理實有所見，則於人言之是非，不翅白黑之易辨，固不待訊其人之賢否而爲去取。不幸而吾之所謂理者或但出於一己之私見，則恐其所取舍未足以爲群言之折衷也。況理既未明，則於人之言恐亦未免有未盡其意者，又安可以遽絀古書爲不足信，而直任胸臆之所裁乎？

來書反復，其於無極、太極之辨詳矣。然以熹觀之，伏羲作易，自一畫以下，文王演易，自「乾元」以下，皆未嘗言太極也，而孔子言之。孔子贊易，自太極以下，未嘗言無極也，而周子言之。夫先聖後聖，豈不同條而共貫哉？若於此有以灼然實見太極之真體，則知不言者不爲少而言之者不爲多矣，何至若此之紛紛哉？今既不然，則吾之所謂理者，恐其未足以爲群言之折衷，又況於人之言有所不盡者，又非一二而已乎？既蒙不鄙而教之，熹亦不敢不盡其愚也。

且夫大傳之太極者，何也？即兩儀、四象、八卦之理具於三者之先，而緼於三者之内者也。聖人之意，正以其究竟至極，無名可名，故特謂之太極。猶曰「舉天下之至極無以加此」云爾，初不以其中而命之也。至如「北極」之「極」，「屋極」之「極」，「皇極」之「極」，「民極」之「極」，諸儒雖有解爲中者，蓋以此物之極常在此物之中，非指「極」字而訓之以中也。極者，至極而已。以有形者言之，則其四方八面合輳將來，到此築底，更無去處；從此推出，四方八面都無向背，一切停勻，故謂之極耳。後人以其居中而能應四外，故指其處而以中言之，非以其義爲可訓中也。至於太極，則又初無形象方所之可言，但以此理至極而謂之極耳。今乃以中名之，則是所謂理有未明而不能盡乎人言之意者一也。

通書「理、性、命」章，其首二句言理，次三句言性，次八句言命，故其章内無此三字，而特以三字名其章以表之，則章内之言固已各有所屬矣。蓋其所謂「靈」，所謂「一」者，乃爲太極；而所謂「中」者，乃氣禀之得中，與「剛善」、「剛惡」、「柔善」、「柔惡」者爲五性，而屬乎五行，初未嘗以是爲太極也。且曰「中焉止矣」，而又下屬於二氣五行、化生萬物之云，是亦復成何等文字義理乎？今來諭乃指其中者爲太極而屬之下文，則又理有未明而不能盡乎人言之意者二也。

若論「無極」二字，乃是周子灼見道體，迥出常情，不顧旁人是非，不計自己得失，勇往直前，説出人不敢説底道理，令後之學者曉然見得太極之妙不屬有無，不落方體。若於此看得破，方見得此老真得千聖以來不傳之秘，非但架屋下之屋、疊牀之上牀而已也。今必以爲未然，是又理有未明而不能盡人言之意者三也。

至於大傳既曰「形而上者謂之道」矣，而又曰「一陰一陽之謂道」，此豈真以陰陽爲形而上者哉？正所以見一陰一陽雖屬形器，然其所以一陰而一陽者，是乃道體之所爲也。故語道體之至極，則謂之太極；語太極之流行，則謂之道。雖有二名，初無兩體。周子所以謂之「無極」，正以其無方所，無形狀，以爲在無物之前，而未嘗不立於有物之後；以爲在陰陽之外，而未嘗不行乎陰陽之中；以爲通貫全體，無乎不在，則又初無聲臭影響之可言也。今乃深詆無極之不然，則是直以太極爲有形狀，有方所矣。直以陰陽爲形而上者，則又昧於道器之分矣。又於「形而上者」之上復有「况太極乎」之語，則是又以道上别有一物爲太極矣。此又理有未明而不能盡乎人言之意者四也。

至熹前書所謂「不言無極，則太極同於一物而不足爲萬化根本；不言太極，則無極淪於空寂而不能爲萬化根本」，乃是推本周子之意，以爲當時若不如此兩下説破，則讀者錯認語意，必有偏見之病，聞人説有即謂之實有，見人説無即以爲真無耳。自謂如此説得周子之意已是大煞分明，只恐知道者厭其漏洩之過甚，不謂如老兄者，乃猶以爲未穩而難曉也。請以熹書上下文意詳之，豈謂太極可以人言而爲加損者哉？是又理有未明而不能盡乎人言之意者五也。

來書又謂大傳明言「易有太極」，今乃言無，何耶？此尤非所望於高明者。今夏因與人言易，其人之論正如此。當時對之，不覺失笑，遂至被劾。彼俗儒膠固，隨語生解，不足深怪。老兄平日自視爲如何？而亦爲此言耶？老兄且謂大傳之所謂有，果如兩儀、四象、八卦之有定位，天地五行萬物之有常形耶？周子之所謂無，是果虛空斷滅，都無生物之理耶？此又理有未明而不能盡乎人言之意者六也。

老子「復歸於無極」，「無極」乃無窮之義。如「莊生入無窮之門，以遊無極之野」云爾，非若周子所言之意也。今乃引之而謂周子之言實出乎彼，此又理有未明而不能盡乎人言之意者七也。

高明之學超出方外，固未易以世間言語論量，意見測度。今且以愚見執方論之，則其未合有如前所陳者。亦欲奉報，又恐徒爲紛紛，重使世俗觀笑。既而思之，若遂不言，則恐學者終無所取正。較是二者，寧可見笑於今人，不可得罪於後世。是以終不獲已而竟陳之，不識老兄以爲如何？

答陸子静

來書云：「浙間後生貽書見規，以爲吾二人者所習各已成熟，終不能以相爲。莫若置之勿論，以俟天下後世之自擇。鄙哉言乎！此輩凡陋，沈溺俗學，悖戾如此，亦可憐也。」

熹謂天下之理有是有非，正學者所當明辨。或者之説誠爲未當，然凡辨論者，亦須平心和氣，子細消詳，反復商量，務求實是，乃有歸著。如不能然，而但於匆遽急迫之中肆支蔓躁率之詞，以逞其忿懟不平之氣，則恐反不若或者之言安静和平，寬洪悠久，猶有君子長者之遺意也。

來書云「人能洪道」止「敢悉布之」。

熹按此段所説規模宏大而指意精切，如曰「雖自謂其理已明，安知非私見蔽説」，及引大舜善與人同等語，尤爲的當。熹雖至愚，敢不承教。但所謂「莫知其非歸於一是」者，未知果安所決。區區於此亦願明者有以深察而實踐其言也。

來書云「古人質實」止「請卒條之」。

熹詳此説，蓋欲專務事實，不尚空言，其意甚美。但今所論「無極」二字，熹固已謂不言不爲少，言之不爲多矣。若以爲非，則且置之，其於事實亦未有害。而賢昆仲不見古人指意，乃獨無故於此創爲浮辨，累數百言，三四往返而不能已，其爲湮蕪亦已甚矣。而細考其間緊要節目，并無酬酢，只是一味慢駡虚喝，必欲取勝。未論顔曾氣象，只子貢恐亦不肯如此。恐未可遽以此而輕彼也。

來書云「尊兄未嘗」止「固自不同也」。

熹亦謂老兄正爲未識太極之本無極而有其體，故必以「中」訓「極」，而又以陰陽爲形而上者之道。虚見之與實見，其言果不同也。

來書云「老氏以無」止「諱也」。

熹詳老氏之言有無，以有無爲二；周子之言有無，以有無爲一，正如南北水火之相反。

更請子細著眼，未可容易譏評也。

來書云「此理乃」止「子矣」。

更請詳看熹前書曾有「無理」二字否？

來書云「極亦此」止「極哉」。

「極」是名此理之至極，「中」是狀此理之不偏。雖然同是此理，然其名義各有攸當，雖聖賢言之，亦未嘗敢有所差互也。若「皇極」之「極」，「民極」之「極」，乃爲標準之意。猶曰立於此而示於彼，使其有所向望而取正焉耳，非以其中而命之也。「立我烝民」，「立」與「粒」通，即書所謂「烝民乃粒，莫匪爾極」，則「爾」指后稷而言。蓋曰「使我衆人皆得粒食，莫非爾后稷之所立者是望」耳。「爾」字不指天地，「極」字亦非指所受之中。此義尤明白，似是急於求勝，更不暇考上下文。推此一條，其餘可見。「中者天下之大本」，乃以喜怒哀樂之未發，此理渾然，無所偏倚而言。太極固無偏倚而爲萬化之本，然其得名自爲「至極」之「極」，而兼有「標準」之義，初不以「中」而得名也。

來書云「以極爲中」止「理乎」。

老兄自以「中」訓「極」，熹未嘗以「形」訓「極」也。今若此言，則是己不曉文義，而謂他人亦不曉也。請更詳之。

來書云「大學、文言皆言知至」。

熹詳「知至」二字雖同，而在大學則「知」爲實字，「至」爲虛字，兩字上重而下輕，蓋曰「心之所知無不到」耳。在文言則「知」爲虛字，「至」爲實字，兩字上輕而下重，蓋曰「有以知其所當至之地」耳。兩義既自不同，而與太極之爲至極者又皆不相似。請更詳之。此義在諸説中亦最分明，請試就此推之，當知來書未能無失，往往類此。

來書云「直以陰陽爲形器」止「道器之分哉」。

若以陰陽爲形而上者，則形而下者復是何物？更請見教。若熹愚見與其所聞，則曰凡有形有象者，皆器也。其所以爲是器之理者，則道也。如是則來書所謂始終、晦明、奇偶之屬，皆陰陽所爲之器；獨其所以爲是器之理，如目之明，耳之聰，父之慈，子之孝，乃爲道耳。如此分別，似差明白。不知尊意以爲如何？此一條亦極分明，切望略加思索，便見愚言不爲無理，而其餘亦可以類推矣。

來書云「通書曰」止「類此」。

周子言「中」，而以「和」字釋之。又曰「中節」，又曰「達道」。彼非不識字者，而其言顯與中庸相戾，則亦必有説矣。蓋此「中」字是就氣禀發用而言其無過不及處耳，非直指本體未發，無所偏倚者而言也。豈可以此而訓「極」爲「中」也哉？來書引經必盡全章，雖煩不厭，而所引通書乃獨截自「中焉止矣」而下，此安得爲不誤？老兄本自不信周子，政使誤引通書，亦未爲害，何必諱此小失而反爲不改之過乎？

來書云「大傳」止「孰古」。

大傳、洪範、詩、禮皆言極而已，未嘗謂極爲中也。先儒以此極處常在物之中央而爲四方之所面内而取正，故因以中釋之，蓋亦未爲甚失。而後人遂直以極爲中，則又不識先儒之本意矣。爾雅乃是纂集古今諸儒訓詁以成書，其間蓋亦不能無誤，不足據以爲古。又況其間但有以「極」訓「至」，以「殷齊」訓「中」，初未嘗以極爲中乎？

來書云「又謂周子」止「道耳」。前又云「若謂欲言」止「之上」。

無極而太極，猶曰「莫之爲而爲，莫之致而至」，又如曰「無爲之爲」，皆語勢之當然，非謂別有一物也。向見欽夫有此説，嘗疑其贅。今乃正使得著，方知欽夫之慮遠也。其意則固若曰「非如皇極、民極、屋極之有方所形象，而但有此理之至極」耳。若曉此意，則於聖門有何違叛而不肯道乎？「上天之載」，是就有中説無；「無極而太極」，是就無中説有。若實見得，即説有説無，或先或後都無妨礙。今必如此拘泥，强生分別，曾謂不尚空言，專務事實，而反如此乎？

來書云「夫乾」止「自反也」。

太極固未嘗隱於人，然人之識太極者則少矣。往往只是於禪學中認得箇昭昭靈靈能作用底，便謂此是太極，而不知所謂太極乃天地萬物本然之理，亘古亘今，攧撲不破者也。「迥出常情」等語，只是俗談，即非禪家所能專有，不應儒者反當回避。況今雖偶然道著，而其所見所説即非禪家道理，非如他人陰實祖用其説，而改頭換面，陽諱其所自來也。如曰「私其説以自妙而又秘之」，又曰「寄此以神其姦」，又曰「繫絆多少好氣質底學者」，則恐世間自有此人可當此語。熹雖無狀，自省得與此語不相似也。

來書引書云：「有言逆于汝心，必求諸道。」

此聖言也，敢不承教。但以來書求之於道而未之見，但見其詞義差舛，氣象粗率，似與聖賢不甚相近，是以竊自安其淺陋之習聞，而未敢輕舍故步以追高明之獨見耳。又記頃年嘗有平心之説，而前書見喻曰：「甲與乙辨，方各自是其説，甲則曰願乙平心也，乙亦曰願甲平心也。平心之説恐難明白，不若據事論理可也。」此言美矣。然熹所謂平心者，非直使甲操乙之見，乙守甲之説也，亦非謂都不論事之是非也，但欲兩家姑暫置其是己非彼之意，然後可以據事論理，而終得其是非之實。如謂治疑獄者當公其心，非謂便可改曲者爲直，改直者爲曲也，亦非謂都不問其曲直也。但不可先以己意之向背爲主，然後可以審聽兩造之辭，旁求參伍之驗，而終得其曲直之當耳。今以粗淺之心，挾忿懟之氣，不肯暫置其是己非彼之私，而欲評義理之得失，則雖有判然如黑白之易見者，猶恐未免於誤；況其差有在於毫釐之間者，又將誰使折其衷而能不謬也哉？

來書云「書尾」止「文耶」。

中間江德功封示三策，書中有小帖云：「陸子靜策三篇，皆親手點對，令默封納。先欲作書，臨行不肯作。」此并是德功本語。不知來喻何故乃爾？此細事，不足言。世俗毀譽，亦何足計。但賢者言行不同如此，爲可疑耳。德功亦必知是諸生所答，自有姓名。但云是老兄所付，令寄來耳。

熹已具此，而細看其間亦尚有説未盡處。大抵老兄昆仲同立此論，而其所以立論之意不同。子美尊兄自是天資質實重厚，當時看得此理有未盡處，不能子細推究，便立議論，因而自信太過，遂不可回。見雖有病，意實無他。老兄却是先立一説，務要突過有若、子貢以上，更不數近世周、程諸公，故於其言不問是非，一例吹毛求疵，須要討不是處。正使説得十分無病，此意却先不好了。況其言之粗率，又不能無病乎？夫子之聖，固非以多學而得之。然觀其好古敏求，實亦未嘗不多學。但其中自有一以貫之處耳。若只如此空疏杜撰，則雖有一而無可貫矣，又何足以爲孔子乎？顔、曾所以獨得聖學之傳，正爲其博文約禮，足目俱到，亦不是只如此空疏杜撰也。子貢雖未得承道統，然其所知似亦不在今人之後，但未有禪學可改換耳。周、程之生，時世雖在孟子之下，然其道則有不約而合者。反覆來書，竊恐老兄於其所言多有未解者，恐皆未可遽以顔、曾自處而輕之也。顔子以能問於不能，以多問於寡，有若無，實若虛，犯而不校；曾子三省其身，惟恐謀之不忠，交之不信，傳之不習，其智之崇如彼而禮之卑如此，豈有一毫自滿自足，强辯取勝之心乎？來書之意，所以見教者甚至，而其末乃有「若猶有疑，不憚下教」之言。熹固不敢當此，然區區鄙見亦不敢不爲老兄傾倒也。不審尊意以爲如何？如曰未然，則我日斯邁而月斯征，各尊所聞，各行所知亦可矣，無復可望於必同也。言及於此，悚息之深，千萬幸察。

近見國史濂溪傳載此圖説，乃云「自無極而爲太極」。若使濂溪本書實有「自」、「爲」兩字，則信如老兄所言，不敢辨矣。然因渠添此二字，却見得本無此字之意愈益分明，請試思之。

（以上録自朱熹集，郭齊、尹波點校，四川教育出版社，一九九六年，卷三十六，頁一五六三至頁一五八五）

附録七：陸九齡墓誌銘

陸先生墓誌銘

陸氏，出嬀姓。陳公子敬仲適齊，別其氏爲田。田氏有國，宣王封其少子通於平原陸鄉，又別其氏爲陸。五代末，有占名數撫之金谿者曰德遷，蓋唐乾寧宰相希聲之孫也。德遷生有祥，有祥生演，演生戩。戩生居士賀，以學行爲里人所崇，有子六人。

先生諱九齡，字子壽，於次爲第五。幼明悟端重，十年喪母，哀毁如成人。少長，補郡博士弟子員。時秦丞相當國，場屋無道程氏學者。先生從故編得其説，獨委心焉。久之，新博士且至，聞其雅以魏晉放逸自許，慨然歎曰：「此非吾所願學也。」賦詩徑歸，結茅舍傍講習，兼晨夜不怠。先生年猶未冠，於取捨向背已知所擇如此。

吏部郎襄陵許公忻直道清節，在中朝名論甚高，屏居臨川，閉門少所賓接，一見先生，亟折輩行與深語，恨相遇之晚。他日，許公起守邵陽，思與先生遊，先生亦樂從其招。凡治體之升降，舊章之損益，前聞人之律度軌轍，每亹亹爲先生言不厭，所以屬之者厚矣。既歸，益大肆其力於學，廣攬博咨，深觀默養，如是者蓋十餘年，乃束書入太學。太學知名士聞聲争願交，始則樂其可親，久則知其可事，屏所挾北面而稱弟子者甚衆。祭酒、司業酌衆論，舉以爲學録。先之以身，正之以漸，行之以無事，雖跌宕見鐫譙者，退亦心服，不知怨之所在焉。

登乾道五年進士第，迪功郎、桂陽軍軍學教授，以母老道遠，改調興國軍軍學教授。地瀕大江，民寒嗇，罕遊校官。先生不以職閒自佚，端矩矱，肅衣冠，如臨大衆，勸綏引翼。士方興於學而先生以家難去官矣。服除，調全州州學教授，未上，以疾終於家。實淳熙七年九月戊寅，享年四十有九。母饒氏，繼母鄧氏，用光堯慶壽恩封太孺人。娶王氏，知通州城之女，而元豐左丞之曾孫也。子艮之。女二人，皆幼。是歲十二月甲申，葬於鄉之萬石塘。

初，居士潛德不試，采司馬氏冠昏喪祭儀行之家。至先生，又繹先志而修明之。晨昏伏臘，奉盥請袵，觴豆饎爨，闔門千指，男女以班，各供其職，儉而安，莊而舒，薄而均。禮俗既成，雋者不敢踔厲，樸者有所據依。順弟之風，被於鄉社而聞於天下。其儀節品式，江西士大夫多能道之。至於先生忠敬樂易，優而柔之，曲而暢之，遂濟登兹者，則非言語形容之所及矣。先生兄弟皆志古者學，燕居從容，講論道義，誾誾衎衎，和而不同。伯仲之間，自爲師友。雖先生所以成德，其資取者非一端，然家庭追琢封植之功，與爲多焉。

休暇則與子弟適場圃習射，曰：「是固男子之事也。」自是，里中士始不敢鄙弓矢爲武夫末藝。歲惡，多剽劫，或欲睥睨垣牆，曹耦必摇手相戒：「是家射多命中，毋取死。」故獨無犬吠之警。廬陵嘗有茶寇，聲摇旁郡，聚落皆入保，並舍民走郡，請先生主之。郡如其請，門人多不悦，先生曰：「古者比閭之長即五兩之率也。士而恥此，則豪俠武斷者專之矣。今文移動以軍興從事，郡縣欲事之集，勢必假借主者。彼乘是取必於里閭，亦何所不至哉！」寇雖不入境，閑習屯禦，皆可爲後法。

其在興國，學廪名存實亡，簿書漫漶不可考。先生爲覈實催理受輸之法，白郡，授有司行之。科條簡明，士得其養。凡經世之務，職分所當知者，未有聞而不講，講而不究。此一二條，特因事而見者耳。

先生和順不違物，而非意自不能干；簡直不徇人，而與居久益有味。四方學者，踵門請益。群疑塞胸，糾纏轇轕，雖善辨者不能解，先生從容啓告，莫不涣然失其疑而退。非惟動悟乎格，固有所本，亦其用力於自治者既專且久。人之疢疾，皆嘗折肱，浮湛滑澾，適中其病，聽之者於其心有戚戚焉。至於扞格不入，必寬養以俟其可，未嘗無益而雜施之也。天下之治方術者多矣，囿於異端小道者，既不足與議；晚進新學，間有聞君子之餘論者，又多既其文而不既其實，摹規而畫圓，擬矩而作方，雖或似之，而卒非也。方先生勇於求道之時，憤悱直前，蓋有不由階序者矣。然其所志者大，所據者實。有肯綮之阻，雖積九仞之功不敢遂；有毫釐之偏，雖立萬夫之表不敢安。公聽並觀，卻立四顧，弗造於至平至粹之地弗措也。

屬纊之夕，與其昆弟語，猶以天下學術人才爲念。少焉，正卧，整衣衾，理鬚髯，恬然而終。所謂仁以爲己任，死而後已者，蓋於此見之。

荆州牧廣漢張公栻與先生不相識，晚歲還書，相與講學問大端，期以世道之重。無幾何而張公没，又半歲而先生下世矣。豈道之顯晦果有數存乎其間邪！雖然，來者無窮，而義理在人心者，不可泯也。先生之志，必有嗣之者矣。葬有日，其友吕某爲銘二十九字識其窆，曰：

自古皆有死，盡其道而終者幾希。是維宋陸先生之墓，百世之下尚永保之。

（録自吕祖謙全集，浙江古籍出版社，二〇〇八年，第一册，頁二〇二至頁二〇五）

附録八：陸梭山公家制

居家正本上篇

古者民生八歲，入小學，學禮樂射藝書數。至十五歲，則各因其材而歸之四民。故爲農工商賈者，亦得入小學，七年而後就其業。其秀異者入大學而爲士，教之德行。凡小學大學之教，俱不在語言文字，故民皆有實行而無詐僞。自井田廢壞，民無所養，幼者無小學之教，長者無大學之師。有國者設科取士，其始也投名自薦，其終也糊名考校。禮義廉耻，絶滅盡矣。學校之養士，非養之也，賊夫人之子也。父母之教子，非教之也，是驅而入争奪傾險之域也。愚謂人之愛子，但當教之以孝悌忠信，所讀須先六經語孟，通曉大義，明父子、君臣、夫婦、昆弟、朋友之節，知正心修身齊家治國平天下之道，以事父母，以和兄弟，以睦族黨，以交朋友，以接鄰里，使不得罪於尊卑上下之際。次讀史，以知歷代興衰，究觀皇帝王霸，與秦漢以來爲國者規模措置之方。此皆非難事，功效遂日可見，惟患不爲耳。世之教子者不知務此，惟教以科舉之業，志在於薦舉登科。難莫難於此者，試觀一縣之間應舉者幾人，而與薦者有幾？至於及第，尤其希罕。

蓋是有命焉，非偶然也。此孟子所謂「求在外者，得之有命」是也。至於止欲通經知古今，修身爲孝弟忠信之人，特恐人不爲耳。此孟子所謂「求則得之，求在我者也」，此有何難，而人不爲耶？况既通經知古今，而欲應今之科舉，亦無難者。若命應仕宦，必得之矣，而又道德仁義在我，以之事君臨民，皆合義理，豈不榮哉！

居家正本下篇

人孰不愛家愛子孫愛身，然不克明愛之之道，故終焉適以損之。請試言其畧。一家之事，貴於安寧和睦悠久也，其道在於孝弟謙遜，重仁義而輕名利。夫然後安寧和睦可安而享也。今則不然，所謂遜讓仁義之道，口未嘗言之。朝夕之所從事者，名利也。寢食之所思者，名利也。相聚而講究者，取名利之方也。言及於名利，則洋洋然有喜色。言及於孝弟仁義，則淡然無味，惟思卧。幸其時數之遇，則躍躍以喜。小有阻意，則躁悶若無容矣。如其時數不偶，則朝夕憂煎，怨天尤人，至於父子相夷，兄弟叛散，良可憫也。豈非愛之適以損之乎！夫謀利而遂者不百一，謀名而遂者不千一，今處世不能百年，而乃徼倖於不百一不千一之事，豈不癡甚矣哉！就使遂志臨政，不明仁義之道，亦何足爲門户之光耶？愚深思熟慮之日久矣，而不敢出諸口。今老矣，恐一旦先朝露而滅，不及與鄉曲父兄子弟語及於此，懷不滿之意於冥冥之中，無益也。故輒冒言之，幸垂聽而擇焉。夫事有本末，知愚賢不肖者本，貧富貴賤者末也。得其本則末隨，趨其末則本末俱廢，此理之必然也。何謂得其本則末隨？今行孝弟，本仁義，則爲賢爲知。賢知之人，衆所尊仰，簞瓢爲奉，陋巷爲居，已固有以自樂，而人不敢以貧賤而輕之，豈非得其本而末自隨之乎？夫慕爵位，貪財利，則非賢非知。非賢非知之人，人所鄙賤，雖紆青紫，懷金玉，其胸中未必通曉義理，亦無以自樂，而人亦莫不鄙賤之，豈非趨其末而本末俱廢乎？況貧富貴賤，自有定分，富貴未必得，則將隕穫而無以自處矣。斯言往往招人怒駡，然愚謂或有信之者，其爲益不細，雖怒駡有所不恤也。況相信者稍衆，則賢才自此而盛，又非小補矣。

居家制用上篇

古之爲國者，冢宰制國用，必於歲之杪，五穀皆入，然後制國用。用地大小，視年之豐耗。三年耕，必有一年之食。九年耕，必有三年之食。以三十年之通制國用，雖有凶旱水溢，民無菜色。國既若是，家亦宜然。故凡家有田疇，足以贍給者，亦當量入以爲出，然後用度有準，豐儉得中，怨讟不生，子孫可守。今以田疇所收，除租税及種畚糞治之外，所有若干，以十分均之。留三分爲水旱不測之備，一分爲祭祀之用，六分分十二月之用。取一月合用之數，約爲三十分，日用其一，可餘而不可盡。用至七分爲得中，不及五分爲太嗇。其所餘者，別置簿收管，以爲伏臘、裘葛、修葺墻屋、醫藥賓客、弔喪問疾、時節饋送。又有餘，則以周給鄰族之貧弱者，賢士之困窮者，佃人之饑寒者，過往之無聊者，毋以妄施僧道。蓋僧道本是蠹民，況今之僧道無不豐足，施之適足以濟其嗜欲，長其過惡，而費農夫血汗，勤勞所得之物，未必不增吾冥罪，果何福之有哉？其田疇不多，日用不能有餘，則一味節嗇，裘葛取諸蠶績，墻屋取諸蓄養，雜種蔬果，皆以助用，不可侵過次日之物。一日侵過，無時可補，則便有破家之漸，當謹戒之。其有田少而用廣者，但當清心儉素，經營足食之路，於接待賓客、弔喪問疾、時節饋送、聚會飲食之事，一切不講，免至干求親舊，以滋過失；責望故素，以生怨尤；負諱通借，以招耻辱。家居如此，方爲稱宜，而遠吝侈之咎。積是成俗，豈惟一家不憂水旱之災，雖一縣一郡，通天下皆無憂矣。其利豈不溥哉！

居家制用下篇

居家之病有七：曰笑，曰遊，曰飲食，曰土木，曰争訟，曰玩好，曰惰慢。有一於此，皆能破家。其次貧薄而務周旋，豐餘而尚鄙嗇，事雖不同，其終之害或無以異，但在遲速之間耳。夫豐餘而不用者，疑若無害也，然己既豐餘則人望以周濟，今乃恝然，必失人之情。既失人情，則人不佑。人惟恐其無隙，苟有隙可乘，則争媒蘖之。雖其子孫，亦懷不滿之意。一旦入手，若決隄破防矣。前所言存留十之二者，爲豐餘之多者制也。苟所餘不能三分，則存二分亦可。又不能二分，則存一分亦可。又不能一分，則宜樽節用度，以存贏餘。然後家可長久，不然一旦有意外之事，必遂破家矣。前所謂一切不講者，非絶其事也，謂不能以貨財爲禮耳。如弔喪，則以先往後罷爲助。賓客，則樵蘇供爨，清談而已。至如奉親最急也，啜菽飲水盡其歡，斯之謂孝。祭祀最嚴也，蔬食菜羹足以致其敬。凡事皆然，則人固不我責，而我亦何歉焉！如此則禮不廢而財不匱矣。前所言以其六分爲十二月之用，以一月合用之數約爲三十分者，非謂必於其日用盡，但約見每月每日之大概。其間用度，自爲贏縮，惟是不可先次侵過，恐難追補。宜先餘而後用，以無貽鄙嗇之譏。世所謂用度，有何窮盡！蓋是未嘗立法，所以豐儉皆無準則，好豐者妄用以破家，好儉者多藏以斂怨，無法可依，必至於此。愚今考古經國之制，爲居家之法，隨貲産之多寡，制用度之豐儉。合用萬錢者，用萬錢不謂之侈。合用百錢者，用百錢不謂之吝。是取中可久之制也。

附跋

梭山先生家制，陸氏世守之。昔平庵項公見之曰：「嗜此書之廣狹，可以觀世道矣。」後四十有九年，應龍得其本，持來衡山，示劉君應之。一閲敬嘆，諸宏淑艾，俾發其端。晚學夫何言，嘗言諸夫子，學有本末，知所先後則近道。濂溪元公亦謂：「家難，天下易也。」梭山先生乃象山先生之季兄，其學行於家庭者如此。世有好者，「與君試講古學，此事可識夫公」〔二〕，敢舉山谷語以對。宋寶祐三年，後學南城黄應龍拜手撰。見家譜。

梭山先生日記三十卷，第八卷中，有居家正本、居家制用，凡四則。平庵項公深嗜之，跋其尾曰：「先生之言，若爲某處方者。」又曰：「嗜此書之多寡，可以知世道之污隆。」璧林黄使君宰衡山時，嘗表之以淑艾其邑人士。予竊謂此四則者，道近而非遠，事易而非難。富貴家行此，必能制節謹度，長保其富貴。貧賤家行此，必能謹身節用，安處乎貧賤。是家家自爲井田，人人自爲學校，唐虞三代之世道可復也。但正本上篇痛抑舉業，蓋叔末文弊則然，方今聖朝大比興賢，以德行爲先，經術次之，文章又次之，與正本上篇之説若合符節。爲士者，苟能朝夕誦先生之訓，講明修齊治平之學，出應時須，則先生所云有命，道德仁義在我，以之事君臨民，皆合義理，豈不榮哉！是則非閭里之榮，實邦家之光也。奚怍是用，大書繡梓，與義方家共之。矧今道隆之世，諒多好者。元延祐丁巳，余鑰謹書。見家譜。

李穆堂先生曰：梭山老圃集四十卷，見宋史藝文志。明季内閣書目尚有之。今購求不可

〔二〕「與君試講古學，此事可識夫公」，按此句出黄庭堅次韻石七三六言七首之第四。但山谷集卷十二所收此詩作「爲君試講古學，此事可䏼天公」。

得，止從其家譜録出居家正本、制用四篇，而修身齊家之要已大備矣。若見全書，豈不當與語孟並傳也哉！其與朱子論無極，止見一二於復書而已。得之難，視之重，故備載四篇焉。見志學編。

（録自道光本象山全集書後）

跋

江西之有學術肇始天水一朝，歐、曾、王、李其翹楚也。陸象山先生生際南渡之日，獨以心學標著於時，不落前賢窠臼，篤以踐履工夫，其開宗派、集大成之功不在紫陽朱先生下。先生遠紹亞聖，頡頏閩洛，下啓陽明，真百世之大儒也。其發明本心，大闡「心即理」「吾心即是宇宙」之説，皆前人所未發之論，足垂式後學者矣。

先生昔於金谿義門之家，以往聖爲楷模；學於槐堂之下，以父兄爲師友；講於貴溪之象山，以天下爲己任；仕於荆門之軍，以學問爲事功。東南三賢會於鵝湖，爲理心之辯，遺響千載；朱陸復會於鹿洞，申義利之説，聞者動容。二賢雖立論不同，其旨歸一也。象山先生之後，安仁湯晦静先生巾、餘干饒雙峰先生魯、崇仁吴草廬先生澄、虞道園先生集、金谿危太樸先生素、崇仁吴康齋先生與弼、臨川李穆堂先生紱等，皆鄉國沾溉於後、奮跡於時者，則陸學之傳不絶如縷也。

前代學人，以刻先生之集爲圭臬，奉先生之祀以薦馨。集在宋嘉定時即爲其子持之所刊，後增益者日多。自明以來，成化、正德、嘉靖、萬曆諸刻均在天壤間。清人所刻，以道光間槐堂所刊最全。逮於民近，後出轉劣，至中華本出，始復舊觀。唯丹鉛之事，魯魚之訛，未能盡芟。予友貴溪葉石泉先生航遂奮志重編，博採衆長，都爲巨制。輾轉多方，艱辛備嘗。今繡梓在即，命跋於予，予非敢唐突於大儒之前，亦不敢造次於諸君之後，唯願收拾精神，涵養德性，紹述古學，以待來者焉。

庚子荷月高考前日，豐城後學劍川毛静謹跋於臨汝客次

（作者係江西省書院研究會副會長）

【南宋】陸九淵 撰 葉 航 點校

陸九淵全集

上

上海古籍出版社

圖書在版編目(CIP)數據

陸九淵全集／（南宋）陸九淵撰；葉航點校. —上海：上海古籍出版社，2022. 1（2023.3重印）
ISBN 978-7-5732-0186-7

Ⅰ. ①陸… Ⅱ. ①陸… ②葉… Ⅲ. ①陸九淵(1139－1193)—全集 Ⅳ. ①B244. 81

中國版本圖書館 CIP 數據核字(2021)第 247122 號

責任編輯：黎大偉
裝幀設計：何　暘
技術編輯：伍　愷

陸九淵全集
（南宋）陸九淵　撰
葉　航　點校
出版發行　上海古籍出版社
地　　址　上海市閔行區號景路 159 弄 1－5 號 A 座 5F
郵政編碼　201101
網　　址　www. guji. com. cn
E-mail　guji1@guji. com. cn
印　　刷　常熟市人民印刷有限公司
開　　本　890×1240　1/32
印　　張　24. 25
插　　頁　13
字　　數　466,000
版　　次　2022 年 1 月第 1 版　2023 年 3 月第 2 次印刷
印　　數　2,501—3,600
書　　號　ISBN 978－7－5732－0186－7/B・1244
定　　價　138. 00 元

陸九淵像

道光三年重鐫

陸象山先生全集

金谿槐堂書屋藏板

道光三年重刻本《陸象山先生全集》書影一

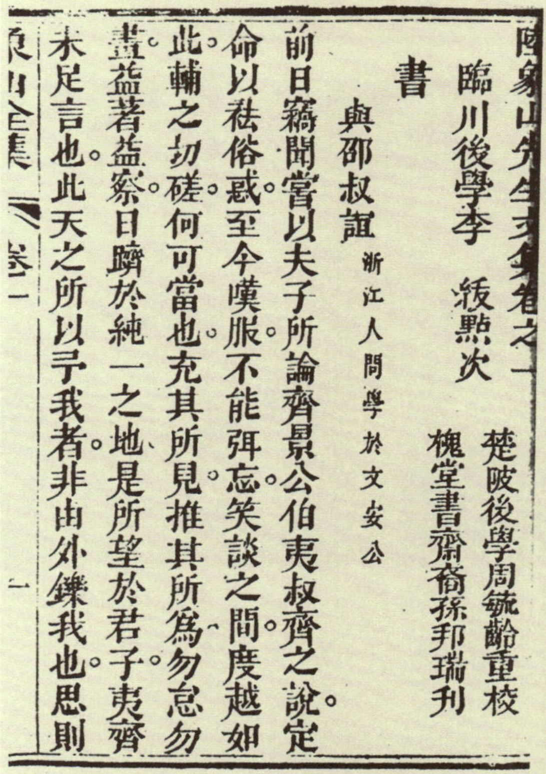

陸象山先生文集卷之一

臨川後學李　紱點次

楚陂後學周毓齡重校

槐堂書齋裔孫邦瑞刊

書

與邵叔誼 浙江人問學於文安公

前日竊聞嘗以夫子所論齊景公伯夷叔齊之說定命以袪俗惑至今嘆服不能弭忘笑談之間度越如此輔之切磋何可當也充其所見推其所爲勿怠勿替益著益察日躋於純一之地是所望於君子夷齊未足言也此天之所以予我者非由外鑠我也思則

象山全集　卷一　一

道光三年重刻本《陸象山先生全集》書影二

陸九淵曾結茅講學的象山（劉新建攝）

陸九淵之墓（位於江西省金谿縣）

陸九淵墓前對聯：“學苟知本，六經皆注脚；事屬份内，千聖有同心。”

序

二〇一九年十月，在江西金谿縣舉辦的紀念陸九淵誕辰八百八十週年的學術研討會上，我邂逅了來自鄰縣貴溪的學者石泉先生葉航。與他的交談給我留下了深刻印象，也讓我知道他正在整理陸九淵全集。今年四月，在貴溪參加爲重建象山書院召開的座談會，我從石泉先生的發言中再次感受到了他對陸學的執着。的確，他的好學、敏感以及對象山心學持之以恒的熱情都深深地打動了我。

當下正值陽明心學大盛之際，而陸學在整體上仍未興起，這當然有種種原因。但不可否認的是，學界對陸學的探討與陽明心學研究相比太不成比例。而就中國學術思想史本身的發展而言，正是陸學啓發了陽明心學，象山先生「心即理」的命題是「陸王心學」的起點。可以說，沒有陸象山就不可能有「心學」的確立與興盛。這點學界早有共識。在現代新儒家中，熊十力及其弟子唐君毅、牟宗三、徐復觀對陸學均有發揚之功。尤其是牟宗三，已然將陸王之學作爲儒家學脈之正統，而將朱子學列爲「別子爲宗」一系。弘揚陸學的還有一位重要人物——劉師培，他在南北學派不同論一文中提出：「與朱子並行者，厥惟金谿陸氏，講學鵝湖，與考亭之言迥異……以詮心爲主，以樂道爲宗，直捷徑情，穎悟超卓……然陸學擅長之處亦有三端，一曰立志高超，二曰學求自得，三曰不立成心，綜斯三美，感發齊民，頑廉懦立，信乎百世之師矣。」（見劉師培清儒得失論，中國人民大學出版社，二〇〇九年，頁二三五。）遺憾的是劉氏此論似乎還沒有得到學界的充分闡發。須知劉氏是正式提出「陸學」這一界定性概念的人物，且譽象山爲「百世之師」。從學術史視角看，這一贊譽是十分貼切的。更何況，劉師培又是「贛學」的提出者。在筆者看來，最能表徵「贛學」的人物首推陸象山。

古代文獻的整理工作實屬不易，在當今這個擾攘的時代尤其不容易。而石泉先生憑一己之力，花費八九年的功夫，致力於整理陸九淵全集，且沉浸其中，反反復復，數易其稿，真可謂十年磨一劍。我在通讀其全稿後，發現其價值不僅在糾正了此前陸九淵文集不同版本以訛傳訛的諸多謬誤，更在於其有着强大的文獻基礎——石泉先生收集了成化本、正德本、嘉靖本、萬曆本、四庫全書本、道光本陸九淵文集及陸子學譜，進行了細緻的對勘比較。這一工作不僅對文獻整理極其重要，對思想史、學術史研究也不可或缺，因爲些微的文字差異也有可能涉及重要概念的釐定，生發出更大的討論空間。

此外，我想説的是，做文獻整理工作是需要細心與耐心的，這些在石泉先生身上體現得淋漓盡致——他不僅極有耐心地通讀多種版本的象山文集，且細緻到對每一個標點都重加考究的地步。最爲經典的例子是大家都熟悉的陸九淵名句：「六經注我，我注六經。」對此句没有深入瞭解，便很難明白句意。古代人没有標點符號，更使得對此句的理解迷霧重重。於是，陸九淵的再傳弟子趙彦悈爲了準確表述此句的意思，在原句中加了兩個字：「六經當注我，我何注六經。」而石泉先生則巧妙使用了現代標點符號：「六經注我！我注六經？」他以前句爲感歎句，表示肯定；後句爲反問句，表示否定。如此便精準表達了陸九淵所要表達的意思，使讀者一目了然。類似對標點符號的精準使用在書稿中不勝枚舉。應該説，看似微小的句讀差異，其實是大有討論餘地的。

石泉先生的可貴之處，還在於他對縣誌、族譜等地方文獻長期關注，挖掘出很多珍貴資料，如一些陸九淵集外詩文；同時也解決了一些問題，如陸九淵文集中部分地名誤字的更正，以及部分陸門弟子籍貫的釐定等。這種爬梳抉剔的工作也是一般人難以做到的，因其需要長期而持續的耐心與細緻。由此可見，石泉先生是一位肯下功夫的勤勉學人。

總之，依筆者之見，陸九淵除了在中國思想史上占有重要地位，在教育史、文學史等方面也有重要的影響。但願石泉先生對象山文集的重新整理能給學界帶來更充分、完整的材料，促進學界重新確立象山學術之地位。

值此貴溪重建象山書院之際，筆者再次向讀者推薦石泉先生整理的陸九淵全集。吾觀鷹譚貴溪的地域文化系統工程，誠有吉象在天。而象山文集的整理與象山書院的重建，不僅是鷹潭貴溪的地方文化工程，更可納入整個贛文化體系的建設中，誠爲兩大盛事。趁此機會，筆者再次呼籲學術界重視劉師培所提出的「贛學」概念。而象山其人，無論是「心即理」的心學命題，或是「先立乎其大」的哲學方法論，還是其極有深度的民本理念，都使其不愧爲贛學的旗幟性人物。

石泉先生的文獻整理工作承載着江西學人乃至全國學人的期盼。在此，我預祝石泉先生的這一學術工程進展順利。

是爲序。

賴功歐於南昌青山湖畔

二〇二〇年五月三日

（作者係江西省社會科學院首席研究員、哲學研究所原所長，江西省王陽明研究會會長）

點校説明

一、陸九淵其人其學

陸九淵(一一三九—一一九三),字子静,號象山。南宋乾道八年(一一七二)進士,歷任隆興府靖安縣主簿、建寧府崇安縣主簿、國子正、敕令所删定官、荆門知軍。他生於江西金谿縣陸坊,卒於湖北荆門,葬於金谿故里。卒後二十四年,即嘉定十年(一二一七),賜謚文安。

淳熙十四年(一一八七),陸九淵結茅於江西貴溪縣應天山,創辦了應天山書堂。次年,他遠看應天山「宛若巨象」,遂將山名改爲象山,應天山書堂隨之改名象山精舍。陸九淵因此自號象山翁,被時人尊稱爲象山先生。

陸九淵直承孟子「先立乎其大者」的思想,以「大疑則大進」的治學精神創造性地提出了「心即理」説,以及「發明本心」、「收拾精神,自作主宰」、「六經注我,我注六經」、「千虚不博一實」等重要觀點。他的思想脈絡爲三百年後的王陽明所繼承、發揚,形成宋明理學的一個重要流派,史稱陸王心學。

青壯年時期，陸九淵不事著述。據陸九淵年譜記載，淳熙十六年（一一八九），「先生始欲著書，嘗言諸儒説春秋之謬尤甚於諸經，將先作傳。值得守荆之命而不果」。然而天不假年，陸九淵积劳成疾，病逝於荆門任上。因此，他留下的文稿並不多，但内涵豐富，體大思精。

二、陸九淵文集的版本情況

歷史上第一個編纂陸九淵文集的是陸九淵長子陸持之。開禧元年（一二〇五）夏六月，陸九淵弟子楊簡爲此集作序，稱「先生長子持之伯微編遺文爲二十八卷，外集六卷」。開禧三年（一二〇七），撫州知州高商老刊刻此集於郡庠，此本即所謂臨汝本。

後來，陸持之又在臨汝本的基礎上「裒而益之」。嘉定五年（一二一二）九月，江西提舉袁燮在江西倉司刊刻此本，故稱江西倉司本。此本正集二十八卷，外集四卷，共三十二卷。紹定四年（一二三一），袁燮子袁甫曾翻刻此本。

嘉定十年（一二一七），宋寧宗賜陸九淵謚號「文安」。嘉定十三年（一二二〇），吴傑在江西倉司本書後增加了孔煒所撰謚議、丁端祖所撰覆謚和楊簡所撰陸九淵行狀，由建安陳氏刊刻，此即陳氏坊刻本。

據文獻記載，元代有繆鳴陽、洪琳等人曾經刊刻過陸九淵文集。

上述宋、元諸本今均未見存世。

陸九淵文集的明代刊本很多，大多屬陳氏坊刻本系統。其中有些僅爲翻刻，並未作結構性的改變，如成化年間陸和刻本。有些則增添了新内容，如正德十六年（一五二一）撫州知府李茂元刻本，此本在陳氏坊刻本書後增加了原來别本單行的陸九淵語録四卷。遂形成了文集二十八卷、外集四卷、語録四卷的格局，對後來各本産生了很大影響。

嘉靖年間，又出現了幾個新版本，如嘉靖十四年（一五三五）戚賢刻本、嘉靖四十年（一五六一）何遷刻本等。其中流傳最廣的是何遷刻本，此本不再分内集、外集，而是將所有内容統編爲三十六卷。相對於李茂元刻本，此本語録部分被合併爲兩卷，另增加了年譜一卷和徐階所撰學則辯。

萬曆年間，周希旦重編象山先生全集，刊於南京。此本與之前諸本不同，所有内容被釐定爲六卷，且篇章位置亦有移易。

清代，四庫全書收有象山集，係以李茂元刻本爲底本。其餘版本則多爲陸氏後裔刊刻，如雍正二年（一七二四）金谿槐堂書屋刻本、道光三年（一八二三）陸邦瑞刻本。

一九八〇年，中華書局出版了署名鍾哲的點校本陸九淵集。該書以四部叢刊初編所影印嘉靖四十年何遷刻本象山先生全集爲底本，是陸九淵文集的第一個全式標點整理本，有篳路藍縷之功，爲中國哲學史研究者提供了極大的便利。不過，限於時代條件，該書也有一些缺陷，如校勘記很少，未能全面反映版本之間的差别，文字訛誤也比較多。

三、本次整理的有關情況

清代著名學者李紱曾從陸氏後人處獲得陸九淵文集，加以批點，並詳注文集中出現的人物之姓名、籍貫、身份。此李紱批點本後爲陸九淵二十二世孫陸邦瑞獲得，並於道光三年刊刻。此本分三十六卷，後附徐階學則辯，亦應屬於何遷本系統。此本時代較晚，但内容全備，且李紱之評注有一定的參考價值，故本次整理即以此本爲底本，以成化本、正德本、嘉靖本（四部叢刊初編所影印何遷刻本）、萬曆本、四庫本爲校本，並參校以陸子學譜、地方誌等文獻。另外，李紱所注有一些「名貫未詳」、「里居無考」者，以及信息有誤者，今據（同治）貴溪縣誌等地方誌予以補正。

除文集正文外，本書收録以下内容作爲附録：其他版本陸九淵文集的序跋，陸九淵集外詩文，宋史、宋元學案等典籍中的陸九淵史料，朱熹致陸九淵兄弟書信，陸九淵之兄陸九韶、陸九齡的相關文獻。

本次整理的校勘原則：底本有誤處，徑改正文，並出校記。底本與校本兩通處，出校記加以説明。底本脱字據他本補者，所補之字加[]號。底本衍文徑予删除，並出校記。底本中的俗體字、異體字，均改爲通行繁體字，通假字則不改。宋代避諱嚴格，陸九淵因避諱改動之字，保留原貌，並出校記予以説明。李紱之評注，原位于底本天頭處，現均迻録入正文相應位置，改爲小字夾注，並注明「李評」或「李注」。

由於本人才疏學淺，本書難免會有諸多疏誤，敬祈方家不吝指正。

葉航

於江西貴溪花園里石泉齋

二〇二一年七月二十一日

目録

卷三…………………………（四一）

卷四…………………………（五七）

卷九……（一四八）

書……（一四八）

卷十……（一六一）

書……（一六一）

卷十一

卷十二……（一九四）

卷十三

象山先生全集序

有宋撫州金谿陸先生，字子静，嘗居貴溪之象山，四方學者畢至，尊稱之曰象山先生。先生冢嗣持之，字伯微，集先生遺言爲二十八卷，又外集六卷，命簡爲之序。簡自主富陽簿時，已受教於先生，因言忽覺澄然清明，應用無方，動静一體，乃知此心本靈、本神、本明、本廣大、本變化無方。奚獨簡心如此，舉天下萬世人心皆如此。易曰：「百姓日用而不知。」孔子曰：「二三子以我爲隱乎？吾無隱乎爾，吾無行而不與二三子者。」大戴記孔子之言，謂忠信爲大道。忠者忠實，信者誠信不詐僞，而先儒求之過，求諸幽深，故反不知道。孔子又名大道曰中庸。庸者常也，日用平常也。孟子亦謂徐行後長即堯舜之道，又謂以羊易牛之心足以王。先生諄諄爲學者剖白斯旨，深切著明，而學子領會者寡。簡不自揆度，敢少致輔翼之力，專叙如右。

開禧元年夏六月乙卯，門人四明楊簡書。

陸象山先生文集序

天有北辰而衆星共焉，地有泰岳而衆山宗焉，人有師表而後學歸焉。象山先生，其學者之北辰、泰岳歟！自始知學，講求大道，弗得弗措，久而寖明，又久而大明。此心此理，貫通融會，美在其中，不勞外索，揭諸當世。曰：「學問之要，得其本心而已。心之本真未嘗不善，有不善者，非其初然也。」孟子嘗言之矣：「鄉爲身死而不受，今爲宮室之美、妻妾之奉、所識窮乏者得我而爲之，此之謂失其本心。」其言昭晰如是，而學者不能深信，謂道爲隱而不知其著，謂道爲遠而不知其近，求之愈過愈湮鬱。至先生始大發之，如指迷塗，如藥久病，迷者悟[一]，病者愈，不越於日用之間，而本心在是矣。學者親承師訓，向也跂望聖賢如千萬里之隔，今乃知與我同本，培之溉之，皆足以敷榮茂遂，豈不深可慶哉？嗚呼！先生之惠後學宏矣。

先生之言悉由此出，上而啓沃君心，下而切磨同志，又下而開曉黎庶，及其他雜論著述[二]，

[一] 「悟」，嘉靖本、四庫本作「晤」。

[二] 「論」，嘉靖本、四庫本作「然」。

皆此心也。儒釋之所以分，義利之所由別，剖析至精，如辨白黑，遏俗學之横流，援天下於既溺。吾道之統盟不在茲乎？

燮識先生於行都，親博約者屢矣。或竟日以至夜分，未嘗見其少有昏怠之色，表裏清明，神采照映，得諸觀感，鄙吝已消，矧復警策之言字字切己歟？

先生之殁，餘二十年，遺言炳炳，精神猶在，敬而觀之，心形俱肅，若親炙然。臨汝嘗刊行矣，尚多缺略。先生之子持之伯微裒而益之，合三十三卷[一]，今爲刊於倉司。流布寖廣，書滿天下，而精神亦無不徧，言近而指遠，雖使古人復生，莫之能易。嗚呼！茲其所以爲後學之師表也歟。

先生〔諱九淵〕[二]，〔字子静〕，撫州金谿青田里人，嘗講學於貴溪南岸之象山，學者尊稱爲象山先生云[三]。

宋嘉定五年九月戊申，門人四明袁燮書。

[一]「三十三」，嘉靖本、四庫本作「三十二」。

[二]「諱九淵」，原無，據嘉靖本、四庫本補。下「字子静」同。

[三]「稱」字，嘉靖本、四庫本無。

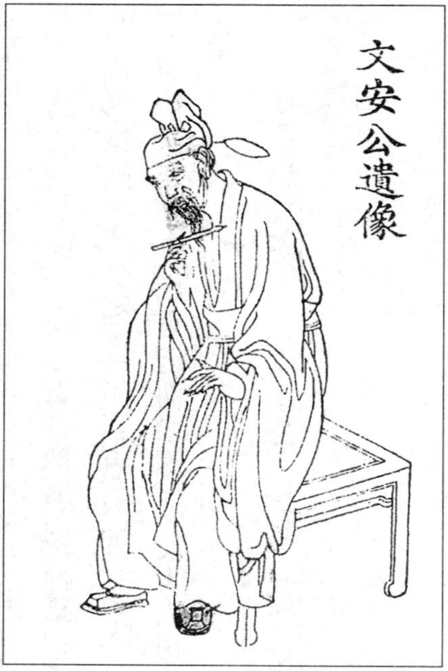

王大有有詩云：篤學光前哲，知言衆所迷。學同顏氏好，功與孟軻齊。獻替心彌切，藩維政可稽。儒宫儼遺像，垂範自江西。

袁蒙齋嘗作先生贊云：即心是道，勿助勿忘。愛親敬長，易簡平常。煌煌昭揭，神用無方。再拜象山，萬古芬芳。

包揚作先生贊云：辭蔓蝕真，會當一正。剗百家僞，藥千古病。發人本心，全人性命，一洗佛老，的傳鄒孟。

象山陸先生文集叙

青田陸先生之學非可以言傳，而學之者非可以言求也。盱江舊有先生語録一帙，所録不無淺深之異。此篇之首，乃其高第弟子傅季魯、嚴松年之所録者。澄肅讀之，先生之道如青天白日，先生之語如震雷驚霆，雖百數十年之後，有如親見親聞也。楊敬仲門人陳塤嘗鋟板貴溪象山書院〔二〕。至治癸亥〔三〕，金谿學者洪琳重刻文集於青田書院，樂順攜至京師請識其成。

於乎！道在天地間，古今如一，人人同得，賢知愚不肖無豐嗇焉。能反之於身，則天之所以與我者，我固有之，不待外求也；擴而充之，不待增益也。先生之教人蓋以是，豈不至簡易切實哉！不求諸我之身，而求諸人之言，先生之所深憫也。今口談先生、心慕先生者，比比也。果有一人能知先生之學者乎？果有一人能爲先生之學者乎？於乎！居之相近若是其甚也，世之相

〔二〕「鋟板」，原作「録板」，據吴文正集及陸子學譜收此文改。

〔三〕「至治癸亥」，原作「至治癸丑」，據吴文正集及陸子學譜改。按：元代至治年間無癸丑年，有癸亥年。

去若是其末遠也。可不自愧自惕而自奮與？勿徒以先生之學付之於言也。

大元至治甲子歲春三月〔二〕，咸邱後學吴澄敬撰。

〔二〕「至治甲子」，原作「至治甲寅」，據陸子學譜改。按：甲子年即文中所言文集刻成之癸亥年之次年。

陸文安公全集序

事有奇遇，固非偶然，有心求之而弗得，無心遇之而愉快。如文安公全集，是公是集，聞之年久，慕之心欽。向見友人家藏全函，秘如珍寶，甫借一讀，旋即珠還。放翁云：「異書渾似借荆州。」信然！夫文安公之學，心學也。精心以通天下之理，細心以析天下之疑。師承孔孟，則斂其心；擯斥異端，則平其心。時論之合於道者，虚心以謝之；時論之不合於道者，實心以詰之。以一己之心心聖賢之心，並欲天下人之心心聖賢之心，是何如之正大，何如之光明乎！乃世以爲專於脱灑，近於禪機。不惟目爲脱灑不知公，詆爲禪機不知公，即謂與朱文公有異同，尤不知公者也。

辛巳歲，公裔孫邦瑞兄攜書來楚，重付剞劂，此真燐燐炳炳，克承先志，無愧爲名儒後嗣。接談時，詢及工竣，遂出書屬序。因思向欲手畢口呫，潛心研究不可必得，今竟獲列序於末，豈不幸甚！故曰事有奇遇固非偶然耳。

道光三年癸未冬十月，江夏後學閔顔頓首拜篆。

象山先生全集叙

聖人之學，心學也。堯舜禹之相授受曰：「人心惟危，道心惟微，惟精惟一，允執厥中。」此心學之源也。中也者，道心之謂也。道心精一之謂仁，所謂中也。孔孟之學惟務求仁，蓋精一之傳也。而當時之弊，固已有外求之者。故子貢致疑於多學而識，而以博施濟衆爲仁，夫子告之以「一貫」，而教以「能近取譬」，蓋使之求諸其心也。迨於孟氏之時，墨氏之言仁，至於摩頂放踵，而告子之徒又有仁内義外之説，心學大壞。孟子闢義外之説，而曰「仁，人心也」，「學問之道無他，求其放心而已矣」。又曰：「仁義禮智非由外鑠我也，我固有之，弗思耳矣。」蓋王道息而伯術行，功利之徒外假天理之近似以濟其私，而以欺於人曰：「天理固如是。」不知既無其心矣，而尚何有所謂天理者乎？

自是而後，析心與理而爲二，而精一之學亡。世儒之支離，外索於刑名器數之末，以求明其所謂物理者，而不知吾心即物理〔一〕，初無假於外也。佛老之空虛，遺棄其人倫事物之常，以求明

〔一〕「知」，原作「之」，據嘉靖本改。

其所謂吾心者，而不知物理即吾心，不可得而遺也。至宋周程二子，始復追尋孔孟之宗，而有無極而太極、定之以仁義中正而主静之説，動亦定、静亦定、無内外、無將迎之論，庶幾精一之旨矣。

自是而後有象山陸氏，雖其純粹和平若不逮於二子，而簡易直截真有以接孟氏之傳。其議論開闔時有異者，乃其氣質意見之殊，而要其學之必求諸心，則一而已。故吾嘗斷以陸氏之學，孟氏之學也。而世之議者，以其嘗與晦翁之有同異，而遂詆以爲禪。夫禪之説，棄人倫，遺物理，而要其歸極，不可以爲天下國家。苟陸氏之學而果若是也，乃所以爲禪也。今禪之説與陸氏之説、孟氏之説，其書具存，學者苟取而觀之，其是非同異當有不待於辯説者。而顧一倡羣和，勦説雷同，如矮人之觀場，莫知悲笑之所自，豈非貴耳賤目，不得於言而勿求諸心者之過歟？夫是非同異，每起於人持勝心，便舊習，而是己見。故勝心舊習之爲患，賢者不免焉。撫守李茂元將重刻象山之文集，而請予一言爲之序，予何所容言哉？惟讀先生之文者，務求諸心而無以舊習己見先焉，則糠粃精鑿之美惡入口而知之矣。

正德辛巳七月朔，陽明山人王守仁書。

重修陸象山先生文集序

虞廷以十六字之心法衍道統，而理學乃得承於後代。理學者，道統所由寄也。粤自孔孟既没，微言歇絶，諸子百家之説紛紛競響，或擇焉而不精，或語焉而不詳，道其所道而非聖人之道。迨濂溪周子出，考遺經而得不傳之緒，於以上承先哲、下開來學，嗣是二程、張、朱相繼而起，淵源授受，表章六經，而聖道燦然復明。金谿陸象山先生與朱子同時異壤，一則主席鹿洞，一則講學鵝湖，當世並稱朱陸。觀其垂訓，立教易從，大抵欲人求放心，以復其本然之體。雖與朱子宗主不同，往反辨論，而其躬行實踐，期無愧於聖賢之道者，則無不同也。故考陸者必參朱，考朱者不廢陸。

陸集出自門人，自宋迄今，頗多散失。臨川李穆堂先生素佩陸，於其家得王文成公校本若干卷，爲之評點，並詳注門人姓字里居，至是已百有餘年矣，未經刊布。

庚辰秋，先生之嗣孫邦瑞將攜其稿入都門，復而新之。因予門下士汪生之旭請予爲序。予惟陸子生當宋代，理學名儒森然林立，而先生奮起草茅，天資學力超然物表，闡性命之微，窮天人之藴，與濂洛關閩並垂不朽，雖一時未盡其用，而後世得以存其説。今讀其文，凡斯道之循環往復，聖學之成始成終，胥於是乎在，將所謂「奮乎百世之上，百世之下聞者莫不興起也」，先生有焉。予固喜邦瑞之能承先志，而又冀乎讀先生之書者之當窺其致力之所存，而不徒以尊德性爲見心之地也已。

賜進士及第、禮部尚書、山陽後學瑟庵汪廷珍書於都門邸舍。

叙

自虞書肇傳心之學，而千古道統以開，大學功先格致，中庸明善乃可誠身，孟子欲人不失其本心，蓋未有真知灼見而不能見諸躬行者，亦未有踐履篤實而不本於心得者。孔子稱顔子好學，語之不惰，惟其心解，是以力行也。傳曾子一貫，使知一心能貫衆理也。孟子言學問之道在求放心，以心存則理得也，昌黎謂孟子後不得其傳。宋世諸儒昌明絶學，厥功偉矣！其與朱子同時講學，有金谿陸子，負絶世之姿，具有神悟，方其反復辨論，間有牴牾，雖互相駁詰不以爲嫌。而世誤以朱爲專道問學，陸爲專尊德性，不知遺德性别無所謂問學，離問學安在其爲尊德性耶？孔子曰：「託之空言，不如見諸行事。」今二公之經濟既皆彪炳史志，而陸子生平詳儒釋之辨，嚴義利之防，教人先在發明本心，殆有功於孟子。或乃疑其近禪，不知禪家專尚虚無。陸子言心悉衷義理，實確有所得，觀於治家，閨門之内儼若朝廷，其知荆門軍，盜息民安，一郡之中僉以爲神，此豈禪家者流所能設施也哉！第學之者無其才識，不能必他人之悉如陸子，故自楊慈湖以後，或有入於偏者。若朱陸之同否，今即以朱子之言定之。曾有遺文公書，謗及象山先生，朱子答云：「子静未可輕議。」又云：「南渡以來，理會得着實工夫者，某與子静而已。」苟非志同道合，何以及此？然則强分門户，存偏袒之見者，細讀其全集，並印以朱子之言，庶可以知陸子也已。

歲辛巳，秉鐸鄂城時，金谿陸兄名邦瑞者來楚，乃文安公二十二世孫也。其人雍容儒雅，能守先緒，攜所藏象山夫子全集刊本，同郡李穆堂先生曾有評點，囑爲重校，間亦竊附跋語，加以按字，於是勉力付梓。若陸君者，殆不愧儒先後裔矣。

時道光三年孟夏穀旦，江夏儒學教諭、黄陂後學周毓齡問袁氏頓首拜撰。

卷一

書

與邵叔誼浙江人，問學於文安公

前日竊聞嘗以夫子所論齊景公、伯夷、叔齊之説，定命以祛俗惑〔一〕，至今嘆服，不能弭忘。笑談之間，度越如此，輔之切磋，何可當也！充其所見，推其所爲，勿怠勿畫，益著益察，日躋於純一之地，是所望於君子，夷、齊未足言也。

此天之所以予我者，非由外鑠我也。思則得之，得此者也；先立乎其大者，立此者也；積善者，積此者也；集義者，集此者也；知德者，知此者也。進德者，進此者也。同此之謂同德，異此之謂異端。心逸日休，心勞日拙，德僞之辨也。豈唯辨諸其身，人之賢否，書之正僞，舉將

〔一〕「定命」，成化本、正德本、嘉靖本、萬曆本、四庫本作「斷命」。

不逃於此矣。自有諸己至於大而化之，其寬裕溫柔足以有容，發强剛毅足以有執，齊莊中正足以有敬，文理密察足以有别。增加馴積，水漸木升，固月異而歲不同。然由萌蘖之生而至於枝葉扶疏，由源泉混混而至於放乎四海，豈二物哉？中庸曰：「誠者，物之終始，不誠無物。」又曰：「其爲物不貳。」此之謂也。

學問固無窮已，然端緒得失則當早辨，是非向背可以立決。顔子之好學，夫子實亟稱之，而未見其止，蓋惜之於既亡。其後曾子亦無疑於夫子之道，然且謂爲魯，在柴愚師辟之間，素所蓄積，又安敢望顔子哉？曾之於顔，顔之於夫子，固自有次第。然而，江漢以濯之，秋陽以暴之，雖夫子不能逃於曾子矣。豈唯曾子哉？君子之道，夫婦之愚不肖可以與知能行。唐、周之時，康衢擊壤之民，中林施置之夫，亦帝堯、文王所不能逃也。故孟子曰：「人皆可以爲堯舜。」病其自暴自棄，則爲之發四端，曰：「人之有是而自謂不能者，自賊者也；謂其君不能者，賊其君者也。」夫子曰：「一日克己復禮，天下歸仁焉。」此復之初也。鈞是人也，己私安有不可克者？顧不能自知其非，則不知自克耳。王澤之竭，利欲日熾。先覺不作，民心橫奔。浮文異端，轉相熒惑。往聖話言，徒爲藩飾。而爲機變之巧者，又復魑魅魍魎其間。耻非其耻，而耻心亡矣。

今謂之學問思辯，而於此不能深切著明，依憑空言，傅著意見，增疣益贅，助勝崇私，重其狷忿，長其負恃，蒙蔽至理，扞格至言，自以爲是，没世不復，此其爲罪，浮於自暴自棄之人矣。此人之過，其初甚小，其後乃大；人之救之，其初則易，其後則難，亦其勢然也。「物有本末，事有終始，知所先後，則近道矣。」於其端緒知之不至，悉精畢力求多於末溝澮皆盈，涸可立待，要之其終，本末俱失。夫子曰：「知之爲知之，不知爲不知，是知也。」後世耻一物之不知者，亦耻非其耻矣。人情物理之變，何可勝窮？若其標末，雖古聖人不能盡知也。稷之不能審於八音，夔之不能詳於五種，可以理揆。夫子之聖，自以少賤而多能，然稼不如老農，圃不如老圃，雖其老於論道，亦曰「學而不厭」，啓助之益，需於後學。伏羲之時，未有堯之文章；唐虞之時，未有成周之禮樂。非伏羲之智不如堯，而堯舜之智不如周公，古之聖賢，更續緝熙之際尚可考也。學未知至，自用其私者，乃至於亂原委之倫，顛萌蘖之序，窮年卒歲，非所底麗，猶焦焦然思以易天下，豈不謬哉？

李評：陽明先生答顧東橋書最末一大段，娓娓千言，暢發陸子此書之意，然辭繁不殺，與言簡而意足者相較，覺道德之淺深，世代之先後，自有界限，不能無感焉。至於悲天憫人，汲汲皇皇之意，如痌瘝在身，實有不容已於天下者，則兩君子先後同揆。所謂考諸三王而不謬，建諸天地而不悖，質諸鬼神而無疑，百世以俟聖人而不惑者也。

與曾宅之 諱祖道，廬陵人，師事文安公

曩蒙訪逮，切磋未究，足下以親庭之命不能留，臨別有來歲相過之約，日望書劍至止，竟墮渺茫，何耶？

某自去年春尾在山間，聞猶子槱之之訃以歸，内外撫棺視窆之役，相尋以卒歲。近者始得復至山房，山間泉石頗多，適值瀑流方壯，李注：瀑，音暴，飛泉懸水也。噴玉湧雪，處處争奇。經年之別，不容不遍撫勞之。旁郡朋友往往輳集，應酬殊不少暇，頗復勞勩。既而霖霪不解，遂以感疾。山間不便醫藥，扶病出山。半山遇盛价致書。越數日抵家，病又增劇。比日少甦，始得發視，氣力倦憊，又未能作復。稽留盛价，皇恐！

示諭與章太博問答，其義甚正。其前述某之説，又自援據反覆，此則是足下病處。所述某之言亦失其實，記録人言語極難，非心通意解，往往多不得其實。前輩多戒門人無妄録其語言，爲其不能通解，乃自以己意聽之，必失其實也。相去之遠，不得面言，不若將平時書問與所作文字講習稽考，差有據依。若據此爲辨，則有案底，不至大訛舛也。

且如「存誠」「持敬」二語自不同，豈可合説？「存誠」字於古有考，「持敬」字乃後來杜撰。易曰：「閑邪存其誠。」孟子曰：「存其心。」某舊亦嘗以「存」名齋。孟子曰：「庶民去之，君子

存之。」又曰：「其爲人也寡欲，雖有不存焉者寡矣；其爲人也多欲，雖有存焉者寡矣。」只「存」一字，自可使人明得此理。此理本天所以與我，非由外鑠。明得此理，即是主宰。真能爲主，則外物不能移，邪説不能惑。所病於吾友者，正謂此理不明，内無所主，一向縈絆於浮論虚説，終日只依藉外説以爲主，天之所與我者反爲客。主客倒置，迷而不反，惑而不解。坦然明白之理可使婦人童子聽之而喻，勤學之士反爲之迷惑，自爲支離之説以自縈纏，窮年卒歲，靡所底麗，豈不重可憐哉？使生在治古盛時，蒙被先聖王之澤，必無此病。惟其生於後世，學絶道喪，異端邪説充塞彌滿，遂使有志之士罹此患害，乃與世間凡庸恣情縱欲之人均其陷溺，此豈非以學術殺天下哉？李評：臧、穀用心雖異，其爲亡羊則一。

後世言易者以爲易道至幽至深，學者皆不敢輕言。然聖人贊易則曰：「乾以易知，坤以簡能。易則易知，簡則易從。易知則有親，易從則有功。有親則可久，有功則可大。可久則賢人之德，可大則賢人之業。易簡而天下之理得矣。」孟子曰：「夫道若大路然，豈難知哉？」夫子曰：「仁遠乎哉？我欲仁，斯仁至矣。」又曰：「一日克己復禮，天下歸仁焉。」又曰：「未之思也，夫何遠之有？」孟子曰：「道在邇而求諸遠，事在易而求諸難。」又曰：「堯舜之道，孝弟而已矣。」「徐行後長者謂之弟，疾行先長者謂之不弟。夫徐行者，豈人所不能哉？不爲耳。」又曰：「人能充無欲害人之心，而仁不可勝用也；人能充無穿窬之心，而義不可勝用也。」又曰：

「人之有是而自謂不能者，自賊者也；謂其君不能者，賊其君者也。」又曰：「吾身不能居仁由義，謂之自棄。」古聖賢之言，若合符節〔二〕。蓋心，一心也；理，一理也。至當歸一，精義無二，此心此理，實不容有二。故夫子曰：「吾道一以貫之。」孟子曰：「夫道，一而已矣。」又曰：「道二，仁與不仁而已矣。」如是則爲仁，反是則爲不仁。仁即此心也，此理也。求則得之，得此理也；先知者，知此理也；先覺者，覺此理也；愛其親者，此理也；敬其兄者，此理也；見孺子將入井，而有怵惕惻隱之心者，此理也；可羞之事則羞之，可惡之事則惡之者，此理也；是知其爲是，非知其爲非，此理也；宜辭而辭，宜遜而遜者，此理也；敬，此理也；義，亦此理也；内，此理也；外，亦此理也。李評：陸子論心，句句説理，而道聽塗説之流必誣其專言精神，近於禪學。蓋愛憎之口不必其事之有根，如娶寡女者，必詆爲撾婦翁而不自疑其妄。彼陳建輩可謂無忌憚之小人矣。故曰：「直方大，不習無不利。」孟子曰：「所不慮而知者，其良知也；所不學而能者，其良能也。」此天之所與我者，我固有之，非由外鑠我也。故曰：「萬物皆備於我矣，反身而誠，樂莫大焉。」此吾之本心也，所謂安宅、正路者，此也；所謂廣居、正位、大道者，此也。古人自得之，故有其實。言理則是實理，言事則是實事，德則實德，行則實行。李評：即夫子所謂「先行其言，而後從之」。吾與晦翁書所謂：「古人質實，

〔二〕「若」字前，成化本、正德本、嘉靖本、萬曆本有「大抵」二字。

不尚智巧，言論未詳，事實先著，知之爲知之，不知爲不知。所謂『先知覺後知，先覺覺後覺』者，以其事實覺其事實，故言即其事，事即其言，所謂『言顧行，行顧言』。周道之衰，文貌日勝，事實湮於意見，典訓蕪於辯説〔一〕，揣量模寫之工，依倣假借之似，其條畫足以自信，其習熟足以自安。以子貢之達，又得夫子而師承之，尚不免此。『多學而識之』之見非夫子叩之，彼固晏然而無疑。『先行』之訓，『予欲無言』之訓，所以覺之者屢矣，而終不悟。夫子既殁，其傳固在曾子，蓋可觀矣。」李注：自「古人質實」以下至「蓋可觀矣」共九行，與與朱元晦書同。況其不工不似，不足以自信，不足以自安者乎？雖然，彼其工且似，足以自信，足以自安，則有終身不反之患，有不可救藥之勢。李評：所謂「與溺於意見之人言難」。乃若未工未似，未足以自信，未足以自安，則舍其邪而歸於正，猶易爲力也。

來書「蕩而無歸」之説大謬。今足下終日依靠人言語，又未有定論，如在逆旅，乃所謂無所歸。今使足下復其本心，居安宅，由正路，立正位，行大道，乃反爲無所歸，足下之不智亦甚矣！今已私未克之人，如在陷穽，如在荆棘，如在泥塗，如在囹圄械繫之中，見先知先覺，其言廣大高明，與己不類，反疑恐一旦如此則無所歸。不亦鄙哉！不亦謬哉！不知此乃是廣居、正位、大

〔一〕「辯」，成化本、正德本、嘉靖本、萬曆本作「辨」。

道，欲得所歸，何以易此？欲有所主，何以易此？今拘攣舊習，不肯棄捨，乃狃其狹而懼於廣，狃其邪而懼於正，狃其小而懼於大，尚得爲智乎？夫子曰：「汝爲君子儒，無爲小人儒。」古之所謂小人儒者，亦不過依據末節細行以自律，未至如今人有如許浮論虛説謬悠無根之甚，夫子猶以爲門人之戒，又況如今日謬悠無根而可安乎？吾友能棄去謬習，復其本心，使此一陽爲主於內，造次必於是，顛沛必於是，無終食之間而違於是。此乃所謂「有事焉」，乃所謂「勿忘」，乃所謂「敬」。果能不替不息，乃是積善，乃是集義，乃是善養浩然之氣，真能如此，則不愧古人。其引用經語，乃是聖人先得我心之所同然，則不爲侮聖言矣。今終日營營，如無根之木，無源之水，有採摘汲引之勞，而盈涸榮枯無常，豈所謂「源泉混混，不舍晝夜，盈科而後進」者哉？終日簸弄經語以自傅益，真所謂「侮聖言」者矣。

書言「日嚴祗敬六德」，又言「文王之敬忌」，又曰「罔不克敬典」；詩言「敬天之渝」，又言「敬之敬之」，又言「聖敬日躋」；論語言「敬事而信」，又言「修己以敬」；孟子言「敬王」「敬兄」，未嘗有言「持敬」者。觀此二字，可見其不明道矣。吾與足下言者，必因足下之及此而後言其旨，只欲足下知古人事實，而不累於無根之説。足下謂得此説而思之，足下以此爲説，其不明吾言甚矣，宜其不能記憶，附以己意而失其本真也。

又如「脱灑」二字亦不正，足下何不言吾之見邪，不如古人之見正；吾之説虛，不如古人之説實。如此自訟，則有省發之理，若只管從脱灑等處思之，終不能得其正。此理甚明，具在人心。李評：陸子甚不取「脱灑」二字，而誣之者乃謂其專欲脱灑，實可怪歎。足下不幸受蔽於謬妄之習，今日乃費人許多氣力。此事若不明白，不應安安而居，遲遲而來。病倦，不能檃括文辭使之簡約，信手直書大概，幸三復而頓棄其舊，則當知聖賢之言真不我欺也。

與胡季隨 諱大時，號盤谷，五峰先生宏季子也。季隨之子係文安公婿

辛丑之春在南康，見所與晦菴書，深服邁往。丙午之夏，吴山廨舍，相從越月，以識面爲喜，以款集爲幸。然區區之懷終不能孚達於左右，每用自愧。

大學言明明德之序先於致知。孟子言誠身之道在於明善。今善之未明，知之未至，而循誦習傳，陰儲密積，廑身以從事，喻諸登山而陷谷，愈入而愈深；適越而北轅，愈騖而愈遠。不知開端發足大指之非，而日與澤虞燕賈課遠近、計枉直於其間，是必没身於大澤，窮老於幽都而已。

來書所舉某與元晦論太極書，辭皆至理誠言，左右能徹私去蔽，當無疑於此矣。不然，今之爲欣厭者，皆其私也，豈可遽操以爲驗，稽以爲決哉？

二

王文公祠記乃是斷百餘年未了底大公案，自謂聖人復起，不易吾言。餘子未嘗學問，妄肆指議，此無足多怪。同志之士猶或未能盡察，此良可慨歎！足下獨謂使荊公復生，亦將無以自解，精識如此，吾道之幸！

傅、項、黄三士人品固有不同，其爲學亦不相似。若望其致知明善，雖子淵亦不能無離索之患。元吉今在此，雖稍若知過，要未特達。

學者之難得，所從來久矣。道不遠人，人自遠之耳。人心不能無蒙蔽，蒙蔽之未徹，則日以陷溺。諸子百家往往以聖賢自期，仁義道德自命，然其所以卒畔於皇極而不能自拔者，蓋蒙蔽而不自覺，陷溺而不自知耳。

顔子之賢，夫子所屢歎，氣質之美，固絶人甚遠。子貢非能知顔子者，然亦自知非儔偶。論語所載顔淵喟然之歎，當在問仁之前；「爲邦」之問，當在問仁之後；「請事斯語」之時，乃其知之始至，善之始明時也。以顔子之賢，雖其知之未至，善之未明，亦必不至有聲色貨利之累，忿狠縱肆之失，夫子答其問仁，乃有「克己復禮」之説。所謂己私者，非必如常人所見之過惡而後爲己私也。己之未克，雖自命以仁義道德，自期以可至聖賢之地者，皆其私也。顔子之所以異乎衆人者，爲其不安乎此，極鑽仰之力，而不能自已，故卒能踐「克己復禮」之言，而知遂以至，善遂以明也。李評：顔子之志在無伐善、無施勞，正是其克己處，此意惟陸子知之，故其論如此。若子貢之明達，固居游、夏之右，見禮知政，聞樂知德之識，絶凡民遠矣。從夫子遊如彼其久，尊信夫子之道如彼其至。夫子既没，其傳乃不在子貢，顧在曾子。私見之錮人，難於自知如此。曾子得之以魯，子貢失之以達，天德已見消長之驗，莫著於此矣。

學問之初，切磋之次，必有自疑之兆，及其至也，必有自克之實，此古人物格、知至之功也。己實未能自克而不以自疑，方憑之以決是非，定可否，縱其標末如子貢之屢中，適重夫子之憂耳，況又未能也。物則所在，非達天德，未易輕言也。「所惡於智者，爲其鑿也。如智者若禹之行水也，則無惡於智矣。禹之行水也，行其所無事也，如智者亦行其所無事，則智亦大矣。」宰我、子貢、有若，智足以知聖人。三子之智，蓋其英爽足以有所精别，異乎陳子禽、叔孫武叔之流耳。若責之以大智，望之以真知聖人，非其任也。顔子「請事斯語」之後，真知聖人矣。曾子雖未及顔子，若其真知聖人則與顔子同。學未知止，則其知必不能至。知之未至，聖賢地位未易輕言也。何時合并，以究此理。

與趙監 諱汝謙

垂諭新工，尤慰勤企！

道塞宇宙，非有所隱遁，在天曰陰陽，在地曰柔剛，在人曰仁義。故仁義者，人之本心也。孟子曰：「存乎人者，豈無仁義之心哉？」又曰：「我固有之，非由外鑠我也。」愚不肖者不及焉，則蔽於物欲而失其本心；賢者智者過之，則蔽於意見而失其本心。故易大傳曰：「仁者見之謂之仁，智者見之謂之智，百姓日用而不知，故君子之道鮮矣。」徇物欲者，既馳而不知止；徇意見者，又馳而不知止。故道在邇而求諸遠，事在易而求諸難。道豈遠而事豈難？意見不實，自作艱難耳。深知其非，則蔽解惑去而得所止矣。道本自若，豈如以手取物，必有得於外然後爲得哉？鄧丞李注：鄧丞，即文範。於此深知端緒，幸與進而圖之。

二

社倉事，自元晦建請，幾年於此矣，有司不復掛之牆壁，遠方至無知者。某在敕局時，因編寬恤詔令，得見此文，與同官咨歎者累日，遂編入廣賑恤門。今乃得執事發明之，此梭山兄所以樂就下風也。其間瑣細，敢不自竭。需公移之至，續得布稟。

道外無事，事外無道，向嘗以智愚、賢不肖、過不及之説布復，想洞然無疑於此矣。詩稱文王「不識不知，順帝之則」。康衢之歌堯亦不過如此。論語之稱舜、禹曰：「巍巍乎有天下而不與焉」。人能知「與焉」之過，無「識知」之病，則此心炯然，此理坦然，物各付物，會其有極，歸其有極矣。「所過者化，所存者神，上下與天地同流，豈曰小補之哉？」不然，則作好作惡之私，偏黨反側之患，雖賢者智者有所未免，中固未易執，和固未易致也。

深欲一至函丈，而冗擾未能，輒此薦其區區，尊意以爲何如？幸有以教之！

與鄧文範 諱約禮，號直齋，臨川人，登淳熙五年進士，從文安公學

昨晚得倉臺書，李注：倉臺，即趙監。謂別後稍棄舊而圖新，了然未有所得。殆似覓心了不可得者，此乃欲有所得之心耶？初信欲歸，此意極佳，但能不忘此意，更使深厚，則雖不歸猶歸也。古人學如不及，尊德樂道，親師求友之心不啻飢渴，豈虛也哉？是必務實之士真知不足者然後能如此也。此與自任私智，好勝争强，竊近似以爲外飾者，天淵不侔，燕越異鄉，察之不可不精，辨之不可不明。於此不精明，便是不識路頭，終汩没於形似而無所至止。「綿蠻黄鳥，止於丘隅」，於止知其所止，可以人而不如鳥乎？「知止而後有定，定而後能静，静而後能安，安而後能慮，慮而後能得」，學不知止而謂其能慮能得，吾不信也。人不自知其爲私意私説，而反致

疑於知學之士者，亦其勢然也。人誠知止，即有定論，静安慮得，乃必然之勢，非可强致之也。此集義所生與義襲而取之者之所由辨，由仁義行與行仁義者之所由分；而曾子、子夏之勇，孟子、告子之不動心，所以背而馳者也。書曰：「欽厥止。」不知所止，豈能欽厥止哉？又曰：「安汝止。」不欽厥止，豈能安汝止哉？汝初信問讀易之法，誠知所止，則其於往訓如歸吾家而入吾門矣。

聞秋試一中，亦爲之喜。試中、試不中，有校定、無校定，本不足深計，所可喜者，得失之心未去，未釋然耳。此心猶未釋然，則所謂棄舊者特棄其末，未棄其本也，宜其謂之稍棄。此乃害心之本，非本心也，是所以蔽其本心者也。愚不肖者之蔽在於物欲，賢者智者之蔽在於意見，高下汙潔雖不同，其爲蔽理溺心而不得其正則一也。然蔽溺在汙下者往往易解，而患其安焉而不求解，自暴自棄者是也。蔽溺在高潔者，大抵自是而難解，諸子百家是也。今倉臺雖未免有高潔之蔽，然不自是，當不難解矣。復書已啓其端，幸即求見而究其説。萬一尚且遲回，春晚當爲一行也。

二

道喪之久，異端邪説充塞天下，自非上知，誰能不惑？人之難得，亦其理然也。「鳥獸不可與同羣，吾非斯人之徒與而誰與？」當其扞格支離，只得精求方略，庶幾或悟耳。李評：誨人不倦之心如此。

與姪孫濬

夏末得汝陳官人到後信，胸襟頓别，辭理明暢，甚爲喜慰！乃知汝質性本不昏滯，獨以不親講益，故爲俗見俗説牽制埋没耳。其後二三信雖是倉卒，終覺不如初信，豈非困於獨學，無朋友之助而然？得失之心未去，則不得；得失之心去，則得之。時文之説未破，則不得；時文之説破，則得之。不惟可使汝日進於學而無魔祟，因是亦可以解流俗之深惑也。

山間近來結廬者甚衆，吾祠禄既滿，李注：祠官，宋朝設祠禄之官以佚老優賢。無以爲糧，諸生始聚糧相迎。今方丈前又成一閣，部勒羣山，氣象益偉。第諸生中有力者寡，爲此亦良不易，未能多供人耳。今夏更去迭來，常不下百人，若一時俱來，亦未有著處。貴溪宰甚有政聲，邑人以爲久無此人。其致禮於山間甚厚，屢欲躬至問道而未果。夏末有復其一書，録往汝觀之，非虚辭也。

道之將墜，自孔孟之生不能回天而易命，然聖賢豈以其時之如此而廢其業、隳其志哉？慟哭於顔淵之亡，喟嘆於曾點之志，此豈梏於蕞然之形體者所能知哉？孔氏之轍環於天下，長沮、桀溺、楚狂接輿、負蕢植杖之流，刺譏玩慢，見於論語者如此耳。如當時之俗，揆之理勢，則其陵藉侵侮，豈遽止是哉？宋、衛、陳、蔡之間，伐木、絶糧之事，則又幾危其身，然其行道之心豈以此等而爲之衰止？「文不在茲」「期月而可」，此夫子之志也。春秋之作，殆不得已焉耳。「然而無有乎爾，則亦無有乎爾」，此又孟子之志也。故曰：「當今天下，舍我其誰哉？」至所以祛尹士、充虞之惑者，其自述至詳且明。

由孟子而來，千有五百餘年之間，以儒名者甚衆，而荀、楊、王、韓獨著，專場蓋代，天下歸之，非止朋遊黨與之私也。若曰傳堯舜之道，續孔孟之統，則不容以形似假借，天下萬世之公，亦終不可厚誣也。至於近時伊、洛諸賢，研道益深，講道益詳，志向之專，踐行之篤，乃漢唐所無有，其所植立成就可謂盛矣！然「江漢以濯之，秋陽以暴之」，未見其如曾子之能信其皜皜；「肫肫其仁，淵淵其淵」，未見其如子思之能達其浩浩；「正人心，息邪説，距詖行，放淫辭」，未見其如孟子之長於知言，而有以承三聖也。

故道之不明，天下雖有美材厚德而不能以自成自達，困於聞見之支離，窮年卒歲而無所至止。若其氣質之不美，志念之不正，而假竊傅會，蠹食蛆長於經傳文字之間者，何可勝道？方今熟爛敗壞，如齊威、秦皇之尸。誠有大學之志者，敢不少自强乎？於此有志，於此有勇，於此有立，然後能克己復禮，遜志時敏，真「地中有山，謙」也。不然，則凡爲謙遜者，亦徒爲假竊緣飾，而其實崇私務勝而已。比有一輩，沉吟堅忍以師心，婉孌夸毗以媚世，李注：夸，大。毗，附。屈己卑身附人也。朝四暮三以悦衆狙，李注：狙，音疽，猿屬。尤可惡也。不爲此等所眩，則自求多福，何遠之有？

道非難知，亦非難行，患人無志耳。及其有志，又患無真實師友，反相眩惑，則爲可惜耳。凡今所以爲汝言者，爲此耳。蔽解惑去，此心此理我固有之，所謂「萬物皆備於我」，昔之聖賢先得我心之同然者耳，故曰：「周公豈欺我哉？」

與李省幹

某試吏于此，頗益自信此學之不可須臾離也。有朋自遠方來，乃所大願。承有意相與切磋乎此，敬延跂俟之。平甫舊相從，恨其端緒未明，未知所以用力。今此又交一臂而去，每爲平甫不滿。此學之不明，千有五百餘年矣。異端充塞，聖經榛蕪，質美志篤者，尤爲可惜！何時共講，以快此懷？未相見間，儻有所疑，以片紙寓諸郵筒可也。

二

古先聖賢，無不由學。伏羲尚矣，猶以天地萬物爲師，俯仰遠近，觀取備矣，於是始作八卦。夫子生於晚周，麟遊鳳翥，出類拔萃，謂「天縱之將聖」，非溢辭也。然而自謂「我非生而知之者，好古，敏以求之者也」。中庸稱之，亦曰：「祖述堯舜，憲章文武。」堯舜相繼以臨天下，而皋陶矢謨其間，曰：「朕言惠，可厎行。」武王纘太王、王季、文王之緒以有天下，未及下車，訪于箕子，俾陳洪範。高宗曰：「台小子舊學於甘盤，既乃遁於荒野，入宅於河，自河徂亳，暨厥終罔顯。爾惟訓於朕志：若作酒醴，爾惟麴糵〔一〕；若作和羹，爾惟鹽梅。」人生而不知學，學而不求師，其可乎哉？

秦漢以來，學絶道喪，世不復有師。以至於唐，曰師，曰弟子云者，反以爲笑，韓退之、柳子厚猶爲之屢歎。惟本朝理學遠過漢唐，始復有師道。雖然，學者不求師，與求而不能虛心，不能退聽，此固學者之罪；學者知求師矣，能退聽矣，所以導之者乃非其道，此則師之罪也。

學於夫子者多矣，顔淵、閔子騫、冉伯牛、仲弓固無可疵，外此則有南宫适、宓子賤、漆雕開近於四子。三人之外，最後出如高子羔、曾子，雖有愚魯之號，其實皆夫子所喜。於二人中，尤屬意於子羔，不幸前夫子而死，不見其所成就，卒之傳夫子之道者，乃在曾子。伯魚死，子思乃夫子適孫，夫子之門人光耀於當世者甚多，而子思獨師事曾子，則平日夫子爲子思擇師者可知矣。宰我、子貢、有若，其才智最高，子夏、子游、子張又下一等。然游、夏已擅文學之場，而堂堂

〔一〕「惟」，原作「爲」，據正德本、萬曆本及尚書正義卷十説命下改。下「惟」字同。

乎子張，子游猶以爲難能。其言論足以動人，光華足以耀俗，誠非以愚魯得號者所可比擬。至其傳道授業，不謬於聖人，宰我、子貢、有若猶不在此位，況游、夏乎？故自曾子傳之子思，子思傳之孟子，乃得其傳者，外此則不可以言道。

居今之時，而尚友方册，取友當世，亦已難矣。足下求友之意切矣，顧不知迂拙之人果足以當足下所期否乎〔二〕？

鄙文數篇録往，幸熟復而審思之，毋徒徇其名而不察其實，乃所願望！未相見間，或有未當於足下之意者，願索言之，亦惟其是而已矣。愚見所到，固當傾倒，正不必以世俗相期也〔三〕。

〔二〕「當」，成化本、正德本、嘉靖本作「副」。

〔三〕「期」，原作「欺」，據成化本、正德本、嘉靖本、萬曆本改。

卷二

書

與王順伯

去夏遠辱臨存，甚慰積年闊别之懷。執别忽忽，又一歲有半，瞻企不啻渴饑。屢於七七哥書中蒙寄意之勤，感感！且知别後所學大進，膏潤沾溉多矣，敬仰之劇！然愚意竊有願訂正於左右者，不敢避浼瀆之罪。

大抵學術有説有實，儒者有儒者之説，老氏有老氏之説，釋氏有釋氏之説，天下之學術衆矣，而大門則此三家也。昔之有是説者，本於有是實，後之求是實者，亦必由是説。故凡學者之欲求其實，則必先習其説。既習之，又有得有不得。有得其實者，有徒得其説而不得其實者。説之中又有淺深，有精粗，有偏全，有純駁，實之中亦有之。凡此皆在其一家之中，而自有辨焉者也。論三家之同異、得失、是非，而相譏於得與不得，説與實，與夫淺深、精粗、偏全、純駁之間，而不知其爲三家之所均有者，則亦非其至者矣。

兄前兩與家兄書，大概謂儒釋同，其所以相比配者，蓋所謂均有之者也。某嘗以「義利」二字判儒釋，又曰「公私」，其實即義利也。儒者以人生天地之間，靈於萬物，貴於萬物，與天地並而爲三極。天有天道，地有地道，人有人道。人而不盡人道，不足與天地並。人有五官，官有其事，於是有是非得失，於是有教有學。其教之所從立者如此，故曰義，曰公。釋氏以人生天地間，有生死，有輪迴，有煩惱，以爲甚苦，而求所以免之。其有得道明悟者，則知本無生死，本無輪迴，本無煩惱。故其言曰「生死事大」。如兄所謂菩薩發心者，亦只爲此一大事。其教之所從立者如此，故曰利曰私。惟義惟公，故經世；惟利惟私，故出世。儒者雖至於無聲、無臭、無方、無體，皆主於經世；釋氏雖盡未來際普度之，皆主於出世。今習釋氏者，皆人也。彼既爲人，亦安能盡棄吾儒之仁義？彼雖出家，亦上報四恩。日用之間，此理之根諸心而不可泯滅者，彼固或存之也。然其爲教，非爲欲存此而起也，故其存不存，不足爲深造其道者輕重。若吾儒則曰：「人之所以異於禽獸者幾希，庶民去之，君子存之。」釋氏之所憐憫者，爲未出輪迴，生死相續，謂之生死海裏浮沉。若吾儒中聖賢，豈皆只在他生死海裏浮沉也？彼之所憐憫者，吾之聖賢無有也。然其教不爲欲免此而起，故其說不主此也。故釋氏之所憐憫者，吾儒之聖賢無之；吾儒之所病者，釋氏之聖賢則有之。試使釋氏之聖賢，而繩以春秋之法，童子知其不免矣。從其教之所由起者觀之，則儒釋之辨，公私義利之别判然截然，有不可同者矣。

某嘗妄論尊兄之質，人所難及，而不滿人意者，皆所習所鄉有以病之也。此非今日之言，蓋自初拜識時，已如此竊議矣。「舜居深山之中，與木石居，與鹿豕遊，其所以異於深山之野人者幾希。及其聞一善言，見一善行，若決江河，沛然莫之能禦也。」有過而不能勇改，天下之通患。然今世别有一般議論：以不輕改其素守爲老成，爲持重，爲謹審；以幡然改、沛然從者爲輕率，爲狂妄，爲無所守。凡事理但論是非，若已知吾所守所行者爲非，則豈可不速改；李評：如知非義，即當速已。若謂吾所守所行未爲非，則固不當改，又不論速不速也。智、仁、勇三者，天下之達德。尊兄之質本有勇，但從來向釋氏，不崇儒學〔一〕，故至徇流俗。朋友中見尊兄有剛決過人處，又有徇流俗處，莫不竊怪之。若某則妄論尊兄之徇流俗亦甚勇，他人則容易被聖賢之學聳動，雖不知其實，往往以其名而赴之。若尊兄則雖自覺有未穩當處，亦且頑忍安舊，有姑自守且徐圖之意。

某念非尊兄無以發其狂言，用忘犯分之罪，猖狂而言，辭不暇擇。某非敢使尊兄竊儒者之名以欺世，願尊兄試以「有言逆於汝心，必求諸道」之法試思之，或有可採。如謂不然，亦願詳以

〔一〕「崇」，嘉靖本作「從」。

見教。辨白此事，期於到頭，非兄尚誰望。

二

屬者僭易陳露所見，蒙教復詳至，開發多矣。來書有深不欲多言之語，某竊謂於所不當言者，加一言則非矣；若在所當言，則惟足以達其理意而已，不可以多少限也。躁人之辭多者，謂其躁妄、錯亂、贅疣，是則可删也。今方將於道術趨向之間切磋求是，則又奚多之病？願尊兄先除此一戒，使某得悉意承教，庶是非可明也。

尊兄所學以力行爲主，不專務論説，所見皆行履到處，非但言説而已。此不待論。某固不敢以言説待尊兄，交游間亦不以此病兄，獨謂兄所學不能無蔽耳。楊、墨、告子、許行之徒豈但言説，其所言即其所行，而孟子力闢之者，以爲其學非也。

儒釋之辨，某平時亦少所與論者：有相信者，或以語之，亦無所辯難，於我無益；有自立議論與我異者，又多是勝心所持，必欲己説之伸，不能公平求是，與之反覆，只成争辯，此又不可與論。今之僧徒多擔夫庸人，不通文理，既去髮胡服，又安能使之髪髪潔緇而從吾游耶？至於士大夫之好佛者，雖其好佛，亦只爲名而已！此又不足與論也。至如尊兄，不爲名，不好勝，凡事皆公心求是，又聰明博洽，鄉來未有自得處，猶有凝滯退縮之態，比來所見明白，議論發越，殊無凝滯退縮之態矣。設有如是資質，如是所到，然但工一家之説，則又難論。今兄兩家之書已皆探討，此而不與極論，則只成是自擔板矣〔二〕。

鄉來竊疑於兄者，以爲兄之資禀質實，强敏有餘，宏大通遠則不足，懼爲平日所鄉、所學、所習之所攝持，密制其命而不能度越擺脱，操不忘本之説以爲典訓，拒排釋氏者於千里之外，而與「至則行矣」「趨而避之」者同其介然自守之意，則無間之可乘矣。承來教謂：「若使釋果未進於儒，理須進步，何苦守其卑汙而不進。」然後知高明之度本自宏闊，而某之疑則誠淺陋矣。

某前書所論，論其教之所從起，而兄則指其所造以辨之。某雖不曾看釋藏經教，然而楞嚴、圓覺、維摩等經則嘗見之。如來書所舉愛涅槃、憎生死正是未免生死，未出輪迴；不了四相者正是未免生死，未出輪迴。四相雖有淺深、精粗，然其壽者相亦只是我相根本，潛伏藏識，謂之命根不斷。故其文曰：「若有人讚歎彼法，則生歡喜，便欲濟度；若有人誹謗彼所得者，即生嗔恨。」此亦正是未免生死，未出輪迴。又如來教：「因地法行，亦無身心受彼生死。」正是免得生死，出得輪迴。伊川先生有曰：「釋氏只是理會生死，其他都不理會。」近有一前輩參禪，禪叢中

〔二〕「擔板」，原作「檐版」，成化本、正德本作「擔版」，四庫本作「擔板」。今據四庫本改。按：「擔板」，多見於禪宗語録，意爲執著自我而不能隨順世間人情。

稱其所得，一日舉伊川先生之言曰：「某當時若得侍坐，便問道不知除生死外更有甚事？」不知尊兄所見與此人優劣如何？若尊兄初心不爲生死，不知因何趨向其道？

來書：「實際理地雖不受一塵，而佛事門中不捨一法。」若論不捨一法，則虎穴魔宫實爲佛事，淫房酒肆盡是道場。維摩使須菩提置鉢欲去之地，乃其極則。當是時十地菩薩猶被呵斥，以爲取舍未忘，染浄心在，彼其視吾詩、禮、春秋，何啻以爲緒餘土苴。唯其教之所從起者如此，故其道之所極亦如此。故某嘗謂儒爲大中，釋爲大偏。以釋與其他百家論，則百家爲不及，釋爲過之。原其始，要其終，則私與利而已。

來教謂「佛説出世，非舍此世而於天地外别有樂處」。某本非謂其如此，獨謂其不主於經世，非三極之道耳。又謂「若衆聖所以經世者，不由自心建立，方可言經世異於出世而别有妙道也」。吾儒之道乃天下之常道，豈是别有妙道？謂之典常，謂之彝倫，蓋天下之所共由，斯民之所日用，此道一而已矣，不可改頭换面。前書固謂今之爲釋氏者，亦豈能盡捨吾道，特其不主於是，而其違順得失，不足以爲深造〔其道〕者之輕重耳〔一〕。

尊兄謂「行所當行」。尊兄日用中所行合理處自是天資之美，與探討儒書之力，豈是讀華嚴

〔一〕「其道」，原無，據陸子學譜補。

有省發後方始如此〔二〕。然尊兄豈能保其所行皆合於理乎?韋編三絶而後贊易,敢道尊兄未嘗從事如此工夫;「吾志在春秋」,敢道尊兄不能有此志;「我亦欲正人心,息邪説,距詖行,放淫辭」,敢道此非尊兄之所欲。如是而謂儒釋同,恐無是理。今尊兄將空諸所有,其視硜硜擊磬者,果爲何事哉?若謂「治大國若烹小鮮」,「不以智治國,國之福」,或者其可以與尊兄之道並行而不悖也。

某方吐胸中愚見,欲求訂正,其辭不得不自達,願尊兄平心觀之。如不以爲然,幸無愛辭。鄉時兄弟有所論難,尚蒙推挽,令各極其意,況在朋友,彼此無他疑,正宜悉意評論,期歸乎一是之地。某平昔愚見所到,持論甚堅,然人言有以服其心,則不憚於幡然而改。惟尊兄有以知我非執己好勝者,幸不憚盡言。若鄙言可采,亦願尊兄不憚改轍也。「周公思兼三王以施四事,其有不合者,仰而思之,夜以繼日;幸而得之,坐以待旦。」夫子自謂:「其爲人也,發憤忘食,樂以忘憂,不知老之將至云耳」。又曰:「吾嘗終日不食,終夜不寢,以思,無益,不如學也。」又曰:「我學不厭而教不倦。」此其不可爲吾人標的乎?但只如此隨見在去,豈便無益於天下,顧有如尊兄之質,不無可惜處。

〔二〕「有」,嘉靖本作「自」。

適得張南軒與家兄書，今附達家兄處，可試觀之如何？家兄逼歲必歸宅上，不知曾更有切磋否？歲即除，伏幾多爲親壽，以厚新祉。

與朱元晦

黃、易二生歸，奉正月十四日書，備承改歲動息，慰浣之劇。不得嗣問，倏又經時，日深馳鄉。聞已赴闕奏事，何日對敭？李注：敭，音異〔一〕。伏想大攄素蘊，爲明主忠言，動悟淵衷，以幸天下。恨未得即聞緒餘，沃此傾渴。外間傳聞留中講讀，未知信否？誠得如此，豈勝慶幸！

鄉人彭世昌得一山，在信之西境，距敝廬兩舍而近，實龍虎山之宗。巨陵特起，豗然如象，李注：豗，音灰。豕掘地也，又相擊也。名曰象山。山間自爲原塢，良田清池，無異平野。山澗合爲瀑流，垂注數里。兩崖有蟠松怪石，却略偃蹇。中爲茂林，瓊瑤冰雪，傾倒激射，飛灑映帶於其間。春夏流壯，勢如奔雷。木石自爲階梯，可沿以觀。佳處與玉淵、卧龍未易優劣。往歲彭子結一廬以相延，某亦自爲精舍於其側。春間攜一姪二息讀書其上。又得勝處爲方丈以居，前挹閩山，奇峰萬疊，後帶二溪，下赴彭蠡。學子亦稍稍結茅其傍，相從講習，此理爲之日明。舞雩詠歸，

〔一〕此處李注有誤。「敭」爲「揚」之古字。「對敭」指面君奏對。

千載同樂。

某昔年兩得侍教，康廬之集，加款於鵝湖，然猶鹵莽淺陋，未能成章，無以相發，甚自愧也。比日少進，甚思一侍函丈，當有啓助，以卒餘教。尚此未能，登高臨流，每用悵惘！往歲覽尊兄與梭山家兄書，嘗因南豐便人，僭易致區區，蒙復書許以卒請，不勝幸甚！古之聖賢惟理是視，堯舜之聖，而詢於芻蕘，曾子之易簀，蓋得於執燭之童子。蒙九二曰：「納婦吉。」苟當於理，雖婦人孺子之言所不棄也。孟子曰：「盡信書，不如無書，吾於武成取二三策而已矣。」或乖理致，雖出古書，不敢盡信也。智者千慮，或有一失；愚者千慮，或有一得。人言豈可忽哉？

梭山兄謂：「太極圖說與通書不類，疑非周子所爲；不然，則或是其學未成時所作；不然，則或是傳他人之文，後人不辨也。蓋通書『理性命』章言『中焉止矣。二氣五行，化生萬物，五殊二實，二本則一』。曰一，曰中，即太極也，未嘗於其上加『無極』字。『動静』章言『五行陰陽，〔陰陽〕太極〔一〕』，亦無『無極』之文。假令太極圖說是其所傳，或其少時所作，則作通書時不言無極，蓋已知其說之非矣。」此言殆未可忽也。兄謂：「梭山急迫，看人文字未能盡彼之情，而欲遽申己意，是以輕於立論，徒爲多說，而未必果當於理。」大學曰：「無諸己而後非諸人。」人

〔一〕「陰陽」，原無，據四庫本及通書動静第十六補。

無古今、智愚、賢不肖，皆言也，皆文字也。觀兄與梭山之書，已不能酬斯言矣，尚何以責梭山哉？

尊兄向與梭山書云：「不言無極，則太極同於一物，而不足爲萬化根本；不言太極，則無極淪於空寂，而不能爲萬化根本。」夫太極者，實有是理，聖人從而發明之耳，非以空言立論，使後人簸弄於頰舌紙筆之間也。其爲萬化根本固自素定，其足不足，能不能，豈以人言不言之故耶？易大傳曰：「易有太極。」聖人言有，今乃言無，何也？作大傳時不言無極，太極何嘗同於一物，而不足爲萬化根本耶？洪範五皇極列在九疇之中，不言無極，太極亦何嘗同於一物，而不足爲萬化根本耶？太極固自若也，尊兄只管言來言去，轉加糊塗，此真所謂輕於立論，徒爲多説，而未必果當於理也。兄號句句而論，字字而議有年矣，宜益工益密，立言精確，足以悟疑辨惑，乃反疏脱如此，宜有以自反矣。

後書又謂「無極即是無形，太極即是有理。周先生恐學者錯認太極別爲一物，故著『無極』二字以明之」。易之大傳曰「形而上者謂之道」，又曰「一陰一陽之謂道」，一陰一陽已是形而上者，況太極乎？曉文義者舉知之矣。自有大傳，至今幾年，未聞有錯認太極別爲一物者。設有愚謬至此，奚啻不能以三隅反，何足上煩老先生特地於太極上加「無極」二字以曉之乎？且「極」字亦不可以「形」字釋之。蓋極者，中也，言無極則是猶言無中也，是奚可哉？若懼學者泥於形器而申釋之，則宜如詩言「上天之載」，而於下贊之曰「無聲無臭」可也，豈宜以「無極」字加於太極之上？李評：此駁最爲平允。朱子發謂濂溪得太極圖於穆伯長，伯長之傳出於陳希夷，其必有考。希夷之學，老氏之學也。「無極」二字出於老子「知其雄」章，吾聖人之書所無有也。老子首章言「無名天地之始，有名萬物之母」，而卒同之，此老氏宗旨也。「無極而太極」即是此旨。老氏學之不正，見理不明，所蔽在此。兄於此學用力之深，爲日之久，曾此之不能辨，何也？通書「中焉止矣」之言與此昭然不類，而兄曾不之察，何也？太極圖説以「無極」二字冠首，而通書終篇未嘗一及「無極」字。二程言論文字至多，亦未嘗一及「無極」字。假令其初實有是圖，觀其後來未嘗一及「無極」字，可見其道之進，而不自以爲是也。兄今考訂注釋，表顯尊信，如此其至，恐未得爲善祖述者也。潘清逸詩文可見矣，彼豈能知濂溪者？明道、伊川親師承濂溪，當時名賢居潘右者亦復不少，濂溪之誌卒屬於潘，可見其子孫之不能世其學也。兄何據之篤乎？梭山兄之言恐未宜忽也。

孟子與墨者夷之辯，則據其「愛無等差」之言；與許行辯，則據其「與民並耕」之言；與告子辯，則據其「義外」與「人性無分於善不善」之言，未嘗泛爲料度之説。兄之論辯則異於是。如某今者所論，則皆據尊兄書中要語，不敢增損，或稍用尊兄泛辭以相繩糾者，亦差有證據，抑所謂夫民今而後得反之也。

兄書令梭山「寬心游意，反復二家之言，必使於其所説如出於吾之所爲者而無纖芥之疑，然後可以發言立論，而斷其可否，則其爲辯也不煩，而理之所在無不得矣」。彼方深疑其説之非，則又安能使之如出於其所爲者而無纖芥之疑哉？若其如出於吾之所爲者而無纖芥之疑，則無不可矣，尚何論之可立，否之可斷哉？兄之此言無乃亦少傷於急迫而未精耶？兄又謂：「一以急迫之意求之，則於察理已不能精，而於彼之情又不詳盡，則徒爲紛紛，雖欲不差，不可得矣。」殆夫子自道也。

向在南康，論兄所解告子「不得於言，勿求於心」一章非是，兄令某平心觀之。某嘗答曰：「甲與乙辯，方各是其説，甲則曰願某乙平心也，乙亦曰願某甲平心也。平心之説恐難明白，不若據事論理可也。」今此「急迫」之説，「寬心游意」之説，正相類耳。論事理，不必以此等壓之，然後可明也。梭山氣禀寬緩，觀書未嘗草草，必優游諷詠，耐久紬繹。今以「急迫」指之，雖他人亦未喻也。夫辨是非，别邪正，決疑似，固貴於峻潔明白，若乃料度、羅織、文致之辭，願兄無易之也。

梭山兄所以不復致辯者，蓋以兄執己之意甚固，而視人之言甚忽，求勝不求益也，某則以爲不然。尊兄平日惓惓於朋友，求箴規切磨之益，蓋亦甚至。獨羣雌孤雄，人非惟不敢以忠言進於左右，亦未有能爲忠言者。言論之横出，其勢然耳。向來相聚，每以不能副兄所期爲愧，比者自謂少進，方將圖合并而承教。今兄爲時所用，進退殊路，合并未可期也。又蒙許其吐露，輒寓此少見區區，尊意不以爲然，幸不憚下教。

政遠，惟爲國保愛，以需柄用〔一〕，以澤天下。

二

伏自夏中拜書，尋聞得對，方深贊喜，冒疾遽興，重爲駭嘆。賢者進退綽綽有裕，所甚惜者爲世道耳。承還里第，屢欲致書，每以冗奪，徒積傾馳。江德功人至，奉十一月八日書，備承作止之詳，慰浣良劇。比閲邸報，竊知召命不容辭免，莫須更一出否？吾人進退自有大義，豈直避嫌畏譏而已哉。前日面對，必不止於職守所及，恨不得與聞至言，後便儻可垂教否？

前書條析所見，正以疇昔負兄所期，比日少進，方圖自贖耳。來書誨之諄複，不勝幸甚！愚心有所未安，義當展盡，不容但已，亦尊兄教之之本意也。近浙間一後生貽書見規，以爲吾二人者所習各已成熟，終不能以相爲，莫若置之勿論，以俟天下後世之自擇。鄙哉言乎！此輩凡陋，沉溺俗學，悖戾如此，亦可憐也。「人能弘道，非道弘人。」此理在宇宙間，固不以人之明不明、行

〔一〕「以需」，成化本、嘉靖本、萬曆本作「倚需」。

不行而加損。然人之爲人，則抑有其職矣。垂象而覆物者，天之職也；成形而載物者，地之職也；裁成天地之道，輔相天地之宜，以左右民者，人君之職也。孟子曰：「幼而學之，壯而欲行之。」所謂行之者，行其所學以格君心之非，引其君於當道，與其君論道經邦，燮理陰陽，使斯道達乎天下也。所謂學之者，從師親友，讀書考古，學問思辨，以明此道也。故少而學道，壯而行道者，士君子之職也。吾人皆無常師，周旋於羣言淆亂之中，俯仰參求，雖自謂其理已明，安知非私見詖説〔一〕，若雷同相從，一唱百和，莫知其非，此所甚可懼也。幸而有相疑不合〔二〕，在同志之間，正宜各盡所懷，力相切磋，期歸於一是之地。大舜之所以爲大者，善與人同，樂取諸人以爲善，聞一善言，見一善行，若決江河，沛然莫之能禦。吾人之志，當何求哉？惟其是〔而〕已矣〔三〕。疇昔明言善議，拳拳服膺而勿失，樂與天下共之者，以爲是也。今一旦以切磋而知其非，則棄前日之所習，勢當如出陷阱，如避荆棘，惟新之念若決江河，是得所欲而遂其志也。此豈小智之私，鄙陋之習，榮勝耻負者所能知哉？弗明弗措，古有明訓，敢悉布之。

〔一〕「詖」，成化本、嘉靖本、萬曆本作「蔽」。
〔二〕「幸」，成化本、嘉靖本、萬曆本作「何幸」。
〔三〕「而」，原無，據正德本補。

尊兄平日論文，甚取曾南豐之嚴健。南康爲別前一夕，讀尊兄之文，見其得意者，必簡健有力，每切敬服。嘗謂尊兄才力如此，故所取亦如此。今閱來書，但見文辭繳繞，氣象褊迫，其致辨處類皆遷就牽合，甚費分疏，終不明白，無乃爲「無極」所累，反困其才耶？不然，以尊兄之高明，自視其説亦當如黑白之易辨矣。尊兄嘗曉陳同父云：「欲賢者百尺竿頭進取一步，將來不作三代以下人物，省得氣力爲漢唐分疏，即更脱灑磊落。」今亦欲得尊兄進取一步，莫作孟子以下學術，省得氣力爲「無極」二字分疏，亦更脱灑磊落。古人質實，不尚智巧，言論未詳，事實先著，知之爲知之，不知爲不知。所謂「先知覺後知，先覺覺後覺」者，以其事實覺其事實，故言即其事，事即其言，所謂「言顧行，行顧言」。周道之衰，文貌日勝，事實湮於意見，典訓蕪於辨説，揣量模寫之工，依放假借之似，其條畫足以自信，其習熟足以自安。以子貢之達，又得夫子而師承之，尚不免此多學而識之之見。非夫子叩之，彼固晏然而無疑。「先行」之訓，「予欲無言」之訓，所以覺之者屢矣，而終不悟。顔子既没，其傳固在曾子，蓋可觀已。尊兄之才未知其與子貢如何？今日之病則有深於子貢者。尊兄誠能深知此病，則來書七條之説當不待條析而自解矣。然相去數百里，脱或未能自克，淹回舊習則不能無遺恨，請卒條之：

來書本是主張「無極」二字，而以明理爲説，其要則曰：「於此有以灼然實見太極之真體。」某竊謂尊兄未曾實見太極，若實見太極，上面必不更加「無極」字，下面必不更著「真體」字。上面加「無極」字，正是疊床上之床；下面著「真體」字，正是架屋下之屋〔一〕。虚見之與實見，其言固自不同也。又謂：「極者，正以其究竟至極，無名可名，故特謂之太極，猶曰舉天下之至極，無以加此云耳。」就令如此，又何必更於上面加「無極」字也？若謂欲言其無方所，無形狀，則前書固言，宜如詩言「上天之載」，而於其下贊之曰「無聲無臭」可也，豈宜以「無極」字加之太極之上？繫辭言「神無方矣〔二〕，豈可言無神；言「易無體矣」，豈可言無易。老氏以無爲天地之始，以有爲萬物之母，以常無觀妙，以常有觀徼，直將「無」字搭在上面正是老氏之學，豈可諱也？惟其所蔽在此，故其流爲任術數，爲無忌憚。此理乃宇宙之所固有，豈可言無？若以爲無，則君不君，臣不臣，父不父，子不子矣。楊朱未遽無君，而孟子以爲無君，墨翟未遽無父，而孟子以爲無父，此其所以爲知言也。極亦此理也，中亦此理也，五居九疇之中而曰「皇極」，豈非以其中而命之乎？民受天地之中以生，而詩言「立我烝民，莫匪爾極」，豈非以其中命之乎？中庸曰：「中也者，天下之大本也；和也者，天下之達道也；致中和，天地位焉，萬物育焉。」此理至矣，外此豈更復有太極哉？

以極爲「中」則爲不明理，以極爲「形」乃爲明理乎？字義固有一字而數義者，用字則有專

〔一〕「下」，原作「上」，據嘉靖本改。

一義者，有兼數義者；而字之指歸又有虛實，虛字則但當論字義，實字則當論所指之實。論其所指之實，則有非字義所能拘者。如「元」字有「始」義，有「長」義，有「大」義。坤五之元吉、屯之元亨則是虛字，專爲「大」義，不可復以他義參之。如「乾元」之「元」則是實字。論其所指之實，則文言所謂善，所謂仁，皆元也，亦豈可以字義拘之哉？「極」字亦如此，「太極」、「皇極」乃是實字，所指之實豈容有二。充塞宇宙無非此理，豈容以字義拘之乎？中即至理，何嘗不兼「至」義？大學、文言皆言「知至」，所謂至者，即此理也。語讀易者曰能知太極，即是知至；語讀洪範者曰能知皇極，即是知至。夫豈不可？蓋同指此理。則曰極，曰中，曰至，其實一也。「一極備，凶；一極無，凶。」此兩「極」字乃是虛字，專爲「至」義，却使得「極者，至極而已」，於此用「而已」字，方用得當。尊兄最號爲精通詁訓文義者，何爲尚惑於此？無乃理有未明，正以太泥而反失之乎？

至如直以陰陽爲形器而不得爲道，此尤不敢聞命。易之爲道，一陰一陽而已。先後、始終、動靜、晦明、上下、進退、往來、闔闢、盈虛、消長、尊卑、貴賤、表裏、隱顯、向背、順逆、存亡、得喪、出入、行藏何適而非一陰一陽哉？奇偶相尋，變化無窮，故曰其爲道也屢遷，變動不居，周流六虛，上下無常，剛柔相易，不可爲典要，唯變所適。說卦曰：「觀變於陰陽而立卦，發揮於剛柔而生爻，和順於道德而理於義，窮理盡性以至於命。」又曰：「昔者，聖人之作易也，將以順性命之理。是以立天之道，曰陰與陽；立地之道，曰柔與剛；立人之道，曰仁與義。」下繫亦曰：「易之爲書也，廣大悉備：有天道焉，有人道焉，有地道焉。兼三才而兩之，故六。六者非他也，三才之道也。」今顧以陰陽爲非道而直謂之形器，其孰爲昧於道器之分哉？

辯難有要領，言辭有指歸，爲辯而失要領，觀言而迷指歸，皆不明也。前書之辯，其要領在「無極」二字。尊兄確意主張，曲爲飾說，既以無形釋之，又謂「周子恐學者錯認太極別爲一物，故著『無極』二字以明之」。某於此見得尊兄只是强說來由，恐無是事。故前書舉大傳「一陰一陽之謂道」、「形而上者謂之道」兩句，以見粗識文義者亦知一陰一陽即是形而上者，必不至錯認太極別爲一物，故曰「況太極乎」？此其指歸，本自明白，而兄曾不之察，乃必見誣，以道上別有一物爲太極。通書曰：「中者，和也，中節也，天下之達道也，聖人之事也。故聖人立教，俾人自易其惡，自至其中而止矣。」周子之言中如此，亦不輕矣。外此豈更別有道理，乃不得比虛字乎？所舉「理性命」章五句，但欲見通書言中、言一而不言無極耳。「中焉止矣」一句，不妨自是斷章，兄必見誣以屬之下文。兄之爲辯失其指歸，大率類此。「盡信書，不如無書」，某實深信孟子之言。前書釋此段，亦多援據古書，獨頗不信無極之說耳。兄遽坐以直絀古書爲不足信，兄其深文矣哉！大傳、洪範、毛詩、周禮與太極圖說孰古？以極爲「形」而謂不得爲「中」，以一陰一陽爲「器」而謂不得爲「道」，此無乃少絀古書爲不足信而微任胸臆之所裁乎？

來書謂：「若論『無極』二字，乃是周子灼見道體，迥出常情，不顧傍人是非，不計自己得失，勇往直前，説出人不敢説底道理。」又謂：「周子所以謂之無極，正以其無方所，無形狀。」誠令如此，不知人有甚不敢道處？但加之太極之上，則吾聖門正不肯如此道耳。夫乾確然示人易矣，夫坤隤然示人簡矣，太極亦曷嘗隱於人哉？尊兄兩下説無説有，不知漏洩得多少。如所謂太極真體不傳之秘，無物之前，陰陽之外，不屬有無，不落方體，迥出常情，超出方外等語，莫是曾學禪宗，所得如此。平時既私其説以自〔高〕妙〔一〕，及教學者，則又往往秘此而多説文義，此漏洩之説所從出也。以實論之，兩頭都無着實，彼此只是葛藤末説。氣質不美者樂寄此以神其姦，不知繫絆多少好氣質底學者。既以病己，又以病人，殆非一言一行之過，兄其毋以久習於此而重自反也。

區區之忠，竭盡如此，流俗無知，必謂不遜。書曰：「有言逆於汝心，必求諸道。」諒在高明，正所樂聞。若猶有疑，願不憚下教。政遠，惟爲國自愛。

〔一〕「高」，原無，據正德本、嘉靖本補。

三

往歲經筵之除，士類胥慶，延跂以俟吾道之行，乃復不究起賢之禮，使人重爲慨嘆！新天子即位，海内屬目，然罷行陞黜率多人情之所未諭者，羣小駢肩而騁，氣息佛然[一]，諒不能不重勤長者憂國之懷。某五月晦日拜荆門之命，命下之日實三月二十八日，替黄元章闕，尚三年半，願有以教之。

首春借兵之還，伏領賜報，備承改歲動息，慰沃之劇。惟其不度，稍獻愚忠，未蒙省察，反成唐突，謙抑非情，督過深矣，不勝皇恐！向蒙尊兄促其條析，且有「無若令兄遽斷來章」之戒[二]，深以爲幸。别紙所謂：「我日斯邁，而月斯征。各尊所聞，各行所知亦可矣，無復望其必同也。」不謂尊兄遽作此語，甚非所望。「君子之過也，如日月之食焉。過也，人皆見之；及其更也，人皆仰之。」通人之過，雖微箴藥，久當自悟，諒今尊兄必涣然於此矣。願依末光，以卒餘教。李評：終不作斷絶語，忠厚之意藹然。

[一]「佛」，原作「拂」，據成化本、嘉靖本改。
[二]「章」，嘉靖本作「書」。

與吴顯仲 建昌南城人，文安公弟子

屬承訪逮，深見嗜學之誠，顧荒繆無以塞盛意。爲别未幾，已有思詠，便風得書，承比辰進修多福爲慰！顯仲質朴甚可嘉。爲學固不可迫切，亦當有窮究處乃有長進。若能隨分窮究，廢弛豈所患也？又所依得賢主人，不患無浸潤之益也。凌遽占復，莫既所懷，惟勉學自愛。

二

得書讀之，其辭與鄉時書辭不相類，儘平常妥帖，無甚病痛，但恐亦是偶然耳。若果如此，自能隨時學問，不患無益。縱無甚益，亦不至有甚繆戾也。況朝夕得親炙黄丈，又得與濟先相處，不可謂乏師友也。包顯道歸，遣此爲復，莫究所欲言，惟勉學自愛。

卷三

書

與童伯虞建昌南城人[一]，先事文达公，後事文安公

某秋試幸不爲考官所取，得與諸兄諸姪切磨於聖賢之道，以滓昔非，日有所警，易荆棘陷阱以康莊之衢，反羈旅乞食而居之於安宅，有足自慰者。

足下往年心期於予兄子壽，今年又與僕相處，趨向固不凡。近環吾居數百里間，前此蓋不多若足下者。然僕處足下之館幾半載，而不能回足下眷眷聲利之心，此誠僕淺陋之罪。曾子曰：「視其庭可以搏鼠，烏能與我歌乎？」仲尼、顔子之所樂，宗廟之美，百官之富，金革百萬之衆在其中。此豈可以二用其心而期與富貴利達兼得之者哉？記曰：「富潤屋，德潤身。」孟子

[一] 按：據(同治)貴溪縣誌卷八人物，此人名爲政，字伯虞，爲貴溪人。

曰：「趙孟之所貴，趙孟能賤之。」又曰：「仁義忠信，樂善不倦，此天爵也；公卿大夫，此人爵也。」孟子之時，求人爵者，尚必修其天爵，後世之求人爵，蓋無所事於天爵矣。捨此而從事於彼，何啻養一指而失其肩背。況又求之有道，得之有命，非人力所可必致者，而反營營汲汲於其間？以得喪爲欣慼，惑亦甚矣。子思曰：「人皆曰『予知』，驅而納諸罟擭陷阱之中，而莫之知辟也。」來書謂「無我笑」，此僕之所憫惜，非所笑也。足下雖不言，僕固知之深矣。向僕既不能舉聞足下領試亦不中，甚欲即書一紙爲足下言之，因循不遂。比來此念尤切，方此圖之，竟爲來書所先，輒布此爲復。

與劉深甫 諱造，建昌南城人，慶元二年進士，文安公弟子

來書示以方册所疑，足見爲學不苟簡。然其理皆甚明白，本無可疑。若於此未能通曉，則是進學工夫不甚純一，未免滯於言語爾。今欲一一爲深甫解釋，又恐只成言語議論，無益於深甫之身之心。非徒無益，未必不反害之也。

大抵爲學，但當孜孜進德修業，使此心於日用間戕賊日少，光潤日著，則聖賢垂訓，向以爲盤根錯節未可遽解者，將涣然冰釋，怡然理順，有不加思而得之者矣。書曰：「思曰睿，睿作聖。」孟子曰：「思則得之。」學固不可以不思，然思之爲道，貴切近而優游。切近則不失己，優游

得不切近，安得不優游？物皆然，心爲甚。」記曰：「心誠求之，雖不中，不遠矣。」日用之間何適而非思也。如是而思，安則不滯物。易曰：「擬之而後言，議之而後動。」孟子曰：「權，然後知輕重；度，然後知長短。

至於聖賢格言，切近的當，昭晣明白，初不難曉。而吾之權度，其則不遠，非假於外物。開卷讀書時，整冠肅容，平心定氣。詁訓章句，苟能從容勿迫而諷詠之，其理當自有彰彰者。縱滯礙，此心未充未明，猶有所滯而然耳，姑舍之以俟他日可也，不必苦思之。苦思則方寸自亂，自蹶其本，失己滯物，終不明白。但能於其所已通曉者，有鞭策之力，涵養之功，使德日以進，業日以修，而此心日充日明，則今日滯礙者，他日必有冰釋理順時矣。如此則讀書之次亦何適而非思也。如是而思，安得不切近？安得不優游？若固滯於言語之間，欲以失己滯物之智，强探而力索之，非吾之所敢知也。李評：此書真可爲讀書之法。

某銓曹再黜，來歲又未免一來。深甫勉之，謹無以言語議論妨進修之路，使此心之良，無斧斤之伐，牛羊之牧，而有雨露之霑滋、雷風之鼓舞，日以暢茂條達，則來示數章，不求解於他人矣。

與張輔之

諱商佐，同邑人，舉鄉貢進士，九叙公長婿，從學文安公

來書累累及己事，辭複而意切，讀之甚喜慰。苟如是，誰不欲相告者，況如某之直而多言者耶？今此子壽兄入邑，此事政可面論。第恐事罷不復能留，至邑又有謁見應接之煩，雖相見，有不暇及此耳。故略寓此言之。

蒙諭鍼膏肓之説，且師友切磋之言，孰不欲各中其病，顧恐學未至，識未明，不能知人之病耳。又恐言或中病，而聽者不自以爲病，不能受耳。又子方求吾言，但當盡子受言之道，不當教我告子之方。使我告子而無其方，則其言不足求矣。子豈可教之使如何而告子耶？必欲教人告己，是何異教玉人雕琢玉哉？至引孔子答弟子問仁、問政、問孝之説，此尤非所宜言。孟子於孔子，特曰「願學」而已。吾於孔子弟子，方且師仰敬畏之不暇，如顔子、曾子，固不待論，平時讀書至子夏、子游、子張、蘧伯玉、南宫适諸賢言行，未嘗不惕焉愧畏，欽服而師承之。而子遽可以孔子望我邪？且子既能究觀聖人答弟子之言，知其無不盡處，擴而充之，聖人亦只如此。是已知教人之方，則吾當北面矣，尚何以鍼子膏肓邪？雖然，庸詎知此言之非鍼子膏肓也。寫至此欲止，恐子未能深悟，試更爲詳言之：

學者大病在於師心自用。師心自用則不能克己，不能聽言，雖使羲、皇、唐、虞以來羣聖人

之言畢聞於耳，畢熟於口，畢記於心，祇益其私，增其病耳。爲過益大，去道愈遠，非徒無益，而又害之。來書謂備嘗險阻辛苦，而無操心危、慮患深之效，此亦非也。子之能特然自立，異於流俗，趣舍必求是，而施設不苟。人之所爲，有所不敢爲，人所不能爲，己或能爲之；人之所知，有所不敢知，人所不能知，己或能知之。凡此豈非操心危、慮患深之效歟？雖然，至於師心自用，學植不進，未必不由此也。

古之所謂曲學詖行者，不必淫邪放僻，顯顯狼狽，如流俗人不肖子者也。蓋皆放古先聖賢言行，依仁義道德之意，如楊、墨、鄉原之類是也。此等不遇聖賢知道者，則皆自負其有道有德，人亦以爲有道有德，豈不甚可畏哉？曾子曰：「尊其所聞則高明，行其所知則光大。」尊所聞，行所知，要須本正。其本不正，而尊所聞，行所知，只成得個擔板。李注：擔，同簷。自沉溺於曲學詖行，正道之所詆斥，累百世而不赦，豈不甚可畏哉？若與流俗人同過，其過尚小，擔板沉溺之過，其過甚大，真所謂膏肓之病也。

來書舉程明道先生「靜亦定，動亦定」之語，此非子之所知也。定之於動靜，非有二也。來書自謂靜而定，亦恐未能果如是也，是處靜處動不同矣。子之意豈不自謂靜時尚或能定，獨難於動而定耶？凡子之所謂定者，非果定也，豈有定於靜而不能定於動耶？至又謂近雖未能不動，而於動中之定頗庶幾焉，此正是擔板處。見子壽兄可面扣之。若已悟得，亦不妨驗過。如意有未平而子壽處或冗未暇言，無惜以片紙見問，切磋之益政有所望，非所敢憚也。

二

前嘗論子爲學之病，及得二十一日報帖，又知子尚未深曉。特然自立之節，較之流俗人則爲賢者，在子之身則爲深病。吾非不知子之踐履，尚未能不自愧，顧以爲踐履未至，此節已常在胸中，耿耿然爲拒善之藩籬而不能以自知。況踐履既至，自無愧於心，其爲病可勝言哉？凡子之病皆性之不純，理之不明，而外之勢又有以增其病而無以藥之者。子之病非獨子有之也，人皆有之。顧在流俗人而或有之，是則可喜，非可責也。至於知學者有此病，則其觀聖賢之訓，聽師友之言，必當惕焉愧悔改革。不如是，謂之不知學可也。子欲問大學之道，而不知此病，雖於特然自立處一向加功，將必不能至於無所愧。縱不自知，自謂無愧，識者觀之，正是一場大擔板耳。吾之所望於子者，非以流俗人望子也。如以流俗人望子，則子流俗人賢者矣，勉而進之，誠流俗中大賢者矣。望之以聖賢之門，乃始爲一膏肓之病人也。此病去，自能改過遷善，服聖賢之訓，得師友之益，如「動亦定，靜亦定」之説亦不必苦心而自明也。見此書如未深省，但當以此書於讀書應事暇時常常提省，久當自知之。如疑欲辨，無惜詳列。

三

兩書所言踐履之説，皆未曉劣者之意。前書所謂踐履，不説聖賢踐履，只説輔之之所踐履。君子有君子踐履，小人有小人踐履，聖賢有聖賢踐履，拘儒瞽生有拘儒瞽生踐履。若果是聖賢踐履，更有甚病？雖未至未純，亦只要一向踐履去，久則至於聖賢矣。只爲輔之踐履差了，正如適越北轅，愈騖而愈遠。前書分明與子説是拒善之藩籬，既是拒善之藩籬，又豈可與聖賢踐履同日而語。凡所與子言者，皆只是入頭處，何謂不教以入頭處也？如中庸「戒謹」「恐懼」之言〔一〕，子正不能如是。充子之踐履，識者觀之，正有可愧可耻，不能戒謹，不能恐懼，莫甚焉。二十五日書至，發讀之，見其頗無條理。諸兄皆以爲此必輔之氣未平時所言，使少遲半日，必不如是答書也。某以爲須是深省其病，深生愧恐，改革自新，然後能所言中理。如不知其過，則雖心平氣定，辭不悖謬，亦未必能中理也。如所謂初不容以口舌辨之説，此正師心自用，拒善不能改過之明驗，尚何戒謹恐懼之有？

〔一〕「戒謹」，各本同，按：中庸原作「戒慎」，此係陸九淵避宋孝宗趙昚諱而改。以下「戒謹」同。

與曹挺之 諱廷，與兄建從事文安公

挺之氣質勁直，本無他病，初謂肯篤志學問，自應日進。來書氣象甚覺齟齬，至有一貫多學之辯，此似無謂。

大抵學者且當大綱思省。平時雖號爲士人，雖讀聖賢書，其實何曾篤志於聖賢事業，往往從俗浮沉，與時俯仰，徇情縱欲，汩没而不能以自振。李評：通病。日月逾邁，而有泯然與草木俱腐之耻，到此能有愧懼大決之志，乃求涵養磨礪之方。若有事役未得讀書，未得親師，亦可隨處自家用力檢點，見善則遷，有過則改，所謂「心誠求之，不中不遠」。若事役有暇，便可親書册。所讀書亦可隨意自擇，亦可商量程度，無不有益者。李評：初學入德之方，此數行爲最切，所謂孝弟謹信親愛，餘力學文。看挺之殊未曾如此着實作工夫，何遽論到一貫多學之處。此等議論可且放下，且本分隨自己日用中猛省，自知愧怍，自知下手處矣。既着實作工夫，後來遇師友却有日用中着實事可商量，不至爲此等虚論也。

與曹立之 諱建，饒州餘干人，文安公弟子

某駑劣之資，禍患之中，筋力氣血甚覺衰憊，非復向時之比。然更嘗之多，愈覺欲速助長之

病，故講授處又差省力耳。

所謂趙學古書甚有直氣，然於理致則不爲甚明。正使立之之言盡當於理，亦未可必彼人之聽從。但據今立之之學則正宜有以自反，未遽可以責彼之難曉也。承欲某詳指其非，非惟不暇，亦恐不在此。

蒙問致知知止、正心誠意、知至至之、知終終之次序，深切慨歎！不知立之許多時在幹當甚事？觀如此問文字，一似夢中起來相似。立之尚如此，又何怪得趙學古也。「知至至之」「知終終之」一段，程先生説得多少分明，立之不應不曉文義，恐是用意過當，翻有如此疑惑。李評：「知至至之」二語，程傳所解亦未妥，如「幾」字當訓「及」，程乃作「微」解，似非本意。蓋由誤以「知至至之，可與幾也」爲致知，以「知終終之」爲力行，故以「幾」字作「微」字解。不知「知至」「知終」者，致知也；「至之」「終之」者，乃力行也。「至之」謂必至於是，「終之」謂至於是而不遷也。隱室之説已是當時病語，然亦無難曉者，只是説每事上便有知與不知者，有知得到底者，有知不到底者。縱令知得到底，亦須是奉以周旋，弗敢失墜，乃始能卒終其事。其意亦初無深奥，然用此解易則不可。蓋易言知至知終是總説，不是説每事〔二〕。蒙問謾及之，不必滯泥。大抵讀古人書若自滯泥，則坦然之理翻成窒礙疑惑。若滯泥既解，還觀向之窒

〔二〕「是」，原作「當」，據成化本、正德本、嘉靖本改。

礙疑惑者，却自昭然坦然。當是時，但恐不能力行以終之耳。

二

得書，乃知周丞處書未達。其間大概論立之果於自是其説，而不能盡人之説。所述敏道、正甫之言，以示二公，皆謂立之殊失其辭旨。某往在都下與四方朋友講辯，當其失辭處，必徐謂之曰：「恐老兄未能自達其意」，必使審思而善其辭。彼或未能自申，則代之爲説。必使其人本旨明白，言足以盡其意，然後與之論是非。是非本在理，當求諸其理，不當求諸其辭。辭失而非其意，尤不當據，況又非其辭而可據乎？若各以言語占道理，其叙述他人處，必如法吏之文致，則只成是必欲其説之勝，非所以求至當也。大抵人之所見所學，固必自以爲是；與異己者辨，固當各伸其説；相與講求其至，期歸乎一是之地，固不可苟合强同。然至其未能盡他人之説，而果於自是，則其勢必歸於欲己説之勝，無復能求其至當矣。

公孫丑「管仲、晏子之功可復許乎」之問，其見至陋，孟子斥之之辭亦甚峻切，然丑不但已，難之至再至三，故孟子之意愈白，而丑之惑亦解。景丑、尹士、充虞之問亦然。問辯如此，雖甚堅而不可屈，益爲明理者之願。無他，惟各獻其所疑，以盡人之説，非以自是之意必之於其先也。

至如夫子對陽貨〔二〕，則遜辭以適其意，而不與之辯；答子路「何必讀書」之説，則厲辭以斥其過，而不容其辯。又如孟子排告子、夷之、陳相之説，亦皆先有自必之意，此則聖賢洞照彼己，所見甚明，已臻其至，而不復有可改易者也。若此則不可與學者請益決疑、講道求是之時同年而語矣。恐立之所見已如聖賢之臻其至，不復可以改易，方將解他人之惑以明其道，則又不可以前説議立之矣。然區區之見，以爲立之今日所到，去聖賢尚遠，未可遽尸此任，想立之亦未遽如此，但失於講究，墮常人之通患爾。由前之説乃今日講辯者之通患也。然遂此而不改，則是人各是其所是，而非其所非，至當一是之地，不復可至矣。立之鄉與趙學古往復書，病正坐此。聲色臭味、富貴利達，流俗之所汩没者在此。立之自少有志度越此等，非出於勉强。道之不明不行，佛老之徒遍天下，其説皆足以動人，士大夫鮮不溺焉。立之儒雅自將，未嘗一入其樊。懈怠縱弛，人之通患。「知之非艱，行之惟艱」「靡不有初，鮮克有終」，人所同戒。立之志力堅固，踐行有常，苟有所知，自許不畔。人之質性有賢善者，多病於庸。立之自少開爽，文義洽通。凡有血氣皆有爭心，苟有所長必自介恃。當其蔽時，雖甚不足道者，猶將挾以傲人，豈可望其「以能問於不能，以多問於寡」也？立之平日所積不爲不多，然聞有談道義者，必屈己納交，降心叩

〔二〕「至如」，嘉靖本、四庫本作「至於」。

問，原其設心，本以審是求理，非直爲名而已也。凡此皆立之之實，非有所譽。若立之者，可謂士矣。

然求之中行狂狷，則當立於狷者之列。固有所强矣，而不免於弱；固有所明矣，而不免於闇。弱病固不能免，而所大患者尤在於不明。必欲天下之理無所不明，必至夫子耳順之年而後可言。然「學而不厭」「發憤忘食」「回非助我」「啓予者商」，則雖夫子之聖，亦非有天下之理皆已盡明，而無復有可明之理。今謂立之不明者，非固責其不能盡明天下之理，蓋謂其有不自知之處也。人各有能有不能，有明有不明，若能爲能，不能爲不能，明爲明，不明爲不明，乃所謂明也。「狂者進取，狷者有所不爲。」立之疇昔乃狷者之體，至其皇皇於求善，汲汲於取益，而不敢自安自棄，固有不終狷之勢。比來言論果決，不復有不自安之意，自信篤確，不復有求善取益之實，如得崑崙之竹，協以鳳鳴，校以秬黍，方將同律度量衡以齊一天下，則與前所謂狷者之體大不侔矣。

誠使立之之學果至此地，固不可泛議其超躐也。陳后山有曰：「醉酒者亂，操刀者割，則有以使之也。」某雖淺陋，然留意學問之日久，更嘗頗多，若所以使立之至此者，頗能知其本末。今立之但能以「有言逆於汝心，必求諸道」之法試思之，當亦有自知者矣。以爲有序，其實失序；以爲有證，其實無證；以爲廣大，其實小狹；以爲公平，其實偏側；將爲通儒，乃爲拘儒；將爲正學，乃爲曲學。以是主張吾道，恐非吾道之幸。姑隨所見，其號不侈，小心退遜，以聽他日之進，則小可大，狹可廣，拘可通，曲可直，便不至失序，便不至無證。苟能自省，雖才質下於立之者，可免此病；苟不自省，雖才質高於立之者，亦或有此病。子夏，孔門之高弟，百世之師表，其才質豈易得哉？當時夫子告之曰：「汝爲君子儒，無爲小人儒。」夫所謂小人者，豈險賊不正之謂哉？果險賊不正，則又安得謂之儒？雖曰儒矣，然而有所謂小人儒。「言必信，行必果，硜硜然，小人哉！」雖曰小人哉，然不可不謂之士。尹士所疑於孟子者，非險賊不正之謂也，然聞孟子之言，則曰「士，誠小人也」。今智識未能及尹士，而其號則侈於孟子，立之能於此自省，則庶乎能免於不明之患矣。

承欲雜説，謾録近一二書併論學一段去。論學一段，雖是舊所説，然恐立之不及見，亦欲立之更留心考之。横渠先生云：「見識長得一格，看得又别。」此語誠是。

與黄日新 同邑人，文安公弟子

執别彌年，比復得一見。目足下之貌，耳足下之言，知足下之學，甚稱其所以爲名，欣喜踴躍，不以今日之同舉送，而以其同心志也。善惡邪正、君子小人之各以氣類相從蓋如此。雖然，此有大可畏者：以夫子之聖，孟子之賢，猶不免叔孫、臧倉之毁。僕與足下，蓋所謂志乎善與正而君子之徒者也。繩之以聖賢之事，固有不勝其任者，然聖賢之所與也，亦聖賢之所責也。若志夫邪惡之小人，則固與我薰蕕矣。盜憎主人，犬吠希見，僕與足下之所與，殆憎吠之招也。吁！可畏哉！彼狃於習俗，蔽於聞見，以陷於惡而失其本心者〔二〕，不可遽謂之小人。聞善而慕，知過而懼，皆君子之徒也。若乃親善人，聞善言，見善行，而狼狽自若，無所忌憚，慧黠姦慝，常有毀傷善類之心，此所謂志夫邪惡之小人，而聖人所用發蒙之道，以説其桎梏者也。其甚者，亦獨能使之革面而已。喜憎吠者，蓋此流也。

「天將降大任於是人，必先苦其心志，行拂亂其所爲，所以動心忍性，增益其所不能。」足下其識之，僕之言將若左契。安其身而後動，易其心而後語，定其交而後求，行有不得者反求諸其身，此僕之所聞所知而未能者，願與足下共講而共由之。李評：此篇議論，乃有志學道者所必歷之境，日誦一過可也。

與黃元吉 諱裳，浙江人，從事文安公

道廣大，學之無窮，古人親師求友之心亦無有窮已。以夫子之聖，猶曰「學不厭」，況在常

〔二〕「其」，成化本、嘉靖本作「於」。

人，其求師友之心豈可不汲汲也！李評：獨學無友者，當以此書爲法。然師友會聚，不可必得。有如未得會聚，則隨己智識，隨己力量。親書册，就事物，豈皆蒙然懵然，略無毫髮開明處？曾子曰「尊其所聞則高明，行其所知則光大」，非欺人也。今元吉縱未有聞所未聞、見所未見處，且隨前日所已聞已知者，尊之行之，亦當隨分有日新處，莫未至全然爲冥行也。學者未得親師友時，要當隨分用力，隨分考察，使與汲汲求師友之心不相妨害，乃爲善也。此二者，一有偏勝便入私小，即是不得其正，非徒無益而害之也。

與喬德占 名貫未詳，文安公弟子

某時下粗遣〔二〕，無足道者。披讀來示，情文焕然。如昔者之見，德占未之有改，不唯不改，抑似有益甚者。教以爲學，日知其難，過失日覺其多，朝夕恐懼。非不鄙無似，以爲可語，安肯及此。愚見所及，用不敢自外於左右。所謂知難、覺過者，蓋未知其難、未覺其過而恐懼者，非所以爲恐懼也。誠能知難、知過、知恐懼，則雖無此言，千里之外，尺書之間〔三〕，當必有其驗矣。

〔二〕「時」，原作「侍」，據嘉靖本、萬曆本改。
〔三〕「尺書」，嘉靖本作「人書」。

「潛雖伏矣，亦孔之昭」，誠之不可掩固如此。此過不除，學者大患。不然，則如所云者，適足以增其驕、益其疾焉而已矣。將有窮年卒歲，愈騖愈遠而不自知者，甚可懼也。

與諸葛受之 浙江會稽人，誠之兄

某自承父師之訓，平日與朋友切磋，輒未嘗少避爲善之任，非敢奮一旦之決，信不遜之意，徒爲無顧忌大言。誠以疇昔親炙師友之次，實深切自反，灼見善非外鑠，徒以交物有蔽，淪胥以亡，大發愧耻。自此鞭策駑蹇，不敢自棄。

今契丈之賢，乃復猶豫於此，無乃反己未切，省己未深，見善未明，以不能自奮也。儻一旦幡然沛然，誰得而禦。孟子曰：「自謂不能者，自賊者也。」幸無久自屈抑。愚見如此，若有未安，幸詳見教。

卷四

書

見李德遠 諱浩，臨川人，紹興十三年登進士，與文安公兄弟講學，號橘園

古之學者汲汲焉惟君子之見，非以其位華要之地可以貴己也，非以其積禄邑之贏可以惠己也，非以其妙速化之術可以授己也，然而人宜之。後世反此。凡其僕僕於人者〔一〕，必其位華要之地者也；不然，則積禄邑之贏者也；不然，則妙速化之術者也。非以是三者，雖君子無見焉。有不是三者之爲，而惟君子之從，必相與羣而耶俞之，李注：耶俞，笑貌。後漢王霸傳：「市人皆大笑舉手耶俞之。」以爲狂且怪。李評：文似昌黎。

某生七歲讀書，十三志古人之學，今二十有四矣。而漫剌未嘗有所投，乃汲汲焉登閤下之

〔一〕「其」，嘉靖本作「有」。

門，固衆人之所耶俞以爲狂且怪。然而甘心犯之，惟以古人自慰爾。教而進之，於閣下固宜。

得解見提舉

古之見者必以贄，今世之贄以文。文之作，所以道進見之意，當介紹之辭，而其弊至於苟爲之説。恭敬者，君子之道，非是無以爲禮。而反之者，夷倨慢媟；失之者，恭至於足，敬至於謬。夫無根苟作之説，叢雜綵繡之文，則僕之所不能；夷倨慢媟，足恭謬敬，則僕之所不敢。欲聞名於將命者，而介紹之辭不先，羔雁之禮不講，用捧咫尺之書，以道其進見之意而已。

某七歲讀書，十三志古人之學，亦時習舉子之文，不好也。二十四以書見先達李公，李注：即李德遠。今經略廣西者，書辭纔百餘言，而李公嘉之。是歲，實今天子新即位，頒科詔，而某獨殊無應書之意。李公以爲不可。乃以向爲舉子業示李公，亦謂爲能，其秋竟就試中選。習俗之禮，凡官于是者，無問其與舉選之事與否，中選者均往謝焉，退又爲啓以授之，曰大謝。某竊以爲舉送公也，從而謝焉私也。謝之號固不可，求其所謂謝之文讀之，於心甚不安，故獨不敢謝。見太守，以其舉送也；見貳車，以其涖試也。是時王公爲使於此，李注：王公諱質，字景文，時爲考官。某亦慕其賢而欲見焉，而王公適以召去不及見。今某復在舉送之列，而執事爲使於此，其賢尤爲人之所敬服，用列前之所爲與今之所以進見者爲贄焉爾，惟執事進而教之。

得解見權郡

某聞君子行不貴苟異。然習俗之弊，害義違禮，非法制之所拘，而必曰不苟異而局局然不敢少違，至於禮義之所在，非法制之所禁，乃曰不苟異而不敢行，則亦非君子之道矣。李評：循此行之，無生今反古之裁，而可以漸復古道，乃真儒術，否則古之道不可行於今之世矣。

今之舉送，古賓興禮也。其著之令甲、行之官府者，皆所以防姦僞，待薄俗，聖人之不得已也。六籍所載，雖不能無脱亂訛誤，然前聖之格言、先王之善政其存固多，較然可考，明天子固以此望天下之賢牧守。習俗之弊，害義違禮，而非法制之所拘者，能徹而新之；六籍所載，義禮所在，而非法制之所禁者，能率而行之。此豈非明天子之所欲，賢牧守之所當講，而儒衣冠者之所願也？且法制之未善，朝廷猶有望於縉紳之講明，而況非法制之所拘者乎？李評：又進一層。

今之與舉送者，獨觀揭示，各爲文辭，羣聚而往謝舉送者，舉送者乃爲之禮。然則斯禮也，蓋出於與舉送者之所求，而非先王之時所謂「以禮禮賓之」者也〔一〕。況古者以名舉人，猶所舉者不謝，而舉之者不受謝。李評：秉禮度義，一步不苟。今之舉以糊名，其説以爲尤公，則亦奚以謝爲？

〔一〕「者」，嘉靖本作「意」。

舉者進謝之禮，蓋習俗之弊，而以禮禮賓之者[一]，蓋先王之禮，而賢牧守之所宜率行於今日者也。故某之進見不敢謝，而獨以是爲贄。進越之罪，惟執事察而恕之。

得解見通判

子游稱澹臺子羽非公事未嘗至其室。非公事而至公庭，不可也。某旅試塗棘之間，而執事實臨涖之。既睹揭示，獲與其選，用此聞名於將命者，不爲不可。習俗有進謝之禮，公舉而私謝，僕以爲未安，適以書言於攝使君甚詳。且謂舉送者俟中選之士謝焉而後禮之，非所謂「以禮賓之」之意。意之未究者，敢布之執事，幸垂聽而察焉。

嘗觀漢朱博逆折儒掾之辭，竊嘆俗吏取必三尺，俗儒妄説經籍，蕪穢大道，汙玷前哲，罪不容於誅。博折掾曰：「且持此道歸，俟堯舜君出，爲陳説之。」而掾辭不復，博蓋知其不能捨爲掾而去。夫言聖人之道而爲人折辱如此，乃獨不能捨爲掾而去，則當時所陳與今日所養所學可知矣。

科舉之法，唐楊綰欲變之而不克變。今日堯舜之君在上，天下之好古樂道者莫不以爲必變

[一]「者」，嘉靖本作「意」。

法，僕以爲不必遽及於變也。大冬之與大夏，寒暑之相去遠矣，而其運未始頓異；毫末之與合抱，小大之相去遠矣，而其生未始頓進。病法之未善，而悻然曰必變，非所謂包荒之量，神而化之之道矣，幾何而不敗乃事哉？李評：荆公變法，正是不能包荒耳。

然狃故常而莫之改，偷安便而不肯爲，因循苟且，棄玩歲月，則是大冬之不復夏，而毫末之不復進而可乎？故必變而通之，然後可以言化之之神。而貴包荒之量者，以其有馮河之勇，可以革弊去蠹，有變通之利，而無矯激之難也。

今某之所陳於攝使君者，乃先王之禮，明天子之所望於賢牧守者，所謂有變通之利，而無矯激之難者也。贊而成之，惟執事是賴。若乃頌已效之德美，述前日之能事，則非事大賢君子之道，故不敢以進。

與諸葛誠之 浙江會稽人，名千能，兄弟師事文安公

誠之嗜學甚篤，又有筋力，朋友間尤所賴者。訊後曾與淳叟款曲否？既見其過，義不宜默。

承諭：「惟知頓身於規矩準繩中，而痛鋤狂妄之根。」誠使心不狂妄，而身中規矩準繩，不亦善乎？縱未能如此，但狂妄日減，日就規矩準繩，日以純熟，亦爲難得。以誠之之勤篤，從事於

規矩準繩中，此亦其所長也。但不知所謂狂妄之根者果何如？將何如而鋤之？不知下手鋤時，便鋤得去也無？若鋤得去，自後却遂無此矣，爲復此根非若草木之根，一鋤去後便無，雖鋤得去，又復生耶？爲復雖鋤之而不能盡去之耶？又不知此狂妄之根與常人同，不與常人同？是素來有此，是後來起得？若後來起得，却是因何而起？凡此皆當辨明。李評：一句一意，直窮到底，所謂叩兩端而竭也。又誠之所愧惕者，爲復只是狂妄未息，未中規矩準繩而愧惕，爲復別有未足處後愧惕，爲復二者兼之？此一節亦須明白。

古人「不自滿假」，「克自抑畏」，「戒謹不睹，恐懼不聞」，「戰戰兢兢，如臨深淵，如履薄冰」，取善求益，如恐不及者，乃其踐履之常也。誠若此者，非如桎梏陷阱然也。中庸言「恐懼乎其所不聞」，而大學言「有所恐懼則不得其正」，此其辯也。

講學固無窮，然須頭項分明，方可講辯。若自交加糊塗，則須理會得交加糊塗處分明，方可講辯。如楊朱、墨翟、老、莊、申、韓，其道雖不正，其説自分明。若是自分明，雖不是亦可商確理會。大抵講學，有同道中鞭策切磨者，有道不同而相與辯明者〔二〕。如孟子與楊、墨、告子辯，此

〔二〕「明」，原作「論」，據成化本、正德本、嘉靖本、萬曆本、四庫本改。下句「辨明」同。

是道不同而與之辯明者也。如舜、禹、益、皋陶〔相與〕都俞吁咈〔一〕，夫子與顏淵、仲弓、閔子騫相與問答，是同道中發明浸灌、鞭策切磨者也。如子夏、子游之論門人小子，子張、子夏之言交道，雖同師夫子，各有所得，亦是有不同處。當時子夏、子游、子張各知其有不同，乃有商量處，縱未能會通，亦各自分明。若更要理會盡不糊塗，承合并之期不遠，且欲得誠之自理會得頭項分明，庶幾相見有可理會也。

二

承諭學術更不費力，永無懈怠，自然常不離道，若至「從心所欲不踰矩」之地矣。此理固無阻，顧恐公未有此力量爾。

中人之質，戕賊之餘，以講磨之力，暫息斧斤，浸灌於聖賢之訓，本心非外鑠，當時豈不和平安泰，更無艱難。繼續之不善，防閑之不嚴，昏氣惡習乘懈而熾，喪其本心，覺之而來復，豈得遂無艱屯？李評：俱是爲學中實境。一意自勉，更無他疑，則屯自解矣。此頻復所以雖厲而無咎，仁者

〔一〕「相與」，原無，據成化本、正德本、嘉靖本、萬曆本、四庫本補。「皋陶」後，底本原有「稷」、「契」二字，據成化本、正德本、嘉靖本、萬曆本、四庫本删。

所以先難而後獲也。繼續之善，防閑之嚴，中人之質，亦恐未能免昏氣惡習之間作。然辨之於早，絶之於微，則易爲力耳。

鄉見誠之未夜而睡，非有疾病，非委頓不能支持，但氣昏體倦，欲睡而遂縱之耳。李評：通病也。令人猛省。誠之不能於此時少加勉强，誅而勿縱，而欲别求道術，别起疑惑，不亦左乎？鄭子産曰：「君子有四時：朝以聽政，晝以訪問，夕以修令，夜以安身。所以節宣其氣，而勿使壅閉湫底，以露其體，兹心不爽，而昏亂百度。」此語殆不可易之也。此一節無疑，方能課怠與敬，辨義與利，本心之善乃始明著，而不習無不利矣。

三

承諭爲學與曩時異。觀書辭，誠有用工處，但如懊惜亦甚害事。李注：懊，音奥，悔恨也。「臨淵羡魚，不如退而結網。」懈怠流浪，患不覺耳，覺即改之，何暇懊惜？大丈夫精神豈可自埋没如此。於此遲疑，不便著鞭，宜其在己未得平泰，於事有不照燭。子細觀察，有何滯礙？「爲仁由己。」「有能一日用其力於仁？我未見力不足者。」聖人豈欺後世？誠之於此不決然獨進，豈不忍去其鄙吝之習耶？「飯疏食飲水，曲肱而枕之，樂亦在其中矣。」在陋巷，簞食瓢飲，不改其樂者，亦人耳。誠之欲自棄邪？

所示書藁三通：西美、深甫書辭甚暢，至子宜書則窘束有病，此乃楊子嘉所謂「屈於勝己者，而伸於不己若者」也。

與王德修

銓曹報罷，卒然以歸，竟不及附致數字。六月十九離都下，與諸葛誠之同訪敬仲，二十九日至富陽，七月三日始離，既望抵侍下，諸幸安穩，皆庇所逮。

兄倡道於彼，善類響應，便使慈祥愷悌和協輯睦之風鬱然興於父子、兄弟、宗族、鄉黨之間，此孟子所謂「其子弟從之，則孝悌忠信」者也。健羨！健羨！

郭氏欲見延，使繼賢者之後，亦蒙鐫諭詳復，深感厚誠！第概之愚心，甚不安此。如兄旅處遠方，彼能館寓師事之，於理則順。某家居，乃欲坐致於千里之外，古之尊師重道者，其禮際似不如此。儲子得之平陸，而孟子不見。某雖不肖，而彼之所以相求者，以古之學，如遂獨行千里而赴其招，則亦非彼之所求者矣。前輩親師求友，蓋不憚勞苦飢寒，裹糧千里，固其宜也。今婺號鄉學者多，乃無一人溯江而西者。學者不能往，而教者能往，非所聞也。兄之所以爲彼慮者，至詳且曲也，而顧不及此，豈亦智者之一失乎？

與劉淳叟 諱堯夫，登淳熙二年進士，師事文達公

承諭爲學無他疑，但却不得如江下感發時，其他朋友亦無甚進。學固不欲速，欲速固學者大患，然改過遷善亦不可遲回。向來與諸公講切處，正是爲學之門，進德之地。誠有志者，何忍復塗塞其門，榛蕪其地哉？平時所喜於淳叟者，徒以志向亹亹，有進無退，今反遲回若此，何耶？向時謬妄工夫，其勇往如彼，今云知過，乃反如此，則抑悖於用勇矣！「聞一善言，見一善行，若決江河，沛然莫之能禦」，此舜所以爲舜。「學如不及，猶恐失之」，蓋夫子之明訓。亹亹以進，非淳叟之過也，其過顧在於進之非其道耳。誠知其過，頓棄勇改，則亹亹以進者，乃舜之莫能禦，夫子之所謂「如不及」，而又何病乎？今淳叟不然，而自曰知過，吾不信也。惟即改之，無待來年。

夫道若大路，朋友相聚，不相與勉勵，策而進之，而自作艱難，自作節目，乃是未肯頓棄謬妄之習，爲遷延苟免之計。如今時寇盜已在囹圄，不肯分明伏罪，遷延歲月，僥覬降赦，苟得脱免之後，必復爲亂矣。宜勇改之，毋蹈此轍。

二

淳叟平日聞言輒喜，遇事輒詢，有聽納之體。然親朋間未肯歸以取善之實，豈似逆而順情者喜聽，而真實苦口者之未能無齟齬耶？抑從悦者多而改繹之未至也？此雖據前日而論，然今亦未能無疑於淳叟也。

秋試禮記義破題誠佳，然或者謂所出題乃淳叟意旨，而作義者適爾投合。苟當於理，豈厭其同？不稽諸理而苟異以求致益之名，則固非也。場屋之弊固久，然有志者持文衡，將此理是責。謂彼善於此則可，謂理固如此則不知言甚矣。

申公曰：「爲治不在多言，顧力行何如耳。」今曰：「道不在多言，學貴乎自得。」明理者觀之，二語之間，其病昭矣。李評：二語未爲不是，然辨亦有不得已者。故曰：「君子之道，或默或語。」「摩頂放踵利天下，爲之」，墨子非不力行也。其往也，使人讓竈讓席；其反也，人與之争竈争席，楊子非不自得也。二氏不至多言，而爲異端。顔、閔侍側，夫子無言可也。楊、墨交亂，告子、許行之徒又各以其説肆行於天下，則孟子之辨豈得已哉？或默或語，各有攸當。以言餂人，以不言餂人，均爲穿窬之類。夫子之於顔子，蓋博之以文。夫博學於文，豈害自得？李評：陸子之論如此，而世之道聽塗説者以陸子爲不立語言文字，豈不謬哉。顓臾之不必伐，衛政之必正名，冉有、季路不能無蔽，夫子不得不申言之。夷之、陳相、告子之徒必執其説以害正理，則孟子與之反覆，不得不致其詳。必曰「不在多言」、「問之弗知，弗措」「辨之弗明，弗措」皆可削也。「自得」之説本於孟子，而當世稱其好辨。自謂博學而詳説之，將以反説約也。中庸固言「力行」，而在學問思辨之後。今淳叟所取「自得」「力行」之説，與中庸、孟子之旨異矣。仁、智、信、直、勇、剛，皆可以力行，皆可以自得，然好之而不好學則各有所蔽。倚於一説一行而玩之，孰無其味，不考諸其正，則人各以其私説而傅於近似之言者，豈有窮已哉？

淳叟之氣禀固自有異於人者。往時朋舊相親，鮮不服其粹和醇美，以爲無疵。獨淳叟之心往往有不敢自欺者，求他人之明，如淳叟之心不可欺，則亦鮮矣。至如晚寢早作，躬親細事，筋力日强，精神日敏，則自去冬以來其效甚著，縱有荒怠，勉之斯復。所不足者，恐不獨在是也。麟之姪近頗精進，論事儘有根據，至如説淳叟，輒欲以一言斷之，此亦是其病處，固嘗闢之矣。然在淳叟，不可不察。

宏父德器言論皆有餘味，誠有其仁，亦焉用佞？然光明所燭，波瀾所及，不已於學，當有充長之驗。以大禹之聖，聞「在知人，在安民」之言，則吁而致其問。仁有所未洪〔一〕，智有所未足，

〔一〕「洪」，嘉靖本作「宏」，據文義應爲「弘」。此或係陸九淵避趙弘殷之諱而改。

勇有所未至，而欲歛然自安於「弑父與君，亦不從也」之列，則亦偷矣。館學之官非費宰比，能相勉以進，無苟自安，則吾道有望。道之異端、人之異志、古書之正僞，固不易辨，然理之在天下，至不可誣也。有志於學者，亦豈得不任其責？如射者之於的，雖未能遽中，豈得而不志於是哉？閑先聖之道，闢邪説，放淫辭，於今當有任其責者。而多言是病，此公孫洪禁民挾弓弩之策也〔二〕。

與趙宰

竊惟執事天潢之派，桂籍之英，回翔仕途，縶驥百里。下車之初，政譽藹然，凡在封疆，莫不鼓舞。旬月之間，歌頌未厭，道途之傳，寖異前日，駸尋至今，良所未喻。執事之仁明，豈其或疚？毋乃胥吏之姦，有以熒惑視聽而致然邪？

金谿爲邑雖陋，而財賦初不至甚窘，求之異政得失，已事可見。九重勤恤民隱，無所不用其極，其在荒歉之餘，尤軫宵旰之慮。吏胥貪鄙，旁公侵漁，惟利是見，豈恤公上。士大夫之得交於下風者，固宜陳忠進諫，以輔聰明。顧乃下與吏胥爲黨，貢諛獻佞以陷執事。大抵吏胥獻科

〔二〕「公孫洪」，當指公孫弘，此應係陸九淵避趙弘殷之諱而改。嘉靖本作「公孫弘」。

斂之計者，其名爲官，其實爲私。官未得一二，而私獲八九矣。比者數吏魁田連阡陌，樓觀岧嶤，服食燕設，擬於貴近，非朘民脂膏，而何以取之？願執事深察其姦，痛懲其弊，斷然革之。使百里之内，知執事之仁心，被執事之仁政，則日月之更，人皆仰之矣。

某修敬之始，已欲少效區區，逢執事之不問，不獲展露。既而患難困苦，莫遂朝夕於將命，以究所懷，徒切負愧！兹蒙下問之及，輒薦其愚。

與胡達材 諱拱，餘姚人，尚書沂之子，從學文安公

承示以所進所疑，深見嗜學之誠。但達材所進，乃害心之大者。所謂若有神明在上，在左右，乃是妄見。此見不息，善何由明。宜其事物之擾，即不相續；酬酢之繁，即不相似。若本心之善，豈有動静語默之間哉？

今達材資質美處乃不自知，所謂「日用而不知」也。如前所云，乃害此心者。心害苟除，其善自著，不勞推測。纔有推測，即是心害，與聲色、臭味、利害、得喪等耳。孟子所謂斧斤伐之，牛羊牧之者也。

「夫道若大路然，豈難知哉？」道不遠人，自遠之耳。若的實自息妄見，良心善性乃達材固有，何須他人模寫，但養之不害可也。作此不暇詳稽，然説得多亦徒説，要達材自省耳。

二

達材資質甚美，天常亦厚，但前此講學，用心多馳騖於外，而未知自反。喻如年少子弟居一故宅，棟宇宏麗，寢廟堂室，廄庫廩庾，百爾器用，莫不備具，甚安且廣。李評：所謂廣居、安宅、萬物皆備。而其人乃不自知，不能自作主宰，不能汛掃堂室[一]，修完牆屋，續先世之業而不替，而日與飲博者遨遊市肆，雖不能不時時寢處於故宅，亦不復能享其安且廣者矣。李評：夜氣所息。及一旦知飲博之非，又求長生不死之藥，悦妄人之言，從事於丹砂、青芝、煆爐、山屐之間，冀蓬萊、瑶池可至，則亦終苦身亡家，伶仃而後已。惟聲色、臭味、富貴、利達之求，而不知爲學者，其説由前；有意爲學，而不知自反者，其説由後。其實皆馳騖於外也。

昨相聚時，覺達材精神日漸收拾，不甚馳散。但收拾之初，未甚清明，蒙然未有所向。雖講切之次，感而必應，此乃達材本心，非由外鑠，故如此耳。至於蒙而未發，則是馳騖昏擾之久，大體未能頓清明耳。若不寧耐，復放而他馳，入妄人之説，以求長生不死之術，則恐蓬萊、瑶池終不可至，而蕞爾之身將斃於煆爐、山屐之間矣。蒙見信之篤，輒此以助進修。

[一]「汛掃」，原作「灑掃」，據成化本、正德本、嘉靖本、萬曆本、四庫本改。

向時曾説將孟子告子一篇及論語、中庸、大學中切己分明易曉處朝夕諷詠。接事時，但隨力依本分，不忽不執，見善則遷，有過則改，若江海之浸，膏澤之潤，久當涣然冰釋，怡然理順矣。不知曾如此作工夫否？

與潘文叔 諱友文，金華府人，從學文安公

得書知爲學有進，甚慰！但所謂怠墮急迫兩偏，此人之通患。若得平穩之地，不以動静而變。若動静不能如一，是未得平穩也。涵泳之久，馳擾暫殺，所謂「飢者甘食，渴者甘飲」，本心若未發明，終然無益。若自謂已得静中工夫，又别作動中工夫，恐只增擾擾耳。何適而非此心，心正則静亦正，動亦正；心不正則雖静亦不正矣。若動静異心，是有二心也。此事非有真實朋友不可。

與彭世昌 諱興宗，首創貴溪應天山象山精舍〔一〕，以居文安公，亦金谿人

堯舜之盛，詢於芻蕘。夫子之聖，以子夏爲「啓予」，顔淵爲「非助我」。孔文子之所以爲文

〔一〕「應天山」後，原衍一「名」字。

者，在於不耻下問。人之取善，豈有定方？善之所在，雖路人之言，臧獲之智，皆當取之。世昌相信之意甚篤，而鄙意每欲世昌降意與元忠講切。李注：元忠，姓周。元忠之學固未可謂便是，然其篤實躬行之日久，有非泛泛所能及者。其所長處如某亦欲就而取決焉，在世昌未易全輕之也。

與人商論，固不貴苟從，然亦須先虛心，乃能聽其言〔一〕；若其所言與吾有未安處，亦須平心思之；思之而未安，又須平心定氣與之辯論。李評：吾輩當書紳。辯論之間，雖貴伸己意，不可自屈，不可附會，而亦須有惟恐我見未盡而他須別有所長之心乃可。李評：先生之虛懷如此。

與曾敬之 名貫無考，師事文安公

爲學日進爲慰！讀書作文亦是吾人事。但讀書本不爲作文，作文其末也。有其本必有其末，未聞有本盛而末不茂者。若本末倒置，則所謂文亦可知矣。適出，書不時復。

〔一〕「能」，成化本、嘉靖本、萬曆本作「至」。

與符舜功 諱叙，建昌人，師事最久

静惟來辱之意，非鄙人之所敢當。下問之及，時薦其愚，非能有崇論宏議驚世駭俗之説。得之朋舊，以足下望之太高，待之太過，初間未以爲然。及曾得廣人至，連收兩書，禮意勤厚，非所宜得。見諭進修之工，始信傳者之不妄，揆之愚心，恐成過當。詳細已嘗道於幾先，相會幸詢之。

二

某自初與舜功相見，即進性格太緊之説。此在愚見，頗爲不苟。蓋事無大小，道無淺深，皆不可强探力索。人患無志，而世乃有有志不如無志者，往往皆强探力索之病也。若無此病，譬如行千里，自一步積之，苟不已，無不至，但患不行耳。

子淵大概甚正，然甚欲得渠一相聚。書間所言，要不能盡心曲也。

三

見諭新工，足見嗜學。吾嘗謂揚子雲、韓退之雖未知道，而識度非常人所及，其言時有所到而不可易者。揚子雲謂：「務學不如務求師。師者，人之模範也。模不模，範不範，爲不少矣。」韓退之謂：「古之學者必有師，師者所以傳道授業解惑也。人非生而知之，孰能無惑？惑而不求師，其爲惑也，終不解矣。」近世諸儒皆不及此，然後知二公之識不易及也。吾亦謂論學不如論師，侍師而不能虛心委己〔一〕，則又不可以罪師。乘便遽甚，遺此不他及。

與符復仲 諱初，疑舜功從兄弟，同師事

蒙示進學不替，尤以爲喜！常俗汩没於貧富、貴賤、利害、得喪、聲色、嗜欲之間，喪失其良心，不顧義理，極爲可哀。今學者但能專意一志於道理，事事要覩是，不肯徇情縱欲。識見雖未通明，行事雖未中節，亦不失爲善人正士之徒。更得師友講磨，何患不進？未親師友，亦只得隨分自理會，但得不陷於邪惡，亦自可貴。若妄意强説道理，又無益也。

與周廉夫 諱清叟，金谿人，九叙公第五婿也，從學文安公

處家之道，古聖人格言具在，易之家人，詩之二南是也。今人縱能言，亦何以加也。若「情

〔一〕「侍」，原作「待」，據成化本、正德本、嘉靖本、萬曆本、四庫本改。

勝禮，恩勝義」之説，竊以爲未然。處家自有禮，自有義，禮義所在，豈可勝也？此言非但不知處家之道，亦不知禮義矣。

商君説孝公以帝道、王道，與今人言禮義相似，其實是講貫得一項必不可行之説耳。帝道、王道之實，其果如是乎？要看其實王道，則孟子告齊宣、梁惠者是矣。後來只是齊宣、梁惠不能捨己私以從孟子耳，孟子之説安有不可行者哉？

廉夫資禀隱約，却不甚英特，從事於學問之日又淺。今日之困固宜。平時固滯不通處，其在爐錘之門，雖或有未開豁，然禀受之偏，循習之久，豈能終廓然乎？非磨之以學問，其爲害未有已也。

卷五

書

與吕伯恭 諱祖謙，號東萊，謚曰成

往歲先判府窀穸，願比於執事，而卒不果。既欲展慰，又不果。去冬因東陽郭伯清宅人，嘗拜疏略申慰誠，計必徹聽。某前此雖得一再瞻見，殊未得款聽教誨。竊惟執事聰明篤厚，人人自以爲不及，樂教導人，樂成人之美，近世鮮見。如某疏愚，所聞於朋友間，乃辱知爲最深。苟有所懷，義不容默。

天下事理固有愚夫愚婦之所與知，而大賢君子不能無蔽者。元獻晏公尹南京日，文正范公居母夫人憂。元獻屈致教導諸生，文正孳孳誨誘不倦，從之游者多有聞於時。竊聞執事者儼然在憂服之中，而户外之屨亦滿。伯夷、柳下惠，孟子雖言其聖，至所願學則孔子。文正雖近世大賢，至其居憂教授，豈大賢君子之所蔽乎？執事之所爲標的者，宜不在此。執事天資之美，學問

之博，此事之不安於心，未契於理，要不待煩説博引而後喻。竊聞凡在交游者，皆不爲執事安，諒執事之心亦必不自安也。夫苟不安，何憚而不幡然改之乎？於此而改，其所以感發諸生亦不細矣。舜聞善若決江河，沛然莫之能禦。君子之過，及其更也，人皆仰之。伏願不憚改過，以全純孝之心，不勝至願！

李評：居憂而授徒，與不爲禮、不爲樂之理未合。然世有貧士居憂，無以爲喪葬之費，又仰事俯育，一無聊賴，非授徒不可者，又當變通。所謂時乎爲貧，與得已不已者異也。伯恭之貧當不至此，故先生規之。

與吕子約　諱祖儉，東萊之弟，問學文安公

學者之病，隨其氣質，千種萬態，何可勝窮？至於各能自知能用力處〔二〕，其致則一。唐、虞、三代盛時，邪説詖行不作，民生其間，漸於聖人之化，自無昏塞之氣、乖薄之質，其遷善遠罪之處不謀同方。雖然，自下升高，積小致大〔三〕，縱令不跌不止，猶當次第而進，便欲無過，夫豈易有？以夫子之天縱，猶曰：「加我數年，五十以學易，可以無大過矣。」「瞻之在前，忽然在

〔二〕「能用力處」，嘉靖本作「有用力處」。
〔三〕「致」，嘉靖本作「之」。

後」，顏子之粹而猶若是。如有所立卓爾之地，竭其才而未能進，此豈可遽言乎？然開端發足不可不謹，養正涉邪則當早辨。學之正而得所養，如木日茂，如泉日流，誰得而禦之？今之學者，氣不至甚塞，質不至甚薄，鄉善之志號爲篤切，鞭勉已至，循省已熟，乃日困於茫然之地而無所至止，是豈非其志有所陷，學有所蔽而然耶？李評：支離之説陷之也。臨深履冰，此古人實處。浴沂之詠，曲肱陋巷之樂，與此不相悖違。豈今之學失其正，無所至止，謬生疑懼，浪爲艱難者所可同日道哉？二書皆言近實，似知其病，考其要歸，乃非實省。但循此轍，恐成坐玩歲月，終無近實時耳。愚見如此，若謂不然，後便幸有以見教。

與戴少望 諱溪，謚文端，温州永嘉人。史作肖望，少望疑即肖望，蓋戴溪也，文安公弟子

某銓曹報罷，歸已及秋，侍親粗適，無足道者。向辱下問諄諄，時竭愚心，辱以爲可語，益用不敢不自盡於左右。

別既經時，兄亦涉歷千里而歸。娶女宿留，龍窟卧病，與凡航川輿陸者，無往而非進學之地。來示謂向意爲學，而新功殊未蒙有以見教者，何耶？起居食息，酬酢接對，辭氣、容貌、顏色之間當有日明日充之功，如木之日茂，如川之日增，乃爲善學。古人之多多形容詠嘆者，固皆吾分内，然戕賊陷溺之未免，則亦安得不課其進。雖如顏子，夫子猶曰「未見其止」。易知易從者，

實有親有功，可久可大，豈若守株坐井然哉？如中庸、大學、論語諸書，不可不時讀之，以聽其發揚告教。戕賊陷溺之餘，此心之存者，時時發見，若火之始然〔一〕，泉之始達。苟充養之功不繼，而乍明乍滅，乍流乍窒，則「淵淵其淵，浩浩其天」者，何時而可復耶？

任重道遠，繄兄是望，敢布胸臆，少見切磋之誠，且以求教。李評：先生與人言，無不切實篤至如此。

與舒西美 諱琥，寧波奉化人，元賓兄也，同師事文安公

某時下從諸兄講學，不敢自棄，頗有日益，恨不得吐露以求教也。今歲都下與朋友講切，自謂尤更直截如前日。

今時學者，悠悠不進，號爲知學耳，實未必知學；號爲有志耳，實未必有志。若果知學有志，何更悠悠不進。事業固無窮盡，然古先聖賢未嘗艱難其途徑，支離其門户。夫子曰：「吾道一以貫之。」孟子曰：「夫道，一而已矣。」曰：「塗之人可以爲禹。」曰：「人皆可以爲堯舜。」曰：「人有四端，而自謂不能者，自賊者也。」人孰無心，道不外索，患在戕賊之耳，放失之耳。古人教人，不過存心、養心、求放心。此心之良，人所固有，人惟不知保養而反戕賊放失之耳。苟

〔一〕「然」，原作「燃」，據嘉靖本及孟子公孫丑上改。

知其如此，而防閑其戕賊放失之端，日夕保養灌溉，使之暢茂條達，如手足之捍頭面，則豈有艱難支離之事？今曰向學，而又艱難支離，遲回不進，則是未知其心，未知其戕賊放失，未知所以保養灌溉。此乃爲學之門，進德之地。得其門不得其門，有其地無其地，兩言而決。得其門，有其地，是謂知學，是謂有志。既知學，既有志，豈得悠悠，豈得不進。

元英春間相聚，始初亦間闕，既而感發端的，臨别時曾略箴其自喜過當。既過暨陽，便悔所以箴之者適所以病之，今聞不甚進，其原皆起於此。别有書言之。

尊兄朴茂，無他蹊徑，苟能端的自反，灼知陷溺戕賊之處，特達自奮，誰得而禦之？不然，恐未免爲不知學，爲無志而已矣。

與高應朝 諱宗商，浙江人，從學文安公

比得書，知爲學進進，甚喜！爲學不當無日新，易贊乾、坤之簡易，曰：「易知易從，有親有功，可久可大。」然則學無二事，無二道，根本苟立，保養不替，自然日新。所謂可久可大者，不出簡易而已。應朝既自知資質偏駁，不廢磨礲，亦復何憂，亦復誰禦。然當知染習未盡，大體實不得爲無傷也。

未及作子約書，寫至此，思子約書中有「宜於静，未宜於動」之説，此甚不可。動静豈有二

心，既未宜於動，則所謂宜於静者，亦未宜也。先作應之書不及此。成之李注：姓李。到此，講切曲折，却具應之李注：姓石。書中。大抵學者各倚其資質聞見，病狀雖復多端，要爲戕賊其本心，則一而已。作書多不能詳，要之詳亦未必有益。苟有根本，自能不懈怠不倦，與同志切磋，亦何患不進學。如顔子猶曰「未見其止」，惟益勉之。

與楊敬仲 諱簡，號慈湖，謚文元，寧波慈溪人，文安公弟子居首

此心之良，戕賊至於熟爛，視聖賢幾與我異類。李評：庸人不視聖人爲異類，則孟子不必言聖人之於民亦類矣。端的自省，誰實爲之？改過遷善，固應無難，爲仁由己，聖人不我欺也。直使存養至於無間，亦分内事耳。然懈怠縱弛〔一〕，人之通患，舊習乘之，捷於影響。「慢游是好，傲虐是作」，游逸淫樂之戒，大禹、伯益猶進於舜；盤盂几杖之銘，成湯猶賴之；夫子七十而從心，吾曹學者省察之功其可已乎？

承諭未嘗用力，而舊習釋然，此真善用力者也。舜之孳孳；文王之翼翼；夫子言「主忠信」，又言「仁能守之」，又言「用其力於仁」；孟子言「必有事焉」，又言「勿忘」，又言「存心養性

〔一〕「縱」，原作「廢」，據成化本、正德本、嘉靖本、萬曆本、四庫本改。

以事天」，豈無所用其力哉？此中庸之「戒謹」「恐懼」，而浴沂之志，曲肱陋巷之樂，不外是矣。此其用力自應不勞。若茫然而無主，泛然而無歸，則將有顛頓狼狽之患，聖賢樂地尚安得而至乎？

李評：慈湖乃中人以上，故與之語上。

二

日新之功有可以見教者否？易簡之善，有親有功，可久可大，苟不懈怠廢放，固當日新其德，日遂和平之樂，無復艱屯之意。然怠之久，爲積習所乘，覺其非而求復，力量未宏，則未免有艱屯之意。誠知求復，則屯不久而解矣。此理勢之常，非助長者比也。頻復所以雖厲而無咎，仁者所以先難而後獲也。若於此別生疑惑，則不耘、助長之患必居一於此矣。當和平之時，小心翼翼，繼而不絕，日日新，又日新，則艱屯之意豈復論哉？顧恐力量未能至此耳。

與項平甫 諱安世，江南人，問學於文安公

孟子「揠苗」一段，大概治助長之病，真能不忘，亦不必引用耘苗。凡此皆好論辭語之病，然此等不講明，終是爲心之累。一處不穩當，他時引起無限疑惑。凡此皆是英爽、能作文、好議論者多有此病。若是朴拙之人，此病自少。所以剛毅木訥近仁，而曾子之魯乃得傳夫子之道。凡

人之病，患不能知，若真知之，病自去矣，亦不待費力驅除。真知之，却只説得「勿忘」兩字。所以要講論者，乃是辨明其未知處耳。

與舒元賓 諱璘，謚文靖，奉化人，登乾道八年進士，師事文安公

得書開讀，殊覺未甚明快。此事何必他求，此心之良，本非外鑠，但無斧斤之伐，牛羊之牧，則當日以暢茂。聖賢之形容詠歎者，皆吾分内事。日充日明，誰得而禦之。尊兄看到此，不須低回思索，特達奮發，無自沉於縈迴迂曲之處。此事不借資於人，人亦無着力處。聖賢垂訓，師友切磋，但助鞭策耳。

與徐子宜 諱誼，一字宏父，謚文忠，温州人，登乾道八年進士，師事文安公

某無能，連黜銓寺，今始以免試擬隆興靖安簿，六年闕。去家四百里，久離侍下，欲急歸，文字但託淳叟取。

比來所得朋舊多好氣質，講切端的，亦自覺稍進。兄爲學必日新，恨不證於兄也。端卿〔一〕、

〔一〕「卿」，原作「鄉」，據成化本、正德本、嘉靖本、萬曆本、四庫本改。

蕃叟、李注：陳蕃叟，諱武，温州永嘉人，君舉從弟，請業弟子。成之、淳叟諸公自相講切，皆自謂有益。某觀之，甚不謂然。諸公雖各不同，然學失其正，一也。嘗論其説均爲邪説，其行均爲詖行。淳叟最先知過；成之相信甚篤，然蒙滯竟未開明；端卿力戰大屈而後有省；蕃叟相見始恐懼，而又不能幡然。見李叔潤，李注：李叔潤，及端卿、端木等，名貫俱無考，皆問學弟子。與之言惡俗交戕之處，泫然流涕，感激良深，自此亦可以爲學，第恨相處不久耳。此心之良，人所均有，自耳目之官不思而蔽於物，流浪展轉，戕賊陷溺之端不可勝窮。最大害事，名爲講學，其實乃物欲之大者，所謂邪説誣民，充塞仁義。質之懿者，乃使之困心疲力，而小人乃以濟惡行私。兄質性篤厚，行己有耻，不至有是。然近來講學大率病此，不敢不相告。

劉伯正嘗相聚否？李注：劉伯正，名泌，饒州餘干人，登開禧元年進士第，官至太子少保。聞其莊整，乃是有進。不及作書，煩爲致意。天民重困猶昔，皆聞見駁雜之弊，近嘗苦口與言，稍能自反，應之亦復荒唐。今此相聚相款，志嚮却篤，知非甚明，有可喜者，亦可爲天民慶也。端木、君舉、象先、益之諸兄時相聚否？蔡行之何以不來參部？彭子復、戴少望皆安在？爲況如何？前年得少望書，復書頗切磋之，不知其書曾達否？兄講下多秀異否？劉司業在江西，民甚賴之，以與同官不協，得綿州去矣。便中特此奉記室，餘祝爲吾道自重！

婺女之行，道經上饒，往往聞説其守令無狀，與臨川大不相遠。既而聞景明劾罷上饒、南康二守，方喜。今時監司乃能有此，差强人意。劉文潛作漕江西，光前絶後，至其帥湖廣，乃遠不如在江西時，人才之難如此。

二

某人始至，人甚望之，舊聞先兄稱其議論，意其必不碌碌，乃大不然。明不足以得事之實，而姦黠得以肆其巧；公不足以遂其所知，而權勢得以爲之制。自用之果，反害正理，正士見疑，忠言不入，護吏而疾民，陽若不任吏，而實陰爲所賣。姦猾之謀無不得逞，賄賂所在無不如志。聞有一二行遣，形若治吏，而僞文詭辭、諂順乞憐者皆可回其意。下人轉移其事，如轉户樞。胥輩窺之審，玩之熟，爲日久矣。所欲爲者，如取如携，不見有毫髮畏憚之意。惟其正論誠意，則扞格而不入，乃以此自謂其明且公也。良民善士，疾首蹙額，飲恨吞聲，而無所控訴。李評：吏胥之害，此書盡之。

公人世界其來久矣，而尤熾於今日。公人之所從得志，本在官人不才。然向者邪説不甚盛，風俗不甚壞，公人未盡得顯然肆意，官人未盡與公人一律。官人之才者，固有實益，亦難得盛譽。官人之不才者，亦尚藉常理常心，默有維持，未至泯然大亂。十數年來，公人之化大行，官人皆受其陶冶，沉涵浸漬，靡然一律。而書生腐儒又以經術爲之羽翼，爲之干城，沮正救之勢，塞懲治之路，潛禦其侮，陰助其瀾。故官人之才者，雖易以自見，易得盛譽，而無補風俗，無救大勢。至其不才，必至大亂。中人無以自立，皆從風而靡，隨波而流。守正而材術不足以自見者，其心僅不泯滅，而不復可伸，外之驅迫流狥者，亦不少矣。此今時之大勢。

今之爲善者，猶持杯水救車薪之火也。然持杯水者常少，而抱薪者常多。某竊有區區之說，以爲可以絶薪而致水，要在於不厭詳復，不忽卑近，相與就實以講求至理，研覈其實，毋遽以大意粗說蓋之，則至理可明，詖說可破。至理明，詖說破，則自其身達之家國天下，無不可爲者，君心國論，亦有致力處，豈直州縣官吏間哉？

「天生民而立之君，使司牧之」，張官置吏，所以爲民也。「民爲大，社稷次之，君爲輕」，「民爲邦本」，「得乎丘民爲天子」，此大義正理也。今縣家，親民撫字之職也。縣家而害民，州家得以治之；州家而害民，使家得以治之。今州家、使家壅之以胥吏，塞之以僚屬，所賴以通閭巷田畝之情者，有被害者赴愬也。今乃以告訐把持之名而抑絶之。近來胥吏之妙用，專在抑絶赴愬者之路，懲一二以威衆，使之吞聲歛衽，重足脅息，而吾得以肆行而無忌。監司、太守，有服其役、任其怨而不得享其利者，有相爲相役而共享其利者。

比來道路田畝皆鼓舞盛德，汙吏黠胥頗亦斂戢，鄉來懷疑者皆已冰釋矣。然所在積弊非一日可去，要當耐久緝理，想大賢之心亦未易滿也。大抵益國裕民之心在吾人固非所乏，弊之難去者，多在簿書名數之間，此姦貪寢食出没之處，而吾人之所疏者。比嘗考究此等，頗得其方。蓋事節甚多，難以泛考，要須於一事精熟，得其要領，則其他却有緣通類舉之理，所謂「一堵牆，百堵調」。

與趙子直 諱汝愚，饒州餘干人

撫之秋輸，鄉者病於加合之無藝，又受領官吏高下其手，輕重不均。有臨川陳知縣鼎者，議革其弊。以爲盡去之，則州用、軍糧、名會等米皆取於此，有不可闕。於是約其類，每斗加五十合，而令兩斛輸三斛。官得以足，民亦不病，而又無輕重不均之弊，民大便之。陳知縣既去，後來又於三斛之上又加斛面。曾有徐提舉者甚愛民，一日不測入倉，百姓皆訴斛面太重，徐提舉方責罵受領官吏，官吏輒以州用、軍糧、名會米爲解，提舉不能加詰。不知先已兩斛納三斛，已是算足州用、軍糧、名會等米矣。所謂斛面者，又在此外尅斂。大抵不知節目名數之詳，鮮有不爲其所欺者。斛面之弊，去年趙使君稍稍正之，民已大悦。今歲撫雖小稔，而連雨阻穫，損折者已十三四。今未穫者尚多，已穫者亦未得舂造。苗限自當有展，而州縣殊無寬假之意。稅租折變，著令以納，月上旬時，估中價準折。而折穀折糯，侵民之直，至於再倍。其在今歲尤爲可念！列具詳細數納呈，幸少留意觀之，亦庶幾「一堵牆，百堵調」者。

世儒恥及簿書，獨不思伯禹作貢成賦，周公制國用，孔子會計當，洪範八政首食貨，孟子言王政亦先制民産、正經界，果皆可恥乎？官吏日以貪猥，弊事日以衆多，豈可不責之儒者？張官置吏，所以爲民，而今官吏日增術以朘削之，如恐不及。蹶邦本，病國脉，無復爲君愛民之意，良可歎也！「百姓足，君孰與不足」，損下益上謂之損，損上益下謂之益，理之不易者也。而至指以老生常談，良可歎也！

大著盡公守正，今世鮮麗，而諸公皆議其不密。議者之心固有大病，而在大著不爲無疵。語有失言之戒，易有謹密之辭，不可不察也。別紙所録利便，不可使胥吏見之。

與辛幼安 諱棄疾，山東歷城人

輒有區區，欲效芹獻，伏惟少留聰明，賜之是正。竊見近時有議論之蔽，本出於小人之黨，欲爲容姦廋慝之地，而飾其辭説，託以美名，附以古訓，要以利害，雖資質之美、心術之正者，苟思之不深，講之不詳，亦往往爲其所惑。此在高明，必已洞照本末，而某私憂過計，未能去懷，敢悉布之，且以求教。

古人未嘗不言寬。寬也者，君子之德也。古之聖賢未有無是心，無是德者也。然好善而惡不善，好仁而惡不仁，乃人心之用也。遏惡揚善，舉直錯枉，乃寬德之行也。君子固欲人之善，而天下不能無不善者以害吾之善；固欲人之仁，而天下不能無不仁者以害吾之仁。有不仁、不善爲吾之害，而不有以禁之、治之、去之，則善者不可以伸，仁者不可以遂。是其去不仁乃所以爲仁，去不善乃所以爲善也。故曰：「爲國家者，見惡如農夫之務去草焉，芟夷蘊崇之，絶其本根，勿使能殖，則善者信矣。」夫五刑五用，古人豈樂施此於人哉？天討有罪，不得不然耳。是故大舜有四裔之罰，孔子有兩觀之誅，善觀大舜、孔子寬仁之實者，於四裔、兩觀之間而見之矣。

近時之言寬仁者則異於是，蓋不究夫寬仁之實，而徒欲爲容姦廋慝之地，殆所謂以不禁姦邪爲寬大，縱釋有罪爲不苛者也。「罪疑惟輕」，罪而有疑，固宜惟輕。「與其殺不辜，寧失不經」，謂罪疑者也。使其不經甚明而無疑，則天討所不容釋，豈可失也。「宥過無大，刑故無小」，使在趨走使令之間，簿書期會之際，偶有過誤，宥之可也。若其貪黷姦宄出於其心，而至於傷民蠹國，則何以宥爲？於其所不可失而失之，於其所不可宥而宥之，則爲傷善，爲長惡，爲悖理，爲不順天，殆非先王之政也。

自古張官置吏所以爲民，爲之囹圄，爲之械繫，爲之鞭箠，使長吏操之以禁民爲非，去其不善不仁者，而成其善政仁化，懲其邪惡，除亂禁暴，使上之德意布宣於下而無所壅底。今天子愛養之方丁寧於詔旨，勤恤之意焦勞於宵旰，賢牧伯班宣惟勤，勞來不怠，列郡成風，咸尚慈恕。而縣邑之間，貪饕矯虔之吏，方且用吾君禁非懲惡之具，以逞私濟欲，置民於囹圄、械繫、鞭箠之間，殘其支體，竭其膏血，頭會箕斂，槌骨瀝髓，與姦胥猾徒厭飫咆哮其上。巧爲文書，轉移出没以欺上府，操其奇贏，與上府之左右締交合黨，以蔽上府之耳目。田畝之民劫於刑威，小吏下片紙，因纍纍如驅羊。劫於庭廡械繫之威，心悸股栗，箠楚之慘，號呼籲天，隳家破産，質妻鬻子，僅以自免，而曾不得執一字之符以赴愬于上。上之人，或浸淫聞其髣髴，欲加究治，則又有庸鄙淺陋，明不燭理、志不守正之人爲之緩頰，敷陳仁愛寬厚有體之説，以杜吾窮治之意；游揚其文具、僞貌、誕謾之事，以掩其罪惡之迹，遂使明天子勤恤之意、牧伯班宣之誠壅底而不達。百里之宰，真承宣撫字之地，乃復轉而爲豺狼蝎蚊之區，日以益甚，不可驅除，豈不痛哉！若是者，其果可宥乎？果可失乎？至於是而又泛言寬仁之説，以逆蔽吾窮治之途，則其滋害遺毒，縱惡傷和，豈不甚哉？其與古人寬仁之道豈不戾哉？李評：一氣數十行，山奔海立，淋漓噴薄，即以文詞論亦天下之至文。

今之貪吏，每以應辦財賦爲辭，此尤不可不辨。今日邦計誠不充裕，賦取於民者誠不能不益於舊制。居計省者誠能推支費浮衍之由，察收斂滲漏之處，深求節約檢制之方〔二〕，時行施舍

〔二〕「檢制」，成化本、嘉靖本、萬曆本、四庫本作「檢尼」。

己責之政，以寬民力，以厚國本，則於今日誠爲大善。若未能爲此，則亦誠深計遠慮者之所惜，然今日之苦於貪吏者則不在此。使吏果不貪，則因今之法，循今之例，以賦取於民，民猶未甚病也。今貪吏之所取，供公上者無幾，而入私囊者或相十百，或相千萬矣。今縣邑所謂應辦月解、歲解者，固多在常賦之外，然考其所從出，則逐處各有利源。利源所在，雖非著令之所許，而因循爲例，民亦視以爲常，而未甚病也。利源有優狹，優者應辦爲易，狹者應辦差難。然通而論之，優者多，狹者少。若循良之吏，則雖在利源狹處，亦寧書下考，不肯病民。今之貪吏，雖在利源優處，亦啓無厭之心，搜羅既悉，而旁緣無藝，張奇名以巧取，持空言以橫索，無所不至。方且託應辦之名，爲缺乏之説，以欺其上。顧不知事實不可掩，明者不可欺，通數十年之間，取其廉而能者與其貪之尤者而較之，其爲應辦則同，而其賦取誅求於民者或相千萬而不啻。此貪吏之所借以爲説而欺上之人者，最不可不察也。

貪吏害民，害之大者，而近時持寬仁之説者，乃欲使監司、郡守不敢按吏，此愚之所謂議論之蔽，而憂之未能去懷者也。不識執事以爲如何？今江西緊安撫修撰是賴，願無摇於鄙陋之説，以究寬仁之實。使聖天子愛養之方、勤恤之意無遠不暨，無幽不達，而執事之舊節素守，無所屈撓，不勝幸甚！

卷六

書

與傅全美 建昌南城人

比領教剳，禮意謙勤，感佩固深，然非所以望於左右者。繼此凡有可以警誨，幸無愛言。仙里年來向學者甚衆〔一〕，風習可尚，正賴長者不憚告教，使後生晚學得知前輩風采，謙冲就實，無徒長虚誕，使他日反指向學者以爲戒，幸甚！

二

南城朋舊至此，未嘗不詢動静，比來於包顯道處尤知其詳。竊聞嘗以追惟往事，自咎過深，

〔一〕「仙里」，原作「仁里」，據成化本、正德本、嘉靖本、萬曆本、四庫本改。

至於成疾，此殆失於講究用心之過也。

古之學者本非爲人，遷善改過莫不由己。善在所當遷，吾自遷之，非爲人而遷也；過在所當改，吾自改之，非爲人而改也。故其聞過則喜，知過不諱，改過不憚。顏氏「有不善未嘗不知，知之未嘗復行」，豈爲人哉？一聞「爲仁由己」之言，「請問其目」不少後；既得視、聽、言、動之目，「請事斯語」不少遜。某竊嘗謂若顏子者，可謂天下之大勇矣。故其言曰：「舜何人也，予何人也，有爲者亦若是。」聖人所貴於訟過者，以其知之必明，而改之必勇也。今訟其過而至於消沮摧縮，奪其志氣而蝕其神明，則亦非聖人訟過之旨矣。

鈞是人也，雖愚可使必明，雖柔可使必强，困學可使必至於知，勉行可使必至於安，聖人不我欺也。於是而曰「我不能」，其爲自棄也果矣。常人有是皆可責也，若夫質之過人者而至於有是，是豈得而逭其責哉？今如全美之穎悟俊偉，蓋造物者之所嗇，而時一見焉者也。聞見該洽，詞藻贍蔚，乃其餘事。公方之操，闊達之度，交游推服，聞者莫不敬仰。又謙謙若不足，片言之善，一行之美，雖在晚進後出樂推先焉。此人所難能，而全美優爲之。古人之學，非全美之望而誰望？若乃比者致疾之故，則又殆於不能自拔者矣。由前之責，非全美之責而誰責？

不肖之人悖逆犯上，死有餘罪，而何敢見其靈響？今全美乃悔其初不有以厭不肖者之欲，而以致彼之死爲己罪，則亦惑矣。夫厭不肖者之欲以遂其悖逆之謀，繩以春秋之法，不免於首惡矣。惠姦獎逆，以細人之姑息爲美行，以全美之明，豈得不知此之爲非是，而反悔其既往之不爲。邪祟之説，稍剛正者不得而行焉，而全美乃惑之乎？是殆生於悔所不當悔，而浸尋以溺於是耳〔一〕。夫以不爲細人之姑息，以惠姦獎逆爲悔，以死有餘罪之鬼決不敢見其靈響者爲祟，則全美之不能自拔甚矣。夫不能自拔之過，在今日所宜勇改者，悔其所不當悔，惑其所不當惑，其理既明，顧速更之，毋遲遲也。「君子之過也，如日月之食焉。過也，人皆見之；更也，人皆仰之。」過者，雖古之聖賢有所不免，而聖賢之所以爲聖賢者，惟其改之而已。不勇於改，而徒追咎懊悔者，非某之所聞也。

人之所以爲人者，惟此心而已。一有不得其正，則當如救焦溺而求所以正之者。今邪正是非之理既已昭白，豈可安於所惑，恬於所溺，而緩於適正也哉？今人所患在於以己爲是，歸非他人，雖有顯過，猶悍然自遂，未嘗略有自咎自責之意。今全美於所不當自咎者尚以自咎，於所不當自責者尚以自責，與所謂不知其非、悍然自遂者相千萬也。今豈不能於所當改者而勇改之？願益勵「學不爲人」之志，勉致「爲仁由己」之實，思顏子之大勇，奮然自拔，蕩滌摧傷湮没之意，

〔一〕「浸尋」，成化本、正德本、嘉靖本、萬曆本作「侵尋」。

不使有毫毛得以宿留於庭宇。光芒所射豈止在斗牛間！正大之氣當塞宇宙，則吾道有望！

與傅子淵 名夢泉，號若水，建昌人，登紹熙二年進士，文安公弟子，嘗講學曾潭之滸，學者稱曾潭先生

三復來書，義利之辯可謂明矣。夫子言：「君子喻於義，小人喻於利。」孟子謂：「欲知舜與跖之分，無他，利與善之間也。」讀書者多忽此，謂爲易曉，故躐等陵節，所談益高，而無補於實行。今子淵知致辨於此，可謂有其序矣。大端既明，趨向既定，則明善喻義，當使日進，德當日新，業當日富。易之學聚問辨，寬居仁行；中庸之博學、審問、謹思、明辨、篤行，皆聖人之明訓，苟能遵之，當隨其分量有所增益。凡此皆某之所願從事，而願與朋友共之者。是後新工與見南軒所得，願悉以見警。

書尾「善則速遷，過則速改」之語，固應如是，然善與過恐非一旦所能盡知。賢如蘧伯玉，猶欲寡其過而未能。聖如夫子，猶曰「加我數年，五十以學易，可以無大過矣」。論語載夫子稱顏子好學，易大傳稱其「有不善未嘗不知，知之未嘗復行」。顏子有不善未嘗不知，知之未嘗復行，乃自其好學而能然。今子淵所謂遷善改過，雖無一旦盡知之心，然觀其辭意，亦微傷輕易矣。李評：陸子亦以子淵爲傷於輕易，宜朱子譏其氣質。愚見如此，子淵以爲何如？

二

子淵判別得義利甚明白，從此加工，宜其日進，但不可他有眩惑耳。如來書集義之説，已似有少眩惑。蓋孟子所謂集義者，乃積善耳。易曰：「善不積不足以成名。」荀卿積善成德之説亦不悖理。若如近來腐儒所謂集義者，乃是邪説誣民、充塞仁義者也。諸非紙筆可盡，當遲面剖。

三

日遲從者之來，想失賢郎，家事未易區處。建昌問學者雖多，亦多謬妄。近符生敘者，輒以書肆其無知之談。此輩庸妄無知，無足多怪，獨怪其敢爾恣肆無忌憚耳。吾嘗謂一種無知庸人，難於鐫鑿，往往累人，事楊朱則鈍置楊朱，事墨翟則鈍置墨翟，不明者往往歸咎其師，不知其爲師者亦誠冤也。此等固不足道，然義亦不當容其恣肆耳。吾子淵不得不任其責。

與傅聖謨 建昌人，文安公弟子

不假推尋擬度之説，殆病於向者推尋擬度之妄，已而知其非，遂安之，以爲道在於是。必謂不假推尋爲道，則「仰而思之，夜以繼日」、「探賾索隱，鈎深致遠」者，爲非道邪？必謂不假擬度爲道，則是「擬之而後言，議之而後動，擬議以成其變化」者，爲非道邪？謂即身是道，則是有身者皆爲有道邪？是殆未得夫道之正也。謂悠悠日復一日，不能堪任重道遠之寄，此非道也。貧窶不能不爲累，此非道也。「學如不及」、「學而不厭」〔二〕，憂之如何？如舜而已者，道當如是故也。簞食瓢飲不改其樂，肘見纓絶不以爲病者，道當如是故也。耕歷山，漁雷澤，陶河濱，與夫耕莘、築岩、釣渭者，此所以餬其口也。夫子絶糧，曾子七日不火食，而匡坐絃歌，歌聲若出金石，夫何累之有哉？子路結纓，曾子易簀，乃在垂死而從容如此，貧孰與死，而云爲累，無乃未得爲聞道者乎？以聖謨之英敏而不知此，無乃未之思乎？無乃向之所謂道者，反所以爲道之蔽而然乎？李評：陸子不以不假推尋擬度之説爲是，而議者輒指「汝目自明」等語爲非，不知彼就本體言也。就本體言，則萬物皆備於我，目自明，耳自聰也。就用功言，則察識而擴充，非推尋擬度不能也。

二

得書喜聞所學之進，然前書所欲致區區者，終未蒙省録。聖謨誠能就前書所論者，有實省處，則今日之病不待繁言而自解，吾道當自此而明矣。

〔二〕「而」，正德本、嘉靖本、萬曆本作「如」。據論語述而，作「而」義似較勝。

作文特吾人餘事，從事其間而又鹵莽，是謂執事不敬。若如來書之意，則幾於陋矣。孔子讀易，韋編三絶；周公思兼三王以施四事；顔淵問爲邦，夫子告以四代之事；孟子闢楊、墨，自比於禹之抑洪水，此皆聖謨所宜以爲標的者。文字間又何足以汩没聖謨乎！

三

聖謨能知始志之非，正極可喜！緣患故而有其志，固宜未得其正。既就學問，豈可不知其非。大抵學者且當論志，不必遽論所到。所志之正不正，如二人居荆楊，一人聞南海之富象犀，其志欲往，一人聞京華之美風教，其志欲往，則他日之問途啓行，窮日之力者，所鄉已分於此時矣。若其所到，則歲月有久近，工力有勤怠、緩急，氣稟有厚薄、昏明、强柔、利鈍之殊，特未可遽論也。

近來學者多有虚見虚説，冥迷渺茫，不肯就實。原其所以，皆是學無師授，聞見雜駁，而條貫統紀之不明，凡所傳習，衹成惑亂，此一節又不與其志。來書意識之説，「天地相似」之問，皆坐此也。讀書須是章分句斷，方可尋其意旨。「與天地相似」之語出於易繫，自「易與天地準」至「神無方而易無體」是一大段。須明其章句，大約知此段本言何事，方可理會。觀今人之用其語者，皆是斷章取義，難以商確。試因聖謨「從心所欲不踰矩」之説，略言聖人、賢人、衆人有當致疑之處。如「至誠無息」，而顔淵「三月不違仁，其餘則日月至焉而已矣」。不知日月至者，其所至之地與不違之地同乎不同？不違之地與無息之地同乎不同？「誠者，不思而得，不勉而中，從容中道，聖人也。」若思誠者，但是未能不思不勉耳，豈皆不得，皆不中？但未能盡誠，未可以擅誠之名耳，豈是皆不誠？「誠者，物之終始」，「不誠無物」，凡此皆泛言誠，不專指聖人也。今之學者豈皆不誠，不知思誠時所得所中者與聖人同乎不同？若其果同，則是濫觴與溟渤皆水也，則大小、廣狹、淺深之辨亦自不害其爲同。第未知所謂同者，其果同乎？故嘗謂其不同處，古人分明説定等級差次，不可淆亂，亦不難曉，亦無可疑。獨其所謂同者，須是真實分明見得是同乃可。不然，却當致疑而求明也。若如此理會，則已明白與未明白者，不應致疑與合致疑者，兩處不相淆雜，學問自得要領，不爲泛然無端之言所惑。已知者，則力行以終之；未知者，學問思辨以求之。如此則誰得而禦之？

聖謨非特其志之病，亦坐聞見之陋，條貫統紀之未明，故某前數書多每處解釋，如授小兒。以聖謨之聰明，夫豈少此，蓋亦漸於陋習，膠於繆説，不能不惑亂而至此也。若明知向來聞見之陋，從頭據實理會，則古人之訓、吾心之靈當會通處多矣，今此之言殆爲芻狗耳。

發諸書畢後，寫此書，體倦，殊草率。試罷，能一來乎？

與包詳道 諱約，建昌南城人，與顯道、敏道兄弟，嘗學於文安公

人生天地間，氣有清濁，心有智愚，行有賢不肖。必以二塗總之，則宜賢者心必智，氣必清；不肖者心必愚，氣必濁，而乃有大不然者。

乖爭、陵犯、汙穢、邪淫之行，常情之所羞所惡者，乃或縱情甘心而爲之，此所謂行之不肖者也。於此有所不敢爲，有所不忍爲，有所不肯爲，而每求其是者、正者、善者而爲之，雖未能必是、必正、必善，而其志卓然[一]，日履之間，蓋與向所謂不肖者背而馳也，是亦可謂行之賢者也。行之不肖，固爲愚矣。謂不肖者爲愚，則反是者亦可謂之智。然行之不肖者，則或耳目聰明，心意慧巧，習技藝則易能，語理致則易曉，人情世態多所通達。其習於書史者，雖使之論道術之邪正，語政治之得失，商人品之高下，決天下國家之成敗安危，亦能得其髣髴。彼固不能知其真，得其實，詣其精微，臻其底蘊，而其揣摩傅會之巧亦足以熒惑人之耳目，而欺未明者之心，玩之而有味，稽之而有證，非知言之人，殆未可謂不難辨也。

至其行之賢者，則或智慮短淺，精神昏昧，重以聞見之狹陋、漸習之庸鄙，則其於慧巧者之

[一]「卓然」，成化本、正德本、嘉靖本、萬曆本作「則然」。

所辨，渾然曾不能知。甚至於如荀卿所謂「門庭之間，猶可誣欺焉」。道術之邪正，政治之得失，人品之高下，天下國家之成敗安危，尚何所復望其判白黑於其間哉？利誘而害怵，刑驅而勢迫，雖使之如商丘開之赴水火，蓋未必不可也。理不可以泥言而求，而非言亦無以喻理；道不可以執説而取，而非説亦無以明道。理之衆多，則言不可以一方指；道之廣大，則説不可以一體觀。昔人著述之説，當世講習之言，雖以英傑明敏之資，盤旋厭飫於其間，尚患是非之莫辨，邪正之莫分。亂真之似，失實之名，一有所蔽，而天地爲之易位，差之毫釐，繆以千里。其於聖賢之言一失其指，則倒行逆施，弊有不可勝言者。況於短淺之智慮、昏昧之精神、狹陋之聞見、庸鄙之漸習，一旦駭於荒唐繆悠之説，驚於詭譎怪誕之辭，則其顛頓狼狽之狀可勝言哉？正使與之誦唐虞之書，詠商周之詩，殆亦未必不指汙沱爲滄海，謂丘垤爲嵩華，況又雜之以不正之言，亦安得而不狼狽哉？當其猖狂惶駭之時，蓋不必明者而後知其繆也。由是而言，則所謂清濁智愚者，殆不可以其行之賢不肖論也。

觀詳道之素，亦可謂行之賢者也。然某之竊所憂者，蓋以其氣之不得爲清，而心之不得爲智，聞見之不博而漸習之未洪，一有所駭，而莫克自定，止之者不一二，而驅之者八九。其所當論者，蓋在清濁智愚之間，而不在於道術之際也。不論其始之謬以求復其常，而悉精殫力於道術是非之際，此其所以愈騖而愈遠也。

詳道始至此，其説蓋甚怪。然某觀詳道之質，本甚淳朴，非能自爲此怪説也。使生治古盛時，康衢擊壤之謡，中林肅肅之行，未必不優爲之也。一溺於流俗，再眩於怪説，狼狽可憐之狀遂至於此。凡所以相告者，不過明怪説之妄，欲詳道之知其非而復其常也。所慮者，通疏曉了之人少，狂妄迷惑之人多，則其相與推激而至於風波、荆棘、陷阱之地者必衆。詳道氣之未清，心之未智，則殆將鼓舞倡和於其間，又安能知其非而自免於此耶？今詳道日履之間，所謂行之賢者，固未嘗自失；獨不幸悉心畢力以講術業，而不能自免於迷惑。今但能退而論於智愚清濁之間，則是惑庶幾乎自解矣。道術之是非邪正，徐而論之未晚也。

當局者迷，旁觀者審。用心急者多不曉了，用心平者多曉了。英爽者用心一緊，亦且顛倒眩惑；況昏鈍者豈可緊用心耶？昆仲向學之志甚勤，所甚病者，是不合相推激得用心太緊耳。幾先嘗説諸公所謂退步乃是進步耳。此公却胸襟曉了，儘不狂妄，其疇昔之所患，在於狥俗自安，不向進耳，使其聞正言而知懼知勉，却不至於繆戾也。

二

承諭爲學日益，良愜所望。鄉來清濁智愚之説，願無棄鄙言，時一閲之，或有所啓也。人之省過不可激烈，激烈者必非深至，多是虚作一場節目，殊無長味，所謂非徒無益而又害之。久後看來，當亦自知其未始有異於初，徒自生枝節耳。若是平淡中實省，則自然優游寬裕，體脉自活矣。

三

學問日進，甚善，甚善！爲學固無窮也，然病之大端不可不講。常人之病多在於黠。逐利縱欲，不鄉理道，或附託以售其姦，或訕侮以逞其意，皆黠之病也。求諸癡者，固無是矣。然眩於所聽而不明乎擇，苟於所隨而不審於思，覬覦於非所可得，僭妄於非所能至，失常犯分，貽笑召侮，則癡之爲病，又可勝言哉？詳道之病，想已自知其大概，第未可自謂已知之矣。當於日用出言措意之間，精觀密考，使有日改月化之效，或庶幾其可瘳也。如自謂吾已知之矣，則是癡自若也。來書云「方獲自知之審」，若使某代言，必曰「僅能自知」。言，心聲也。不可託之以立詞之不善，當知是本根之病。能於此有感，則自可觸類而長矣。

四

爲學日進，尤以爲喜！詳道天質淳真，但不爲誇詐者所惑，亦自有過人處。文采縱不足，亦非大患，況學之不已，豈有不能者，獨恐無益友相助耳。秋試後能相過，當叩所得。

某年來氣血殊憊，頗務養息，然亦不遂所志。五月來，教授兄一病，殊可畏，近乃向安，此數日尤加强，可喜！家間聚指之衆，尊幼中不能不時有疾病，令人動念耳。其貧窘又益甚。幸諸兄相聚，所講皆其所以處此者，故氣象和裕，人亦不知其如此耳。

得諸公書，開益良多，第倦甚，作復不能宣究所懷。要之紙筆所傳，豈如面承也。

五

垂諭新工，以是未能寬裕，所以費力處多。「優而柔之，使自求之，饜而飫之，使自趨之，若江海之浸，膏澤之潤」，此數語不可不熟味，於己於人皆當如此。若能若此，静處應事，讀書接人，皆當有益。優游寬容，却不是委靡廢放，此中至健至嚴，自不費力。恐詳道所謂奮迅者〔二〕，或不免助長之患。愚見如此，不識以爲如何？

〔二〕「謂」，嘉靖本作「爲」。

六

近嘗得李季遠書，李評：李季遠，亦南城人，與包氏兄弟同來侍學者也。盛陳別後爲學工夫，大抵以爲朝夕不懈涵泳，甚有日新之意。又以詳道力以「本無事」之説排之，渠又論不可無事之故。某復書云：「所示與詳道議論不合之處，皆是講學不明，人持所見以爲説，用相切磋，殆如兒戲。」今此得信，又有與敏道異同之論，要亦是兒戲耳。

精勤不懈，有涵泳玩索之處，此亦是平常本分事，豈可必將無事之説排之？如讀書接事間，見有理會不得處，却加窮究理會，亦是本分事，亦豈可教他莫要窮究理會。若他持此説者原無着實，但是虛意駕説立議論，初無益於事實，亦須窮見其底藴，只就他虛意無實處理會，豈可以一説攻一説。

如詳道來書，甚見「己學不明，但執虛説」之病。所與敏道書前一截[一]，叙述工夫處，却自分明，及至「豈有要尋方略踐一行」之語，此病又見。

如敏道所論，亦嘗至此間言之，某但與敏道説此皆是閑説話，皆緣不自就己身着實做工夫，

[一]「前」，原作「則」，據正德本、嘉靖本改。

所以一向好閑議論。閑議論實無益於己，亦豈解有明白處？須是自知此等説話是閑議論，方有就己向實工夫，涵養講究，却是本分事。

七

朋友自仙里來者〔二〕，皆云蒙子淵啓發，無不推服。但頗有言其酒後言動，殆不可考。吾家長上亦罪其顛狂。又有詩偈類釋子語，不可以訓。要之，瑕瑜功罪各不相掩。今亦不及作渠書，或相聚，得以此書示之爲幸。

某未得差敕，未及入城。聞子淵欲來，及今爲一來尤佳。

與包顯道 諱揚，恢之父，詳道之弟、敏道之兄也，人稱克堂先生，以子恢貴，贈太子少師，文安公弟子

南軒物故，何痛如之！吾道失助不細。近方欲通渠書，頗有所論，今遂抱恨矣。

某今歲與朋友讀書滋蘭，在敝居之南五里許，密邇毛坊大路，諸況明甫必能言之。寫至此，方記得曾與顯道一到其下議事來，但當時未有滋蘭之名耳。

〔二〕「仙里」，原作「仁里」，據成化本、正德本、嘉靖本、萬曆本、四庫本改。

二

得曹立之書云，晦庵報渠云「包顯道猶有讀書親師友是充塞仁義之説」，注云「乃楊丞在南豐親聞其語」。故晦庵與某書亦云：「包顯道尚持初説，深所未喻。」某答書云：「此公平時好立虚論，須相聚時稍減其性，近却不曾通書，不知今如何也？」來書云「叩楊丞所學，只是躬行踐履，讀聖賢書，如此而已」。觀「如此而已」之辭，則晦庵之所報殆不妄矣〔一〕。不知既能躬行踐履，讀聖賢書，又有甚不得處？今顯道之學可謂奇怪矣。李評：按此可見朱陸之學未嘗不同，皆以躬行實踐爲要者也。

與包敏道 諱遜

昆仲爲學不患無志，患在好進欲速，反以自病。聞説日來愈更收斂定帖，甚爲之喜！若能定帖，自能量力隨分，循循以進。儻是吾力之所不能及而强進焉，亦安能有進，徒取折傷困吝而已。

〔一〕「晦庵」，成化本、正德本、嘉靖本、萬曆本、四庫本均作「立之」。

二

小家兄疾嗽驟作，殊令人驚，今幸安愈。滋蘭朋友相聚，爲況不減疇昔。元明綜家務，時到槐堂，亦不甚得作文字，然氣宇超邁，殊不湮没，差强人意，但恐久不就學，則不能成其器耳。諸姪節前常作文，節後殊不及作，亦是事多。世昌教諸小子，又自有道理。諸子亦亹亹不厭，就中春弟伎倆尤進。制子四月間來滋蘭住得旬日，歸後又加進。初時與春弟棊，春弟頗不能及，今年乃反出春弟之下，近旬日棊甚進，春弟又少不逮矣，凡此只在其精神之盛衰耳。李評：先生有「棋可以長精神」之説，然棋可不及之。按先生亦祇借棋指點，爲不肯用心者説，即「爲之猶賢乎已」意，勿錯會。逢子常出讀書，亦頗識字。百七姪近歸，其文亦進，遇事愈有力，今已如館矣。

試罷能一來否？聞諸公定帖可喜，但恐「來年尚有新條在，惱亂春風卒未休」。書詞亦尚虛驕，未甚穩實。「履，德之基；謙，德之柄；復，德之本。」得罪於履，得罪於謙，難以言復矣。

三

向嘗得敏道一書，書中雖無他説，然詞語多不平穩，未能不以爲憂。及得今書開讀之，却覺全與舊時所得書不同。大抵昆仲之病皆在鋭進之處，畢竟退讓安詳之人自然識羞處多。今爲學不長進，未爲大患，因其鋭進而至於狂妄不識羞，則爲惑深而爲累大，所謂非徒無益而又害之者也。别有一種人，安詳遲鈍，則只消勉之使進，往往不至有狂妄之患。至如昆仲，則最貴退讓，若不知此，則病生難救。見詳道説，欲得回字，凌遽遺此。承秋凉有肯顧之意，儻不差遲，當得面叩也。

與包顯道[一]

敏道之歸，諸書悉未及復，幾來督過[二]。

貴溪桂店桂氏一族甚盛，皆尊尚禮法。往年新闢書院，欲延賢師。其子弟德輝者，今夏處茅堂稍久，志向甚正。今其長上遣德輝詣仙里[三]，屈顯道以主新書院，來此求書。應天山書堂已就，某來歲携二子滋蘭其上。李注：「滋蘭」二字恐誤。渠家書院密邇應天，顯道肯來，亦可時時過從。聞其書院甚宏敞，景趣亦不惡，或有高弟，彼中亦儘可相處，得從所請，甚幸！

[一] 底本原題「與包敏道四」，成化本、正德本、四庫本則題「與包顯道」。按本篇内容，應爲寫給包顯道之書信，兹據改。

[二] 「來」，嘉靖本作「未」。

[三] 「仙里」，原作「仁里」，據成化本、正德本、嘉靖本、萬曆本、四庫本改。

敏道歸後，三家兄嘗語及，以爲向來澆薄乖戾之氣頓無，自非深懲痛省，何以至此，屢加歎賞。雖姪輩議論亦然。乃知在彼無惡，在此無斁，固然之理也。

與吴伯顒 名顒若，臨川〔人〕〔一〕，文安公妻弟也，與弟仲詩、叔有皆受業

比得報字，喜聞日新之功。作事業固當隨分有程準，若着實下手處，未易泛言。只如八哥在此，朝夕有師友講切，反有倦志，不能進前。然此在八哥，亦未易遽責，蓋此事論到着實處極是苦澀，除是實有終身之大念。近到此間，却儘有堅實朋友與之切磋，皆輒望風畏怯，不肯近前。每每尋軟弱浮泛之人與之閑話，以爲有益。及至被人指摘，即有垂頭闒茸之狀。李注：闒，音塔。茸，音冗。庸鄙無才能貌。近日雖稍鮮蘇，終是不能奮拔。近見其資庸腐，亦但涵養之耳。俟其更健，乃堪爐錘也。此於八哥亦未足深訝。如四哥但未曾到此間耳。遇着真實朋友，切磋之間實有苦澀處，但是「良藥苦口利於病」，須是如此，方能有益，不可不知也。

〔一〕「人」，原無，據文義補。

與吴仲詩〔一〕名厚若

鄉主文所言質論，偶七哥於故書中忽得之，其文信美，今録去。其人似多讀曾南豐、陳后山文，却是好時文秀才。觀此人之才，似亦有可用，終是氣格卑小。研覈事情處却甚謹切〔二〕，有可法者。若論財用處，似不甚知其實，然其説大綱亦好。謾録去曾南豐論將一篇〔三〕，以見它蹈襲分明處，亦可以見曾之議論自然與他别處。

大抵天下事，須是無場屋之累，無富貴之念，而實是平居要研覈天下治亂、古今得失底人，方説得來有筋力。五哥心志精神儘好，但不要被場屋、富貴之念羈絆，直截將他天下事如吾家事相似，就實論量，却隨他地步，自有可觀。他人文字議論，但謾作公案事實，我却自出精神與他批判〔四〕，不要與他牽絆，我却會斡旋運用得他，方始是自己胸襟。途間除看文字外，不妨以天下事逐一自題評研覈，庶幾觀它人之文自有所發。所看之文，所討論之事，不在必用，若能曉得

〔一〕「詩」，萬曆本作「時」。
〔二〕「覈」，原作「究」，據成化本、正德本、嘉靖本、萬曆本、四庫本改。
〔三〕「一」，嘉靖本、萬曆本作「二」。
〔四〕「批」，成化本、嘉靖本作「披」。

血脉，則爲可佳。若胸襟如此，縱不得已用人之説，亦自與只要用人之説者不同。若看文字時有合意或緊要事節，不妨熟讀。讀得文字熟底，雖少亦勝鹵莽而多者。

與吴叔有 名誠若

近來所學如何？嘗思初至此時，感發甚盛。但當時以信向之篤，心誠感通，如草木遇春而生，蓋有不自知其所以然者。有如唐虞三代之民，由而不知。然舊習深固，少緩爐錘，則所感密消，唯存虚氣，而實皆舊習矣。臨歸數日，頗知其首尾。知處雖大與舊不同，而純誠專一乃反不及。是以乍昏乍明，未必能日新也。往事要不必論，直便自即今奮拔乃是[一]。即今奮拔，何復論前日也。然既已奮拔，則其智必明。其智苟明，則前日所爲亦能自知首尾。故寫此以爲驗爾，切不可强附會吾言。信至，但款曲深思實者，有不合處，寫來力辯，乃見足下長進處。若但隨人言語轉，却是自家更無主人，何以爲學？觀至此，或已失了精彩，却須且放下此信，整冠肅容，自振迅精神，從實端的自省。須要清健明白，却再取此信觀之，有不合處，不可强合，須精思熟考，寫來辨之乃善。

李評：余生平爲學，必求了然於心。若自心未能了然，雖平日心悦誠服之人，亦不敢附會其説。

[一]「便」，原作「使」，據成化本、正德本、嘉靖本、萬曆本、四庫本改。

卷七

書

與勾熙載

初聞臺評相及，固已怪駭，然其餘二三人又頗當人心，亟欲一見全文，以覈厥旨。及得而觀之，亦良可笑。如論吴洪、王恕，人亦孰以爲非。然吴洪章中乃爲唐仲友雪屈，波及朱元晦，謂「以洪醖釀，竟成大獄，致仲友以曖昧去，議者寃之」，此尤可笑。

吾人所安者義理，義理所在，雖刀鋸鼎鑊有所不避，豈與患得患失之人同其欣戚於一陞黜之間哉？顧所深念者，道之消長，治亂攸分，羣徒比周，至理鬱塞，遏絶齊語，楚咻盈庭，聚蚊成雷，明主孤矣。雖然，他山之石，可以攻玉，今之賢者亦加少爲多，臨深爲高耳。揆之古人，豈能無愧？息肩王事，一意自省，尚友方册，勉所未至，則是悠悠者蓋有負於國，有負於民，有負於公道，而獨無負於我矣。

向日解舟，不得面別，乘便寓此，臨風依然。

與彭子壽

垂示所疑，尤見撝謙之德。聖賢教人，固句句實頭，但不可專指操存之説。「操則存」只是孔子一句，孟子引在「牛山之木嘗美矣」一章後〔一〕。試取孟子全章讀之，旨意自明白，血脉自流通。古人實頭處，今人蓋未必知也。揚子雲再下注脚便説得不是，此無足怪，子雲亦未得爲知道者也。言固難以盡意，而達之以書問尤難。蓋學之不講，物未格，知未至，則其於聖賢之言必未能昭晰，如辨蒼素、數奇耦之審也。凡所引用往往失其本旨。千里附書，往復動經歲時，豈如會面隨問隨答，一日之間，更互酬酢，無不可以剖析。且如來示謂「此心本體雖未嘗不存，而舊習蔽錮亦未易遽去」。若言「雖未嘗不存」，則與操存捨亡之説亦不相似矣。

大抵講明、存養自是兩節。易言：「知至至之，可與幾也；知終終之，可與存義也。」大學言：「物格而後知至，知至而後意誠，意誠而後心正，心正而後身修。」孟子言：「始條理者，智之事也；終條理者，聖之事也。」皆是聖賢教人，使之知有講學，豈有一句不實頭。今講學之路未

〔一〕「嘗」，成化本、正德本、嘉靖本、萬曆本作「常」。

通，而以己意附會往訓，立爲成説，則恐反成心之蟊賊、道之榛棘，日復一日而不見其進。志與事乖，説與行違，首尾衡決，本末舛逆，未可歸之稟賦，罪其懈怠也。李評：先生所論，未嘗不分别知行，未嘗不先知後行，特不欲以窮至事物之理爲知至耳。堯舜之知，固不必徧物，亦未嘗不欲知先務也。

與邵中孚 名貫、里居皆無考，師事文安公

所示進學證驗，此乃吾友天資朴茂，立志堅篤，故能如此，可喜可慶。「居天下之廣居，立天下之正位，行天下之大道」，乃吾分内事耳。若不親師友，汩没於流俗，「驅而納諸罟擭陷阱之中，而莫之知辟」，豈不可憐哉？孟子曰：「苟得其養，無物不長；苟失其養，無物不消。」今吾友既得其本心矣，繼此能養之而無害，則誰得而禦之？如木有根，苟有培浸而無傷戕，則枝葉當日益暢茂；如水有源，苟有疏浚而無壅窒，則波流當日益充積。所謂「原泉混混，不舍晝夜，盈科而後進，放乎四海」，有本者如是。大抵讀書，詁訓既通之後，但平心讀之，不必强加揣量，則無非浸灌、培益、鞭策、磨勵之功。或有未通曉處，姑缺之無害。且以其明白昭晰者日加涵泳〔一〕，則自然日充日明，後日本原深厚，則向來未曉者將亦有涣然冰釋者矣。

〔一〕「加」，原作「夕」，據成化本、正德本、嘉靖本、萬曆本、四庫本改。

李評：此聖賢讀書之法，與記誦辭章、誇多鬥靡者絶不相同。告子一篇，自「牛山之木嘗美矣」以下可常讀之，其浸灌、培植之益當日深日固也。其卷首與告子論性處却不必深考，恐其力量未到，則反惑亂精神，後日不患不通解也。李評：歐公所謂「性非所急也」。此最是讀書良法，其他非相見莫能盡。尚書：皋陶、益稷、大禹謨、太甲、説命、旅獒、洪範、無逸等篇可常讀之，其餘少緩。何時得相見，諸當面盡。未間〔一〕，千萬勉旃，以卒賢業。

與顏子堅 名貫失考，嘗問學朱、陸二先生，後棄儒服爲僧，劣弟子也

向在八石時〔二〕，嘗納區區之忠〔三〕。既而子堅曾用節級諸儒推轂〔四〕，遂變儒服。端謂迂拙之言，必蒙見棄。屬者屢蒙見過，每於鄙言謂有所啓，追念疇昔，爲之慨然。乃知高明終當遠到，豈遽不能明衆人所同知之過哉？

承欲鄙言，辭情懇至，非苟然者。聖哲之言布在方册，何所不備。傳注之家汗牛充棟，譬之

〔一〕「未間」，嘉靖本、萬曆本作「未聞」。
〔二〕「向」，原作「昔」，據成化本、正德本、嘉靖本、萬曆本、四庫本改。
〔三〕「嘗」，成化本、嘉靖本、萬曆本作「當」。
〔四〕「節級」，成化本、嘉靖本作「節父」。「儒」，成化本、正德本、嘉靖本作「人」。

藥籠方書，搜求儲蓄，殆無遺類。良醫所用，不必奇異，惟足以愈疾而已。苟厭其常，忽其賤，則非求醫之本意也。向來不求名聲、不較勝負之語，更願加察。道非口舌所能辯，子細向脚跟下點檢，豈能自謾？日新歸山，草草布此。

與張季忠 名貫未詳〔一〕，師事文安公

聞元忠説，友朋間唯季忠篤志不懈，甚爲之喜。人苟有志於學，自應隨分有所長益。所可患者，有助長之病耳。雖古聖賢尚不能無過，所貴能改耳。易稱顔子之賢曰：「有不善未嘗不知，知之未嘗復行也。」由是觀之，則顔子亦不能無不善處。今人便欲言行無一不善，恐無是理。往往只是好勝，每事要强人，要人點檢不得，不知此意已與古人背馳矣。若無此意，但寬平隨分去，縱有過，亦須易覺易改。便未覺未改，其過亦須輕。故助長之病甚於忘。季忠之意，忘病自少，所患有助長之病，雖未加益，李注：「雖未加益」之上，似有脱句。亦自平穩，況必不能不有益耶？

〔一〕 據（同治）貴溪縣誌卷八人物，此人爲貴溪縣人。

與胥必先 諱訓，臨川人，與文安公連襟，先從學

近得吴伯顒書云：「麟之姪言，必先治生甚進，而學殖荒落。」豈信然耶？吾坐此三逕就荒，吾之三逕，如足下之六經也。近有朋友裹糧千里而至者〔一〕，皆勤勤不相捨。每念足下去我之決，何人性相反如此哉？

吴察丁母憂，足下知之否？

向者嘗道先文勉勵足下勤學之言，想亦復置度外，不復問矣。士別三日，刮目相觀，吾猶以故意待足下，則誠有罪，然足下果能勉於此乎？伯顒以親愛之情，於足下不能無所惜〔二〕，故復爲此言，然在某亦可謂愚矣。古人舉一隅不以三隅反，則不復也者，果如是乎？繼自今，願足下與改是。

與朱元晦

敕局見編類隆興以來寬恤詔令，書鄉成矣。去留之間亦可致力建請，蕪類多所删削，詔旨

〔一〕「千」，嘉靖本作「十」。

〔二〕「惜」，原作「措」，據成化本、正德本、嘉靖本、萬曆本、四庫本改。

則直録之[一]。著令縱有未安，非被旨不得修，惟諸處申陳疑似，必下本所，或有不便，乃可修改。局中同官皆可人，機仲尤相向。元善以殊局，近少得相款。謙仲屹然特立如故，若向上事，要亦難責。比一再見，以座客多，魚鱗而至，未得達尊意，俟從容當致之也。

淳叟事，此中初傳，殊駭人聽，徐覈其實，乃知多小人傅會之辭。要之後生客氣如此，足見無學力也。近見剡章全用金谿三胥之詞，尤可笑。彭仲剛子復者，永嘉人，爲國子監丞，近亦遭論。此人性質不至淳美，然亦願自附於君子。往歲求言詔下，越次上封，言時事甚衆，其辨天台事尤力，自此已有睥睨之者矣。近者省場檢點試卷官以主張道學，其去取與蔣正言違異，又重得罪。此人不足計，但風旨如此，而隱憂者少，重爲朝廷惜耳。

某對班或尚在冬間，未知能得此對否？亦當居易以俟命耳。

立之墓表亦好，但叙履歷，亦有未得實處。某往時與立之一書，其間叙述立之平生甚詳，自謂真實録，未知尊兄曾及見否？顯道雖已到劉家，渠處必有此本，不然，後便録去。

近得家書，姪輩竟未能詣前，可謂不勇矣。

明、越諸公無在此者，敬仲夏間必來赴官，舒元賓亦當赴江西漕掾，其弟元英與諸葛誠之欲

[一]「直」，原作「宜」，據成化本、正德本、嘉靖本、萬曆本、四庫本改。

因此時過此相聚,尚未見來。呂子約與誠之近與舒元英相款,稍破其執己自是之意。此皆據各人自謂如此,未知果如何也?元英諸公間號爲日進,能乎於人者,向亦曾造函丈,曾記憶否?令嗣伯仲、令婿直卿爲學日進,近更有得力者否?

薄遽遣此,未究所欲言。

與吴仲良

向蒙以或者所疑環溪通説一二端垂諭,足認不鄙。大抵前輩質實,不事辭語,觀其書,當得其意可也。環溪事親之説,乃愛親之心甚篤,惟恐不順乎親。想其平日事親,左右無違,温清定省,服食器用之間無所不用其至,而猶恐恐然懼有一事一物之拂乎親之心也。如是而觀其言,則可以得其爲人矣。故孟子曰:「诵其詩,讀其書,不知其人可乎?」吾於此有以知環溪之心,惟恐不順乎親也。

若其辭語之病誠不能免,正所謂先生之心則善矣,先生之號則不可。使環溪而在,必不肯固執斯言。吾又將見環溪以其順親之心而順乎理,舍己從人,若轉圜決河,幡然沛然而莫之能禦也。彼呶呶者,又安足以知環溪之心哉?

與詹子南 諱阜民，浙江嚴州遂安人，侍學文安公

得書開讀，甚慰！爲學有本末先後，其進有序，不容躐等。李評：知本即知至。夫子天縱之聖，自志學十五年而後立，立十年而後不惑，又十年而後知天命，其未五十也，曰「加我數年，五十以學易，可以無大過矣」，又十年而耳順，又十年而「從心所欲不踰矩」。今人天資去聖人固遠，輒欲以口耳剽竊場屋之餘習，妄論聖經，多見其不知量也。

鄉者嘗與吾友深言爲學之序，見吾友相信之篤，頗知反己就實，深以爲喜。今觀來示，頗又紛紛於無益之論，人己俱失。要之吾友且當孜孜行其所知，未當與人辯論是非。辯論是非以解人之惑，其任甚重，非吾友之責也。不與之論，他日却自明白。今欲遽言之，只是强説，自加惑亂耳。

李三一哥所學未久，相信又篤，近在此累次磨治，尚未能去其故習。老夫平日以此事自任，與此等病人説話，尚如此費力。吾友如何解分析得他明白，且先自治，不必與人商議可也。

二

去臘面對，頗得盡所懷，天語甚詳，反復之間不敢不自盡。至於遇合，所不敢必，是有天命，

非人所能與也。何時得一來[一]，至望。紙筆之間終不若面言之審且盡也。

吾友天資淳静，若不惑於多歧，不蔽於浮説，則其進孰禦焉？此心之靈，此理之明，豈外鑠哉？明其本末，知所先後，雖由於學，及其明也，乃理之固有，何加損於其間哉？李評：以知本爲知至，是時用古本大學，未有格致補傳也。

三

學植日進，甚慰馳念。

養大體之説，就孟子上看，則是因陳辭指實而説，自無病。讀者得其事實，亦不泥其辭説。今子南未免有立説之病。大抵立説則自不能無病。子南是辯「制乎外」一語，當時爲此語者，固未特達，若事實上特達，端的言語自不同。古人言「以義制事，以禮制心」，亦用「制」字，其言多少特達，全無議論辭説蹊徑。蓋古人皆實學，後人未免有議論辭説之累。當其蔽時，多不自覺，及其蔽解，回視前日之經營安排，乃知其爲陷溺耳。

[一]「得」，成化本、正德本、嘉靖本、萬曆本作「能」。

與陳倅

李注：倅，音翠，副也。郡倅稱半刺，猶半刺史之職也。

秋初供職，人事衮衮，殊無暇日。平日疏懶成性，投之應酬之中，良乖所好。通訊之書曠弛不講，亦惟高明不以是督過之。

朱元晦在浙東，大節殊偉，劾唐與正一事尤快衆人之心。百姓甚惜其去，雖士大夫議論中間不免紛紜，今其是非已漸明白。江東之命出於九重特達，於羣疑之中，聖鑒昭然，此尤可喜。元晦雖有毀車殺馬之説，然勢恐不容不一出也。

近來唯是臺綱稍振，班行頗亦肅清，邸報中必可以得之。至於根原處，則又未易論也。尤丈近去弊邑三虎，亦快哉！此亦仁者之勇也。豈其帥權不分，乃得少展耶？執事清廟之器，州縣豈能久淹。然區區之私，以桑梓之故，願以雞肋少助牛刀之餘刃，想仁人於此，亦優爲而不以爲屑也。尤丈極相知，必能相應合。

免和糴一事，此間士大夫甚多之。今時郡縣能以民爲心者絶少，民之窮困日甚一日。撫字之道棄而不講，掊斂之策日以益滋。甚哉！其不仁也。民爲邦本，誠有憂國之心，肯日蹙其本而不之恤哉？財賦之匱，當求根本。不能檢尼吏姦，猶可恕也，事掊斂以病民，是奚可哉？

近見二三朋友，舊以作縣著稱者，講究州縣吏民間事甚詳。大概論州縣不可爲積欠所累。

凡所謂積欠者，皆有名無實，徒爲吏胥騷擾之端。善於縣者，必力請於州，逐月只納本月錢，若舊欠且倚閣，俟後來從容，却隨時帶納，縣乃可爲。善作郡者，亦須與諸縣約截日去，須每月納足本月錢，不問舊欠，如此則可以有實得。若只管理會積欠，則鄉後必和新錢乾没，但適爲姦胥賄賂之端，而諸縣姦貪亦得並緣以朘民，必無其實也。若是户部總司來理會州縣積欠，亦一切不答，任他文移中如何打罵，一切不視，但如法從日下與催解見在合解錢米。此亦是善作州縣者定説，輒以禀聞，或有可采。

某有親戚王某，新知樂安縣。其人極能官，作事謹密有如家法，若任以事，必有可觀。前爲武寧丞，諸司争委任之。趙子直、趙景明皆相善，試閲之〔一〕。李德章、林叔虎必須常得造下風，人必忠信乃可與語也。吴廣文甚好，但向時見其所接頗雜，人之情僞或者未必盡知也。

二

近數得尤丈書，敝邑三虎已空巢穴，不勝慶快。得鄉人書與家書，備報田畝閭巷懽呼鼓舞之狀。此數人雖下邑賤胥，然爲蠹日久，凡邑之苛征横斂類以供其賄謝囊橐。與上府之胥吏締

〔一〕「閲」，原作「問」，據成化本、正德本、嘉靖本改。

交合黨，爲不可拔之勢。官寺囚械之具，所以禁戢姦惡，彼反持之以劫脅齊民，抑絶赴愬之路，肆然以濟姦飽欲，是豈可縱而弗呵乎？事無巨細，到根柢盤互處便難整理。二三賤胥，至能役士大夫護之如手足之捍頭目，豈不悖戾甚矣！然凡爲之役，爲之地者，其人可見矣，是豈可復齒於士大夫間哉？近得尤丈書云救之者甚衆。只此一節，自有餘罪。近於此間士大夫多論吏胥之害，人人皆知其然，但所以除害之方終未容盡試耳。某甚恨不得在左右，少佐萬分一。前嘗僭易陳愚見，不知有可采用否？凡事有可以下問者，告以片紙疏示，當逐一效愚。

秋苗事，納已過半，不知尚有可救者否？見在所納，如逐日納數與盤量數，須拘收得逐日文曆，庶可磨算。吏胥欲作弊，只是要令吾無緣得知每日着實數目。若其具成文曆到吾眼前者，皆是已透漏數目，此事想已無及。是皆民之脂膏，若少稽檢之，或可爲後圖耳。

大抵今時士大夫議論，先看他所主。有主民而議論者，有主身而議論者，邪正君子小人於此可以決矣。今日爲民之蠹者吏也，民之困窮甚矣，而吏日以横。議論主民者，必將檢吏姦而寬民力，或不得已而闕於財賦，不爲其上所亮，則寧身受其罪。若其議論主身者，則必首以辦財賦爲大務，必假闕乏之説以朘削民，科條方略必受成於吏，以吏爲師，與吏爲伍，甚者服役於吏。爲國家忠計，豈願此等人多也。

近聞蘇宰施設，極有可疑，其意專欲趣辦，不復有一毫爲民之心。其施設往往可笑，官錢想直勉之。欲少救今時之弊，最不宜此等議論昌熾也。某前者復渠書，已嘗寓其大意，早晚更當作書未必能辨，但徒取百姓怨詈耳。幸有以申戒之。

與包顯道

前此朱繹之歸時，正以暨姪物故，方治棺斂，不暇作書。此子盜汗之疾日深一日，易醫更藥，或暫有小效，旋又復作，而前藥輒不效。醫家知脉者久以爲難治。然在人情，不能無僥倖其復生之意。一旦至此，苦痛何可言。先兄不五十而棄世，此子又復夭逝，事不可曉有如此者。欲作一書告之晦翁，偶遽甚未暇，幸爲致此意。

近主上因進擬監司，諭宰執以爲當得剛正有風采者，因言章穎、劉堯夫皆好。自此言一出，班行間議論又少變，但恐不久耳。所報項平甫之言乃明、越間謬人妄説耳。承舛聽訛，可笑者甚多，諳事覈實，乃曉此耳。

某對班在九月、十月之間。今日方審察得書，知令兄弟學殖不替，甚慰。來人立俟，遣此不多具。

二

近來朋友頗多，同官中相處極好，儘得盡懷。逐日同官中講貫，亦非向來朋友所有，大抵皆事實，非虚論浮説也。象先得國子録，早晚即來。君舉可得郡，然未得也。子宜服猶未除。他事非紙筆所能盡。某對班在臘月，或在來春，未可知也。

三

古人不求名聲，不較勝負，不恃才智，不矜功能，故通體皆是道義。道義之在天下，在人心，豈能泯滅。第今人大頭既没於利欲，不能大自奮拔，則自附託其間者，行或與古人同，情則與古人異，此不可不辯也。

若真是道義，則無聲名可求，無勝負可較，無才智可恃，無功能可矜。唐虞之時，禹、益、稷、契功被天下，澤及萬世，無一毫自多之心。當時含哺而嬉，擊壤而歌，耕田而食，鑿井而飲者，亦無一毫自慊之意。風化如此，豈不增宇宙之和哉？此理苟明，則矜智負能之人皆將失其窟宅，非能自悔其陋而求歸於廣居正路，則未必不反以我爲讐也。然患此道不明耳，道終明終行，則彼亦豈能久負固哉？不及作令弟書，因家問，全録此書示之，乃幸！

四

天下事固有易言者，有難言者，有易辯者，有難辯者。人之病有易醫者，有難醫者。非必不可醫，爲其病奇怪，非如平常在表當汗，在裹當下，可執常方而治之耳。足下所與李解元序文及諸書，覽之汗顔，思爲一言以相藥，則又有難言者。然後知足下之病，正所謂難醫者。昨晚朝潁言及，其證亦甚明，但恐言之中而足下未必省，則又成難醫耳。請試言之。

足下之病得於好事，凡親師友、爲學、立行皆從好事中來，故虚而不實，宜於今而未宜於古。此言甚苦〔一〕，甚難聽，足下未必肯服義，然其實是也，幸毋忽而求諸道。某嘗見士人試罷，必各自謂得意，自美其文。有言其文不佳者，則甚拂其意。吾嘗爲之説曰：「但可擇此人平時不相能、有讐隙、雅所憎惡者，録其文示之，其人讀之失色喪氣，不能自振，則其文真佳文也。如是而有不中選，乃可言有司不明。」蓋不相能、有讐隙、雅所憎惡之人必不欲我試中，必不欲我程文之佳，今觀我文，慘然索然，喪氣失色，則其文必佳也。又有一説，亦須是讐人識文字者方可爲準。今誠使素不説顯道而稍有見識者讀之，却未必不竊喜，以爲無根如此，不足畏也。他非面莫究。

〔一〕「甚」，嘉靖本作「其」。

與周元忠 諱良，建昌南城人，嘉定七年進士，從學早

元忠在此雖稍久，殊覺未亨通。初以春伯處相喚，繼以許尉事，皆不得不應者。及相聚時，亦無汲汲如不及之意，雖云有不自安處，終未痛切。疑而後釋，屯而後解，屯疑之極，必有汲汲皇皇，不敢頃刻自安之意，乃能解釋。向來元忠心志專誠，故與言者必有感動；行檢嚴整，故與處者必有繩約。年來此功寖不如舊。元忠本謂欲改其固滯介執之意，反損前日之善，而固滯介執之實則未之有改，但換易形模，元忠自不知耳。學之不進，明之不足，暗於大端，自是己見而不聞君子之大道，固其宜也。

所喻滿腹之疑皆未得吐，若自是之意消，而不自安之意長，則自能盡吐其疑。及屯亨疑釋，則所謂滿腹者其實不多，但當其不明時，自膠固迷泥，故多事耳。相見不能決白，乃以紙筆達之，此亦自顛倒，然事又不可概論，或恐因此省悟，未可知也。

「以紂爲兄之子」，此是公都子引當時人言。按史記，微子是紂之庶兄，皆帝乙之子也。王子比干則但云是紂之親戚，則太史公亦莫知其爲誰子也。今據公都子所引文義，則是以微子啓、王子比干爲帝乙之弟也，紂於二人則是爲兄之子也。此是孟子所載與史記不同處。若二疏稱父子，蓋伯父、叔父通稱父，故謂之猶子，古人則通言父子也。

與蘇宰

某迂愚無似，特辱眷予之厚，苟有可以裨補萬一，敢不自竭。荒邑薦饑，生理日瘁。舊令尹未知加意，竭澤而漁。誠如來意，所以撫摩而使之蘇息者，緊仁侯是望！主上加惠幽遠，注心循良，當路多賢，公論昭白，有如少緩催科而專一撫字，宜可安意爲之，不至有齟齬不遂之憂。某僭易以爲稟。

與程帥

伏蒙寵貺江西詩派一部二十家，異時所欲尋繹而不能致者，一旦充室盈几，應接不暇，名章傑句，焜耀心目，執事之賜偉哉！

詩亦尚矣，原於賡歌，委於風雅。風雅之變，壅而溢焉者也。湘纍之騷，又其流也。子虛、長楊之賦作，而騷幾亡矣。黄初而降，日以澌薄。惟彭澤一源來自天稷，與衆殊趣，而淡泊平夷，玩嗜者少。隋唐之間，否亦極矣。杜陵之出，愛君悼時，追躡騷雅，而才力宏厚，偉然足以鎮浮靡，詩家爲之中興。李評：論詩之源流，一字不可易。自此以來，作者相望，至豫章而益大肆其力。包含欲無外，搜抉欲無秘，體制通古今，思致極幽眇，貫穿馳騁，工力精到。一時如陳、徐、韓、呂、三洪、二謝之流，翕然宗之。由是江西遂以詩社名天下，雖未極古之源委，而其植立不凡，斯亦宇宙之奇詭也。李評：論江西詩，亦非溢美。

開闢以來，能自表見於世若此者，如優曇花時一現耳。曾無幾時，而篇帙寖就散逸，殘編斷簡往往下同會計之籍，放棄於鼠壤醬瓿，李注：瓿，音蒲，瓦器。醬瓿，出楊子。豈不悲哉？網羅搜訪，出隋珠和璧於草莽泥滓之中而登諸篋櫝，干霄照乘，神明焕然，執事之功何可勝贊！是諸君子亦當相與舞抃於斗牛之間，揖箕翼以爲主人壽。某亦江西人也，敢不重拜光寵。

卷八

書

與張春卿

某僭有白事：民户秋苗，斛輸斛，斗輸斗，此定法也，常理也。撫之輸苗，往年惟吏胥之家與官户有勢者斛輸斛，斗輸斗。若衆民户則率二斛而輸一斛，或又不啻。民甚苦之，或訴之使家，使家以問州家，則州家之辭曰：「二税之初，有留州，有送使，有上供。州家、使家有以供用，故不必多取於民。今二税悉爲上供，州家有軍糧，有州用，有官吏廩稍，不取於民，則何所取之？漕司每歲有所謂明會米，州家每於民户苗米數内，每碩取五斗供之。故不得如斛輸斛〔一〕，斗輸斗也。」使家無以處此，遂亦縱而弗問。由是取之無藝，而暗合、斛面等名目不可勝窮。

〔一〕「如」，成化本、正德本、嘉靖本、萬曆本、四庫本作「而」。

辛巳、壬午間，張安國爲太守，有陳鼎者爲臨川知縣，甚賢。安國使之領納，於是盡取州之軍糧、州用、俸米等數，與漕司明會之數共會之，以民户苗數計之，每碩加五斗而有餘。不問官民户與吏胥之家，一切令二斛輸三斛，謂之加五。令官斗子上米，民户自持斛槩，見請槩量，不得更有斛面。百姓皆大驩呼，大爲民户之利。張、陳既皆滿罷，後來不復能守其法，於二斛輸三斛之上，又寖加斛面，民益以爲困。

乙未、丙申間，趙景明爲太守，某與其兄景昭爲同年進士。景昭極賢，舍姪又在郡齋爲館客，因與景明言輸苗之害，且言張安國與陳鼎知縣之法極良，但後人不能守耳。景明不能不惑於吏言，初亦難之，以爲今日州縣家之用又多於昔時。某與景昭、舍姪共會州家一歲之用，景明懼見底蘊，則又不必加五。於是謂已詰吏輩，今肯令人户把斛槩矣，但今日用度益廣，欲更於五斗上加五升耳。某與景昭商之，以爲斛輸一斛五斗五升，而使不得加斛面，民户自持槩，則五升之加在民户亦所不憚。於是不復求減，民果大悦之。

景明去後，有不能守其法，則民户多謁諸使家，求依趙删定例，令民户自持槩盪。今景明之事既遠，民户有不能記憶。聞今歲輸苗者，取之過者皆倍不啻，而郡中又反斷民户争斛面者，民間嚣嚣。今幸輸納未畢，願有以懲吏胥之姦，少寬民力，幸甚！

適有所聞，乘便亟此布稟，不暇修寒暄之敬，伏幸臺察。

與宋漕 諱若水，時爲漕使

僭有白事：金谿爲邑，封壤褊隘，無豪商富民生産之絶出等夷者，税籍之爲緡錢不過以十計。聞之故老，往時人煙稀少，民皆自食其力，畏事自愛，輸公先期，無催期之擾。家用饒給，風俗醇美，歲時伏臘，雞豚相遺，杯酒相歡，熙熙如也。自建炎、紹興以來，寖不如舊，民日益貧，俗日益弊。比年荒歉，益致窮蹙。原其所自，官實病之。

大軍月樁起於紹興初用兵，權以紓急，兵罷不除，因以爲額。立額未幾，有漕使勾君者，知其爲横斂，初無名色。行縣之次，問邑吏月樁之所從取，凡以實告者，皆得蠲減。獨金谿少吏不解事，懼吐實則有罪，輒以有名色對，故金谿獨不蒙蠲減。月解之數爲緡錢八百有奇，以歲計之，當輸萬緡，朘民之端莫大於此。貪吏並緣，侵欲無藝，椎骨瀝髓，民不聊生。縱遇循良，莫能善後，累有賢宰條陳本末，祈請蠲除，上府不察，吏胥持之，竟不施行。

今縣宰仁厚，愛民甚篤，佐貳皆賢。適值連歲旱傷，今歲大旱，留意賑恤，盡却吏胥侵漁之策，細民始有生全之望。而月解積負，無所取償，復此詢究月樁本末，以致祈懇。此在縣官特九牛一毛耳，而可使一邑數萬家免於窮困流離，長無歎息，誠仁人所樂爲也。况如執事之賢，當不待贊。第以某嘗託契門牆，而占籍兹邑，當其休戚，不敢不告。

某復有管見，欲效涓埃：比年民力日竭，國計日匱，郡縣日窘，獨吏胥屬厭耳。郡縣積負日加歲增，版漕監司督之州郡，郡督之縣，縣督之民，吏胥睢盱其間，轉相並緣以濟其私。吏欲日飽，而積負自若。文移之煩，追逮之頻，賄謝之厚，斂取之苛，皆此其故也。故督積負無補於縣官，獨足爲胥吏賄謝之地，以重困吾民耳。所謂督於民者，民豈真有負哉？官吏新故相仍，有若郵置，緣絶簿書以蓋侵盜〔二〕，積負之源實在於此。督至於縣而無所從取，則横取諸民耳。今常賦之外，奇名異類以取於民，如所謂月樁者不可悉數。郡縣月輸歲供，具之版帳，盡責版帳之輸，猶懼不給，彼又安能輸積負哉？鄙語所謂「移東籬，掩西障」，或有以積負輸者，上之人不察，欣然以喜。不知其非公家之利，乃吏胥之便也，舊者輸而新者積矣。善爲上者莫若舍積負而責新輸，則賄謝絶，郡縣寬，民可以息肩。「百姓足，君孰與不足？」殆不可謂書生常談而忽之也。不識高明以爲如何？是間倉臺守倅皆賢，有所建請，有所施行，皆可共事，不致有齟齬也。

聞便稍亟，書字有塗注處，併幸亮恕！

〔二〕「蓋」，原作「益」，據成化本、四庫本改。

與陳教授

湫里社倉，目今固爲農之利，而愚見素有所未安。蓋年常豐，田常熟，則其利可久。苟非常熟之田，一遇歉歲，則有散而無斂，來歲缺種糧時，乃無以賑之。莫若兼置平糴一倉，豐時糴之，使無價賤傷農之患；缺時糶之，以摧富民閉廩騰價之計。析所糴爲二，每存其一，以備歉歲，代社倉之匱，實爲長積。李評：余嘗爲家居二倉：一義倉，一常平，意亦如此。

金谿茲歲旱處頗多，通縣計之，只可作六分熟。湫里今歲得雨偶多，凡社倉所及皆有粒米狼戾之興。儻得二十緡，可得粟二千碩，鄉斗於官爲一千碩。來歲糶一千碩，存一千碩，爲後年之備。逐年更糴之，可與社倉俱廣，爲無窮之利。湫里社倉所及不過二都，然在一邑中乃獨無富民大家處。所謂農民者非佃客莊，則佃官莊，其爲下户自有田者亦無幾。所謂客莊，亦多僑寄官户，平時不能贍恤其農者也。當春夏缺米時，皆四出告糴於他鄉之富民，極可憐也！此乃金谿之窮鄉，今社倉之立，固已變愁嘆爲謳謠矣。況得平糴一倉，以彌縫其缺，推廣其惠，歡舞當如何耶？今農民皆貧，當收穫時，多不復能藏，亟須糶易以給他用，以解逋責。使無以糴之，則價必甚賤，而粟洩於米商之舟與富民之廩，來歲必重困矣。

前所言米價，亦準鄉斗所糴之價耳。今歲之價必下於此，則所得米數當加多，爲利不細。

向來梭山家兄嘗陳五利之説於主管陳丈，即以白之倉臺。尋得陳丈書，謂倉臺已許可。其時家兄以鄉間無米可糴，故不獲卒請。某屬者亦嘗言於倉臺，但未稟幕中二丈，欲望會次及之。儻不以爲不然，却幸見報，家兄當具稟以卒所請也。

二

屬奉教墨，竊知平糴之議莫逆於幕中二君子之心，已遂聞於倉臺，倉臺亦既惠許之矣。然坐此霖霪稼之最良者，又有仆泥自萌之患。若此雨不止，大妨收穫，稼必重傷，民必重困，此策無所施矣。

山間今來稍有霽色，極爲之喜！方取紙欲以卒請，白雲又復如擁雪，向之久於是山者，以爲晴雲固有如此者，特未可必耳。萬一仍雨不解，其貽有位者之憂不細矣。尚憑諸君子之力，出秋陽以廓此氛曀，山林之人亦庶幾一飽之適。若得善穫，必有可糴，而米之多少則繼爲之請，當非所靳，第支錢米於金谿，則恐不可耳。

金谿素無倉臺錢米，向來陸倉以歲歉，捐二千緡委聳主簿於熟鄉糴二千碩，爲來歲賑濟之備。次年所用不多，餘者儲於縣前倉。前歲梭山所掌社倉已支八百碩矣，又遞年倉臺賑恤皆取諸此，所存料亦無幾。金谿年來極窘於版帳積負，前此蘇宰又重罹趙侯之困，賄謝供輸，大抵誅求無藝。如聞錢穀侈用頗多，安得有見錢可支？藉令有之，金谿負郭以西率多旱鄉，惟東西鄉稍熟，政宜以責之縣家，自爲和糴，以備來歲近郭之用。倉臺所乏者非錢也，儻得徑就使臺支官會或見錢爲便。錢雖難於挈挈，尚可爲便兑之計，若得官會，則尤爲順便。蓋鄉間亦商旅之路，可發洩也。

向來社倉，趙丈欲行之，移文郡縣，揭示衢要，累月無應之者。趙丈往往以詢所善，或告之以此事全在得人，苟非其人，不如勿爲之愈。建寧社倉始於朱元晦、魏元履，今誠得如陸梭山者爲之，乃可久耳。趙丈就令詢家兄之意，尋即遣人致書家兄，報書許之。既而某亦得趙丈書，雖愚意尚有未安，事業已行，又以其人權之，可以不敗，亦只復書贊成其事。今秋乃再散再斂矣。

適見今倉臺黄丈愛民之心不後於趙，故輒申其千一之慮，以爲萬一之補。今幕中二君子愛民之心不後於陳。向來陳主管亦先辱梭山兄以書，意甚勤至。其後梭山兄因得以平糴之法條具五利，祈於請致。今倉使黄丈、陳幹所復梭山兄書併往一觀，亦恐欲携呈倉使與幕中二君子也。向來趙丈交移甚簡，今梭山兄併留逐時書問以爲根柢。陳主管書或呈似諸賢後，擲示爲幸。某已作禀劄達倉臺。紙多不欲更續，切幸加察。

與趙推

黄霸爲潁川守，鰥寡孤獨死無以葬者，霸爲區處曰：「某所大木可以爲棺，某亭猪子可以祭。」吏往皆如其言。遣吏司察事，既還而勞，其食於道傍爲烏所攫肉，事每得實，人無敢欺，皆以爲神。史家載其得之之由，以爲語次尋繹，問他陰伏，以相參考。後世儒者乃以爲鉤距而鄙之。此在黄霸未盡善，而後儒非之者尤爲無知。蓋不論其本而論其末，不觀其心而遽議其行事，則皆不足以論人。原霸之心，本欲免人之欺，求事之實，則亦豈可多罪。

今風俗弊甚，獄訟煩多，吏姦爲朋，民無所歸命，曲直不分，以賄爲勝負。獄訟之間雖有善士臨之，亦未必能盡得其情。若有志之士欲研究其實，豈免用問馬參牛之智？愚儒必以鉤距非之，則是必使情實不知，曲直倒置，姦惡肆行，不辜無告，然後爲道耶？故愚儒之論害道傷治。真實學者必當明辨乎此，則正理可得而信也。

近見王吉州言監司、太守不可輕置人於獄。蓋獄官多非其人，吏卒常司其權。平民一抵於獄，唯獄吏之所爲，箠楚之下，何求不得？文案既上，從而察之，不能復有所見矣。蓋其詞情皆由於吏卒之所成練〔一〕。前書所謂奏當之成，雖使皋陶聽之，猶以爲死有餘辜者，謂此也。

今有兩詞各護其説，左證疑似，簿書契要無可考據，事又有不在簿書契要者，則獄中求實之法，謂之閃隔。假令有二人則隔爲二處，三人則隔爲三處，不使之相聞知。以吾所疑與其事之

〔一〕「詞情」，陸子學譜作「情詞」。

節目，逐處審問，謹思精察要領，可以得情者，反覆求之。若使得在於初詞之外，若可據信，則必於兩處參審，必使有若合符節者，乃可據耳。然此事最難，若官人盡心，却不能防吏卒之姦，則吏卒必陰漏其事，則官人之智無所施矣。

故獄訟惟得情爲難。唐虞之朝，惟皋陶見道甚明，羣聖所宗，舜乃使之爲士。周書亦曰：「司寇蘇公，式敬爾由獄。」賁象亦曰：「君子以明庶政，無敢折獄。」賁乃山下有火，火爲至明，然猶言無敢折獄，此事正是學者用工處。噬嗑離在上，則曰「利用獄」。豐離在下，則曰「折獄致刑」。蓋貴其明也。新司理初間甚賢，繼而聞之，亦無能爲重輕，足下尤宜謹之。

官人者異鄉之人，吏人者本鄉之人。官人年滿者三考，成資者兩考。吏人則長子孫於其間。官人視事，則左右前後皆吏人也。故官人爲吏所欺，爲吏所賣，亦其勢然也。吏人自食而辦公事，且樂爲之，争爲之者，利在焉故也。故吏人之無良心，無公心，亦勢使之然也。

官人常欲知其實，吏人常不欲官人之知事實，故官人欲知事實甚難。官人問事於吏，吏效其説，必非其實，然必爲實形。欲爲實形，亦必稍假於實，蓋不爲實形不能取信。官人或自能得事實，吏必多方以亂之，縱不能盡亂之，亦必稍亂之。蓋官人純得事實，非吏人之利也。故官人能得事實爲難，純以事實行之爲尤難。

與蘇宰

賤疾去體皆庇所逮，記存之及尤重悚仄。李注：仄，音則，不安意。使君好音尚爾遲遲，何也？「心苟無瑕，何恤乎無家。」外之所遭，有時與命，初不足爲吾人重輕。然君子每因是以自省察，故缺失由是而知，德業由是而進。屯難困頓者，乃所以成君子之美也，故曰「生於憂患而死於安樂」。古人之處憂患者，又豈止如門下今日所遭而已哉？願篤信此道，日去其非，以著其是，則終來有他吉矣。

二

某往時充員敕局，浮食是慚。惟是四方奏請，廷臣面對，有所建置更革，多下詳看。其或書生貴游，不諳民事，輕於獻計，不知一旦施行，片紙之出，兆姓蒙害。每與同官悉意論駁，朝廷清明，常得寢廢。編摩之事，稽考之勤，顧何足以當太官之膳，尚方之賜，或庶幾者，僅此可少償萬一耳。

新天子即位，執事者過聽，又復畀之荆門。某竊惟爲臣之義，進思盡忠，退思補過。儻尚未罹擯斥，得共乃事，脱或朝臣一時建請，有司失於討論，遽施行之，而反爲民害者，亦當用公心，循公理，爲百姓條析，以復於上，庶幾盡忠補過之義。郡守、縣令，民之師帥，承流宣化，其職任一也，而令尤親於民。古者郎官出宰百里，上應列宿，寄命之責固不輕矣。某托庇治下，每辱眷待之厚，苟有所見，安可不盡陳於左右，以爲萬一之助哉？

比者竊見省符，責括民户屯田，將復賣之。上失朝廷之體，下爲良農之害。甚哉！計之過也。

其初出監簿陳君，初官江西，因見臨江之新淦、隆興之奉新、撫之崇仁三縣之間有請佃没官絶户田者，租課甚重，罄所入不足以輸官。佃者因爲姦計，不復輸納，徒賄吏胥以圖苟免。春夏則羣來耕穫，秋冬則棄去逃藏。當逃藏時，固無可追，尋及羣至時，則倚衆拒捍，其强梁姦猾者如此。若其善良者，則困於官租，遂以流離死亡，田復荒棄，由是侵耕冒佃之訟益繁，公私之弊日積。陳既被召爲職事官，因以此陳請，欲行責括，減其租課。以爲如此，則民必樂輸，而官有實入。此其爲説，蓋未爲甚失。

其初下之漕臺，布之州縣，施行之間已不能如建請者之本旨，遂併與係省額屯田者一概責括，亦鹵莽矣。蓋佃没官絶户田者，或是吏胥一時紐立租課，或是農民遞互增租剗佃，故有租重之患，因而抵負不納。或以流亡抛荒，或致侵耕冒佃，而公私俱受其害。陳監簿之所爲建請者，特爲此也。若係省額屯田者，則與前項事體迥然不同。其租課比之税田，雖爲加重，然佃之者皆是良農，老幼男女皆能力作，又諳曉耕種培灌之利便，終歲竭力其間，所收往往多於税田，故輸官之餘可以自給。人人自愛，其争先輸公，不肯逋負，亦優於有税田者。又此等官田皆有莊名。如某所居之里則有所謂大嶺莊，有所謂精步莊，詢之他處，莫不各有莊名。故老相傳，以爲元祐間宣仁垂簾之日，捐湯沐之入以補大農，而俾以在官之田，區分爲莊，以贍貧民，籍其名數，計其頃畝，定其租課，使爲永業。今里中之老猶有能言宣仁上仙之年與其月日者。歲月寖久，民又相與貿易，謂之資陪，厥價與税田相若，著令亦許其承佃，明有資陪之文，使之立契字，輸牙税，蓋無異於税田。其名數之著於州縣簿籍者，目曰省莊。計其租入，則上而計省，下而郡縣，皆總之曰苗屯米若干。此其與逐時没官户絶田産隸於常平而俾之出賣者，豈可同年而語哉？歷時既多，展轉貿易，佃此田者，不復有當時給佃之人，目今無非資陪入户，租課之輸，逋負絶少，郡縣供億，所賴爲多。有司因陳君之請，概行責括，亦已疏矣。漕臺又因有出賣之請，此不審之甚者也。若没官户絶田産，朝廷何嘗不令出賣？惟其不售也，是以開給佃之門，亦所以勸民之耕，且使土無曠而租無虧也。今以租重之故，致前數弊，議者方建減租之策，乃不能因而推行之，而復爲出賣之説，可謂失於討論矣。且官有賣田之名，固自不美。今固無買者，假令有買者，亦必不能齊一所收之值，又安能有補於縣官之調度，終亦化爲烏有耳。有司坐析無補之秋毫，徒使縣官負不美之名，憂民如此，不亦謬乎？謀國如此，不亦疏乎？若復及於所謂屯田者，則其失又甚矣。今有屯田者無非良農，入户有資陪之價，著令有資陪之文，立契有牙税之輸，租課未嘗逋負，郡縣賴以供億。一旦官復責括而賣之，則有是田者往往僅能自給，豈復能辦錢以買此田哉？縱或能買，是無故而使之再出買田之價，豈不困哉？豈不寃哉？其能買者固不百一，異時有錢以買者必兼併豪植之家也。奪良農固有熟耕之田以資兼併豪植之家，而使之流離困窮，銜寃茹痛，相枕籍爲溝中瘠，此何策也？版曹之勘當，都省之符下，皆不復究其本末，其事益熾，其害易滋。陳君之請不過三縣，省符之下、計臺之奏遂及三郡，版曹勘當則又遍於一路，且其施行與其建請本旨絶相背違。真所謂「字經三寫，烏焉成馬」。失今不救，又將遍於天下矣。假令有成命，有司苟知其非，猶當各守其職而争之。況今未成命，豈可坐縻紙札〔二〕，徒嚴期會，滋吏姦以擾良農，安視下民之困以成執事者之過計哉？

門下平日愛民如父母，憂民如疾疢，今誠爲之深究其本末，詳計其利病，陳之上府，列之計臺，丐聞于朝，俾寢其議，以便邦計，以安民心，此必門下之所樂爲也。胥吏之計，方將並緣以招賄謝，必不樂此。諒仁人君子之心惟恐不聞吾民之疾苦、政令之利病，必不以吏胥之謀而易天

〔二〕「坐縻」，原作「坐縻」，據嘉靖本、萬曆本改。

下之至計。某雖不能周知一邑之版籍，以所聞見計之，此邑之民耕屯田者當不下三千户〔二〕。以中農夫食七人爲率，則三七二十一，當二萬一千人。撫萬家之邑，而其良農三千户，老稚二萬一千，一旦失職，凜凜有破家散業，流離死亡之憂也，豈仁人君子之所能忍視而不爲之計者。今方收穫舂揄之時，誠得亟爲刬牘，而其文書期會姑遼緩之，以須後庚之命〔三〕。使慮憂之傴仄轉爲懽心，慘淒怛悍散爲和氣，而謳歌鼓舞溢於田畝，遍於塗巷，不亦休哉！此非有缺於供輸，損於調度，決不至以此獲罪於上府計臺也。仰恃愛念，敢布腹心。

三

始聞徒御戒行，將如郡邸，豈黄堂將大行寬恤之政，以厚吾民之力，爲國家培固根本，爲萬世不拔之基耶？「撫字心勞，催科政拙」，此陽道州所以爲當世大賢，李注：陽城，爲道州刺史。而史家載之以爲美談者。天以斯民付之吾君，吾君又以斯民付之守宰，故凡張官置吏者，爲民設也。無以厚民之生，而反以病之，是失朝廷所以張官置吏之本意矣。「無君子莫治野人，無野人莫養

〔二〕「户」，各本均作「石」，據陸子學譜及文義改。

〔三〕「以須」，他本均作「以頫」。須，等待，義較勝。

君子」，朝廷官府之用，固當野人供之。今賦輸之法，斯民所當遵而不違也。違而不供，民之罪也；官從而督之，理之宜也。爲守宰者固不可以託「催科政拙」之言而置賦税之事一切不理。易曰：「理財正辭，禁民爲非，曰義。」必指簿書期會爲非吾所當務，此乃腐儒鄙生不聞大道，妄爲繆悠之説，以自蓋其無能者之言也。今簿書不理，吏胥因爲紊亂，爲長吏者難於稽考，吏胥與姦民爲市，使長吏無所窺尋其蹤跡，此所當深思精考，核其本末，求其要領，乃所謂「理財正辭，禁民爲非」者也。簿書齊整明白，吏無所容姦，則姦民懼而弊事理，良民下户畏事之人不復被擾矣。

若循理而治賦輸，又不能寬上府之督責，則致爲臣而去，豈不甚公、甚正、甚榮、甚美哉？有如文丈，大鄉之賢，善類所宗，亦必甚慰其意，以爲吾有賢子，不愧於陽道州矣。世間富貴何限，往往與草木俱腐，其能自拔而與陽道州儷駕於方册者幾何人哉？若曰：「今不得已，且屈吾平日之志，爲苟免之道」，非某之所聞也。吾人要當求師於往聖昔賢、有識君子，不可聽計於吏胥。吏胥者，吾之所御，豈可反入其籠罩之中也。

卷九

書

與王謙仲 諱藺，時爲江西帥

某違遠誨言，三换歲矣，區區瞻企，何可云喻。去冬拜手翰之辱，大義焕然，豈勝慰浣〔一〕。江鄉何幸得大賢出鎮，然自朝廷而言，則輕重緩急亦已舛矣。明天子注倚，豈其或疾執事者之不便，計必出此，亦識者之所前料，殆無足怪。獨陰氛重重，殊未廓清，葵藿之心不能不爲大明惜之。然去冬「不願著足鬧籃，只欲休去歇去」之語尤非所望。竊料執事此蔽未能遽解，則此行殆爲私便。某占籍江西，以私言之，亦惟恐彼人之計有所不行也。開府用何日？傳聞下車，十連胥慶，此非尺牘虚辭也。元晦聞已起行入奏事，江西可謂德星聚也。

〔一〕「慰浣」，嘉靖本作「慰沃」。

某去夏拜書後，不旬日即有仲兄子儀之喪，秋初又哭一殤子，乃將爲先兄子壽後者，薄德鮮祐如此。舊有拙疾，哀苦中大作，幾至於斃。臘月頓愈，今頑健復如去春時矣。

鄉人彭世昌新得一山，在信之貴溪西境，距敝廬兩舍而近。唐僧有所謂馬祖者廬於其陰，鄉人因呼禪師山。元豐中有僧瑩者爲寺其陽，名曰應天寺，廢久矣。屋廬毀撤無餘，故址埋於荆榛，良田清池没於茅葦。彭子竭力開闢，結一廬以相延。去冬嘗一登山，見其隘，復建一草堂於其東。山間亦粗有田可耕。社日後，携二息偕數友朋登山，盤旋數日，盡發兹山之秘。要領之處，眼界勝絶，乃向來僧輩所未識也。去冬之堂在寺故址，未愜人意，方於勝處爲方丈以居。顧視山形，宛然鉅象，遂名以象山草堂，則扁曰象山精舍。鄉人蓋素恨此山之名辱於異教，今皆翕然以象山爲稱。

故侍郎張南仲之居寔在山下。南仲諱運，其諸子鄙，徙居鄱陽，其諸姪咸在故里，皆尊尚儒術，舊亦多遊從者。彭世昌極貧，開山之役，諸張實佽助之，（李注：佽，比也。）其經營之初，亦張爲之地。今張氏子弟咸來相從。一家結廬於東塢之上，比方丈爲少高，名之曰儲雲。兹山常出雲，雲之自出常在其高故也。一家結廬於前山之右，石澗飛瀑縈紆帶其側，因名曰佩玉。相繼而來結廬者未已，未及名也。

方丈簷間層巒疊嶂，奔騰飛動，近者數十里，遠者數百里，争奇競秀，朝暮雨暘，雲煙出没之變千態萬狀，不可名模。兩山迴合其前，如兩臂環拱，臂間之田不下百畝。沿流而下，懸注數里，因石賦形，小者如線，大者如練。蒼林陰翳，巨石錯落，盛夏不知有暑。挾册其間，可以終日。東山之崖有繙經石，可憩十許人；西山之崖有歇石，可坐五六人，皆有蒼松蟠覆其上，其下壁立萬仞。山之陰有麈湖在其巔〔二〕，天成一池，泓然如鑑，大旱不竭，可以結廬居之。自麈湖而北，數山之外有馬祖庵，其處亦勝。有風洞、有浸月池、有東壟、有樺木壟、有東西塢、有第一峰，凡此皆舊名嘉者。

此山大勢南來，折而東，又折而南。其高在西北，堂之西最高，九峰聯絡如屏，名曰翠屏，其上皆林木也。北峰之高者如蓋，可以登望。南望羣山益遠，溪谷原野畢露。東望靈山，特起凌霄，縹緲如畫，山形端方廉利，吴越所未見有也。下見龜峰，昂首穹背，形狀逼真。玉山之水，蓋四百里而出於龜峰之下，略貴溪以經兹山之左。西望鵝姑石、琵琶諸峰，峭崒逼人，從天而下。溪之源於光澤者，間見山麓如青玉版。北視上清、仙巖、臺山，僅如培塿。東西二溪窈窕如帶，二溪合處百里而近。然地勢卑下夷曠，非甚清徹，嘗没於蒼茫煙靄中矣。

〔二〕「麈湖」，原作「澄湖」，他本均作「麈湖」。明王禕王忠文集卷八所收靈谷書院記曰：「麈湖者，貴溪之名山……相傳昔有學仙此山者，嘗見羣鹿飲湖水。麈，鹿之大者，故山以得名。」可知此湖應名麈湖，兹據改。下「麈湖」同。

彭世昌去冬亦嘗至無爲求見，挾梭山之書。聞治行之忙，不及瞻望。今已息肩，共學耕於此矣。此公志向不肯碌碌，人皆謂之狂生。然其平生所爲甚異流俗，爲私者嘗少，而爲義者嘗多。惜其前日不甚得從師友，擇之未精耳，自此當有可望。

二

彭世昌歸，適領教翰，專人薦至，連奉好音，慰浣何可言喻。時事一新，陰氛頓釋，良心之所共快。繼是而無以新之，則後之視今，猶今之視昔，誠如來教。

前月之雨，霶霈連日，山溪暴漲，平野渺如湖海，積年所無，幸不甚爲害。水落之後，禾黍暢茂，倍於常歲。旬日更得一雨，旱田十分成熟矣。陂池皆有蓄水，縱有秋旱，晚稻亦有可救，不至如去年也。江西之民，當藉大府之德，而望一稔矣。

近聞饒之浮梁，負郭一寺中，井泉湧溢而地陷，漂廬浮尸不可勝數。水後，舟行者見沿流居民收積漂材，往往如堵，所敗傷不少矣。如聞臨江、筠、袁亦有水患，大府當知其詳。

今風俗積壞，人材積衰，郡縣積敝，事力積耗，民心積摇，和氣積傷，上虚下竭，雖得一稔，未敢多慶。如人形貌未改而臟氣積傷，此和、扁之所憂也。比日所去之蠹可謂大矣。燮調康濟，政爾惟難。非君臣同德，洞見本末，豈易言此！海内之責當有在矣。願得從容以究此意，不啻饑渴。

秋深佳天氣，當求一扣函丈。第恐前此促召，亦賴遣介相聞，告以起行之日，水陸所由，定當前途求一見耳。

善政日有所聞。聞夏稅甚便於民，恨未知其詳。秋苗利病想已討論甚悉。爲郡者只能於此二節去其害而致其利，則及物已廣矣。某去冬有與宋漕劄子，言金谿月樁，惜其不及施行。謾録呈，倘有餘力及之，幸甚！

與錢伯同 時爲撫州守

不訊記曹，又復逾時。然早作晚寢，渴飲饑食，皆涵泳邦君之澤，尺牘疏數，尚奚足言。荆公英才蓋世，平日所學未嘗不以堯舜爲標的。及遭逢神廟，君臣議論，未嘗不以堯舜相期。獨其學不造本原，而悉精畢力於其末，故至於敗。去古既遠，雖當世君子往往不免安常習故之患，故荆公一切指爲流俗。於是排者蜂起，極詆訾之言，不復折之以至理，既不足以解荆公之蔽，反堅神廟信用之心。故新法之行，當時詆排之人當與荆公共分其罪。此學不明，至今吠聲者日以益衆，是奚足以病荆公哉？祠宇隳敗，爲日之久，莫有敢一舉手者，亦習俗使然耳。執事慨然而一新之，非特見超卓，其何能如是？比得倅車書，謂執事欲以記文下委，不覺喜溢支體。蓋兹事湮鬱，深願自是一發舒之。

遣人臨存，適越在他境，不即奉答，姑以此謝緩報之罪。記文尚遲旬日，當成就其説，馳納求教。

二

居山逾一甲子，益飽雲山之變。飯稻羹魚，無復在陳之厄，藉庇宏矣。兹山之勝尤在瀑流，東有磜潭，李注：磜，與砌通。西有半山。磜潭不下玉淵，半山可亞卧龍。精舍之前，兩山迴合，又自爲一澗，垂注數里，噴薄飛灑於茂林之間：一曰風練，二曰噴玉，三曰飜濤，四曰疏珠，五曰冰簾，六曰雙練，七曰飛雪。木石自爲階梯，可沿以觀。兩崖有蟠松怪石，却略偃蹇，隱見於林杪。時相管領，令人忘歸。日與二三子詠歌其間，懷吾賢使君之德，何有窮已，故亦樂爲執事道之。王弱翁方酣於緑尊紅妓，安能作字哉？文公祠記某當併書之，遲旬日納去。

與楊守

鄉邦凋弊，方深游釜之憂，遽得賢師帥振起而撫摩之，欣幸之私不在田夫野老之後矣。屬者修敬，數獲款晤，深慰積年傾渴之懷。至蒙禮遇之寵，每踰涯分，尤深感怍。抵家欲具謝尺紙，以不敏，因循迨今。然文華日勝，情實日薄，此後世公患。吾人相與以信義，苛文非所計，故不敢深以自訟。諒惟高明，必不以是督過之。

某此月七日始得東書登山，九日始遂達山房。金谿與饒之安仁、信之貴溪爲鄰，二境皆有盜賊之患，金谿獨不然。相去跬步之間，事體便相遼絶。「晉國之盜逃奔於秦」，乃今見之。賢使君之效乃如此，是事乃得之親見，非傳聞也。金谿今歲旱處亦多，通縣計之，可作六分熟。敝居左右獨多得雨，頗有粒米狼戾之興。但前數日南風亦頗傷稻。目今雨意甚濃，此去却要速晴，以便收穫。萬一成積雨，則又有可憂者。切窺賢者用心未嘗不在於民，不敢不告。近日頗從倉臺需糴，本爲平糴一倉，以輔向來趙丈所建社倉。其詳教授知之，得就渠索某劄子一觀，幸甚！

二

教之緒餘不勝降嘆。從容平易，惟理是求，稽諸前古，千載一轍。周道之衰，民尚機巧，溺意功利，失其本心。將以沽名，名亦終滅；將以徼利，利亦終盡〔二〕。然則君子終古不磨〔三〕，不見知於庸人，而見知於識者；不見容於羣小，而無愧於古人。俯仰浩然，進退有裕，在己之貴，潤

〔二〕「盡」，成化本、正德本、嘉靖本、萬曆本、四庫本作「亡」。
〔三〕「然則」，成化本、正德本、嘉靖本、萬曆本、四庫本作「惟其」。

身之富，輝光日新，有無窮之聞，其視懷璧負乘之人，何啻蚊蚋蠛蠓哉？三復來貺，益厲此心，敢悉布之，永以爲好，惟執事終惠顧之。

三

違遠色笑，倏爾經時，洽聞謳謠，益用鄉德。某自省事以來五十年矣，不知幾易太守，其賢而可稱者，唯張安國、趙景明、陳時中、錢伯同四人，殆如晨星之相望，可謂難得矣。今執事臨之，又光於諸公，邦人何幸。

雖然，屬者郡政不競已甚，積弊宿蠹殆難驅除，猾吏豪家相爲表裏，根盤節錯，爲民蟊賊。質之淳黠、勢之强弱相去懸絶，本非對偶。吏胥居府廷，司文案，宿留於邦君之側，以閒劇勞逸嘗吾之喜愠，以日月淹速嘗吾之忘憶。爲之先後緩急，開闔損益，以蔽吾聰明，亂吾是非而行其計。豪家擁高貲，厚黨與，附會左右之人，創端緒於事外以亂本旨，結左證於黨中以實僞事，工爲節目，以與吏符合而成其説。吾以異鄉之人一旦而聽之，非素諳其俗。而府中深崇，閭里之事不接於吾之目，塗巷之言不聞於吾之耳。被害者又淳厚柔弱，類不能自明自達。聽斷之際欲必得其情而不爲所欺，此甚明者之所難也。吾雖得其情，彼尚或能爲之牽制，以格吾之施行。吾斷之速，則文疏事漏而無以絶其辭；吾求之詳，則日引月長而適以生其姦。況其是非曲直之未分，而常有以貳吾之心，疑吾之見，變亂其事實，而其情亦未易得也。一墮其計，姦惡失所畏，善良失所恃矣。豈不難哉？李評：按猾蠹爲害，可畏若此。居官者讀此，與與徐子宜書諸篇參看，則不爲所欺矣。

善惡之習猶陰陽之相爲消長，無兩大之理。一人之身，善習長而惡習消則爲賢人，反是則爲愚；一國之俗，善習長而惡習消則爲治國，反是則爲亂。時之所以爲否泰者，亦在此而已。開闢以來，羲皇而降，聖君、賢相、名卿、良大夫相與扶持封植者，善也；其所防閑杜絶者，惡也。明明在上者，明此而已。「火在天上，大有」，明之至也。象曰：「君子以遏惡揚善，順天休命。」傳亦有之：「爲國家者，見惡如農夫之務去草焉，芟夷蘊崇之，絶其本根，勿使能植，則善者信矣。」夫子曰：「聽訟，吾猶人也。必也使無訟乎。」使夫子生今之世，爲今之吏，亦豈遽使人無訟哉？易有訟卦，其來久矣，不能無訟，豈唯今日。若其聽訟之間，是非易位，善惡倒置，而曰自有使人無訟之道，無是理也。舜之受終，必流共工于幽州，放驩兜于崇山，竄三苗于三危，殛鯀于羽山，而後天下咸服。夫子之得魯政，必誅少正卯於兩觀之下，而後沈猶氏不敢朝飲其羊，公鎮氏出其妻，鎮潰氏踰境而徙，魯之鬻牛馬者不豫價。遏惡揚善，順天休命，前聖後聖，其揆一也。必使無訟之道，當於聽訟之間見之矣。君子之所以異於人者，以其存心也。遏惡揚善，順天休命，此其存心也。與後世苟且以逃吏責，鉤距以立威者，豈可同年而語哉？舉斯心以加諸彼，使善習日長，惡習日消，惡者屈，善者信，其無訟也必矣。蒙照知之素，輒效區區以裨萬一。

與黄監

某切見鄉來趙丈舉行社倉，敝里亦立一倉，委棱山家兄主其事。某頗有所未安者，昨亦嘗稟聞愚見，以爲莫若爲平糴一倉以輔之，乃可長久。平糴則可獨行，社倉未必可獨行也。社倉施於常熟鄉乃可久，田不常熟，則歉歲之後無補於賑恤。平糴則豐時可以受農民之粟，無價賤傷農之患，歉時可以摧富民閉廩騰價之計，政使獨行，亦爲長利。今以輔社倉之所不及而彌縫其缺，又兩盡善矣。其詳已嘗託陳教授布稟。

與林叔虎 臨川人，諱夢英，一字子應，師事文安公，登淳熙二年進士

叔虎才美，試於一縣，真游刃有餘地矣。顧其志義文采，鬱未盡施，行且觀騰驤耳。學宫之壯，恨不得即一拭目。記文見委，義當效力，第非倉卒所能成耳。去冬爲陳貴溪作重修學記，謾往其刻一觀。向爲仲權作宜章學記，莫曾見否？李注：陳貴溪，名公顯。仲權姓吴，名鎰。今竟未刻，豈其有不當仲權之意者耶？近觀仲權所向，亦有可念者。

淳叟身後事亦粗辦，然極可憐。晚節與仲權、正己爲莫逆友，死者已矣，生者顧未知其所終，又可憐也。壽夭、貧富、貴賤皆不足多爲學者道。古之聖賢，如關龍逢之誅，王子比干之剖

心，顏、冉之夭疾〔二〕，孔孟之厄窮，至今煌煌在宇宙間，庸何傷哉？

某去年春尾在山間，聞伯蕃姪訃以歸，親舊家庭撫棺視窆之役，相尋以卒歲，今猶有姪婦之喪未葬。然更閱涉歷，此道益明，益不敢不勉。

數年間，書問文記頗多，不能盡録。今小兒録經德堂記往，此文頗有補於吾道。荆公祠堂記刻併往，此是斷百餘年未了底大公案，聖人復起，不易吾言矣。刻中第六行内「義當與之戮力」字下脱「若虚捐歲月，是自棄也」九字，「好議論」字下羡「人」一字，若令人寫出，增損而讀之，乃無遺恨。當時錢伯同託弱翁書，弱翁臂痛不能書，伯同逼替，復送來某自書，恃有前本，碎紙寫去，偶有此脱羡，伯同恐是意欲增損，遂依後本刻，至今不滿。後當更書小本，叙此曲直，跋其後，置諸壁間也。

與晦翁往復書，因得發明其平生學問之病，近得盡朋友之義，遠則破後學之疑，爲後世之益。若夫志卑識闇，居斯世爲斯世之徒，固不足以論此。

長沙胡季隨乃五峰之幼子，師事張南軒，又妻其女。南軒没後，又講學於晦翁之門，亦嘗至

〔二〕「冉」，成化本、正德本、嘉靖本、萬曆本、四庫本皆作「閔」。按：「冉」應指冉耕，「閔」應指閔損，均爲孔子弟子。但冉耕因惡疾早逝，閔損則不聞有夭疾之事。故作「冉」義較勝。

臨安相聚。此人操行甚謹慤，志學亦甚篤，但學不得其方，大困而不知反。去年亦有書來此，今録所答渠書併所復陳漕君舉書往。

世固有甘心爲小人者，此無可言矣。有不肯爲小人而甘心爲常人者，又未足言也。有不肯爲常人而墮於流俗中力不能自拔，又無賢師友提掖之，此可念也。又有非其力不能自拔，其所爲往往不類流俗，堅篤精勤，無須臾閒暇。又有徒黨傳習，日不暇給，又其書汗牛充棟而迷惑浸溺，流痼纏綿，有甚於甘心爲小人、甘心爲常人者，此豈不重可憐哉？上古聖賢先知此道，以此道覺此民。後世學絶道喪，邪説蜂起，熟爛以至今日，斯民無所歸命，士人憑私臆決，大抵可憐矣。而號稱學者，又復如此，道何由而明哉？復晦翁第二書，多是提此學之綱，非獨爲辨無極之説而已，可更熟復之。

與陳君舉

丁未之冬，失於一見，尺書往復，莫遂輸寫。比年山居益左，知舊消息往往闊絶，徒積傾馳。遣人臨存，辱以書幣，備承近日動息，浣慰何量[二]。以尊兄之才之美，下問之勤，懇然情實，真以

〔二〕「何」，他本均作「可」。

能問於不能，以多問於寡，尤用降嘆！

世習靡敝，固無可言。以學自命者，又復錮於私見[一]，蔽於私説，却鍼拒砭，厚自黨與，假先訓，封形似以自附益，顧不知其實背馳久矣。天以是理畀人，而舉世莫任其責，則人極殆不立矣。永思及此，益切悼懼。忘其駑蹇，以自效竭，此某所不敢不勉。著大公以滅私，昭至信以熄僞，非尊兄尚望誰。「老矣」之論，未敢聞也。傅子淵已至衡陽，得其書，謂亦已相聞矣。子淵人品甚高，非餘子比也。

劉淳叟前月初冒暑歸自臨江，病痢踰旬，竟不起，可哀，可哀！此郎年來避遠師友，倒行逆施，極可悼念！春夏之間，適有困折，某近抵城闉，見其卧病，方將俟其有瘳，大拯拔之，不謂遂成長往，念之尤用傷歎！淳叟、正己初向學時，自厲之意蔚然可觀，鄉里子弟因之以感動興起者甚衆。曾未半途，各有異志。淳叟歸依佛乘，正己慕用才術，所託雖殊，其趣則一。此其爲蔽，與前所謂以學自命者又大不侔矣。正己比來相與禮貌，然視其朋游，觀其文辭，驗之瞻視容色，以考其指歸，未之有改，此尤可念也。

[一]「錮」，成化本、嘉靖本作「封」。

卷十

書

與李成之 諱性傳，舜臣之子，嘉定四年進士，文安公弟子

某去冬距對班數日，忽有匠丞之除，王給事遂見繳。既而聞之，有謂吾將發其爲首相爪牙者，故皇懼爲此，抑可憐也！

古人所以不屑屑於間政適人，而必務有以格君心者，蓋君心未格，則一邪黜，一邪登，一弊去，一弊興，如循環然，何有窮已。及君心既格，則規模趨鄉有若燕越，邪正是非有若蒼素，大明既升，羣陰畢伏，是瑣瑣者，亦何足復汙人牙頰哉？

鄉來面對，粗陳梗概，明主不以爲狂，而條貫靡竟，統紀未終。所以低回之久者，欲俟再望清光，輸寫忠蘊，以致臣子之義耳。然而不遂，則亦天也，王氏之子焉能使予不遇哉？

二

李尉處附至三月晦日書，發讀，慰浣之極！別紙尤見情實，歷述病狀，可謂自知之審矣。「爲仁由己，而由人乎哉？」奮拔植立，豈不在我？若只管譏評因循，不能勇奮特立，如官容奸吏，家留盜虜，日積憂患，而不勇於一去之决，誰實爲之？今幸尚知其爲奸盜而患苦之，護惜玩愒之久，寖以習熟便安之，未必不反以爲忠良也。「任賢勿貳，去邪勿疑」，豈獨爲國而然，爲家爲身，蓋一理也。願精思深察，致「一日克己復禮」之力，當有勿憂，宜日中之快矣。

與應仲寔[一]

向自使華在江東時，草草具復來貺。尋拜數字，附鄉里士人以行。而執事移帥南服之命已下，用不果達。其時，某適至隆興，在翠巖、洪井間，得聞從者至止。亟還城下，則棨戟又南矣，甚爲悵然！屬嘗於復漕臺書中寄意，語次亦曾及之否？

蒼梧，舜迹所及。交趾、合浦、九真、日南，爲郡古矣。粤自翠華南渡更爲近服，班宣之任類

[一]「寔」，原作「實」，據成化本、嘉靖本、萬曆本改。

皆名儒重臣。間者猶以簿書遺策、米鹽末務仰勤冕旒南顧之憂，官人之難乃如此。茲焉帥閫，暫屈明賢，此其加惠嶺海之民可謂至矣。撫柔安輯當有餘地，遠民知方，興於禮義，此其時也。漕臺心事犖犖，伏想相得甚歡。金蘭之誼於是有證，健羨，健羨！

某往歲亦蒙誤恩，俾壘荆門，尚遲餘教，以逃大戾。區區近況，有鄙文數篇，公餘過目，可概見矣。去年秋冬又兩通晦翁書，然前説且倚閣矣。

與張季海 諱瀛，鄱陽人，爲臨川主簿，時攝宰金谿

久欲詣謁，坐此塗潦，政爾未遂，缺然斯懷。

金谿西北近臨川處率多旱田，耕必三犁，秋乃可望。常歲及今再耜挾矣，今阻寒凍，曾未舉趾，農者凛然有無年之憂〔一〕。雷先啓蟄，泉源已動。泉之盛，一甲子而止，動早則及夏淺，動晚則及夏深。泉與雨澤亦相表裏，故動早旱徵，動晚稔徵。今先啓蟄而動，則不及夏矣。比年貨泉日縮，民生日貧，穀價雖廉，往往乏食。重以冬春仍雪積雨，畦塗隴敗，無所施力，困亦劇矣。霖霪未止，爲之奈何？浦城小寇幸已成擒，警候之事尤非今日所能堪也。

〔一〕「年」，原作「生」，據成化本、正德本、嘉靖本、萬曆本、四庫本改。

邑民以公事至廷者，莫不稱頌賢德。而游談之士往往以聽信百石爲疑，雖其無根，不足深據，然形似則有以致之。更惟加察。

二

久以道濘，不遂往見。既望，嘗作一紙以致區區。尋以少霽，欲留面剖，又不果達。今併往一觀。

新宰既不果來，吾邑遂可以久被賢者之澤。向來不作久計，深爲足下不取。古人於事無小大、無久近，其處之一也。居一日亦當盡吾道。學絶道喪，所從來久矣，放利而行者滔滔也。比嘗與主簿論喻義、喻利之説，語次曾及之否？

弊邑之陋，風俗未還於正。所幸主簿意向甚美，第未甚更歷耳。外此不復有正人，區區亦不能不爲左右深慮。要當卓然以古人自期，憫惻流俗如失心者，而後能無所陷溺。人患無朋友，無聞見，與其親不正之人，聞不正之言，則寧其無也。若見不賢而内自省，擇其不善者而改之，則皆吾師也。

與張元鼎

比方得向來論事之書，張權因造簿正其宿弊，此固當然，比復使君書，固是之矣。若創征之事，此甚不可，足下之辯，殆類冉求之辯伐顓臾。金谿陶户大抵皆農民於農隙時爲之，事體與番陽鎮中甚相懸絶。今時農民率多窮困，農業利薄，其來久矣。當其隙時，藉他業以相補助者，殆不止此。邦君不能補其不足，助其不給，而又征其自補助之業，是奚可哉？初甚駭聞兹事，繼而聞其説出於沈尉，即悟其爲此謀之人豈能有補於調度？若其傷邦君之政體，不復可得而文飾矣。沈生小子，本無知識，豈恤州郡？豈愛邦君？豈念小民？獨爲挾私者所嗾耳。所重可惜者，遂使賢使君爲挾私之人所役，而足下又代挾私者爲辯。此人之術，何其如此之高，乃能挾一邪説以役二賢者，又重可怪也。今未知已如何施行？正宜及其未深，有以改之，無爲此人所笑。

與黄康年 諱椿，建昌南豐人，弟彦文，並師事文安公

此道充塞宇宙，天地順此而動，故日月不過，而四時不忒；聖人順此而動，故刑罰清而民服。古人所以造次必於是，顛沛必於是也。斯須不順，是謂不敬。雖然，己私之累人，非大勇不

能克。「一日克己復禮，天下歸仁焉」，豈直推排而已哉？縱使失於警戒，舊習乘之，當其思之、覺之、復之之時，亦必大勇而後能得其正也。願益勉之！

與胡無相 臨川人，侍學文安公

惠書憂憫俗學，傷悼邪見，深中時病。惟是推許過盛，非所敢承。劉定夫得數日之款。張誠子迫試期，不及一見，但得訊云：「回日見過。」定夫亦約早晚登山。

山間朋友近多讀尚書。上古道義素明，有倡斯和，無感不通，只是家常茶飯。今人既惑於利禄，又蔽於邪説，見説此理，翻成特地，豈不可憐哉？

與朱益叔 名貫無考，文安公弟子

區區之學不能自已，朋儕相課亦謂月異而歲不同。每觀往年之文，其大端大旨則久有定論，至今不易。若其支葉條目，疏漏舛錯，往往有之，必加删削，乃可傳也。向在朋友間，時見所傳鄙文亦有全僞者，此尤不可不知也。

開歲合并，當究其説。學絶道喪，私説詖論，充塞彌滿，朋友講貫未能符合，其勢然也。然至當歸一，精義無二。「至於心，獨無所同然乎？」此孟子之至言。但詠歌伐木之篇，緝熙其事，終必有無間然者矣。

與路彦彬 諱謙亨，從學文安公，里居無考

得函教，又辱以盛製，文盛意勤，顧何以當。雖然，似有未相曉者，義不敢不宣達於左右。竊不自揆，區區之學，自謂孟子之後至是而始一明也。平日拳拳於左右者，豈徒以親戚之故哉？古人纓絶肘見，不以爲病，累日不火食，歌聲若出金石，或者未能深信與？信之而未濟登滋，李注：登滋，疑地名。按：「登滋」或是「澄湖」二字之誤。澄湖在象山西巔，見前與王謙仲書，俟考。則兹當挾轅推轂以相從於康莊也。若金錢穀粟之惠遺，非某之任也。聚族之衆，終歲之計，未免於飢。歲日索公堂米，無毫髮補助，亦以事有大於此者，未敢任此責也。得時行道，固吾人分内事，然與世俗羨慕富貴者，天淵不足諭也。來詩似未免俗意，尤非所望。非高明亦不敢直言如此。

與涂任伯

來喻勤勤，大概謂來學者未必可語，而有耗氣勞體之患，此誠足下愛我之心也。雖然，足下

顧未知自愛，安能愛我哉？比數得與足下接語，此邦之士惑焉者甚衆，進而效説者亦不少矣，大抵皆是何足與言仁義之意。然稠人廣坐，其意蓋不皆如是也。其意如是者，必其不知自愛者也。其意不如是者，必其知自愛者也。今足下之言乃與其不知自愛者若合符節，此吾所以甚爲足下不取也。

素問之書乃秦漢以後醫家之書，託之黄帝、岐伯耳。上古道純德備，功利之説不興，醫卜之説亦不如是。比見足下好誦其言，特素未講學，不知其非耳。李評：先生責人未講學，而朱子乃疑先生不欲人講學。今讀與涂任伯書，其深情昭然若揭。某氣禀素弱，年十四五，手足未嘗温煖。後以稍知所向，體力亦隨壯也。今年過半百，雖少加衰於壯時，然以足下之盛年，恐未能相逮也。何時合并，以究斯義。

與董元錫　疑金谿人，從學文安公，又師事文達公

元錫舊常有向學之意，而中自晝，每切念之，無由奉達，今因此輒致區區，幸少垂聽。

往訓中言小人者甚多，不可一概觀。小人字雖同，而其所指乃有相去天淵者。論語所謂：「女爲君子儒，無爲小人儒。」又曰：「言必信，行必果，硜硜然小人哉！」又如尹士既聞孟子之言則曰：「士，誠小人也。」此等則是學不至道，而囿於私見，不能終從其大體，故謂之

小人。易曰：「小人不耻不仁，不畏不義，不見利不勸，不威不懲。」此則氣質乖戾，姦憸兇惡之小人也〔二〕。治世盛時，若不格面從化，則刑戮之所不貸。此兩者，善惡、雅俗、汙潔之辨如雲泥矣。

元錫平時喜事好修，何至爲由後之小人哉？若由前之小人，則恐非元錫之所能及。今流俗不學之人，而其質不至於「不耻不仁，不畏不義」，又不得陶冶於先聖王之教，方憑其私意自以爲善，此則是俗人，不得謂之士，不得謂之儒，此輩必不能如尹士自知之明也。然俗人中氣質又有厚薄、輕重、大小。平時所惜於元錫者，爲其氣質偶不得其厚重者，故不能自拔於市井之習，又輒憑之以妄議人之長短，所見日陋。如來書所謂讐，即陋見也，「知己」之説亦陋。然吾能化陋以爲廣大，請借元錫「知己」之説而言之。元錫誠欲求知己，當今之世，捨我其誰哉？但恐元錫怕逢知己耳。元錫誠能不安其舊，惟新是圖，則本心可以立復，舊習可以立熄，居仁由義，大人之事備矣，誰得而禦之！

〔二〕「憸」，原作「險」，據成化本、正德本、嘉靖本、萬曆本、四庫本改。

與倪濟甫 諱巨川，從學於象山精舍。里居無考，或是同鄉近地人〔一〕

聞不就程試，決計登山，甚爲之喜！壽翁寄示中秋分韻，李注：壽翁姓饒。尤用嘉歎！天宇澄澈，月華晶瑩，頻年未有如此夕者。「老子於此興復不淺」。是夕月午，啓門相半，東望茲山，亦念不負此月者，在諸賢爾。自昭明德，何必是夕，造次顛沛，莫不當然。涵泳存養，計當日新。山翁在此，濟甫之來不當遲遲也。

與黄彦文 諱集，南豐人，與兄達材、康年師事文安公

寵示盛製，詞典句老，動有稽據，非近時後生所及，深用降歎！下問求益之意，如川方至，此尤不可及。然有如耆德所進，當在文字之表，則所謂真訣在其中矣。恨行役匆匆，未得從容以究其説，尚冀快誦屈子「覽冀州兮有餘，横四海兮焉窮」之句，以厲益壯之志，當刮目以俟。

〔一〕據（同治）貴溪縣誌卷八人物，此人係貴溪縣上清鎮人。

與劉志甫 名貫無考，文安公弟子

趙仲聲還，得書，讀之渙然，深用慰懌。順伯與足下相繼入册府，亦前時所無，求外想亦未容遽也。「誠者，非自成己而已也，所以成物也。」「成己，仁也；成物，知也。性之德也，合内外之道也。」交遊間氣質不至扞挌者，當日有麗澤之益，此其爲進德之驗甚著。馮傳之氣禀恢然，當今難得，所當共愛惜之。向來相聚失於懶散，不曾與之啓其大端。去歲嘗有一書勉之，近得其書，殊覺其邈然不相入，深爲惋惜！志甫尚能致力於此乎？今録向來書藁去，若致力切磋，庶有其端也。近與春伯一書，痛箴其陋習膏肓，能索觀之爲佳。道之行不行，固天也，命也，至於講明，則不可謂之命也。知言者亦何必俟其效之著而知其所到哉？此心本靈，此理本明，至其氣禀所蒙，習尚所梏，俗論邪説所蔽，則非加剖剥磨切，則靈且明者曾無驗矣。

與邵叔誼 見前

教以向來爲學本末，又加詳於前日所聞，甚幸！但叙述愚言處則盡失其實，「便須認爲己物」一句尤害義理，誠如此，可謂罪人處矣。前來所説猶是竊盜，此舉遂爲强盜。爲强盜而不讓，豈可容於世哉？

初一再見時，頗覺左右好隨，即爲數語述所聞，每乖其實。既得旬日浹洽之款，意必已悟前非，不謂又作此等語，乃復甚於初時，此即病證之大者。失今不治，必爲痼疾，豈更可言爲學哉？此心苟得其正，聽言發言皆得其正。聽人之言而不得其正，乃其心之不正也。一人言之，衆人聽之，使衆人各述其所聽，則必不齊。非言者之異也，聽者之異也。來書之至，此間友朋觀之，皆駭而問曰：「何爲有此言？」因答之曰：「是非吾言也，邵機宜之言也。」某屢言「先立乎其大者」，又嘗申之曰：「誠能立乎其大者，必不相隨而爲此言矣。」屢言「仁以爲己任」，又嘗申之曰：「誠仁以爲己任，必不相隨而爲此言矣。」蓋後世學者之病，多好事無益之言，假令記憶言辭盡無差爽，猶無益而有害，況大乖其旨，盡失其實邪？

向來造見，對語移時，初間頗覺左右之心不能無餒。既而發明此理，稍相切磋，殊覺小快。及再相見，接語之間已覺非復前日矣。是後相從雖累日，衆中泛語，終不得獨相叩問。兹得來示，方知窒塞如初。此乃向來不得真實師友講貫傳授，類皆虚見空言，徒增繆妄。今能盡棄前非，務明正理，則此心之靈，此理之明，誰得而蔽之？某前書所以相勉者，可謂至矣，幸復熟而究切之也。

得元晦書，其蔽殊未解，然其辭氣窘束，或恐可療也。某復書又加明暢，並録往，幸精觀之。

與江德功

蒙示晦翁書，敬領，回書徑自此遣往矣。副本録在邵叔誼處，可索觀之。白白長長之言，是古人辯論處，非用工處。言論不合於理，乃理未明耳，非誠意之罪也。

與曾宅之

十日朋舊書問至多，向所惠書卒難尋檢，其時復書亦無草藁，今皆不能記憶。來書謂某嘗有文義溺志之戒。某平時與朋舊講貫，不敢泛爲之説，大抵有所據而後言。若誠有是，是必據來書而言之耳。亦略記得曾有一卷，粘紙數幅，寫前輩議論十數段，於後注所見與所疑，又各空其後以俟某之説，此豈非吾友所示耶？記得當時看畢，甚喜其有志於學，亦甚惜其學未知方。亦嘗以示一二朋友，因謂之曰：「此人氣質志向固不碌碌，但未得親師友，胸中雜然，殊未明本末先後之序。今千里寓書，紙筆之間豈能遽解其惑。且當示以讀書之法，使之無徒耗其精神，後日相見，當有可言耳。」亦略記回書大意，謂讀古書且當於文義分明處誦習觀省，毋忽其爲易曉，毋恃其爲已曉，則久久當有實得實益。至於可疑者，且當優游厭飫以俟之，不可强探力索。後日於文義易曉處有進，則所謂疑惑難曉者往往涣然而自解。却不記得有溺志之辭。此後枉問，得備録前後書辭見示，庶有據依也。

近見所在友朋，多有好理會文義反不通者，蓋不知學當有師。「天之生斯民也，以先知覺後知，以先覺覺後覺」，此其理也。誠得其師，則傳授之間自有本末先後，不使學者叢然雜然，費其目力，耗其精神，而無所至止也。此説要非相見不能究，秋涼能一來乎？

先兄平日無甚著述，惟有往來論學之書，中間編次未就，後日垂訪，當共讀之也。

與周元忠 見前

積雨，遐想風練、飛雪之壯，甚願與諸公繙經其間，以俟玉芝之茂。倘有意於此，何以期爲？霽日媚景，晴雲絢文，此吾命駕時也。今日平分一春，羲和會當少出幽險，緩轡天衢，照臨吾徒，成此盛集。

與詹子南 諱阜民，嚴州遂安人，侍學文安公

日享事實之樂，而無暇辨析於言語之間，則後日之明自足以識言語之病。急於辨析，是學者大病。雖若詳明，不知其累我多矣。石稱丈量，徑而寡失；銖銖而稱，至石必謬；寸寸而度，至丈必差。今吾但能造次必於是，顛沛必於是，勿忘，勿助長，則不亦樂乎？又何必紛

紛爲大小之辨也。

二

廖倅處送至四月二十四日書，發讀，甚慰馳慕〔二〕。用力不懈，無他疑惑，甚善，甚善！此心至靈，此理至明，要亦何疑之有？然又以無疑爲疑，是未能無疑也。事理有未明，則不容不疑，思索之，問辨之，則疑有時而釋矣。疑亦豈足願哉？今既曰無疑矣，乃以無疑爲疑，何哉？願速更之，毋滋其惑。

二包至此久矣，今皆歸其家，約秋間復來。顏子堅既已去髮胡服〔三〕，非吾人矣。此人質性本亦虛妄，故卒至於此。育王有一僧曰祖新，姓趙，字日新。其爲僧非本志，質甚穩實，亦有復衣冠之志，曾識之否？李評：按此可見先生最不喜禪家。得來書，亟作此託廖丈附便奉達，不能多具。

〔二〕「馳慕」，成化本、正德本、四庫本作「馳系」。

〔三〕「胡」，原作「異」，據成化本、正德本、嘉靖本、萬曆本、四庫本改。

與吴顯仲 見前

得書，承比來履用佳適，進學不替爲慰！來書見喻所學，仍見敏道説，頗以藝能不如人爲憂，此甚非也。當書論語「弟子入則孝，出則弟」一章，併「子夏賢賢易色」一章於几案間，朝夕觀省，以改前過。讀書作文之事，自可隨時隨力作去，才力所不及者，甚不足憂，甚不足恥。必以才力所不可强者爲憂、爲耻，乃是喜誇好勝，失其本心，真所謂不依本分也。看顯仲氣質本自質朴淳實，何故如此？但自依本分朴實頭，作個□□□□□□□□□□□□□〔二〕求正於人有所疑□□□□□□□□□□□□□□〔三〕不去亦且隨見在，有何不可。但頻頻看前兩章書，便自不至顛倒也。

〔二〕此處，各本均脱十三字。

〔三〕此處，各本均脱十四字。

卷十一

書

與朱濟道 諱桴，金谿人，與弟亨道並師事文安公

此理在宇宙間，未嘗有所隱遁，天地之所以爲天地者，順此理而無私焉耳。人與天地並立而爲三極，安得自私而不順此理哉？孟子曰：「先立乎其大者，則其小者不能奪也。」人惟不立乎大者，故爲小者所奪，以叛乎此理，而與天地不相似。誠能立乎其大者，則區區時文之習何足以汩没尊兄乎！

賢郎志向極可嘉，向來供課想甚富，此非不足也，得勉之讀古書以涵養此志，幸甚！

二

向辱惠書，諸兄諸姪傳玩贊歎，不能去手。比之今此書辭反如二人。甚愧前日簡忽，不能

悉意盡誠以相推挽，遂使尊兄不能勇去餘習，尚此遲回。然詩却甚佳，詩意書辭亦不相似。詩只兩句便説盡了，後兩句却成剩語，文理頗不相紹續。今欲易後兩句，兼易前二字，固不能出尊兄之意，但稍次其文耳。

此理於人無間然，昏明何事異天淵？
自從斷却閑牽引，俯仰周旋只事天。

尊兄平日只被閑牽引，所以不能自立。今既見得此理，便宜自立。此理即是大者，何必使他人明指大者？既見此理，此理無非，何緣未知？今是此理，非可以私智揣度傅會。若能知私智之非，私智廢滅，此理自明。若任其私智，雖高才者亦惑；若不任私智，雖無才者亦明。顏子之學本末甚明，尊兄未須泥此而求。但自理會真能見得此理，後日徐徐取論語讀之，涣然冰釋矣。

某嘗令後生讀書時且精讀文義分明、事節易曉者，優游諷詠，使之浹洽，與日用相協，非但空言虚説，則向來疑惑處自當涣然冰釋矣。縱有未解，固當候之，不可强探力索，久當自通。所通必真實，與私識揣度者，天淵不足諭其遠也。不在多言，勉旃是望！

三

示教日用工夫甚善。尊兄氣質忠厚，得於天者加人數等。但向來累外處多，得日剥落之，以全吾天，則吾道幸甚。所謂「心誠求之，雖不中，不遠矣」。平居不與事接時，切須鞭策得炯然，不可昧没對越上帝，則遇事時自省力矣。

與吴子嗣 諱元子，臨川人，登慶元二年進士，至象山築室受業

「喪禮，與其哀不足而禮有餘也，不若禮不足而哀有餘也。」此聖人之格言。非天子不議禮，禮亦未可輕議也。欲去其不經鄙俗之甚者而略近於古，則有先文正公書儀在，何必他求。

二

不以前所復書爲罪，又下問之，不肯苟徇流俗，孜孜禮法以求依據，吾子之志善矣。然事有輕重本末，當知所先後。禮文隳闕，其來久矣。滕文公所問，孟子所答，皆其大端。儀節之末，去其鄙俗不經者可也。

來書謂定之僕手，此尤未宜。吾子在衰絰之中，不得已，次序以授執事者可也，安可謂之定。柏人者，乃巫覡所爲，不經甚矣，吾家未嘗用也。祝稱卜葬虞，子與夫異辭，觀二孤之過，可以類見。喪祭當論所主，不可言同也。儀中除此三節，諸皆無害。

三

往歲蒙致書見問以喪禮。如生年少，能不徇流俗，求古制。又其文用字造語皆慕奇異，不肯碌碌。以爲窮鄉下邑乃有後生能如此，亦不易得。故生之書辭不合律度者雖多，皆不暇責，獨答所以問之要務，誘掖之，庶幾其進。既而聞生詭異其服，爲巫覡事，深用駭怛！亦頗悔初不知生，而遽相對答，有失言之罪。兹奉書乃有悔過自訟之辭，人誰無過，過而不改，是爲過矣，過而能改，善莫大焉。今生誠能幡然自新，何幸如之！雖然，生家相距百里而近，乃有不亟於求見長者，而徒數以書來，則改過之言亦未敢深信。然吾今猶云云若此者，望於生厚矣，生其謹思之。

四

文字之及，條理粲然，弗畔於道，尤以爲慶！第當勉致其實，毋倚於文辭。「不言而信，存乎德行。」有德者必有言，誠有其實，必有其文。實者，本也；文者，末也。今人之習所重在末，豈惟喪本，終將並其末而失之矣。

陳教授舊亦曾略相從，惟其無本，故其學日謬。書末所糾三條屬意精切。但前所取數語亦皆非是。學無端緒，雖依放聖賢而爲言，要其旨歸實已悖戾，龐雜膚淺，何足爲據？若所謂「致其譽聞，不泯泯碌碌」者，尤不可不辯。人有實德，則知「疾没世而名不稱」者，非疾無名，疾無德也；「令聞廣譽施於身」者，實德之發，固如是也；「庶幾夙夜，以永終譽」者，欲其德之常久而不已也。彼未嘗深致自克之功，私意自爲主宰，方懵於知德，則斯言殆適以附益其好名求勝之習耳。此尤不可不辯。

五

前書「致其聞譽」之説乃後世學者大病。不能深知此病，力改敝習，則古人實學未易言也。吾友更當深於此處觀省，使舉動云爲判然與曩者異轍，則吾道有望矣。復前書時，亦欲相勉，未須與陳教授往復，後偶忘之，至今不滿。

近歸自象山，諸事冗擾，文字亦不曾將歸。旦晚亦須便登山，儻能一來，諸當面盡。

六

録示大郡首篇策問大旨〔二〕，竊所未諭。新君即位曾未期月，而遽曰「責成無效」，何課效之

〔二〕「大」，成化本、正德本、嘉靖本、萬曆本、四庫本作「仙」。

速如此哉？以夫子之聖，不過曰「三年有成」。唐虞之朝雖三載考績，必三考而後黜陟幽明，羽山之殛，蓋在九載之後。伯禹作司空，猶八年於外，兗州之賦作十有三載乃同。古今難易縱有不同，亦安有於半年之間而遽責其成效之理哉？

又古所謂「責成」者，謂人君委任之道當專一不疑貳，而後其臣得以展布四體以任君之事，悉其心力，盡其才智，而無不以之怨。人主高拱於上，不參以己意，不間以小人，不維制之以區區之繩約，使其臣無掣肘之患，然後可以責其成功。故既已任之，則不苛察其所爲，但責其成耳。此古人用「責成」二字之本旨也。今泛課功效而用此二字，則用字亦未愜當。

且古所謂賞罰者，亦非爲欲人趨事赴功而設也。「天命有德，五服五章哉；天討有罪，五刑五用哉。」其賞罰皆天理，所以納斯民於大中，躋斯世於大和者也。此與後世功利之習燕越異鄉矣。何時登山，當究其說。

明日欲登雲臺，瞰鬼谷，究南山之所自來，却扁舟浮梅潭，沿鱬口以歸，度旬日而後可反山房也。

七

承已登山結茅，深用嘉歎。近得周元忠書，謂幹伯、伯珍諸人有意遣輿夫相迎，且問期日，吾答以霽日麗景、晴雲絢文即吾就道時也。是日正春分，明日即大開徹，輿夫至今未來，豈其俟后土之乾，又窘陰雨故耶？昨日光風頗還舊觀，乃今祁雲漫天，寒飆先雨，又復淒然似秋矣。遐想雲臺領袖諸峰，儲英育秀，以相料理，老子於此興復不淺。行止久速，在天與人而已。若此雨未止，能冒之一來，尤見嗜學。

八

此理充塞宇宙，天地鬼神且不能違異，況於人乎？誠知此理，當無彼己之私。善之在人，猶在己也。故「人之有善，若己有之。人之彥聖，其心好之，不啻若自其口出」，「胥訓告，胥保惠，胥教誨」，此人之情也，理之所當然也，亦何嫌何疑？「誠者，非自成己而已也，所以成物也。成己，仁也；成物，智也。性之德也，合內外之道也」，顧恐未能成己耳。若「私淑」二字則出於孟子，當深明其旨，不當輕用於此。此用字之疵不足以達理，而能爲理之累。

五代史政須點對，來本極佳。草廬在二池之間，欲名以濯纓，須來此，當爲書之。

與傅季魯 諱子雲，號琴山，同邑人，成童登文安公門

二十四日發敝廬，晚宿資國。二十五日觀半山瀑，由新蹊抵方丈，已亭午。李注：日在午，曰亭

午。山木益稠，蟬聲益清，白雲高屯，疊嶂畢露，疏雨遞灑，清風漻然，李注：漻，音聊，清也。不知其爲夏也。何時來此共之？

適欲國紀點對一事，或未能來，可先遣至。

與陳宰

伐松之盜，仰見嚴明，不容逭戮。比至山間，具伏其罪，祈免窮究。論其初心，乖戾殊甚，至以雀角之詞，煩溷官府，牽率縣僚，喧動鄰里，重費賢大夫之神明，此豈可貸？然斯人素狃惡習，久爲鄉里之害，今兹適逢令尹之賢，乃肯悔過效順，幡然改圖，亦有可喜。來此自訴，其悔艾遷改之意甚力，儻其自此回心易慮以歸於善，諒於豈弟之懷亦必喜之。前日亦以周處之事反復勉之矣。斯人有公狀首伏，未敢自前，併用封納。

二

無似之蹤，屏處是適，諸公過聽，録其姓名，遽叨乘障之命，進退惟谷。荆門在重湖之北，有道院之號，事力優衍，異時造物所以處貴游者，尤非枯槁之所宜得。然蒙泉之與飛雪，金蓮之與玉芝，未知孰愈？同志之士，方此盍簪紬繹簡編，商略終古，粗有可樂。雖品質不齊，昏明異趣，未能純一，而開發之驗、變化之證亦不可謂無其涯也。儻得久於是山，以既厥事，是所願幸。彌縫其闕而終惠撫之，則惟賢大夫是望！

與李宰

教以學記所施，足認不鄙。然此文之作豈爲陳君設，比之墓銘，不有間乎？貴溪、安仁、金谿三邑最爲比鄰，十餘年間不聞有賢令尹。吏胥猖獗，姦民以嚚訟射利者與吏相表裏，公爲交鬪，肆行無忌，柔良不得安迹。陳宰所爲固多未滿人意，至其使此輩縮首屏迹，柔良陰受其惠，則亦其所長也。三邑十餘年間誠未見有此。視前政則優，視比縣則優，似未爲過許。嘗蒙渠見訪，一聞大義，誠有愧恧自失之實。使此心不泯滅，復遇箴藥，亦安知其不能幡然也？在門下尤宜略於録其罪，而詳於求其長。恃高明與契愛之厚，不敢有隱，諒不督過也。

二

來教謂：「容心立異不若平心任理。」其説固美矣。然「容心」二字不經見，獨列子有「吾何容心哉」之言。「平心」二字亦不經見，其原出於莊子：「平者，水停之盛也，其可以爲法也，内保之而外不蕩也。」其説雖託之孔子，實非夫子之言也。彼固自謂寓言十九。其書道夫子言行者，往往以致其靳侮之意；不然，則借尊其師；不然，則因以達其説。皆非事實，後人據之者陋矣！又韓昌黎與李翺論文書，有曰：「平心而察之。」自韓文盛行後，學士大夫言語文章間用「平心」字寖多。究極其理，二説皆非至言。

「吾何容心」之説，即無心之説也，故「無心」二字亦不經見。人非木石，安得無心？心於五官最尊大。洪範曰：「思曰睿，睿作聖。」孟子曰：「心之官則思，思則得之，不思則不得也。」又曰：「存乎人者，豈無仁義之心哉？」又曰：「至於心，獨無所同然乎？」又曰：「君子之所以異於人者，以其存心也。」又曰：「非獨賢者有是心也，人皆有之，賢者能勿喪耳。」又曰：「人之所以異於禽獸者幾希，庶民去之，君子存之。」去之者，去此心也，故曰：「此之謂失其本心」；存之者，存其心也，故曰：「大人者，不失其赤子之心。」四端者，即此心也；天之所以與我者，即此心也。人皆有是心，心皆具是理，心即理也。故曰：「理義之悦我心，猶芻豢之悦我口。」所貴乎學者，爲其欲窮此理，盡此心也。有所蒙蔽，有所移奪，有所陷溺，則此心爲之不靈，此理爲之不明。是謂不得其正，其見乃邪見，其説乃邪説。一溺於此，不由講學，無自而復。故心當論邪正，不可無也。以爲吾無心，此即邪説矣。若愚不肖之不及，固未得其正，賢者智者之過失，亦未得其正。溺於聲色貨利，狃於譎詐姦宄，牿於末節細行，流於高論浮説，其智愚賢不肖固有間矣，若是心之未得其正，蔽於其私，而使此道之不明不行，則其爲病一也。

周道之衰，文貌日勝。良心正理日就蕪没。其爲吾道害者，豈特聲色貨利而已哉？楊、墨皆當世之英，人所稱賢，孟子之所排斥拒絶者，其爲力勢於斥儀、衍輩多矣。所自許以承三聖者，蓋在楊、墨，而不在衍、儀也。故正理在人心，乃所謂固有。易而易知，簡而易從，初非甚高難行之事，然自失正者言之，必由正學以克其私，而後可言也。此心未正，此理未明，而曰平心，不知所平者何心也？大學言：「欲正其心者，先誠其意。欲誠其意者，先致其知。致知在格物。」物果已格，則知自至，所知既至，則意自誠，意誠則心自正。必然之勢，非强致也。孟子曰：「我亦欲正人心，息邪説，距詖行，放淫辭，以承三聖者。」當是時，天下之言者不歸楊則歸墨，楊朱、墨翟之言盈天下，自孟子出後，天下方指楊、墨爲異端。然孟子既没，其道不傳。天下之尊信者，抑尊信其名耳，不知其實也。指楊、墨爲異端者，亦指其名耳，不知其實也。往往口闢楊、墨，而身爲其道者衆矣。自周衰，此道不行；孟子没，此道不明。今天下之士皆溺於科舉之習，觀其言，往往稱道詩、書、論、孟；綜其實，特借以爲科舉之文耳。誰實爲真知其道者？口誦孔、孟之言，身蹈楊、墨之行者，蓋其高者也。其下則往往爲楊、墨之罪人，尚何言哉？孟子没，此道不傳，斯言不可忽也。李評：按此辨甚力，真有功於孟子。

諸人交口稱道門下之賢，不覺吐露至此。病方起，不暇隱括其辭，亦惟通人有以亮之。儻有未相孚信處，當遲後便。

與趙景昭 名貫未詳，問學弟子

新除極爲贊喜！邦之司直，非兄其誰〔與〕歸〔一〕。刑官古人所重，皋陶尸陳謨論道之任，而舜命作士。今司直之名猶在大理，又適爲賢者進用之階，殊令人增慕古之懷。今日法制，有未容人遽實其名耳。然珠藏淵媚，兄其必有以處之矣。

與王順伯

某祠秩之滿，初欲復丐之。適一二士友郵致諸公之意，來促此文，謂欲因是圖所以相處。自度屏棄之人，豈宜上累當塗，遂絶此念，且甘貧餒以逃罪戾。不謂竟蒙荆門之除，官閒境勝，事力自贍，無匱乏之憂，又假以遲次，使得既泉石之事，究問學之樂，爲幸多矣！非出推轂之素，餘論之助，何以逮兹？敢不知自？

教以「罷屯田，收羨鑄」之詳，可謂恩威並立，調度有方，健羨，健羨！然在尊兄分上，直餘事耳。旦暮賜環，入儀禁掖，雍容密勿，以究忠嘉，使至理昭明，陰氛澄廓，羣疑消釋，衆善敷榮，在

〔一〕「與」，原無，據陸子學譜補。

位在職，莫不協力同心，以終大義，此豈非長者之任而君子之所欲乎？

來教謂：「若要稍展所學，爲國爲民，日見難如一日。」此固已然之成勢，然所以致此者，亦人爲之耳。能救此者，將不在人乎？孟子曰：「責難於君謂之恭。」吾人平日所以自勵，與朋友所以相勉者，素由斯道，而後能責難於君。大禹所謂「后克艱厥后，臣克艱厥臣」，夫子所謂「爲君難，爲臣不易」者，皆欲思其艱以圖其易耳，非懼其難而不爲，與知其難而謂其必不可爲也。天下固有不可爲之時矣，而君子之心、君子之論，則未嘗必之以不可爲。春秋、戰國，何如時也，而夫子則曰：「如有用我者，吾其爲東周乎？」又曰：「如有用我者，期月而已可也，三年有成。」孟子則曰：「以齊王，猶反手也。」又曰：「飢者易爲食，渴者易爲飲，故事半古之人，功必倍之，惟此時爲然。」曰：「王猶足用爲善。王如用予，則豈徒齊民安，天下之民舉安。王庶幾改之，予日望之！」曰：「千里而見王，是予所欲也，不遇故去，豈予所欲哉？」人之遇不遇，道之行不行，固有天命，而難易之論非所以施於此也。

曩者尸位之人，固爲朝廷之大祟，羣小之根柢，而往年天去之，今年天殺之，則天之所以愛吾君而相斯人者，爲力宏矣。有官君子，豈可不永肩一心，相與勵翼以助佐吾君，仰承天意乎？人之才智各有分限，當官守職，惟力是視。商之三仁，亦人自獻於先王，不容一概，至於此心此德，則不容有不同耳。沮、溺、接輿豈是庸人凡士？然所以異乎聖人者，未免自私耳。

來教謂：「既非以此要官職，只是利國利民處隨力爲之，不敢必朝廷之從與事功之成。」此真長者之本心也。誠能廓而充之，推而廣之，則高明廣大，誰得而禦？由前之説，將自昭白，有不待區區之言者矣。

二

使節在淮間時，嘗復書薦區區，幾有萬一之助。後包敏道自浙歸，乃知其時方得啓觀，蒙復書謂爲至論。今三復來貺，與所傳聞議論，乃知實未蒙省察。疇昔相與，非徒親戚，理有未安，義不容默。

尊兄清修寡欲，與物不競，與人處似不能言者，人莫不愛之，獨有志之士往往有不快於尊兄。向來永嘉諸人甚敬尊兄政績，而又議其嚴酷，無儒者氣象。此固是謬論，某嘗深排之矣，是不足道。又其間却有疑尊兄所爲不免流俗，或謂是鄉原之類。尊兄以抗志古人爲非，有何以是嘐嘐之意，此一論則近是。向來伯兄因與尊兄論及監司之職，見尊兄説：「不應求事，但當因其至前而處之。」退甚不説，以爲如此作監司，民亦何賴。某亦嘗稍辯之，然衆咸謂未免俗。元晦又謂尊兄壞人已成之功，以奉執政，此乃復書未及與辯。

以某觀之，尊兄天資極有過人處，而大志不立，未免同乎汙世，合乎流俗，獨其質剛而内明，故有從善服義之長。向來家庭議論，與尊兄初至西百官宅時，窮冬踰月之集，火爐中劇談，皆始疑而終釋，始辯而終息，始之所甚不可而終乃有切當之稱，此必有以當尊兄之心，而以爲切事合理，故疑釋辯息而稱之。尊兄必非苟從而見諛者。自爲奏邸，居雖相邇，而尊兄之情已寖異於前日。蓋相聚劇談時少，切磋往復研覈之工不繼，尊兄之心復歸於亳矣。況今相疏如是之久，固宜不相亮之甚。日與游處議論者，豈能啓尊兄之意，其庸陋無知，牽引尊兄相與淪胥，則有之矣。

如謂「輟育英才之真樂，親朱墨之塵冗，想非所好」。此是話作兩截，好與不好，此在某之心，不可誣也。尊兄政如老氏所譏夫子所謂：「明乎禮義，而陋於知人心。」又引陳君舉之在福唐、晦翁之在浙東以相警。至謂：「親家尤更誠實，不以小人待人。」尊兄昧於知人，一至於此哉？某平日誠不以小人待人，但非如尊兄所謂。蓋人受天地之中以生，其本心無有不善，吾未嘗不以其本心望之，乃孟子「人皆可以爲堯舜」、「齊王可以保民」之義，即非以爲其人所爲已往者皆君子也。至其見人之肺肝，能曲盡其情，則自謂有一日之長。向來火爐中與尊兄論人物，所以得切當之稱者以此。别後三生作國王來，總忘之也。馮傳之至今未相符合，然所以相敬服者，多在論人物處。蓋其人與傳之甚稔，而與某甚生，或不相識，而但見其言論事節，便能知其心曲，傳之以此相敬。近福建一士人在此，因言其鄉人事行，某屢折之，其人始力辯之，而終屈服。今其人於吾道雖未甚有得，而決其相從之意者，實在此也。此人亦晦翁處學者。某平時所望於尊兄者甚厚，若以此扞格，則是無復可言矣。

義不應只如此，姑以此爲請教之端。未即合併，更惟節抑以遂揚名之孝。

與尤延之

違遠三席，出入五年，其爲傾依，何可云喻？退然耆儒，久滯朝著，當人之難，晉掌奉常，處事之變，獨裁大典，緬懷疇昔，祇增慨嘆！越自壽皇種椿重華，聖上攬圖丹極，而西掖北門，高文大册，允屬椽筆。山林之人，矯首盛事，欲贊一辭，何可得哉？講讀論思，固已甚晚，有識之士咸謂未足以究其蘊〔一〕，且遲柄用〔二〕，拔茅連茹，使野無遺賢，爲吾君立太平之基。而瑣瑣者自以薰蕕之不同，輒肆媒孽，使人重爲駭歎。兹焉偃藩近甸，公道其復信乎？

某曩者之歸，得山房於龍虎山之上游，泉石之勝，雲山之奇，平生所鮮見。其略亦屢見於朋舊書中，尚欲稍記其詳，亦以探討未遍，猶未及也。

〔一〕「其」，成化本、正德本、嘉靖本、萬曆本、四庫本作「盛」。

〔二〕「且」，成化本、正德本、嘉靖本、萬曆本、四庫本作「日」。

荆門之除，良出望表，豈推轂之賜有以致之耶？幸尚遲次，猶可畢草堂之役耳。第私門禍故重仍，五年之間，尊幼之喪多於年數。妻家亦復多事，妻母甫及大祥，昨日又聞妻弟之訃，乃鄉年至都下相見乞銘者。蕞然之軀殆無以堪！長姪焕之徑往求見，將過浙東迎先兄教授、家嫂與姪女歸，成吴正字婚禮，諸事當能面稟。

與豐宅之 諱有俊，處州慶元人，從學甚久

比年山居，頗有泉石之趣、朋來之樂，每恨不得與吾宅之共此。承需鄙文，乏筆吏，不能多録，謾往數篇，亦足以知山野況味。遊仙巖題壁之末二姪，其一名櫄之者，乃梭山兄之子，賦質純雅，少贊家政，事上使下，真無間言，又博通經史，射御、筆劄皆絶出等夷，琴尤高，平時業此者皆在下風。今年二十有六，春末無疾，一夕談笑間奄然長逝，極爲痛心！亦恐欲知。使人到山間，又值持之疾作，老夫亦苦頭痛。登山未久，友朋踵至，應酬殊役役，作復，莫究所懷。

卷十二

書

與趙然道 諱師雍，台州黄巖人，淳熙十四年進士，與弟詠道師事最久

某驚蟄前乘晴登山，尋復積雨，二十四日少霽，始得一訪風練、飛雪之狀。方念不得與賢昆仲共之，是晚來書適至，喜可知也！去非從善，勇決如此，沛然之壯在胸中矣，又何以觀瀑爲哉？

狂聖之相去遠矣，而罔念、克念之端頃刻而分，人心之危豈不甚可畏哉？有虞之朝，克艱之説、從逆之戒，伯禹進之；警戒無虞之説，逸樂怠荒之戒，伯益又進之。明明穆穆，聚精會神，其切磋琢磨之功如此。若已汩於利欲，蔽於異端，逞志遂非，往而不反，雖復雞鳴而起，夜分乃寐，其爲害益深，而去道愈遠矣，奚足以言此哉？今然道方耻利欲之習，知異端之非，願益致擴充之功，則吾道幸甚！

二

茲閱來書，知此志不替有加。「夫道，一而已。」相去千里，相後千歲者，猶若合符節，況其近者乎？然古人所以汲汲於師友，博學、審問、謹思[一]、明辨之者，深懼此道不明耳。於其大端大旨，知其邪正是非，形有相近而實有相遠，則知精微之處亦猶是也。夫子十五而志學，則既得其端緒矣，然必三十而立，四十而不惑，五十而後曰知天命，及其老也，猶曰「我學不厭」。今學者誠知端緒，則亹亹翼翼，自致日新之效者，其能自已乎？秋涼過我，當究是言。

時事第可永歎，良難言也！王參恐未至如傳者之言，回書不見情實，此其常態。其所以不如古人者，蓋在於此。然道之言可謂切中其病矣。

[一]「謹思」，各本同，中庸作「慎思」，此係陸九淵避宋孝宗趙昚之諱改。以下「謹思」同。

三

黄循中不無尊師重道之誠[一]，而家庭牽制，不克自遂。其質固自通爽，而殊乏剛强，深懼其汩没於世習而不能以自立，故前書稍振翼之耳。

富貴利達之不足慕，此非難知者。仙佛之徒、拘曲之士亦往往優於斷棄，而弗顧視之。彼既自有所溺，一切斷棄亦有何難？但一切斷棄則非道矣。知道之士自不溺於此耳，初未嘗斷棄之也。故曰：「素富貴行乎富貴，素貧賤行乎貧賤，素夷狄行乎夷狄，素患難行乎患難，君子無入而不自得焉。」所謂自得者，得其道也。夫子曰：「富與貴是人之所欲也，不以其道得之，不處也。」然則以其道而得焉，君子處之矣，曷嘗斷棄之哉？孟子之答彭更，亦曰：「非其道，則一簞食不可受於人；如其道，則舜受堯之天下不以爲泰，子以爲泰乎？」君子亦惟其道而已矣。所謂「居天下之廣居，立天下之正位，行天下之大道，得志與民由之，不得志獨行其道。富貴不能淫，貧賤不能移，威武不能屈」，非虚言也。學者所造縱未及此，苟志於道，便當與俗趣燕越矣。志鄉一立，即無二事。此首重則彼尾輕，其勢然也。作意立説以排遣外物者，吾知其非真志於

[一] 「黄循中」，成化本、正德本、嘉靖本、萬曆本、四庫本作「昔循中」，亦可通。按：黄循中爲陸九淵弟子。

道義者矣。「所欲有甚於生，所惡有甚於死」，死生大矣，而不足以易此，況富貴乎？富貴之足慕不足慕，豈足多較於學者之前哉？前與循中書所以云云者，懼其弱植孤立於横流之中，而此志不能以自拔耳。

雖然，姬周之衰，此道不行；孟子之没，此道不明。千有五百餘年之間，格言至訓熟爛於浮文外飾，功利之習汎濫於天下。氣質之美、天常之厚者，固知病其末流矣，而莫知病其源。立言制行之間，抱薪救火、揚湯止沸者多矣。當今之世，誰實爲有志之士也？求真實學者於斯世亦誠難哉！非道之難知也，非人之難得也，其勢則然也。有志之士其肯自恕於此，而弗求其志哉！今粗有其志，而實不能以自拔，則所謂講學者，遂爲空言以滋僞習，豈唯無益，其害又大矣。若其善利之間，嘗知抉擇，大端已明，大志已立，而日用踐履未能常於清明剛健，一有緩懈，舊習乘之，捷於影響。應答之際、念慮之間，陰流密陷，不自省覺，益積益深，或遇箴藥，勝心持之，反加文飾，因不能以自還者有矣，甚可畏也。況其大端未嘗實明，大志未嘗實立，有外强中乾之證，而無心廣體胖之樂者，可不深致其思，以省其過，求其實乎？略此不察，而苟爲大言以蓋謬習，偷以自便，囂以自勝，豈惟不足以欺人，平居静慮亦寧能以自欺乎？至是而又自欺其心，則所謂下愚不移者矣。誠能於此深切著明，則自成自道自求多福者，權在我矣。前言往訓，真先得我心之所同然耳。引翼勉勵，惟日不足，何暇與章句儒譊譊，玩愒歲月於無用之空言哉？

別紙所問，多是古人憫憐後學，詳爲注釋以曉告之，可謂昭若日星，焕然無少蒙蔽。但當從容紬繹，以滋其涵養鞭策之實，豈宜復爲蛇畫足，重爲贅疣乎？

四

吾心苟無所陷溺，無所蒙蔽，則舒慘之變當如四序之推遷，自適其宜。記之所謂「亡於禮者之禮也，其動也中」，蓋近之矣。夫子所謂「克己復禮爲仁」，誠能無毫髮己私之累，則自復於禮矣。禮者，理也。此理豈不在我？使此志不替，則日明日著，如川日增，如木日茂矣。必求外鑠，則是自湮其源，自伐其根也。侍旁千萬致意，適旅應酬之冗，不及拜書。

與趙詠道 諱師蔵

「至當歸一，精義無二。」誠得精當則若綱在綱，有條而不紊。故自本諸身，徵諸庶民，至於百世俟聖人而不惑者，誠精當之不容貳也。

令兄謂諸公傷於著書，而其心反有所蔽。此理甚不精，此言甚不當矣。彼學不至道，其心不能無蔽，故其言支離。彼惟不自知其學不至道，不自以爲蔽，故敢於著書耳。豈可言由其著書而反有所蔽！當言其心有蔽，故其言亦蔽，則可也。故親師友於當世，固當論其學。求師往聖，尚友方册，亦當論其學。

二

爲學有講明，有踐履。大學致知、格物，中庸博學、審問、謹思、明辨，孟子始條理者智之事，此講明也。大學修身、正心，中庸篤行之，孟子終條理者聖之事，此踐履也。「物有本末，事有終始，知所先後，則近道矣。」「欲修其身者，先正其心；欲正其心者，先誠其意；欲誠其意者，先致其知；致知在格物。」自大學言之，固先乎講明矣。自中庸言之，學之弗能，問之弗知，思之弗得，辨之弗明，則亦何所行哉？未嘗學、問、思、辨，而曰吾唯篤行之而已，是冥行者也。自孟子言之，則事蓋未有無始而有終者。講明之未至，而徒恃其能力行，是猶射者不習於教法之巧，而徒恃其力，謂吾能至於百步之外，而不計其未嘗中也。故曰：「其至，爾力也；其中，非爾力也。」講明有所未至，則雖材質之卓異，踐行之純篤，如伊尹之任、伯夷之清、柳下惠之和，不思不勉，從容而然，可以謂之聖矣，而孟子顧有所不願學。拘儒瞽生又安可以其硜硜之必爲，而傲知學之士哉？然必一意實學，不事空言，然後可以謂之講明。若謂口耳之學爲講明，則又非聖人之徒矣。李評：陸子先講明而後踐履，未嘗不先知後行，惟不以窮至天下事物之理爲致知耳。

三

奉此月十日書，方知有叔氏之戚，撫紙驚嘆，怛焉痛心，不能已已。向見此令弟，氣質淳美，志向專篤，聽言之次殊無凝滯，深用慰喜！胡爲遽有斯疾，竟棄斯世，哀哉！有如賢伯仲情義之篤，信不易堪也。天命既如此，亦無可奈何！況在慶侍之側，只得寬釋以安庭闈之心，此即理也。

秋試失利，亦蘭菊有時耳。詠道之才，一第豈足爲道，此尤不足置懷。學力不究此等，真正畫春冰耳。「迨天之未陰雨，徹彼桑土，綢繆牖户，今此下民，或敢侮予？」「事豫則立，不豫則廢。」故書曰：「致治於未亂，保邦於未危。」古人所以造次必於是，顛沛必於是，無有師保，如臨父母，戰戰兢兢，如臨深淵，如履薄冰。若平居一有緩懈，一有凝滯，則精神立見凌奪，事至物來，固宜有困敗之憂。雖然，到此若能深省痛鞭，何困之有？夫子曰：「仁遠乎哉？我欲仁，斯仁至矣。」又曰：「爲仁由己，而由人乎哉？」孟子曰：「人病不求耳。」又曰：「亦爲之而已矣。」於此用力，而又不能使聖賢之言如符契，則是平日之言皆妄言，平日之意皆妄意矣。果如是，故不可自欺，却當力加省察，必使不待傅會，而沛然有以信聖賢爲先得我心之所同然，而後可也。

四

塞宇宙一理耳，學者之所以學，欲明此理耳。此理之大，豈有限量？程明道所謂有憾於天地，則大於天地者矣，謂此理也。

三極皆同此理，而天爲尊。故曰「惟天爲大，惟堯則之」。五典乃天叙，五禮乃天秩，五服所彰乃天命，五刑所用乃天討。今學者能盡心知性則是知天，存心養性則是事天。人乃天之所生，性乃天之所命。自理而言，而曰大於天地，猶之可也；自人而言，則豈可言大於天地？

乾坤同一理也，孔子於乾曰「大哉乾元」，於坤則曰「至哉坤元」。堯舜同一理也，孔子於堯曰「大哉堯之爲君」，於舜則曰「君哉舜也」。此乃尊卑自然之序，如子不可同父之席，弟不可先兄而行，非人私意可差排杜撰也。

與陳正己 諱剛，建昌之歐江人，從學文安公

開歲得報書，切承體中尚未脱然，比日不審調護如何？亦已平復否？

足下不獨體病，亦有心病。足下之體病亦心病有以重之。足下近日謂所學與曩者異，直去遼入薊耳。向在都下，見足下行步瞻視若忘若遺，夜卧多寐語，肢體屈伸不常，皆由足下才氣邁

往而學失其道，凡所經營馳騖者，皆適以病其心耳。古之學者以養心，今之學者以病心。古之學者以成事，今之學者以敗事。足下嘗言：「事外無道，道外無事。」足下今日智慮非知此者，特習聞其説，附會其私意耳。如此讀書，殆將食蟛蜞矣。李注：蟛，音朋。蜞，音奇。似蟹而小，不可食。前言往行所當博識，古今興亡治亂、是非得失亦所當廣覽而詳究之。顧其心苟病，則於此等事業，奚啻聾者之想鐘鼓，盲者之測日月，耗氣勞體，喪其本心，非徒無益，所傷實多。他日敗人事，如房琯之車戰、荆公之均輸者，可勝既乎？向言排遣，排遣亦安能有濟？

足下固大丈夫，今責足下以大丈夫事。足下之過非一節一事之小過，乃平日害心之大過。天地之閉，日月之蝕，其他尚復何言？足下性本孝弟，惟病此過，故遷徙展轉，所存無復真純。此董生所謂以善爲之，而不知其義者也。能頓棄勇改，無復回翔戀戀於故意舊習，則本心之善乃始著明。營營馳騖之私，憂思抑鬱之意，當冰釋霧晴矣。喜進參苓等藥，補助氣血，俟體力强健，乃博觀前言往行，詳考古今興亡治亂、是非得失，苟不懈怠，自當循循以進，不至左見背馳矣。

某後日即東上，輒布此少見。切磋之誠，養心成事之效，是所望於足下！

二

近聞與淳叟同爲疏山之行，想甚得意。二公前日頗有不相能之病，比來道同志合，相與羽翼。光初隙末，昔賢猶或蹈之，今二公亦加於人一等矣。雖儒者好闢釋氏，絶不與交談，亦未爲全是。假令其説邪妄，亦必能洞照底藴，知其所蔽，然後可得而絶之。今於其説漫不知其涯涘，而徒以名斥之，固未爲儒者之善，第不知其與棲棲乞憐於其門者，其優劣又如何耶？雖然，誠使能大進其道，出得陰界，猶爲常人之私利不細，政恐陰界亦未易出耳。如淳叟、正己輩，恐時僧牢籠誘掖，來作渠法門外護耳。若著實理會，雖渠亦未必不知其非，所敢望於公等也。與正己相處之久，不敢不直言。

與張誠子 諱明之，貴溪人，世居龍虎山，從學文安公

泰之出所惠字，知書劍已束，躊躕仙巖之下而不得進，亦爲子不滿。傳聞鏁院如許之亟，殆未必然，第從容以進，當無不及也。友朋自仙鄉來者〔二〕，齗齗不可光禄勳〔三〕，何耶？李注：齗，音銀，辨争貌，又忿疾意。吾嘗謂是非之決，於其明，不於其暗，衆寡非所決也。夫子有栖栖倀倀之疑，而鄉原無所往而不爲原人，楊朱、墨翟之言至盈天下。誠内省不疚，無惡於志，則亦何必鄉人皆稱

〔二〕「仙鄉」，原作「仁鄉」，據成化本、正德本、嘉靖本、四庫本改。
〔三〕「齗齗」，他本均作「齗齗」。按，此語出自漢書卷三六楚元王傳，作「齗齗」是。齗齗，忿嫉之意。

原人也？然誠子氣質之偏，云爲之過，多在於迫切糾急。以此爲學，安能壞積私之植，以底蕩蕩平平之地？狷忿潛爲厲階，雖加鞭勉，益傷宇宙之和矣。

與張輔之 見前

此理塞宇宙，古先聖賢常在目前，蓋他不曾用私智。「不識不知，順帝之則。」此理豈容識知哉？「吾有知乎哉？」此理豈容有知哉？吾書此，非敢以贈輔之，亦聊以自警耳。

與饒壽翁 里居無考，文安公弟子，疑亦金谿近地人

是心有不得其正，想不知耳，知之斯正矣。「爲仁由己，而由人乎哉？」「物有本末，事有終始，知所先後，則近道矣。」是心誠得其正，斯知之矣。「存乎人者，莫良於眸子。眸子不能掩其惡。胸中正則眸子瞭焉，胸中不正則眸子眊焉。」所謂不正者，不必有邪僻之念，凡有係累蒙蔽，使吾不能自昭自達者，皆不得其正也。比來諸姪見壽翁狀貌，深歎其塵俗昏弱，是乃心有不得其正之明驗也。宜深省痛鞭，無遲回以自取湮没。

二

一種恣情縱欲之人，血氣盛强，精力贍敏，淫朋醜徒狎比成勢。其逞志快意之時，目睛有光，筋力越勁，步趨舉動莫不便利，此時視之，豈有眊然之驗。及其見君子，聞正言，見正事，無淫朋之助，而孤立於正人之中，神褫氣奪，情有所格，勢有所禁，則眊然之説時或有證。若夫徒言之人，不能自明自達，有所抑壓，有所蒙蔽，有所滯礙。至於顛躓而不能自起，昏弱而不能自奮，沉溺而不能自拔，困憊而不能自持，疑惑而不能自解，此時乃眊然之明驗也。此心之精明，湮没沉淪一至於此，豈不甚可憐哉？李評：嘗體驗孟夫子眸子之論，以之觀人，未能確定，讀此書乃始豁然。先生視饒壽翁眸子而知其心，已明其理。蓋如此耳。即此一端，亦足驗陸子之直接孟子爲不誣也。

行不失其居，居不違其道，是故經綸酬酢，變通不窮，無須臾或離其位也。此吾新得。試參之。

三

壽翁日對雲山，坐擁書史，造物者時鋪張瓊瑶以照映，宜其胸襟明快，氣宇軒豁，翰墨餘事，嶽聳川增耳。昨於兒姪處竊覽詩什簡尺，鄙習塵言時刺人眼，殊未厭所望。豈離羣索居，綱弛棟撓，市井羣兒之態復得爲祟於吾象山之顛耶？幸深省痛鞭，毋貽雲臺羞也。

四

德固、壽翁二友居山，想至可樂也。李注：德固姓劉，金谿人，師事文安公。壽翁氣質自佳，而比來學力未知其進。此理未能昭徹，外累圍繞，殊無摧鋒陷陳之功，而有蓄縮巽懦之態，昏昏默默，爲苟免之計，此亦安能自免哉？但其智不明，不能自勉耳。德固頗聞是非明白，幸爲我斷之。

五

得信承居山安適，甚慰！近詩尤佳，真有陶、韋氣韻，可見所學之進。

來書「著察磨礪」四字不可連用。若云磨礪不敢懈，日有著察之驗則可。蓋「著察」二字是效驗。「察」字尚有兩用：如「省察」「加察」「熟察」，則是我致察於事理人物。若「事母孝，故事地察」，「舜察於人倫」，易言「察於民之故」，史言「其境關之政盡察」，此皆是言其智識之明察，物無能逃者，非是言我致察於彼也。孟子之「行矣而不著焉，習矣而不察焉」，此乃「著察」字出處，其義尤分明。若同「著」字使，則其爲效驗明甚，此用字之疵也。德固不别紙。本末先後之序切不可使倒置也。

六

閲人之多，益知人材之難。蕃姪平日一家賴之，李注：檦之公，字伯蕃，梭山公子。事無巨細，皆經其心手，而閒雅沉静，琴書之致，深造自得。比一二月間，所整葺事務至多，閒繙選粹晉書，皆盡帙無遺，材力優贍，誠難其輩。詩文下筆皆非汎汎所到，而其涵泳儲蓄不肯輕發。理道精明，見於事上使下，處事御物可謂有證矣。而甚不自足，「若射之有志」，不中不止。凡此皆其有以自處，非或使之然也。此其爲難得也至矣，天何奪之遽耶？痛哉寃乎！鄉黨鄰里莫不傷怛，况吾壽翁乎？李注：饒壽翁疑是東漕饒孺人兄弟之子孫，與檦之公爲姑表之戚。今已爲立嗣子，名曰紹孫，乃百九姪第五子也。見擇葬地，未有葬期。恐欲知之耳。

七

近見與持之書及詩文，其間粗存大旨，雖不及詳看，要亦不必詳看。詩似有一篇稍佳，餘無足采。大抵文理未通，散文字句窒礙極多〔二〕。吾少時學文未嘗如此。此等可以立曉。比見後

〔二〕「窒」，原作「害」，據嘉靖本改。

生作文，多有此患，竊所未喻。居山必須有暇讀書，何爲未能曉此。其文既如此，則安能知古人文字工拙？鄉來見此等，皆歸之大體不振，精神昏弱，故觀書下筆皆不得力。比數書又粗存大旨。或恐所謂粗存者，但習聞之熟，姑存故事，非胸襟流出之辭決矣。

與倪九成 名貫未詳，文安公弟子〔一〕

春間承訪，恨不及款。其時見九成精神意向皆已汩没，追念向時從游之意，無復髣髴矣。遂獻愚衷，或冀自此幡然，爲益不細。來書乃有「但説病狀，未説病源」之疑。此乃俗見膠固，俗習深重，雖聞正言，未肯頓舍，自以曲折之意爲曲折之説，亦其勢然也。譬如小兒懶讀書，多説懶方，未肯便入書院耳。要知病源即此是也。以九成之質直，誠能深思俗見俗習之可惡，能埋没性靈〔二〕，蒙蔽正理。思之既明，幡然而改，奮然而興，如出陷阱，如決網羅，如去荆棘，而舞蹈乎康莊，翱翔乎青冥，豈不快哉？豈不偉哉？尚誰得而禦之哉？誠能於此自決，則名方乃在九成肘後，良劑乃在九成囊中，反而求之，沛然甚足，尚何事觀我朵頤云哉？李評：孟子所謂「歸而求之

〔一〕 據（同治）貴溪縣誌卷八人物，此人諱若韶，貴溪縣上清鎮人。

〔二〕 「性」，成化本、正德本、嘉靖本、萬曆本、四庫本作「人」。

有餘師」也。

與張季悦 諱衎[一]，官階里居未詳，或云南城人[二]，師事最久

盛僕凌雲致書，發緘快讀，辭旨焕然，深見進學之驗，何慰如之？比來三日乃濟登滋。雨意未怠，而登車輒霽，獨垂至而值雨。至此踰四日矣，白雲繾綣，日相周旋，猶未即安。雲臺僅一再見，南山亦時至於玉田中，縹緲呈露數峰。風練諸瀑，淙淙自振，猶未及一顧之也。

應、朱二公書未及即治，更三四日，可遣盛僕來取。盛親賢德如此，此所樂爲二公言者。傳來之文誠如雅諭，宜不逃所見。觀其首尾，皆竊用山翁平日言辭，獨其旨趣乖違繆陋，覽之深有假寇兵、資盜糧之愧。然六藝聖人作也，小人猶假之以文姦言。天下無小人異類則已，誠未能絶去小人異類，何言而不可假也。惟此道之明，善人之衆，彼無所施，則自熄絶矣。城狐社鼠託夜以神其姦，使遇正人，自無所施。惑之者，必其心之素邪，所謂物各從其類

[一] 此字底本漫漶，據(同治)貴溪縣誌卷八人物補。

[二] 據(同治)貴溪縣誌，此人係貴溪縣上清鎮上礫源人。

也。雖然，彼其心之本然豈其然哉？惟其陷溺而不能以自還，故至於此。要當開其改過之門，懇惻而開導之。凡陷溺之未深，而自以其聲氣相求應者，尤當懇惻而開導之。發明剖析，使是非邪正判〔然〕無所疑〔二〕，則小人異類、妖狐孽鼠無所逃其形，而陷溺之未深者，安知不幡然回心而鄉道哉？李評：孟子所謂「歸斯受之而已」。昔大禹既平水土，貢金九牧，鑄鼎象物，百物而爲之備，使民知神姦，以入山林川澤，魑魅魍魎，莫能逢之。古人所貴於博學、審問、謹思、明辨者，政欲究知人情物理，使之通達而無所蒙蔽窒礙，小人異類無所竄其姦，於其言論施設如見肺肝，則彼亦安得而不熄絶乎？

季悦所到，其於大概可謂明矣。政當益盡精微，使蒙蔽者有所賴，是所望也。

二

承諭新工，但覺健羨。第流俗凡鄙之習、謬妄之説正可哀憐傷悼〔三〕，當有開導扶掖、摧陷廓清之功，乃爲進學之驗。若視之如讐方敵國，苟以不爲所摇爲吾效驗，恐未可也。

〔二〕「然」，原無，據正德本、四庫本補。

〔三〕「正」，嘉靖本作「止」。

與劉伯協 諱恭，建昌南城人，紹熙庚戌進士，師事文安公

區區之志，素願扶持此理。竊謂「理勢」二字當辨賓主。天下何嘗無勢，勢出於理，則理爲之主，勢爲之賓。天下如此則爲有道之世，國如此則爲有道之國，家如此則爲有道之家，人如此則爲有道之人，反是則爲無道。當無道時，小人在位，君子在野，小人志得意滿，君子厄窮禍患，甚者在囹圄，伏刀鋸，投荒裔。當此之時，則勢專爲主。羣小熾然，但論勢不論理，故平昔深惡論勢之人。今門下誠肯相與扶持此理，洗濯流俗之習，以理處心，以理論事，何幸如之！敬虚心以俟教。李評：即孟子「天下有道」章意。

二

人家之興替，在義理不在富貴。假令貴爲公相，富等崇、愷，而人無義理，正爲家替。若箪食瓢飲，肘見纓絶，而人有義理，正爲家興。吾人爲身謀，爲子孫謀，爲親戚謀，皆當如此，然後爲忠；其自謀者或不然，亦是不忠於吾身矣。某向來區區之志，素有不在利害間之語，正爲此耳。

來示所謂輕犯名分之語，甚未當理。名分之説自先儒尚未能窮究，某素欲著論以明之。流

及近時，爲弊益甚。至有郡守貪黷庸繆，爲厲民之事，縣令以義理争之，郡守輒以犯名分劾令，朝廷肉食者不能明辨其事，令竟以罪去，此何理也！理之所在，匹夫不可犯也。犯理之人雖窮富極貴，世莫能難，當受春秋之誅矣。當此道不明不行之時，羣小席勢以從事，亦何嘗不假借道理以爲説，顧不知彼之所言道理者，皆非道理也。儻不以斯言爲罪，敢傾倒以畢其説。

某之説，正吾人大趨向、大旨歸，所當先辯者。此之不辯，而規規然以聲音笑貌爲道，真「放飯流歠而問無齒決」，「養其一指而失其肩背」，孟子所謂「不知務」、「不知類」。

與黄循中 里居未詳，或云臨川人，即紹熙元年進士名若訥者，師事文安公

某山居講習，粗適素懷，荆門之命固出廟朝不忘之意，然雅未有爲吏之興。幸尚遲次，可徐決去就耳。

人之不可以不學，猶魚之不可以無水，而世至視若贅疣，豈不甚可歎哉？穹壤間，竊取富貴者何限，惟庸人鄙夫羨之耳。識者視之，方深憐甚憫，傷其賦人之形，而不求盡人之道，至與蟻蟲同其飽適好惡，虚生浪死。其在高位者，適足以播惡遺臭，貽君子監戒而已。此固循中所宜深曉。第居今之世，不得不申言之，諒亦不厭於此也。

二

江德功質本庸闇，加以所學之繆，豈復有可論者。所惜吾友爲其所引，辯於其不足辯耳。古書有明理之言，有教人用工之言，如中庸首章惟「戒謹不睹，恐懼不聞」及「謹其獨」是用工處[一]，次章惟「致中和」是用工處，他辭皆明理之言。推此可類見。與晦翁往復書録往，伯珍、舜輔，會次幸示之。

[一]「謹其獨」，各本同，中庸作「慎其獨」，此係陸九淵避宋孝宗趙昚之諱改。以下「謹其獨」同。

卷十三

書

與郭邦逸 里貫無考，問學弟子

專介奉書，細視緘題，如揖盛德。亟發讀之，慰浣良劇，教以大對一本，尤深降歎！鑿鑿精實，非泛泛場屋之文也。君子義以爲質，得義則重，失義則輕，由義爲榮，背義爲辱。輕重榮辱，惟義與否，科甲名位，何加損於我，豈足言哉？吾人所學固如此。然世俗之所謂榮辱輕重者，則異於是。薰染其間，小有不辨，則此義爲不精矣。當使日著日察，炯然不可渾亂則善矣。

垂示晦翁問答，良所未喻。聖人與我同類，此心此理誰能異之。孟子曰「人皆可以爲堯舜」，又曰「至於心，獨無所同然乎」，又曰「人之有是四端而自謂不能者，自賊者也；謂其君不能者，賊其君者也」。今謂人不能，非賊其人乎？「居仁由義，大人之事備矣。」「吾身不能居仁由義，則謂之自棄。」聖人於此理，不勉而中，不思而得。賢如顔子，猶未至於不思不勉。曰「三月不違」，則猶有時而違也；曰「有不善未嘗不知，知之未嘗復行」，則言其不遠而復也。然則雖未至於不思不勉，而思勉之工益微矣。氣禀益下，其工益勞，此聖人、賢人、衆人之辨也。語曰顔子「三月不違仁，其餘則日月至焉而已矣」。「日月至」「三月不違」與「至誠無息」則有間矣。若其所至、所不違、所無息者，豈容有二理哉？古人惟見得此理，故曰「予何人也，舜何人也，有爲者亦若是」，「道也者，不可須臾離也，可離非道也。是故君子戒謹乎其所不睹，恐懼乎其所不聞」。學者必已聞道，然後知其不可須臾離。知其不可須臾離，然後能「戒謹不睹，恐懼不聞」。元晦好理會文義，「是故」二字也不曾理會得，不知指何爲聖賢地位，又如何爲留意。此等語皆是胸襟不明，故撰得如此意見，非唯自惑，亦且惑人。

盛价至此，偶有姪婦之喪，又賤體中暑，連日不得占復。山間朋友雲集，亦不可久孤其望，勢當一往。又縣宰終滿，與之爲別。諸事紛擾，亟取紙作復，遽甚，不能倫理。近有復元晦書，録往一觀，及有史評一首，又有書二本，宜章學、王文公祠二記併録呈。得暇精觀之，亦可見統紀也。

與郭邦瑞 邦逸之兄

前此辱令弟邦逸遣人臨存，復書中託拜意。近亦嘗得家問否？今爲況如何？

新天子登極，海内屬目，而風憲之地升黜殊乖物望，非細故也。山林之人但以草野輿議言之耳。未知修身之内其議論又何如也？

良心正性人所均有，不失其心，不乖其性，誰非正人。縱有乖戾[一]，思而復之，何遠之有？不然，是自昧其心，自誤其身耳。及處華要而不知改，是又將誤國矣。有能明目張膽而糾正之者乎？有能惻怛豈弟以感悟之者乎？區區周嫠之心猶不能無望於左右。別後遷除，未足爲門下言也。

姪孫濬處太學，家書戒令求見。此子近亦少進於學，幸與進，以子弟視之可也。

與李信仲 諱復，臨川人。其父諱肅，字重欽，登淳熙八年進士。祖諱浩，字德遠，登紹興十三年乙科。信仲父子從事文安公

兩遣府中書，皆不及拜文丈書，李注：丈，長老之稱。但託邵機宜、趙通判道意，至今歉然！前者蒙文丈教以病中所得，聽之灑然。今兹書中不及寓區區之意，有一說煩吾友侍下達之。

大抵爲學不必追尋舊見。此心此理昭然宇宙之間，誠能得其端緒，所謂「一日克己復禮，天

[一]「乖戾」，成化本、正德本、嘉靖本作「乖失」。

下歸仁焉」，又非疇昔意見所可比擬。此真吾所固有，非由外鑠，正不必以舊見爲固有也。千萬以此紙稟之。所與邵機宜書本末備矣，幸復熟之。

與潘文叔 諱友文，浙江金華人，從學文安公

文叔慈祥懇惻，一意師慕善人，服行善事，友朋間所共推重，與一輩依憑假託以濟其驕矜者，不可同年而語矣。然恐懼憂驚每每過分，亦由講之未明，未聞君子之大道，與虞書所謂「儆戒無虞」，周書所謂「克自抑畏」，中庸所謂「戒謹乎其所不睹，恐懼乎其所不聞」者，亦不可同年而語也。蓋所謂儆戒、抑畏、戒謹、恐懼者，粹然一出於正，與曲肱陋巷之樂、舞雩詠歸之志不相悖違。若雕零窮蹙，弗協於極，名雖爲善，未得其正，未離其私耳。不志於學，雖高才美質、博物洽聞，終亦累於其私，況下才乎？尹師魯氣質固自不凡，其所植立可謂表表。然如文叔所舉答韓資政書辭，蓋不免乎其私者也。「觀於海者難爲水，游於聖人之門者難爲言」，文叔第未得游聖人之門耳。

今日風俗已積壞，人才已積衰，公儲民力皆已積耗，惟新之政亦良難哉！某方此治登山，倥傯占復，莫究所懷。何時合并，以遂傾倒。

與朱子淵

五月間，拜誨劄之辱，備承入夏動息，尤用慰沃！教以調度詳細，貺以上尊兼乘，仰佩眷勤，感戢之至！

某浮食周行，侵尋五六載，不能爲有無，日負愧惕。疇昔所聞，頗有本末，向來面對，粗陳大略，明主不以爲狂。而條貫靡竟，統紀未終，所以低回之久者，思欲再望清光，少自竭盡，以致臣子之義耳。

往年之冬，去對班纔數日，忽有匠丞之除，遂爲東省所逐，患失之人素懷疑畏[一]，而又屬有憸狡設辭以嗾之，故冒昧出此，亦可憐已。然吾人之遇不遇，道之行不行，固有天命，是區區者安能使予不遇哉？

寬恩畀祠，歸伏田畝，日得與家庭尊幼、鄉里俊彥繙古書，講古道，舞雩詠歸，不敢多遜。然此心之靈、此理之明，周嫠之憂益所不能忘也。何時合并以請教，臨楮不勝馳情。

[一]「懷」，成化本、正德本、嘉靖本、萬曆本、四庫本作「積」。

稍不訊記曹，日益馳鄉！盧陵積弊之餘，仍以旱歉，調度有方，無異豐歲，惟竊健羨！李評：

「健羨」二字本司馬遷傳。健，强也。羨，慕也。

二

某屬方登山，同志亦稍稍合集。茲山之勝前書嘗概言之。此來益發其秘，殆生平所未見，終焉之計於是決矣。唐僧有所謂馬祖者嘗廬於其陰，鄉人因呼禪師山。元豐間，又有僧瑩者爲寺其陽，號曰應天。乃今吾人居之。每惡山名出於異教，思所以易之，而未得從容。數日得茲山之要，乃向來僧輩所未識也。去冬所爲堂在寺故址，未愜人意。方於要處草創一堂，顧盼山形，宛然鉅象，因名象山，輒自號象山居士。山面東南，疊嶂駢羅，近者數十里，遠者數百里，縹緲磊落，争奇競秀，飛舞於簷間，朝暮雨暘、雲煙出没之變不可窮極。上憇層巔，東望靈山、龜峰特起如畫，玉山之水蓋四百里而出於龜峰之下，略貴溪以經茲山之左。西望藐姑、石鼓、琵琶羣峰，峭崪逼人，從天而下。溪之源於光澤者，縈紆泓澄，間見山麓如青玉版。北視龍虎、仙巖、臺山，僅如培塿。東西二溪窈窕如帶，二溪合處百里而近，然地勢卑下夷曠，非甚清徹，目不能辨，常没於蒼茫煙靄中矣。下沿清流，石澗曲折，分合萬狀。懸注數里，蒼林陰翳，巨石錯落，盛夏不知有暑。挾册其間，可以終日，造物之遺予多矣。

執事方書外庸，竚觀大用以究厥志。異時厭飫緑野，倘有意從吾游乎？世昌山陽之行，錢君禮之甚厚。僕夫探囊以竄，搏手來歸，甚哉其窮也！此公趨尚甚奇，天其或者竟以是成之耶？今已息肩，共耕學於此矣。因其遺還借兵，草草寓此問訊。

三

去冬遠辱記存，尋已具復，駃哉青陽〔一〕，行既厥事，矯首南山，豈勝馳遡！區區之迹無異前日。去臘以敝廬迫隘，不得已增葺數椽，然其事盡付之猶子，了不相關。所困者，獨書問賓客亦無暇日耳。用是欲嗣致尺紙，因循迨今。一春積雨，近清明始得至山房。古松千章，環布錯立，白雲往來其間，遞爲隱見，彌旬未解，頗盡奇變。前峰藴秀深藏，時於白銀世界中微見一二。乃知退之所謂「横雲時平凝，點點露數岫」。天宇浮修眉，濃緑畫新就」，蓋得於親目，非臆想也。數日始見根底，朝陽麗景，明若圖畫，暮燒聯光，爛若綺繡。楮氏更端，停毫注目，天君已復縹緲於薄雲疏雨間矣。相望數千里，憑彭澤諸君發舒及此，庶幾無異於合堂同席也。

〔一〕「駃」，嘉靖本作「駛」。

與薛象先

閱邸報，得誠心公道之章，深切降歎！然愛莫助之，奈何？近得舊同官書，唯劉志甫差强人意，鄭溥之似不及前，然亦難得矣。馮傳之氣質恢傑，吾甚愛之，恨向來相聚日淺，不能發其大端。若只如此，恐終不甚濟事也，每惋惜之！足下尚能有方略及此乎？

某居山雖未久，亦頗得英才。臨川、南城氣象蔚然其興。善爲刀劍者亦須好鐵，吾雖屏居，未必不爲足下出山爐也。祠禄之滿，儻復畀之，似亦未爲空餐也。舊與馮傳之一書，謾録往。

比見太學夏季私試策題，異哉！學之不明，人心之失其正一至於是。山房朋友多有擬答第二篇者，就中一三人之文最勝。令小兒録往，試覽之如何？語曰：「不知言，無以知人也。」孟子亦曰：「我知言。」人之言論，豈可不察。豈惟觀人，善觀國者亦必於此決之矣。荆公之學未得其正，而才宏志篤，適足以敗天下，祠堂記中論之詳矣，自謂聖人復起，不易吾言。當時諸賢蓋未有能及此者。

「尚同」一説最爲淺陋。天下之理但當論是非，豈當論同異。況異端之説出於孔子，今人鹵莽，專指佛老爲異端，不知孔子時固未見佛老，雖有老子，其説亦未甚彰著。夫子之惡鄉原，論、孟中皆見之，獨未見排其老氏，則所謂異端者非指佛老明矣。「異」字與「同」字爲對，有同而後有異。孟子曰：「耳有同聽，目有同美，口有同嗜，心有同然。」又曰：「若合符節。」又曰：「其揆一也。」此理所在，豈容不同。不同此理則爲異端矣。熙寧排荊公者固多，「尚同」之説裕陵固嘗以詰荊公，公對以「道德一、風俗同」之説，裕陵乃不直排者，然則荊公之説行，豈獨荊公之罪哉？近見臺評復尾「尚同」之説。以胡君之淳慤無他，議論猶如此，他尚何望！

與羅春伯 諱點，謚文恭，撫州崇仁人，登淳熙三年進士，文安公弟子

適聞晉貳奉常，鄉於柄用，深爲吾道慶。大蠹之去，四方屬目，惟新之政藐未有所聞。鄉來相聚不爲不久，不能有以相發，每用自愧。屬閲來示，尤爲惕然。

宇宙無際，天地開闢，本只一家。往聖之生，地之相去，千有餘里，世之相後，千有餘歲，得志行乎中國，若合符節，蓋一家也。來書乃謂「自家屋裏人」，不亦陋乎？來書言朱、林之事，謂「自家屋裏人，自相矛盾」，不知孰爲他家？古人但問是非邪正，不問自家他家。君子之心未嘗不欲其去非而就是，捨邪而適正，至其怙終不悛，則當爲夬之上六矣。舜於四凶，孔子於少正卯，亦治其家人耳。妄分儔黨，反使玉石俱焚，此乃學不知至，自用其私者之通病，非直一人之過，一言之失也。

近見臺端逐林之辭，亦重嘆其陋。羣兒聚戲，雜以猥狡，尚何所望？非國之福，恐在此而不

在彼也。

與鄭溥之 諱湜，福建閩縣人，乾道進士，列僞學禁中，文安公弟子，謚文肅

趙仲聲歸，奉書，慰浣之劇！竊知晉丞大府，此亦未足以處賢者，今當復有清切之除矣，屏居者未之聞耳。

往年山間粗成次第，便有西山之遊，相繼有事役，殘歲遂不得一登。比來朋友復相會集。後月朔，除一小功報服，即登山爲久駐之計。

去冬與邵機宜一書，頗究爲學本末，今往一觀。游仙巖題新興寺壁數語頗足以見居山之適。臘月得元晦復論太極圖説書，尋以一書復之，今併往。此老才氣英特，平生志向不没於利欲，當今誠難其輩。第其講學之差，蔽而不解，甚可念也。士論方伸，誠得此老大進此學，豈不可慶？「誠者，非自成己而已也，所以成物也。」此心之靈苟無壅蔽昧没，則痛癢無不知者。國之治忽，民之休戚，彝倫之叙斁，士大夫學問之是非，心術之邪正，接於耳目而冥於其心，則此心之靈必有壅蔽昧没者矣。在物者，亦在己之驗也，何往而不可以致吾反求之功。此所願與同志日切磋而不舍者。文藻特溥之餘事，比來議論節操，凜凜近古。願加不息之誠，日致充長之功，則吾道幸甚！道之行不行，固有天命，吾人之學安得而不自致哉！

某向嘗妄論，賢者封事不逮奏篇，蓋愚意以爲但當因天變疏陳缺失，以助主上修省之實，不必曲推事驗，如後世言災異者。嘗見元祐三年吕益柔廷對，有曰：「昔之言災異者多矣，如劉向、董仲舒、李尋〔二〕、京房、翼奉之徒皆通乎陰陽之理，而陳於當時者非一事矣。然君子無取焉者，爲其著事應之説也。孔子書災異於春秋，以爲後王戒。而君子有取焉者，爲其不著事應故也。夫旁引物情，曲指事類，不能無偶然而合者。然一有不合，人君將忽焉而不懼。孔子於春秋著災異，不著事應者，實欲人君無所不謹，以答天戒而已。」其言雖未精盡，大概可謂得矣。如乍警乍縱，不能純一之言，可謂切當。至以雲將族而復散，雨將下而復止，爲天意象類而然，則愚以爲不必如此言也。又如證以仁祖露立事，亦恐於本指未相應，更願精思之。

格君心之非，引之於當道，安得不用其極。此責難所以爲恭，而不以舜之所以事堯事君者，所以爲不敬其君也。思慮審精，每及一事，既舉綱領，又詳其條目，使立可施行，此溥之所長也。然其本末偏重，實未一貫，故言根原處雖若精純，終篇讀之，却覺渾亂，無統臨運率之勢。「萬物並育而不相害，道並行而不相悖，小德川流，大德敦化」，必綱舉領挈，然後能及此也。「行百里者半九十」，願着鞭焉。

〔二〕「李尋」，正德本、嘉靖本、萬曆本作「季尋」。按：李尋，字子長，西漢人，善言陰陽。

與馮傳之 名未詳，或云即楊慈湖妹婿名象先者，文安公弟子

春末在郡城閱邸報，竊知已遂改秩，自此進用，吾道之幸，敢不贊喜！吾人仕進自有大義，所貴乎學者，以明此義耳。不學者固不足道。號爲學者而又牽於俗論私説，則是義猶未明，私猶未徹耳。來教謂不可爲外面擾動，是矣。若眄眄然顧流俗之議論，則安在其爲知道明義也？計利害，計毁譽，二者之爲私均也。「大哉！聖人之道。洋洋乎發育萬物，峻極於天，優優大哉。」天之所以爲天者，是道也。故曰「唯天爲大」。天降衷於人，人受中以生，是道固在人矣。孟子曰「從其大體」，從此者也。又曰「養其大體」，養此者也。又曰「養而無害」，無害乎此者也。又曰「先立乎其大者」，立乎此者也。居之謂之廣居，立之謂之正位，行之謂之大道。非居廣居，立正位，行大道，則何以爲大丈夫？傳之氣質恢乎似道，顧恐不志其大，而臨深爲高，加少爲多耳。願益勉旃，無苟自畫，則吾道幸甚！

與朱元晦

朝廷以旱暵之故，復屈長者以使節，倘肯俯就，江西之民一何幸也！

冬初許氏子來，始得五月八日書，且聞令小娘竟不起，諒惟傷悼。前月來，又得五月二日

書，開慰之劇！

某不肖，禍釁之深。仲兄子儀中夏一疾不起，前月末，甫得襄事。七月末，喪一幼穉，三歲，乃擬爲先教授兄後者。比又喪一姪孫女。姪婿張輔之抱病累月，亦以先兄襄事之後長往。痛哉！禍故重仍，未有甚於此者。觸緒悲摧，殆所不堪。某舊有血疾，二三年寖劇，近又轉而成痔，良以爲苦，數日方少瘳矣。

傅子淵前月到此間，聞其舉動言論類多狂肆。渠自云：「聞某之歸，此疾頓瘳。」比至此，亦不甚得切磋之。渠自謂刊落益至，友朋視之，亦謂其然。其長子自一二年來，鄉人皆稱其敦篤循理過於子淵，子淵亦甚譽其子。比日不知何疾，一夕奄然而逝。

劉定夫氣禀屈强恣睢，朋儕鮮比。比來退然方知自訟。大抵學者病痛須得其實，徒以臆想，稱引先訓，文致其罪，斯人必不心服。縱其不能辯白，勢力不相當，强勉誣服，亦何益之有？豈其無益，亦以害之，則有之矣。

二

外臺之除豈所以處耆德，殆新政起賢之兆耳。當今肺石，平時亦有物望，不應徒呼唱於內庭外衢而已，豈抑自此有意推賢耶？

金陵虎踞江上，中原在目。朝廷不忘春秋之義，固當自此發跡。今得大賢，暫將使旨，則軺車何啻九鼎？中外倚重，當增高衡霍，斯人瞻仰爲之一新矣。竊料辭免之章必未俞允。願尊兄勉致醫藥，俯慰輿情。縱筋力未强，但力疾卧護，則精神折衝者亦不細矣。若乃江東吏民，善良有養，姦惡知畏，而行縣之餘或能檢校山房，一顧泉石，此尤區區之私願也。

王順伯在淮間，宣力甚勤，然不能無莫助之患。倘得長者一照映之，爲益又不細矣。

卷十四

書

與包詳道 顯道兄

宇宙間自有實理，所貴乎學者，爲能明此理耳。此理苟明，則自有實行，有實事。實行之人，所謂不言而信，與近時一種事唇吻、閑圖度者，天淵不侔，燕越異向。事唇吻、閑圖度之人本於質之不美，識之不明，重以相習而成風，反不如隨世習者，其過惡易於整救。圖度不已，其失心愈甚。省後看來，真登龍斷之賤丈夫，實可慚耻！若能猛省勇改，則天之所以予我者，非由外鑠，不俟他求。能敬保謹養，學問、思辨而篤行之，誰得而禦？

與包敏道 顯道弟

爲學無他謬巧，但要理明義精，動皆聽於義理，不任己私耳。此理誠明，踐履不替，則氣質不美者，無不變化。此乃至理，不言而信。詩曰「奏假無言，時靡有爭」，此之謂也。來書所述未能臻此，平時氣質復浮溢於紙筆間矣。幸益勉之！至望二賢兄，比來皆非復吳下阿蒙矣。

二

私意與公理，利欲與道義，其勢不兩立。從其大體與從其小體，亦在人耳。勉旃，勉旃，毋多談。「潛雖伏矣，亦孔之昭」，不可揜也，不可誣也。二賢兄亦不及答書，意不殊此。

大人之事，至公，至正，至廣大，至平直。剖蠡管之見，蕩其私曲，則天自大，地自廣，日月自昭明。人之生也本直，豈不快哉！豈不樂哉！若諸公所可喜者，皆是專於向道，與溺私欲不同耳。固是各有病痛，須索商量。但比之足下則相懸耳。如幾先所謂「萬事隨緣」者，正所謂習氣使然也。吾人居廣居，立正位，行大道，得志與民由之，不得志獨行其道，豈肯作此等語也。不及答諸公書，幸以此示之。

與嚴泰伯 諱滋，臨川人，從文安公學

學之不講久矣。吾人相與扶持於熟爛之餘，何敢以戲論參之。古人謂「戒謹乎其所不睹，恐懼乎其所不聞」，「十目所視，十手所指」，庸敢有戲論乎？勉思而謹之，是願是望！

二

宋無悔來，李注：宋無悔，諱復，臨川人，文安公弟子。得書，知彼時消息，甚慰。答君玉書極佳，足見新功，度今又當日進。文範必數得往還，此公明白可喜，未易得也。宋秀才志向可喜，李注：秀才，稱無悔。而氣習中多病。今雖小愈，要未必能一成平復。針藥蓋已備嘗，亦在其自曉了耳。若善自思者，亦有何難，但恐繆習深重，每每反用以滋其繆耳。真不徇名慕外，好誇求勝，道實不難知也。「君子之道，淡而不厭，簡而文，温而理」，又何必大聲色也。但人不知非，則不能安乎此耳。

今歲科舉，相從者既多，恐難離城。某初有入城之意，今亦以山上朋友之多，不欲久曠，遂止其行。未得相見，千萬爲此道勉旃。

三

道理無奇特，乃人心所固有，天下所共由，豈難知哉？但俗習繆見，不能痛省勇改，則爲隔礙耳。古人所謂「一慚之不忍，忍終身慚乎？」此乃實事，非戲論也。

古人不求名聲，不較勝負，不恃才智，不矜功能，通身純是道義。

平日議論、平日行業皆同兒戲，不足復置胸臆。天降之衷在我久矣，特達自立，誰得而禦？勉自奮拔，不必他求。來早得暇見過，以觀新功。

與傅子淵 見前

比來居山，良有日新之證，惜不得與子淵共之。以朋友講習而説，有朋自遠方來而樂，不可以泛觀料想而解，當有事實。吾人不幸生於後世，不得親見聖人而師承之，故氣血向衰而後至此。雖然，「朝聞道，夕死可矣。」今能至此，其被聖人之澤豈不厚，而爲幸豈不大哉？何時一來，快此傾倒。

與羅章夫 諱獻，南豐人，慶元丙辰進士，早歲師事文安公

著是去非，改過遷善，此經語也。非不去，安能著是？過不改，安能遷善？不知其非，安能去非？不知其過，安能改過？自謂知非而不能去非，是不知非也；自謂知過而不能改過，是不知過也。真知非則無不能去，真知過則無不能改。人之患，在不知其非、不知其過而已。所貴乎學者，在致其知，改其過也。

與廖幼卿 疑亦建昌南城人，與兄懋卿並師事文安公

適聞傅仲昭語及懋卿坐間假寐，仲昭以爲此必未能自拔，此殆不然。李注：傅仲昭，係子淵族人。仲昭未知此理。非但仲昭未知此理，料幼卿亦未知此理。人未知學，其精神心術之運皆與此道背馳。一旦聞正言而知非，則向來蹊徑爲之杜絶。若勇於惟新，固當精神筋力皆勝其舊。然如此者難得，但得不安其舊，雖未有日新，亦勝頑然不知與主張舊習者遠矣。今懋卿雖未有日新之功，若其困睡，則是已知舊見舊習之非，不復就其上主張運用，故如此耳。此不爲深害，但少俟之，徐觀其幡然，則大善矣。朋友間不深知此理，迫之太甚，罪之太切，則又反爲害矣。李評：入其笠又招之，孟子所以戒辨楊墨者。

與傅齊賢 傅子淵之族人

義理未嘗不廣大，能惟義理之歸，則尚何窠穴之私哉？心苟不蔽於物欲，則義理其固有也，亦何爲而茫然哉？蔽不真徹，則區區之意殆虛設也。幸勉旃！毋久自屈。

與胥必先 諱訓，從學文安公，又連襟，疑臨川人

劉德固須尚留山間。前此未得與渠同讀書，但説得比卦稍詳。書亦政不必遽爾多讀，讀書最以精熟爲貴。李評：朱子晚年教人讀書，俱與此二語合。煩喻德固，且熟讀比卦爲佳。德固前此於文義間多未通曉。近所以開發之者非在文義，每爲德固解説，必令文義明暢，欲不勞其思索，不起其疑惑，使末不害本，文不妨實。常令文義輕而事實重，於事實則不可須臾離，於文義則曉不曉不足爲重輕，此吾解説文義之妙旨，必先亦不可不知也。然此亦豈可强爲之哉？非明實理，有實事實行之人，往往乾没於文義間，爲蛆蟲識見以自喜而已。安能任重道遠，自立於聖賢之門牆哉？

二

得書甚有奮拔之意，良以爲慶。然譬諸田疇，荒穢之久，雖粗加墾闢，若畚耨不繼，則茅立塞之矣。用工深切至到，則通暢茂悦，當又與今不侔。願勉旃毋忽。何以聚糧爲？肯來是幸。

蒲稍緑耳，尚可想見，駑駘傷吻弊策而不進於行，誠可厭也。馬之精神骨榦得之於天，不可損益。今爲人而坐使古人「雖愚必明，雖柔必强」之言棄而不驗，豈不甚可痛哉！

三

與薛公辯〔一〕

名貫未詳，文安公弟子。李注：目録作「蔡公辯」，未知孰是。

所録諸書已逐一點對。末後復趙然道書甚多脱誤，可子細將所録本添改，庶可讀也。書字畫甚無法度，如「傅」字須向上著一點，不著點便成「傳」字。古刻「傅」字，「專」中不著「厶」字，但以不著點與「傳」字爲别。所録書，其前尚稍可看，向後數篇甚刺人眼。結字既不端正，畫之長短皆顛倒失宜。向來蓋嘗説及此等處，何爲都不省記？

來書辭語病痛極多，讀之甚不滿人意。用助字不當律令，尤爲缺典。老夫平時最檢點後生言辭書尺文字，要令入規矩。如吾兒持之甚懶讀書，絶不曾作文，然觀其不得已書尺與爲場屋之文，其助字未嘗有病，造語亦勁健，不至冗長，此亦是稍聞老夫平日語，故能然。且今觀吾子

〔一〕「薛」，成化本、嘉靖本作「蔡」，道光本目録亦作「蔡」。

之文，乃如未嘗登吾門者，即此便可自省。

安詳沉静，心神自應日靈，輕浮馳騖則自難省覺。心靈則事事有長進，不自省覺，即所爲動皆乖繆，適足以貽羞取誚而已。

與張德清 上清龍虎山人，時爲天師

積年聞季悦、元忠諸友稱道盛德。比歲屢得款集，益有以信諸賢之言。又聞非久有退居自養之舉，尤切歎仰！近者忽又聞有不肖道士以淫侈不軌之事誘引小子健訟以相誣毁，深用不平。然在左右，正宜高舉以遂初志，何必與此輩較勝負於流俗之中哉？流俗之所謂勝者，豈足爲勝？流俗之所謂負者，豈足爲負？左右平時與諸賢交游，當問道之勝負，不當問流俗之勝負。又聞季悦言德清其初浩然有引退之文，且欲别求賢者以嗣其事。而盛族乃有「茅不可試火」之語，此可謂不勝俗陋鄙猥之言，切不宜以此等語虧損盛德。更願深思，追還素志。他日同來象山頂頭共談大道，此乃真天師，非俗天師也。

與高應朝 諱宗商，浙江人，師事文安公

前月併收兩書，備知近況，慰浣良劇。山房比年況味，想盡得之帥漕書中矣。

春尾以猶子之訃出山房，至今未得復登。此乃梭山之子，文行皆高，家庭所賴。年未及壯，無疾而逝，所以傷之者，又不止骨肉之情也。聚族既廣，患故如此類多。今日方除一姪女之服。所幸諸兄皆能安之以命，不至過傷也。

此理日明，鄉里朋友寖有能共此者。每思應朝、應之，未嘗不興懷。應之一跌不復，中間見其祭吕郎中文，迷繆之甚。急於舊書問中尋得其向時書數紙封之，題曰「石應之公案」，擬相聚時發此以啓之。後在臨安廨舍中相會，見其事役匆匆，神志不定，不欲出示，却語及之。渠力索觀，略出示之。渠欲持去，吾曰：「不可。觀足下神思，今不能辨此。此書非吾親自與汝剖決，亦長物耳。」觀其容貌言論，與曩者判然如二人，使人不忍視之。今遂居臺閣，益令人憐之耳。

閱應朝二書、葺齋記，亦甚念足下有茅塞之患。帥、漕處皆有吾文一編，此乃韓將領親張氏、朱氏所録，聞亦有一編在韓將領處，想必從韓處見之矣。第帥、漕處本却經山間友朋點對，無錯誤，可從帥處借本點對，却精觀熟考，當有所發也。

與姪孫濬

家間遞至汝三信[一]，甚念。汝文字意旨皆不長進。如所謂「士論翕然宗之」，所謂「盡公樂善，人無間言」，斯世何幸乃有斯人耶？此人么麽姦宄，諂事權貴，陰爲讒慝，媒孽善類。自吾在朝時，物論固已籍籍。往者擢爲少司成，又進而爲大，負乘之醜，海内羞之。今賢關之論乃復如彼，何耶？豈汝所交之士皆不足以爲士，而所見之人皆非其人耶？

「沈鷙」二字，史家多以稱人之長，關雎亦鷙，非惡辭也。向來家書中亦時有此等旨趣，此非特辭語之病，甚可畏也。其他用字下語差錯不安者甚多，已令汝尊後便逐一告汝。場屋得失有命，不足計。後生作文却要是當。若只如此，未可便道時文不難辦，安得不勤厥尊之慮也？

新政雖未甚滿人意，且得輔道儲君者得人，甚有方略，誠如是，國本立矣。實宗社無疆之休，何幸如之！

人心至靈，惟受蔽者失其靈耳。羣兒聚戲，袖少果實與之；見樵牧而與爲禮，見市井不逞與村農輸納者，邀入酒肆犒之，則稱頌讚美，士大夫即據此以爲評裁，可乎？「雲從龍，風從虎」，

[一]「間」，原作「問」，據成化本、正德本、嘉靖本、四庫本改。

「水流濕，火就燥」，物各從其類也。天下曷嘗無人，况賢關乎？在所以召之者如何耳。

二

吾春末歸自象山，瓶無儲粟，囊無留錢，不能復入山。近諸生聚糧除道，益發泉石，遣輿夫相迎，始復爲一登。兹山廢久，田萊墾未及半。今食之者甚衆，作之者甚寡。結廬之人事力有限，頻歲供役，賴其相向之篤，無倦志耳。儻得久於是山，何樂如之？未知造物者卒能相之乎。

梭山所與汝言，真至言也，第致之當有道耳。此道之不明久矣，羣小則固背馳，君子於此往往亦未得平土而居之，所報時事又如此，此皆不可易言之也。紛紛之説但可憐憫，豈復有可商校者。近閲舊藁中有一段文字，汝可精觀。相識見問，但出此書及此文可也。

三

學者之不能知至久矣！非其志其識能度越千有五佰餘年間名世之士，則詩、書、易、春秋、論語、孟子、中庸、大學之篇正爲陸沉，真柳子厚所謂「獨遺好事者藻繪，以矜世取譽」而已。堯、舜、禹、湯、文、武、周公、孔子、孟子之心，將誰使屬之。夫子曰：「三人行，必有我師焉，擇其善者而從之，其不善者而改之。」又曰：「見賢思齊焉，見不賢而内自省。」誠得斯言之旨，則凡悠悠泛泛者皆吾師也。

汝氣質外柔弱而中實不弱，自向者旨趣未得其正時，固已有隱然不可搖撓之勢矣。能於此深思痛省，大決其私，毅然特立，直以古聖賢爲的，必居廣居，立正位，行大道，則誰能禦之？於此不具大勇，却放過一着，姑欲庶幾於常人，則非吾之所知也，真孟子所謂「終亦必亡而已矣」。仁者先難後獲。夫道豈難知哉？所謂難者，乃己私難克，習俗難度越耳。吾所謂深思痛省者，正欲思其艱以圖其易耳。仁者必有勇，顏子聞「一日克己復禮」之言，而遽能「請問其目」，可謂大勇矣。汝能以其隱然不可搖撓之勢用力於此，則仁、智、勇三德皆備於我。當知「爲仁由己，而由人乎哉」之言不我欺也。

「國家閒暇，及是時，明其政刑，雖大國必畏之矣。」豈獨爲國爲然哉？爲家爲身一也。「逮天之未陰雨，徹彼桑土，綢繆牖户，今此下民，或敢侮予。」汝其念之。人臣之於國猶其家也，於君猶其親也，雖不吾以，而問安寢門之心所不能忘也。黜陟施設，時欲聞之，便信毋略乎此。見羅中舍致吾意。

四

人非木石，不能無好惡。然好惡須得其正，乃始無咎。故曰「惟仁者能好人，能惡人」。惡之得其正，則不至於忿嫉。夫子曰：「我未見好仁者、惡不仁者。」蓋好人者，非好其人也，好其仁也；惡人者，非惡其人也，惡其不仁也。惟好仁，故欲人之皆仁；惟惡不仁，故必有以藥人之不仁。「中也養不中，才也養不才」，豈但是賢父兄之心？賢子弟之心亦豈得異於其父兄哉？故凡棄人絶物之心皆不仁也。比吉也，比輔也，此乃仁也，人道也。吾非斯人之徒與而誰與？「澤上有地，臨。君子以教思無窮，容保民無疆。」後生晚進苟無異趣，當與先生長者同心同德。先生長者亦須賢子弟爲先後疏附。吾嘗謂唐虞盛時，田畝之民竭力耕田，出什一以供其上者〔一〕，亦是與堯、舜、臯、夔同心同德。故曰「比屋可封」。此和氣之所以充塞宇宙，謂之「於變時雍」。處末世弊俗，當使憐憫扶持，救藥之心勝其憎嫉嫌惡，乃爲近正。汝當以此言深思，毋忽其爲已曉，則當有進益。

有書與胡學録，問曾盡見去年吾所與汝書否？若有未見，汝當盡以示之。雖汝亦當時一閲之，毋謂已盡知之矣。觀汝前一書，亦未深解吾説。若有疑，不妨吐露，當盡爲汝剖白也。

〔一〕「其上」，成化本、正德本、嘉靖本、萬曆本、四庫本作「公上」。

卷十五

書

與陶贊仲 或云南城人，即慶元五年進士陶述。或云嘉泰二年進士陶述堯也。從學文安公

某承乏將十閲月，未有善狀。冬春久晴，種不入土。春季嘗一致禱於山川之神，其應如響，山溪漲溢，田畝充足。然自是又無大雨，地土以積乾易涸。今既踰月，又以旱告矣，勢甚可畏。昨日復致禱，詣壇之時，雨亦隨下，然竟不能成澤。今早復叩之，亦以疏雨見應，未蒙霈然之賜。幸醖釀未解，猶有可望。不然，定當投劾，以謝斯民也。

太極圖説乃梭山兄辯其非是，大抵言「無極而太極」是老氏之學，與周子通書不類。通書中〔言〕太極〔二〕，不言無極，易大傳亦只言太極不言無極。若於太極上加「無極」二字，乃是蔽於老

〔二〕「中」，嘉靖本無。「言」，原無，據正德本、嘉靖本、四庫本補。

氏之學。又其圖説本見於朱子發附録。朱子發明言陳希夷太極圖傳在周茂叔，遂以傳二程，則其來歷爲老氏之學明矣。周子通書與二程言論絶不見「無極」二字，以此知三公蓋已皆知無極之説爲非矣。梭山曾與晦翁面言，繼又以書言之，晦翁大不謂然。某素是梭山之説。以梭山謂晦翁好勝，不肯與辯。某以爲人之所見偶有未通處，其説固以己爲是，以他人爲非，且當與之辯白〔一〕，未可便以好勝絶之，遂尾其説以與晦翁辯白，有兩書甚詳，曾見之否？以晦翁之高明，猶不能無蔽，道聽途説之人亦何足與言此哉？

「仁義忠信，樂善不倦。」此夫婦之愚不肖可以與知能行。聖賢所以爲聖賢，亦不過充此而已。學者之事當以此爲根本。李評：贊仲似溺於數學者，故此下專就數言之。若夫天文、地理、象數之精微，非有絶識，加以積學，未易言也。某欲作一揲蓍説，稍發易數之大端，以排異説，曉後學。坐事奪，未克成就。早晚就草〔二〕，當奉納一本。何時合併，以究此懷。

「德成而上，藝成而下，行成而先，事成而後。」論語曰：「入則孝，出則弟，謹而信，汎愛衆，而親仁。」曰：「言忠信，行篤敬。」孟子曰「仁義禮智根於心，其生色也，睟然見於面，盎於背，施

〔一〕「且」，嘉靖本作「耳」，爲上句末語助詞。

〔二〕「就草」，原作「就章」，成化本、萬曆本同，據嘉靖本、正德本、四庫本改。

於四體，四體不言而喻」，曰「仁義忠信，樂善不倦」。此等皆德行事，爲尊爲貴，爲上爲先。樂師辨乎聲詩，祝史辨乎宗廟之禮，與凡射、御、書、數等事，皆藝也，爲卑爲賤，爲下爲後。古人右能左賢，自有定序。夫子曰：「君子多乎哉？不多也。」曾子曰：「籩豆之事，則有司存。」凡所謂藝者，其發明開創皆出於古之聖人。故曰：「百工之事，皆聖人之作也。」然聖人初不尚此，其能之也，每以教人，不以加人。若德行中庸，固無加人之理。世衰道微，德行淺薄，小人之有精力者，始以其藝加人，珍其事，秘其説，以增其價，真所謂市道。故風俗日以不美，流傳之久，藝之實益不精，而眩鬻之風反更張大。學者不辨本末，不知高下，未有不爲此輩所眩者。

吾觀近時談數學者，陋日益甚，妄日益熾。未嘗涉其門户，得其師傳，安能辨其是非？但以前尊卑、貴賤、上下、先後之義推之，則自知所抉擇，譎妄之情狀，大概亦可見矣。作書畢，恐贇仲不能不惑於妄人庸夫之説，故復書此，以助抉擇。

二

荆公祠堂記與元晦三書併往，可精觀熟讀，此數文皆明道之文，非止一時辯論之文也。元晦書偶無本在此，要亦不必看，若看亦無理會處。吾文條析甚明，所舉晦翁書辭皆寫其全文，不增損一字。看晦翁書，但見糊塗，没理會；觀吾書，坦然明白。吾所明之理乃天下之正理、實理、常理、公理，所謂「本諸身，證諸庶民[一]，考諸三王而不繆，建諸天地而不悖，質諸鬼神而無疑，百世以俟聖人而不惑」者也。學者正要窮此理，明此理。今之言窮理者皆凡庸之人，不遇真實師友，妄以異端邪説更相欺誑，非獨欺人誑人，亦自欺自誑，謂之繆妄，謂之蒙闇，何理之明，何理之窮哉？

贇仲爲人質實，學雖未至，且守質朴，隨分檢省，雖未必盡是，却儘勝誑妄之人。爲學只要睹是，不要與人較勝負。今學失其道者，不過習邪説，更相欺誑，以滋養其勝心而已。

古人所謂異端者，不專指佛老。「異端」二字出論語，是孔子之言。孔子之時，中國不聞有佛，雖有老氏，其説未熾。孔子亦不曾闢老氏，異端豈專指老氏哉？天下正理不容有二。若明此理，天地不能異此，鬼神不能異此，千古聖賢不能異此。若不明此理，私有端緒，即是異端，何止佛老哉？近世言窮理者亦不到佛老地位，若借佛老爲説，亦是妄説。其言闢佛老者亦是妄説。今時却有一種天資忠厚、行事謹慤者，雖不談學問，却可爲朋友[二]。惟是談學而無師承，與師承之不正者，最爲害道。與之居處，與之言論，只漸染得謬妄之説，他時難於洗濯。不如且據

[一]「證諸庶民」，各本同，中庸作「徵諸庶民」，此係陸九淵避宋仁宗趙禎諱而改。

[二]「爲」，原作「謂」，據成化本、正德本、嘉靖本、四庫本改。

見在朴實頭自作工夫，今雖未是，後遇明師友，却易整頓也。理須是窮，但今時却無窮理之人。何時得一來，以究此義。

與孫季和 諱應時，號燭湖，浙江餘姚人，師事文安公。明孫燧死宸濠之難，乃其後也

兹以書至，發讀，知已溯江而西，既喜聞動静之詳，又恨不得一見。男子生而以桑弧蓬矢射天地四方，示有四方之志，此其父母教之望之第一義也。令尊大人既許其行〔一〕，又有二令兄在侍下，豈得便謂失養？顔子之家一簞食、一瓢飲，人不堪其憂之地，而其子乃從其師周遊天下，履宋、衛、陳、蔡之厄而不以爲悔，此豈俚俗之人、拘曲之士所能知其義哉？孟子曰：「仁，人心也；義，人路也。舍其路而弗由，放其心而不知求，哀哉！」又曰：「今有無名之指，屈而不信，非疾痛害事也，如有能信之者，則不遠秦楚之路，爲指之不若人也。指不若人則知惡之，心不若人則不知惡，此之謂不知類也。」誠使此心無所放失，無所陷溺，全天之所與而無傷焉，則千萬里之遠，無異於親膝下。不然，雖日用三牲之養，猶爲不孝也。

學不至道，而日以規規小智穿鑿傅會，如蛆蠹，如蟊賊，以自適，由君子觀之，政可憐悼耳！

〔一〕「大人」，原作「夫人」，各本同，據陸子學譜及文義改。

「山徑之蹊間，介然用之而成路。爲間不用，則茅塞之矣。」往年石應之騣騣有成路之興，復迷於異説，至今茅塞，每爲悼嘆！「知及之，仁不能守之，雖得之，必失之。」季和鄉時所得尚未能及應之，臨安再相聚時已無初相聚時氣象。是後書問與傳聞言論行事，皆不能滿人意，謂之茅塞，不爲過也。苟以其私偷譽斯世，固不難也，但非先哲所望於後學，其所賞不足以當所惜之萬一耳。幸謹思而勉行之。

是間爲況，要非紙筆所能宣達，季和能着鞭，則自相孚矣。總卿之疑不必論可矣。

與唐司法

鄙文納去數篇，第今時人偏黨甚衆，未必樂聽斯言。總卿從朱丈遊，尤不願聞者。今時師匠尚不肯受言，何況其徒苟私門户者。學者求理，當唯理之是從，豈可苟私門户！理乃天下之公理，心乃天下之同心，聖賢之所以爲聖賢者，不容私而已。顔、曾傳夫子之道，不私孔子之門户，孔子亦無私門户與人爲私商也。薄遽占復，草草。

與傅克明 傅子淵族人

見所與毛君書及顔淵善言德行論，知爲學不懈，大旨不畔，尤以爲慰。然學不親師友，則斯文未昭著處，誠難責於常才。獨力私意未能泯絶，當責大志。今時士人讀書，其志在於學場屋之文以取科第，安能有大志？其間好事者因書册見前輩議論，起爲學之志者，亦豈能專純？不專心致志，則所謂鄉學者未免悠悠，一出一入。私意是舉世所溺，平生所習豈容以悠悠一出一入之學而知之哉？必有大疑大懼，深思痛省，決去世俗之習，如棄穢惡，如避寇讎，則此心之靈自有其仁，自有其智，自有其勇，私意俗習如見晛之雪，雖欲存之而不可得，此乃謂之知至，乃謂之先立乎其大者。何時合并，以究此懷。

與章茂獻 臨江人，寧宗慶元二年作貴溪象山祠堂記，諱穎

某承乏於此，凛焉朝夕，祈於斯民，渺若航海。閭巷熙恬，訟争衰息，相安相向，不替有加。同官協力，舉無異志，職事過從，無非講習。或有指是以爲效績，區區之懷方有大懼。兵家言射，謂鏃不至指同於無矢。今學射者求鏃之至指，良不易致。孟子曰：「掘井九仞而不及泉，猶爲棄井。」古語曰：「行百里者半九十，言末路之難也。」知不至，雖弗畔不足賴也；治不至，雖不亂不足傳也。流濕就燥，物以類從，心所同然，捷於影響，固不可誣也。而其淺深、多寡、厚薄、精粗之辨，情僞、名實、盛衰、消長之變，亦不可誣也。服膺典訓，何敢貳心？至其綿薄，弗克自致，若蹈虎尾，涉於春冰，亦何敢狃饑渴之飲食，苟以自恕。教其不知，圖其不逮，力提而申策

之，是所望於同志，幸勿遐棄！

與羅春伯 見前

某夏中拜之任之命，適感寒伏枕，幾至於殆。月餘少甦，又苦腸痔。七月四日始得離家，九月三日抵二泉，即日交割。是問素號閒静，至此未嘗有一字揭示〔一〕，每事益去其煩，事至隨手決之，似頗不忤於人心。士民相敬向，吏輩亦肅肅就職，獄中但有向來二大囚，一已奏未報，一已報而憲臺未來審覆，除此牢户可闃寂矣。自外視之，真太平官府。然府藏困於連年接送，實亦匱乏，簿書所當整頓，廬舍所當修葺，道路當治，田萊當闢，城郭當立，武備當修者不少。朝夕潛究密考，略無少暇，外人蓋不知也。真所謂心獨苦耳。

今時仕宦書問常禮，與朝夕非職事應接者，費日力過半。比來於此等固不敢簡忽，第亦不敢以此等先職事。拙鈍之質，乃今尚有缺典。如臺諫侍從，當有啓劄，今皆未辦。所恃羣賢必不以此督過。萬一致簡慢之疑，更賴故人有以調護之。職事間有當控訴者，續得盡情。春伯資望日隆，宜在兩地優矣。濡筆以待慶牘，向寒，爲國保愛。

〔一〕「嘗」，原作「常」，據成化本、正德本、嘉靖本、萬曆本、四庫本改。

與薛象先 諱叔似，時爲漕使

此月三日抵二泉，即日交割，公文諒久已徹視。諸事皆仍舊貫，到此並無一字揭示，無隨行人，一榜亦吏呈舊比從之，户庭頗無壅塞，事至隨手決之，頗無忤於人心。是間元少訟訴，今至於無。其血脉蓋有在號令刑政之表者，兄能諒之。然事當料理者甚衆，潜究密稽，日不暇給，外殊不見其形也。

財計亦以連三年接送，占壓頗多，卒未有還補之策。考其實，與言者殊不相應。元章交割時，公庫緡錢萬八千有奇，今所存僅五千緡耳。歲入倚漿肆，所以爲來歲資者，又當取諸其中，軍資庫尤爲匱乏。其勢未至於不可爲，然不爲樽節，則日蹙矣。

監司、郡守數易，誠今日之大弊。比閲邸報，知兄未得請，亦不獨屬郡之幸，幸少安以惠重湖之民。

乍到，首遣兩司迎接，兵卒各有借請，義勇又適秋閲，見迓兵卒，又有未請衣賜。會慶聖節，吏以儀式諸物弊壞，舉陳當修，所不敢忽。子城甎工費日取於軍資。又創東嶽廟，工纔半。諸庫日支率多於所入。會計之事不容不精詳而爲之所。

荆門歲輸馬草二千緡，分作四季起發，赴使臺都錢物庫交納。春夏已納足，今正當輸秋季錢。前此係三分輸納銅錢，本軍比年係行使鐵錢地分，令禁日嚴，無得銅錢輸納。每是將會子到鄂渚兑换銅錢，所費頗多。今欲乞只以會子輸納，望特達允從爲幸！

此間形勢，正宜積粟聚兵，前此諸人乃未及講求。張帥有意爲城於此。元善聞有分戍之意，前日相聚時乃不及此。到應城見劉宰，言元善有此意。二公慨然如此，豈亦天時耶？幸有以相之。子城次第，秋閱畢便發手爲之，俟見端緒，當一一具聞也。

二

某到此詢訪民間疾苦，但得二事：其一是税錢役錢等，令民户分納銅錢。比年銅錢之禁日嚴，此地已爲鐵錢地分，民户艱得銅錢爲苦。官或出銅錢以易會子，收三分之息，而吏胥輩收其贏，故民以重困。其二事是坊場買名錢，須納銀買名，人户亦困於此。然買名銀須聞於朝與倉臺乃可，又所困者非農民。至如税錢役錢納銅錢，乃州郡與胥吏得其利，故斷然因民之請而盡罷之。蓋以鐵錢地分，其銅錢之禁嚴，民不敢有此，義不當責之輸於公。

今歲計方窘，平時所藉者商税。比以邊郡榷禁嚴甚，商旅爲之蕭條。此兩月税課之損幾及千緡。若令民户輸銅錢，於郡計亦有補。然不敢計此，以爲制事以義，乃當然耳。故敢求免貼陌於使臺。前書未蒙垂允，無乃執事未之深察。更望斷之以義，賜化筆免之，不勝幸甚！湖北係鐵錢地分無幾，決無他處援例之患。且在使臺亦何聞此。李注：「何」字疑誤。不然，異時官吏或挾此以擾百姓，誰執其咎？切幸痛察。力疾布此，未暇他及。

與朱子淵

某才短智拙，不習爲吏，作此乘障，真如面牆。初聞是間素有儲積，今稽其實，亦僅足耳。年來庫藏占壓頗多，所入有限，未易還補。元章初交割時，公庫緡錢萬八千有奇，今纔五千耳。蓋元章椿留萬緡，爲修子城計。略會其費，曾未十一，是役固未易舉。而軍資常平占壓之數未知所償。

讀所惠三記，不勝厚顏！駑驥之分，其在此矣。乍到，一番常禮，乃今甫定，簿書未及深究。更須旬月，當稍自竭，稽其本末，詳以求教。刀圭一粒，想無吝也。便風能豫以其凡先施，尤所望也！

某居常深念，人不可以自棄，義不可以少忘。雖其駑蹇，每自策勵，庶幾十駕。其於當世賢才，每懷鄰富之願。有如執事，豈宜久於南服。比來紛紛，多所未喻，何止教民兵一事。伯駿得衢，固可喜，然此公自亦傷弓，恐設施處未必能盡其材也。元德直節已報行矣。時事不知竟如何？天下一家，痛癢未嘗不相關也。發明此理，不無望於執事，願涵養以需之。明主可爲忠言，便當拭目。

與劉漕

計南浦之集，行將四换歲矣。伏自使華之東，尺紙問訊亦復闊絶。懷仰盛德，我勞如何？杳山崔嵬，蒙泉清澈，金蓮在底，華葉可數，民愿士淳，易於開導，作姦爲祟者，姓名可記，藏拙之地，孰便於此？第斗壘事力有限，頻歲送迎，寖爾空竭。榷酤商征，今日所仰。比來並邊法禁日密，行旅爲之蕭條，場務日入，頓以虧損。迂愚臨此，未知所以善後，長者何以振之？吴仲權得武岡，尚遲次。傅子淵在衡陽，士人歸之，太守亦甚禮之，但向來有一二同官不相樂，頗有違言，然子淵處之裕如也。鄧文範爲丞德化，李注：德化是九江縣名。政聲甚美，常攝兩邑，皆整其弊壞，民之戴之，不愧於史册所書。皆向來會中客，恐欲知之。何時復如曩集，以快此懷。

與吴斗南 湖廣黄州羅田縣宰，來書論楊子太元，故復此書

易古經爲貺，喜知雅志，第劇中未暇周覽。

塞宇宙一理耳。上古聖人先覺此理，故其王天下也，仰則觀象於天，俯則觀法於地，觀鳥獸之文與地之宜，近取諸身，遠取諸物，於是始作八卦，以通神明之德，類萬物之情。於是有辭、有變、有象、有占，以覺斯民。後世聖人，雖累千百載，其所知所覺不容有異。曰「若合符節」，曰「其揆一也」，非真知此理者，不能爲此言也。所知必至乎此，而後可言通天下之志，定天下之業，斷天下之疑。自此道之衰，學者溺於所聞，梏於所見，不能自昭明德。己之志不能自辨，安能通天下之志，定天下之業，斷天下之疑哉？

今世所傳揲蓍之法，皆襲揚子雲之謬，而千有餘年莫有一人能知之者。子雲之太玄，錯亂蓍卦，乖逆陰陽，所謂君不君，臣不臣，父不父，子不子。由漢以來，胡虜强盛以至於今，尚未反正。而世之儒者猶依玄以言易〔一〕，重可嘆也。何時合并，以究此理。

適值數日紛冗撥置，占復草草，必有以亮之。

〔一〕「玄」，原作「彼」，據成化本、正德本、嘉靖本、萬曆本、四庫本改。

卷十六

書

與章德茂 諱森，爲荆南府帥，以文安公荆門政績上薦，故與書

此月兩拜手翰，如奉談麈，慰浣之劇！伯兄以老病不獲進謁爲恨，重蒙致禮之勤，豈勝感戢！小兒持之獲侍尊俎，所以待遇者皆過其分，尤切悚愧。如聞屬有手足之戚，諒深追悼，後時修慰不專，尚幸裁恕。小兒頗能道餘教萬一，警策多矣。

荆州逃卒視州郡爲逆旅，周流自如，莫知禁戢。平日若此，緩急安能防閑？比方稍修其籍，革頂名之弊，圖致請於大府，丐與鄰郡爲約，以絶逃逸之患。適得公移，甚愜下意，即已行下巡尉義勇等，嚴其跡捕。近有襄陽逃卒投募在此，捕者尋至，即令擒去矣。敝邑自某入境，逃卒亦不少，有未獲者，恐在府下。徑差人跡捕，或恐此輩羣黨欲丐移文兵官、巡尉、義勇等，爲之應援。倘蒙捕獲，亦可懲後也。干冒威尊，不勝惶恐！

二

某備數屬壘，倏閱半祀。名雖北鄙，寔帶嚴城。光潤所蒙，最爲親切。粗謹職守，未至瘝敗，無非大府之賜。尺牋闕焉，不干記史。是猶陟嵩、華而忘山，泳江湖而忘水，揆之常情，宜獲罪戾。比得邸吏別報，乃知姓名首塵薦剡，所以獎借之辭寵甚，聞之惕然，弗稱是懼。治古公道還於盛世，前輩典刑蔚乎斯在，敢不益勵素志，勉竭駑朽，蘄無負斯言。世俗私謝之禮則不敢以累門下。伏冀高明，必垂洞察。職事所當控聞者，雖有公狀，亦合更具稟劄。慮勤聽覽，且恃照臨之密邇，皆缺弗致。令受知之深乃如此，尤不容以言謝。

三

奉十八日手誨，愛民閔雨之誠，尚賢戢姦之旨，可謂兩盡而兼著，豈勝歎仰！公道之任歸門下久矣，非適今日。某區區之志，粗知所擇，雷同苟合，竊亦所耻，同官相與，當何求哉？事惟其宜，理惟其當，議論設施，不必在己，相期相勉，大抵以此。平居論事，始有未合，各獻其宜，侃然自竭，反復之久，是非已明，伏義如響，人得所欲，殆莫知初說爲誰主之也。仰視滅私之訓，妄謂或庶幾焉。

核實之命不容不以情報。今兹旱勢，可畏殊甚！襄鄂之間，泝漢之舟鱗積灘底，曠旬淹月而不得進。漢上雨暘可見於此矣。江流增減，大府具知之。瀕淮並江諸郡屬嘗具禀，續加詢訪，舉亡異辭。敝邑初六日致禱，雖未即得霈澤，壇壝之所，朝暮致敬，祠官未常不沾濕也。惟望日終日晴徹，四無纖雲。既望之朝，率郡官迎致上泉，復冒雨而歸。自是日及今，陰雨無曠日。境内獨襄水西鄉先得大雨。七日八日之夕，自城上望，雨色如黛，震霆爲之達旦。十一、三間，襄水東鄉如獨山等處亦得大雨。至十七、八間，沿江鄉及與安樂東鄉往往得大雨矣。比日郡城乃始霶霈。南鄉最旱處亦且得雨，雨意至今未怠。當陽亦十七、八以來雨始加大。

江東西田土，較之此間相去甚遠。江東西無曠土，此間曠土甚多。江東西田分早晚，早田者種占早禾，晚田種晚大禾。此間田不分早晚，但分水陸。陸田者只種麥豆麻粟，或蒔蔬栽桑，不復種禾；水田乃種禾。此間陸田若在江東西，十八九爲早田矣。水田者，大率仰泉，在兩山之間，謂之「浴田」，實「谷」字俗書從水。江東西謂之源田，瀦水處曰堰，仰溪流者亦謂之浴，蓋爲多在低下，其港陂亦謂之堰。江東西陂水多及高平處，此間則不能，蓋其爲陂，不能如江東西之多且善也。惟南鄉去山既遠且近江，高平之地多，又邇大府，居民差衆，故多不仰泉石之田。此田最下，歲入甚多。白楊一鄉，此田居十五以上。梨陂、柘陂等鄉不下十二。惟西北東鄉分，則無此田矣。然所謂水田者，不善治堰，則並高處亦與平田相類矣。少者不十一，多者不十三，通之不過十二。上泉距郡城幾三十里。迎泉之日，迂視其田，計其龜坼者十一二，外此皆尚有水，然堰中已乾，而不繼，必大敗，今得雨，可無害也。惟白楊鄉等處高平田全未種者，見施行令種晚穀及可助食者。今歲亦幸有湖北平時水浸有不可種禾者，民皆種禾。若復無水患，又得時雨，或者可補未種之田耳。小兒歸就試，經從大府，輒布此令進謁，竊惟軫憂斯民之深，所欲亟聞，故詳及之，伏幸台察。

四

屬奉手誨，益深佩服。小子持之再望道德之光，蒙接遇之寵，爲幸厚矣。家問中備述餘教，尤深感激。傳聞民有姓易者〔一〕，爲乏食户，强以錢取去倉粟。或云在長林境中，及物色之，李注：物色，猶云辨别也。凡畜牲皆以毛色别。乃無此事。又云在當陽境内，方此詢究，尚未報也。俟得其實，續當

〔一〕「傳」後原衍一「有」字，據文義删。

布聞。

比來雨澤無不霑足，但次第有過多之患。十三日偶天陰，與僉判、教授、知縣，人以一馬數卒，行視田間，苗甚秀發，水皆盈溢，向曾龜坼者今得水茂暢，過於不缺水者。高坡未插秧者，今插已過半。秧田甚多，尚往往成羣插秧。問何以能備此秧，則曰年例如此。若其不修陂池，不事耘耨，則皆枯死。此地惰習，未易空言勸之。今冬欲措置革此習，又未知果能革否？陸地耕種粟豆者却多，中稔爲有餘矣。前書所謂湖田者，雖未及物色，勢不能不病水耳。襄陽唯南漳、宜城間得雨，外此皆久無雨。是間舟泊襄水灘下者，初七、八間得信，猶言水澀不能前進。初七日有微雨，不成水。十二、三間，自北來者却云襄陽得雨成水，但未通洽，未知此後如何？久傳北界旱甚，河之南北至相食，初未敢信。今東自承、楚，西自均、房來者，其言若一，恐或有是。竊惟長者愛民之心，追配禹、稷，無間於遠邇內外。獨恨華夷首足之分，未克大正，皇朝德施仁風，猶有限隔。君子之憂未容遽釋。旦晚召還兩地，以究設施，則樂民之樂爲有日矣。

春間趙路分良弼來閱禁旅，介然如古節士。尋有孟正將通、成統領和，因事相繼過此。適值同官習射，率然延至其間，以觀其技。馳射精熟，議論慷慨，異時所見武弁，不多其比。陶冶下風者，人材如此，推而廣之，何事不可爲哉？

長林汪宰初甚不堪姦民之訟，既見某薄治其吏，亦不能無疑。因曉以吾人無他，於此輩行法以防微，不得不爾，即遂釋然。奸民肆其欺罔，以快私忿，真大蠹也。長林具析申狀，皆是事實。併用備申，伏幸過目。

昨日得公移，聞一縣以酒折鋪兵糧。長林斷無此矣。長林鋪兵皆在軍倉請米，軍庫請錢，皆是一色白米好錢，未嘗有折支也。當陽方此詢之。然以理揆之，沈宰處事極有理，〔必〕不至如所聞〔一〕。或恐有疑似，又當有曲折，須其報即具申也。

近日以所獲劫盜中，有二人是攫客，稍以榜約束之。兼聞此輩羣黨擾寺觀與鄉村民户頗甚，故不得不裁之，亦不敢以禀聞也。

西蜀之飢，淮、浙之蝗，皆令人不能置懷。處州豪民爲盜，尤可憐也！此土雖雨澤粗足，尚用懍懍。日俟教誨，以免罪戾，伏幸終惠！

五

稍疏記室之詢，徒積傾仰。今歲之旱，諸鄉皆有少損，而南鄉頗甚。初擬瀕江湖下鄉常歲所不種者，今歲可種，謂可以補。近兩月間，江漢之流無雨而漲溢者凡三，所種之田與蔬茄麻粟

〔一〕「必」，原無，據正德本、四庫本補。

皆爲烏有。同官赴試與被檄而出者皆親目其事，歸言其狀，爲之怛然！比已分委同官，四出檢視，前數日方歸，所得尤詳。旱澇之餘，米穀自少，而諸處糴米之舟皆鱗次岸下，如都統司至使人於鄉村攔截載負米者。本軍今歲以民艱食，逐時發常平以賑之，所糴幾二千石，見椿糴過常平錢二千緡。倉臺公移踵至，催以此錢趂時糴米，以備來年賑濟。雖分差人於熟鄉收糴，而來糴者絶少。比數日以來〔二〕，米不出市，民復艱食，見出常平賑糶。

近來屢謀出賞牓，禁米舟下河，而吏輩輒以恐有遏糴之嫌爲言，初以其有理，亦與同官熟論而從之。近日事勢尤逼。又見郢州以百千之賞禁米舟下河。此間新發舉人親戚之家犯其禁，用朱漕之言免其罪，竟納賞錢。試以問吏，吏復爲遏糴之説。昨日同官相聚，復有議洩米之禁，因評吏言果出於公乎？抑有私意乎？同官皆謂此輩必有親故厚善之人商販米者，故以此爲地耳，豈有公心哉？疑未决間，忽被使臺公牒。深怪事未施行，已蒙止絶，殆所謂止邪於未形，絶惡於未萌。雖然，此事乃如吏輩之意，敝邑元無是事，不知誰敢致此説於大府，疑必有交鬭其間者，有不可不察也。

某平時不能飾説，况在門下，尤不敢不用其情。鄉來襄陽遏米價，米舟至者，皆困不能前。

〔二〕「比」，原作「此」，據嘉靖本改。

然卒以賂津吏，有夜竊過者。常謂法禁往往不足恃。比年場務益艱，商旅多行私路，私路舊微小，少所知者，今皆坦途通行。北境連年不熟，今歲尤甚。近聞米過唐、鄧間多不以舟。小民趨目前之急，不暇爲後日計，況肯爲鄉曲計、爲州縣計乎？使米粟有餘，無禁其洩可也。今方甚不足，以坐視其洩，恐亦未宜。敝邑褊小，今歲纔數旬不雨，市輒無米。鄉民素無蓋藏，同官出入村塢者，皆謂未嘗見囷倉，人家多茅茨，其室廬不能深奥，大率可窺，其有者，乃擔石之儲耳。風俗所自來非一日，今日不爲之計，後將益弊。今所謂洩米，非洩於南之患，洩於北之患也。己若有餘，或能粗給，則推以與人，乃所願也。此方有旦暮之憂，而不爲後日計者，方累累舉所恃以洩，恐不容坐視。薄遽亟此布稟，丐察言者之奸，續容商議所以處之之宜。別當具稟，伏幸台察。

與張元善 諱體仁，時爲總卿

漕台數有便郵，其發多值冗，不克附問，累託象先致意，會次當必及之。

嚴山蓋倉，其説未善。若謂以舟致之襄陽，則江漢湍淺，曠日持久，當漲溢時，風濤險悍，類不可行。陸運則自嚴山至班竹，號六十五里，山路阻隘崎嶇，其實不止此數。又類有水隔，春夏之間，每用阻絶。本軍至班竹八十五里，乃坦途。又嚴山非市井去處，人煙疏闊，儲草則可，儲粟則難於看守。莫若葺軍倉以儲粟，今子城既固，如在枕上矣。長林巡視小路，常親歷其地，叙説甚詳，已備在公狀中，幸裁之。

九江德化丞鄧約禮字文範，階爲文林，今冬當代。其家世建昌，乃臨川李侍郎德遠之婿。其居舊遭回禄，未赴德化時，寓居李氏。今其妻兄官滿歸臨川，鄧丞欲及未代前，一歸建昌營居舍，願丐使臺一檄。若蒙垂允，但付此間，旦晚即附往也。亦嘗託象先轉浼，諒必無阻。此公鄉里之秀，端愨純正，甚有宦業。比年攝兩邑，當事之難，拯其敝壞，更使爲佳地。民之戴之，不忍其去，無愧史册所書，異時真可備藥籠中物。韓昌黎守戒以「在得人」卒章，要哉言乎。

敝邑兩令皆賢，教官時有裨補，自簽以下皆悉心營職，無有異志。唯税官頗謬，近得一指使佐之，其職頓舉。拙者不過扶持勸勉，使其善意不替有加，庶幾蒙成以免戾。今農賈安帖，吏卒抑畏，盗賊衰息，作則輒獲，訟牒之少乃至曠旬，械笞塵委，五刑植立，試用希闊，用必聚觀，此豈迂拙所能坐致？竊自幸者，亦同官適逢其人耳。方至此時，積訟頗多，非其俗惡，乃不能無敗羣者耳。此輩遨遊城市，持吏長短，無理致争，期於必勝。敵不能甘，遂成長訟，諸司不止，乃至臺部。初既精求案牘，辯其曲直，既又曉以義理，使得自新，能自伏義，願改者固十八九。至於怙終之人，雖稍柔服於一時，尚圖復逞於他日，同惡亦視此爲消長。所大幸者，諸司皆賢明，此輩無所復逞。今訟之日少，俗之日厚，亦正以此。

向來得書，謂未識張監。張監趨向甚正，議論有典刑，到任以來，文移條理，每每可服。張憲在九江時，假道識之，蒙渠約飯，亦自道其政，大抵亦有家法。聞到常德多病，少見賓客，公文亦多傳入宅書押，若無所孰何引大體卧護，李注：此行疑字有錯。政亦何傷？雖曰「德星聚」可也。稽之事實，乃有大謬不然者。今敗羣之人皆走憲臺。此輩不之他司，而之憲臺，殆必有侮而動。今不問宜可，動輒索案。案之往也，又不知所處，動輒可怪。聞憲臺之吏最無禮，而又能，觀其文移行遣，似皆出吏輩。敝邑亦有數事，他郡可推而知之。未欲盡述其本末，若欲知之，後便禀聞也。聞象先與之相善，不知能有道以已之乎？奸吏猾民託以擾郡縣，害良民，傷政敗俗亦不細矣。官之不可非其人如此哉！久不奉問，引筆輒累累如此，可一笑也。

二

併啓三函，良佩謙眷，備承作止，足慰傾馳。事皆得請，尤用感服。

近日得雨稍大，境内頗周遍，惟傍江陵界上多未種，此恐無及耳。和糴一事，得不及敝邑，可謂大惠。屬者不雨，曾未踰月，民已艱食，亟發常平之粟，四散賑之，僅免狼狽。繼此雨澤霑足，倘得中下熟，敝邑欲自措置，私糴少米，貯之鄉閭，以爲異時之備。此謀或遂，皆門下之賜也。

修城會子，甚濟空乏。餘會若便得乃幸，望示其期。交納銀綱處，免苛留之患，皆藉餘庇。兑換會子二萬貫，其數甚少。聞之去年換會子時，官府行之滅裂，細民又不善觀揭示，誤認下文立限三月之内，有不及之數，並仍舊流轉交易買賣，遂收不損壞者，不赴場換易，及至限滿，既行使不得，悔之無及。今此懲前日之害，叢湊來换，官吏見發到會子不多，遂人限其數，日限其人，來者頗以爲病。前日令其限數日换三四千緡，來者原原，後又將不止。又以商人以會子難得，滯留於此，所積或三四百千，或七八百千。官吏見其數多，又是商旅，又限其數，不肯换與。來訴淹留折閲之狀，勢不容不换與之。所發會子，不供數日耳。公移再求五萬，勢恐未止此數，若覺未足，又當上浼。

前日得新漕臺復書，見其辭氣温厚，有前輩典刑，甚爲之喜。第前此不相識，未欲遽以片紙輸腹心。象先書中屢言林斡之賢，欲通書，偶亦未及。漕臺會次，得借一言之重，使獲區區牧養之志，不勝幸甚！郡縣非得使家相知聞，相假借，則吏文之能掣肘者多矣，切幸介念。

汪長林真愛民如子，近有奸民楊汝翼、方九成者，嗾其黨類十餘人擁帥庭，訴其虐民。詞中有云：「欲訴本軍，又恐知軍刪定太慈；若只送縣，愈起讐民之意。」某在此，初未常以姑息從事，猾吏奸民爲柔良害者，屢繩治之矣。單辭虚僞，或不待兩造而得其情，尋問根本，與之反覆，頃刻之間有姦露辭屈，伏罪而去者。區區於此，自謂有一日之長。訟争之少、盜賊之衰殆亦以此。愚民但見械笞塵委，試用希闊，往往有慈仁之説。其姦黠駔儈者實有所憚，且惡其不便於己，他未有可以中傷，且倡和其間，加大慈等語，以爲媒孽之地。帥庭之訟，此其驗也。帥方禱雨未應，此輩乘時投辭。帥舊知長林，方得書，稱歎其美，見規某不能拈出此牒，尋至亦不能不疑，觀其判辭不止於疑，遂至盛怒。章丈賢甚[二]，某即以書解之，涣若冰釋，此等尤令人敬服。王謙仲在隆興時，曾傳聞一事，即以書告之，政與此相類，謾録往一觀，此等亦不可不知也。後見謙仲報書云，果有是事，但所判甚平，却不至於長奸也。

此間號民淳，但細民淳耳，至其豪猾，則尤陸梁於江浙也。因筆不覺忉忉。

[二]「丈」，成化本、嘉靖本、萬曆本作「文」。

卷十七

書

與張監

某效職如昨，皆依大庇。子城土工歲前畢事，包砌東北一隅猶未周浹，見甎已盡。鄉蒙台旨，令自致買名銀之請，今方圖之，俟得消息，當逐一稟聞也。通廟堂朝士書，更望一言之賜。此事之就，可壯邊城之勢，常平倉庫如在枕上矣，計必蒙垂念也。

去冬少雨，此間幸得雪頗大。麥今甚秀。正月尾又得薄雪。比來殊未有雨意，園蔬甚渴，高田亦需水而耕，不無可慮者。去冬得家書，謂江東西秋獲，稻皆虛耗，民多流移，此間却無是患，目今皆熙熙。但和糴與租米亦皆不如常歲，以此知米穀不能無耗折，但人不覺耳。商稅榷酤皆虧於往時，稍詢旁郡，往往皆如此。

凡事自十數年來細校之，大抵益難。易曰「窮則變，變則通，通則久」，是以「自天佑之，吉無不利」。所謂變而通之者，必有其道。斷願承教，不敢爲累牘之禮以溷記史，當蒙亮恕。

二

屬承手翰，風誼凜然，三復之餘，益深降歎。魯欲使樂正子爲政，孟子曰：「吾聞之，喜而不寐。」孟子所喜，亦曰君將蒙其益，民將被其澤，道將行於時而已。某前日贊喜之牘，竊自附於此。固知外物不足爲賢者輕重也。

歸正人伊信者，常至庭，備諭以賢監司宣布聖朝恩德之意，見其衣服藍褸，因薄賙之，今不復叫呼矣。其類有二三人相次陳乞，計次第關聞也。

使華過此，時有一陳狀者，乃長林係官畫匠[一]。後自知理曲，復藏避，不欲迫追，以開其自新之路。近方出頭，喻之以理，令下當陽，與其嫂行踏田界，旦晚即申聞其詳。

簿書捐絶，官府通弊，是間僻左，忽略尤甚，公私文書類難稽考，鄉來郡中公案只寄收軍資庫中，間常置架閣庫，元無成規，殆爲虚説。近方令諸案就軍資庫，各檢尋本案文字，收附架閣

[一]「畫」，原作「盡」，據成化本、正德本、嘉靖本、萬曆本、四庫本改。

庫，隨在亡登諸其籍〔二〕，庶有稽考。若去秋以來文案全不容漏脱矣。

使臺所索屈彦誠公案，申發已久。續索所毁公據斷由，以不曾啓縣封，不知在不？尋呼縣吏問之，果不在其中，責令搜求，累日不得。即追薛諒、劉習問之。薛諒老病，扶拄出頭，勢必擡輿而後可前。劉習自陳初不與事，薛諒亦云省憶追屈氏公據斷由時，里正是吴文海，非是劉習。後追到吴文海，果無異辭，然謂當時已追到官。薛諒亦云：「省憶得當時一文公據斷由，皆已附案，今若不在，乃是案中漏失。」長林見其事如此，重於發人，親監縣吏，倒架搜尋，得斷由一截，然情理尚可考，公據則竟不在。今且發斷由去。三人皆知責俟命〔三〕，若不妨裁斷，得免解其人，尤幸！

比來訟牒益寡，有無以旬計，終月計之，不過二三紙。第積年之訟，尚有六七事未竟。此數事日已決三事，勢不復起矣。如蘄榮、屈彦誠二事，旦暮必決。餘二事亦皆諭之以理，使自和解，未知能從否？要亦在旬日當決。

過社節來，屢得雨，高田皆可耕。每多夜雨，農者之占以爲必稔，未知果驗否？

〔二〕「登」，原作「證」，據成化本、正德本、嘉靖本、四庫本改。

〔三〕「三人」，原作「一二人」，據成化本、正德本、四庫本改。

此間平時多盜，今乃絶無，有則立獲。前政有二盜未獲，今巡尉亦皆是後任者。憲臺督責常文，久已因循，近乃押至，其辭加峻。此盜在當時即已遠逃，今固無可得之理。當時巡尉已逃責罷去久矣。今巡尉一人且將滿，一人且書考矣，一旦責以前任不可得之賊，行移如此，似亦非宜。此間平時爲害之盜，今盡捕獲。能爲盜之人與常停盜之家皆已密籍在此，苟有盜，亦不容不獲也。平時剽奪於道路者，近獲二人，已斷配一人，一人見在獄。鄉來稟聞當陽界内，有六七輩打奪人錢物，縛之於深林中而去者，皆已斷配。今日之無盜，大抵以此。憲臺輒駁下此案，令檢斷去，析其所駁之説無道理。比間檢斷官具析之文[一]，條理粲然，謾令録呈，得一過目，幸甚！

又有大囚，其犯乃在某未到任時。到此未久，即見一人來投牒，乃被殺之家，訟當陽勘囚情節未盡。觀其辭，即知其爲健訟者。已而聞之，果無狀之人，以好訟不已，常遭徒刑矣。即判送當陽縣，令從公盡情根勘，不得稍有鹵莽。沈宰亦在郡，某亦常摘其詞中所訟與相反覆。沈宰謂大囚在獄，只得盡情，出入皆不可，其事皆親自研勘，不在吏手。觀沈宰序説本末，果皆不苟。及其解本軍，軍院猶研究有節目未盡者，竟追縣吏斷遣，今奏案上矣。健訟之人自憲使之至即

[一]「比」，原作「此」，據成化本、嘉靖本改。「具」，原作「吏」，據成化本、正德本、嘉靖本、四庫本改。

投牒於憲臺，計其投牒之日，乃在此間奏上之後。憲臺遂索案，比既奏，又先申憲矣。然既索案，只合發往。前月方得牒改送司理院，且言已專人發案下。然其案逮今未至，司理院亦無從照勘。本軍相尋有兩奏案，一後奏者下已久矣，此案獨未下，豈憲臺致疑於其間，以上聞也。此事本末甚詳，當時憲臺但以其詞與所疑令本軍具析，則其事涣然矣。刑獄淹延，亦憲臺之任。其囚已於絞刑上定斷，獨以殺人無證，法當奏裁。縱令別勘，其情與其刑皆不能有所加。

張丈老成前輩，近自鄉里過九江時亦嘗侍尊俎，未必有心相困。近物色之，乃今憲臺法司黄亮者，乃此間人吏。鄭守窘王守之時，此人多不用事。今聞自孔目已下，多與之有隙。或謂其人爲此以報私怨。萬一出此，所簽廳官與檢法官亦唯黄亮是聽而已。張丈前輩，某本欲作書，又恐不暇省録，敢借一言之重以調護之，幸甚！

鄉來張丈有公劄問人材，某常以兩縣宰與教官爲對。以沈爲宰，某備員守臣，莫不至甚有寃濫也。張丈尊年，諸事未可直致，恐反致疑也。幹官檢法者不知何等人品〔二〕？幸有以調護之。恃契愛凂瀆，伏幸恕察。

〔二〕「幹官」，原作「韓宫」，據成化本、嘉靖本改。

與豐叔賈〔一〕諱誼，爲湖南漕

某迂疏，置之泉石間甚宜，一行作吏，强其所劣，欲罷不能。前者所聞荆門郡計不至窘束，至此大異所聞。蕞爾小壘，頻歲迎送，勢不能堪。疆土雖稍廣闊，然山童田蕪，人蹕稀少，户口不能當江浙小縣。始至，妄意創築子城，今幸向畢。春間廨舍適有回禄之災，不容不新之。在官亭宇，以數政皆不久積壞，幾不可支吾，李注：與「枝梧」同。只得隨宜修葺。不習於吏，當此匱乏，重以百役。今歲漢江、岷江皆無雨暴溢，瀕水下地，所傷甚多。分委同官，四出檢視，從實與之蠲租，常賦殆虧其半，凜焉未知所以善後，倘有以督而振救之，是所望於長者，唯無愛是幸！

與鄧文範見前

某在此，士民日相安，所爲不至齟齬。第二月九日之夜，宅堂有回禄之災，大屋十餘間頃刻成燼，私居行李幾爲一空，幸不曾延燒官府，文書印記等無毫髮損失。骨肉間一時不至甚驚恐，過後循省，乃生驚怖，旬日乃定。然比之常人之情相去亦遠。持、循二子與姪孫濬當火起時頗

〔一〕「賈」，原作「賓」，據成化本、正德本、嘉靖本、萬曆本、四庫本改。

見力量，他日或可望，第目今二子終未肯進學耳。

近以田間缺水，登蒙泉山頂禱雨，靈應甚著，三祝文薛漕處有之。是間民益相安，士人亦有向學者。郡無逃卒，境内盗賊絶少，有則立獲，訟牒有無以旬計。然太守自無暇，此間有積年之訟，皆盤錯。外郡之訟，諸司亦時遣至。此又有築城造屋之役，適連年送迎之後，計財匱乏，頗費調度。近以商税虧額之甚，遂自料理，頓有增羨，乃知事無不可爲者。始至即修煙火保伍，賊盗之少，多賴其力。近忽有劫盗九人，劫南境村中軟堰寺長生庫，遲明爲煙火隊所捕。敵殺一人，生擒九人，皆勇悍之盗。義勇之外，煙火隊今亦可恃。凡事薛漕必能言之。凌遽遣此，更須續致。

與致政兄

某拙鈍不敏，豈不自知。然物莫不各有所長，各有所短。若其深思力考，究事理之精詳，造於昭然而不可昧，確然而不可移，則竊自信其有一日之長。家信中詳言事爲者，非是矜誇，政欲以情實達於長上耳。

某常謂三代而下有唐虞三代遺風者，唯漢趙充國一人而已。宣帝問曰：「誰可使者？」則曰：「無踰老臣。」其客勸其歸功朝廷與諸臣，則曰：「兵之利害，當爲後世法，老臣豈嫌伐一時事以欺明主哉？」皋陶曰：「朕言惠可底行。」禹曰：「予暨益播庶鮮食艱食，蒸民乃粒，萬邦作乂。」又曰：「予決九州，距四海，濬畎澮距川。」又曰：「予創若時，娶於塗山，辛壬癸甲，啓呱呱而泣，予弗子，惟荒度土功。」夔曰：「予擊石拊石，百獸率舞，庶尹允諧。」此等皆非矜誇其功能，但直言其事，以著其事理之當然。故君子所爲，不問其在人在己，當爲而爲，當言而言，人言之與吾言一也。後世爲不情之詞者，其實不能不自恃。古之君臣朋友之間猶無飾辭，況父兄間乎？唐虞三代盛時，言論行事洞然無彼己之間。至其叔末德衰，然後有：「爾有嘉謀嘉猷，入告爾后於内，爾乃順之於外，曰『斯謀斯猷，惟我后之德』。」前輩之論，以爲太甲卒爲商太宗，追配成湯〔一〕，無愧而有光，以其善惡是非灼然明白，非成王比也。成王卒爲中才之主，以流言疑周公，此難以言智。自此而降，周德不競矣。入告出順之言，德不競之驗也。後世儒者之論不足以著大公，昭至信，適足以附人之私，增人陷溺耳。銖銖而稱之，至石必繆；寸寸而度之，至丈必差。「石稱丈量，徑而寡失」。後世人君亦未嘗不欲辨君子小人，然卒以君子爲小人，以小人爲君子者，寸寸而度，銖銖而稱之過也。以銖稱寸量之法繩古聖賢，則皆有不可勝誅之罪，況今人乎？今同官皆盡心力相助，人莫不有才，至其良心固有，更不待言。但人之見理不明，自爲蒙

〔一〕「追配」，原作「近配」，據成化本、正德本、嘉靖本改。

蔽，自爲艱難，亦蒙蔽他人，艱難他人，善端不得通暢，人心不亨，人材不得自達。阻礙隔塞處多，但增尤怨，非所以致和消異。今時人〔臣〕[一]，逢君之惡，長君之惡，則有之矣，所謂格君心之非，引君當道，邈乎遠哉！重可嘆哉！

與張伯信

屬者伏承使華臨賁，侍坐陪吟，日飽德義，慰喜可知。至如風露淒清，星河錯落，月在林杪，泉鳴石間，薰爐前引，茶鼎後殿，方池爲鑑，迴溪爲佩，冰玉明瑩，雪霜騰耀，則噴玉新亭，真蓬壺、瀛洲已。方士徒爾幻怪，安知真仙在此而不在彼也。奇石悉已如數[二]，置之作者，屹立瀑間，瀕池四輩，聳然相望，如五老後有三峰，跬步之間便使人應接不暇，如聞玉泉，亦蒙點化，光價十倍其初，此邦何幸。自此天下名勝皆有望於門下矣。

[一] 「臣」，原無，據四庫本補。

[二] 「數」，成化本、嘉靖本作「教」。

與似清

九月八日，蒙泉守陸某書復明珠庵清長老禪師侍者：自從臨安一別，直至如今，談詠高風，便同覿面。去年百八姪歸自南嶽，得書，又承惠藥，足慰别懷。道人家信緣信脚，到處爲家可也。明珠庵幸有諸貴人賢士相愛，得住且住。若是名山大刹，更尚有緣，頂笠便行，亦且無礙。不須擬議，不勞擘劃，在在處處皆是道場，何處轉不得法輪？何人續不得慧命？事忙，來人索書，草草奉此，想蒙道照。

與沈宰

回禄之災，獨中居室，此某不德之譴也。慰唁勤至，益重悚惻。臧、張二蘖初欲以聞上，而終治者，以其有自新之意，姑從末減，小示懲戒，恐欲知之。築室之役，豫蒙軫念，尤佩厚意。長林艱得竹材〔一〕，不免以累治下。旋令納去百緡，煩令計費，續當奉償。郡中以子城之役，殊覺空竭，更賴調護之方，振翼而成就之，是願是幸！承欲一

〔一〕「材」，成化本、正德本、嘉靖本、四庫本作「木」。

來，諸遲面既。

薦領詩文，皆豪健有力，健羨，健羨！

二

某鄉有復程帥惠江西詩派書，曾見之否？其間頗述詩之源流，非一時之説，愚見大概如此。國風、雅、頌固已本於道。風之變也，亦皆發乎情，止乎禮義，此所以與後世異。若乃後世之詩，則亦有當代之英，氣禀識趣不同凡流，故其模寫物態，陶冶情性，或清或壯，或婉或嚴，品類不一，而皆條然各成一家，不可與衆作渾亂。字句音節之間皆有律吕，皆詩家所以自異者。曾子固文章如此，而見謂不能詩。其人品高者又借義理以自勝，此不能不與古異。今若但以古詩爲師，一意於道，則後之作者又當左次矣。何時合併，以究此理。

卷十八

奏表

刪定官輪對劄子

李注：劄，斬入聲。非表非狀，謂之劄子。

臣讀典謨大訓，見其君臣之間，都俞吁咈，相與論辯，各極其意，了無忌諱嫌疑。於是知事君之義當無所不用其情。唐太宗即位，魏徵爲尚書右丞，或毁徵以阿黨親戚者。太宗使温彦博按訊，非是。彦博言：「徵爲人臣，不能著形迹，遠嫌疑，心雖無私，亦有可責。」太宗使彦博責徵，且曰：「自今宜存形迹。」徵入見曰：「臣聞君臣同德，是謂一體，宜相與盡誠，若上下但存形迹〔一〕，則邦之興衰未可知也。」太宗瞿然曰：「吾已悔之。」數年之後，蠻夷君長帶刀宿衛，外户不閉，商旅野宿，非偶然也。唐太宗固未足爲陛下道，然其君臣之間一能如此，即著成效。

〔一〕「上」，原作「陛」，據成化本、正德本、嘉靖本、四庫本及資治通鑒卷第一百九十二唐紀八改。

陛下天錫智勇，隆寬盡下，遠追堯舜，誠不爲難。而臨御二十餘年，未有太宗數年之效。版圖未歸，讐耻未復，生聚教訓之實可爲寒心。執事者方雍雍于于，以文書期會之隙與造請乞憐之人，俯仰疇酢而不倦，道雨暘時若，有詠頌太平之意，臣竊惑之。臣誠恐因循玩習之久，薰蒸浸漬之深，雖陛下之剛健，亦不能不消蝕也。鸞鳳之所以能高飛者，在六翮。臣願陛下毋以今日所進爲如是足矣，而博求天下之俊傑，相與舉論道經邦之職。將見無愧於唐虞之朝，而唐之太宗誠不足爲陛下道矣。取進止。

二

臣讀漢武策賢良詔，至所謂「任大而守重」，常竊嘆曰：「漢武亦安知所謂任大而守重者。」自秦而降，言治者稱漢唐。漢唐之治，雖其賢君亦不過因陋就簡，無卓然志於道者。因陋就簡，何大何重之有？

今陛下獨卓然有志於道，真所謂「任大而守重」。道在天下，固不可磨滅，然「人能洪道，非道洪人」〔二〕。今陛下羽翼未成，則臣恐陛下此心亦不能以自遂。陛下此志不遂，則宜其治功之

〔二〕「洪」字，據論語應作「弘」，此係陸九淵避趙弘殷之諱改。

不立，日月逾邁，而鬆鬆然反出漢唐賢君之下也。神龍棄滄海，釋風雲，而與鯢鰍校技於尺澤，理必不如。臣願陛下益致尊德樂道之誠，以遂初志，則豈惟今天下之幸，千古有光矣。取進止。

三

臣嘗謂事之至難，莫如知人；事之至大，亦莫如知人。人主誠能知人，則天下無餘事矣。管仲常三戰三北，三見逐於君，鮑叔何所見而遽使小白置彎弓之怨[二]，釋囚拘而相之？韓信家貧無行，不得推擇爲吏，不能自業，見厭於人，寄食於漂母，受辱於跨下，蕭相國何所見而必使漢王拔於亡卒之中，齋戒設壇而拜之？陸遜，吴中年少書生耳，吕蒙何所見而必使孫仲謀度越諸老將而用之？諸葛孔明，南陽耕夫，偃蹇爲大者耳，徐庶何所見而必欲屈蜀先主枉駕顧之？此四人者，自其已成之效觀之，童子知其非常士也。當其困窮未遇之時，臣謂常人之識，必無能知之理。李評：按大禹言：「知人則哲，能官人。」周公言文武克知灼見，又曰：「立政勿以憸人，其惟吉士。」先生以當時賢奸並用，莫知深辨，故切言之。

人之知識若登梯然，進一級則所見愈廣。上者能兼下之所見，下者必不能如上之所見。陛

[二]「弓」，成化本、嘉靖本、萬曆本作「刀」。

下誠能坐進此道，使古今人品瞭然於心目，則四子之事又豈足爲陛下道哉？若猶屈鳳翼於雞鶩之羣，日與瑣瑣者共事，信其俗耳庸目，以是非古今，臧否人物，則非臣之所敢知也。取進止。

四

臣嘗謂天下之事有可立致者〔一〕，有當馴致者。旨趣之差，議論之失，是惟不悟，悟則可以立改。故定趨向、立規模不待悠久，此則所謂可立致者。至如救宿弊之風俗，正久隳之法度，雖大舜、周公復生，亦不能一旦盡如其意。惟其趨嚮既定，規模既立，徐圖漸治，磨以歲月，乃可望其丕變，此則所謂當馴致之者。日至之時，陽氣即應，此立致之驗也。大冬不能一日而爲大夏，此馴致之驗也。

凡事不合天理、不當人心者，必害天下，效驗之著，無愚智皆知其非。然或智不燭理，量不容物，一旦不勝其忿，驟爲變更，其禍敗往往甚於前日。後人懲之，乃謂無可變更之理，真所謂懲羹吹虀、因噎廢食者也。自秦漢以來，治道龐雜，而甘心懷愧於前古者，病正坐此。

歲在壬辰，臣省試對策首篇，大抵言古事是非初不難論，但論於今日多類空言，事體遼絕，

〔一〕「立致」，成化本、正德本、嘉靖本、萬曆本、四庫本作「立至」。下「立致」同。

形勢隔塞，無可施行。末章有云：「然則三代之政其終不復矣乎？合抱之木，萌蘖之生長也；大夏之暑，大冬之推移也。三代之政豈終不可復哉？顧當爲之以漸而不可驟耳。有包荒之量，有馮河之勇，有不遐遺之明，有朋亡之公，於復三代乎何有？」臣乃今日請復爲陛下誦之。取進止。

五

臣聞人主不親細事，故皋陶賡歌，致叢脞之戒；周公作立政，稱「文王罔攸兼于庶言、庶獄、庶事」〔一〕。唐德宗親擇吏宰畿邑，柳渾曰：「陛下當擇臣輩以輔聖德，臣當選京兆尹以承大化，尹當求令長以親細事。代尹擇令，非陛下所宜。」此言誠得皋陶、周公之旨。今天下米鹽靡密之務往往皆上累宸聽。臣謂陛下雖得皋陶、周公，亦何暇與之論道經邦哉？

荀卿子曰：「主好要則百事詳，主好詳則百事荒。」臣觀今日之事，有宜責之令者，令則曰「我不得自行其事」；有宜責之守者，守亦曰「我不得自行其事」。推而上之，莫不皆然。文移回復，互相牽制，其説曰「所以防私」。而行私者方藉是以藏姦伏慝，使人不可致詰。惟盡忠竭力

〔一〕「庶事」，各本同，尚書立政作「庶慎」，此係陸九淵避宋孝宗趙昚之諱而改。

之人欲舉其職，則苦於隔絶而不得以遂志。以陛下之英明，焦勞於上，而事實之在天下者，皆不能如陛下之志，則豈非好詳之過耶？此臣所謂旨趣之差，議論之失，而可以立變者也。臣謂必深懲此失，然後能遂求道之志，致知人之明。陛下雖垂拱無爲，而百事詳矣。臣不勝拳拳！取進止。

荊門到任謝表

起之祠館，畀以邊城，來見吏民，祇承光寵。伏念臣才由拙短，學以樸專，必古道之可求，竭愚衷而自信，用情所愜，載僞是羞。頃玷末科，未更煩使，荐塵薦剡，遽忝周行。初糾正於成均，繼編摩於書局，坐閲五年之久，慚無一策之奇。賜對祥曦，誤蒙聖獎，嘖煩東省，反冒優恩。仰麗日之重明，伏下風而增忭。固願鞭其綿力，以自效於昌時。

基玉維州，沮、漳在境，擁江帶漢，控蜀撫淮，豈惟古争戰之場，實在今攻守之要[一]。政須英傑，以佐規恢，敢謂疲駑，濫膺委寄。兹蓋伏遇皇帝陛下，道同舜禹，德配湯文，灼三俊之心，迪九德之行，精微得於親授，廣大蔚乎天成，以搜訪儲材，以試用責實，肆令凡下，亦被甄收。臣敢

[一]「攻」，原作「政」，據成化本、嘉靖本改。

不益勵素心，庶幾尺寸，上裨遠略，附近涓塵。臣無任。

與廟堂乞築城劄子

某僭有白事：書曰「有備無患」，記曰「事豫則立」。荆門在江漢之間，爲四集之地，南捍江陵，北援襄陽，東護隨郢之脅，西當光化、夷陵之衝。荆門固則四鄰有所恃，否則有背脅腹心之虞。由唐之湖陽以趨山，則其涉漢之處已在荆門之脅。由鄧之鄧城以涉漢，則其趨山之處已在荆門之腹。自此之外，間道之可馳，漢津之可涉，坡陀不能以限馬，灘瀨不能以濡軌者，尚多有之。自我出奇制勝，徼敵兵之腹脅者亦正在此。善制事者，常令其利在我，其患在彼，不善者反之。法曰：「先爲不可勝，以待敵之可勝。」又曰：「無恃其不來，恃吾有以待之；無恃其不攻，恃吾有所不可攻。」謂能銷患致利，備豫不虞也。荆門雖四山環合，易於備禦，義勇四千，强壯可用，而素無城壁，倉廪府庫之間，麋鹿可至。累政欲修築子城，畏憚其費，不敢輕舉。某竊謂郡無城郭，使在内地尚且不可，況其在邊？平居形勢不立，扃鑰不固，無以係民心，待暴客。脱有緩急，區區倉庫之儲適足以啓戎召寇，患害之致，何啻丘山。權今費役，曾不毫末，惜毫末之費，忽丘山之害，難以言智。一旦有警，誰執其咎？

某去冬妄意聞于帥府，請就此役。尋得帥檄，令委官置局，徑自修築。欲趂冬土堅密，庶幾可久。已於十二月初四日發手，亦幸天氣晴霽，人心齊一，臘前兩旬土工畢事，規模稍壯，邦人慰滿。小壘綿薄，仍歲送迎，事力殫竭，累政之積，僅足辦此。會計用甎包砌，立門施樓，其費尚多。目今見已包城十丈，砌角臺一所，建敵樓一座。以此計之，猶當用緡錢三萬。本軍有買名銀一萬七千餘兩，隸在常平，稽之專條，不可擅用。欲乞鈞慈，特爲敷奏，於數内撥支銀五千兩，應副包砌支用。使城壁一新，形勢益壯，姦宄沮謀，民心有賴，實爲無窮之利。伏想鈞懷，垂念邊城，不異牆屏，思患豫防，久有廟算。擇狂聽愚，當不待辭之畢也。

卷十九

記

敬齋記

古之人自其身達之家國天下而無愧焉者，不失其本心而已。凡今爲縣者，豈顧其心有不若是乎哉？然或者遏於勢而狃於習，則是心殆不可考。吏縱弗肅，則曰事倚以辦；民困弗蘇，則曰公取以足。貴勢富强，雖姦弗治；貧羸孤弱，雖直弗信，習爲故常。天子有勤恤之詔，迎宣拜伏，不爲動心，曰奚獨我責？吏縱弗肅，民困弗蘇，姦弗治而直勿信，天子勤恤之意不宣于民，是豈其本心也哉？勢或使之然也。

方其流之未遠，平居静慮，或有感觸，豈能不忸怩於其心？至其同利相挺，同波相激，視己所行爲天下達道，訕侮正言，仇讎正士，則是心或幾乎泯矣。「人之所以異於禽獸幾希。庶民去之，君子存之。」是心或幾乎泯，吾爲懼矣！天地鬼神不可誣也，愚夫愚婦不可欺也，是心或幾乎泯，吾爲懼矣！黄鍾大吕施宣於内，能生之物莫不萌芽。奏以大簇，助以夾鍾，則雖瓦石所壓，重屋所蔽，猶將必達。是心之存苟得其養，勢豈能遏之哉？

貴溪，信之大縣，綿地過百里，民繁務劇。暨陽吴公爲宰於兹。吏肅矣，而事未始不辦；民蘇矣，而公未始不足。姦治直信，民莫不説。而惴惴焉惟恐不能宣天子勤恤之意，是其本心之所發，而不遏於其勢者耶？然公之始至，則修學校，延師儒，致禮甚恭。余屢辱其禮，不敢受。今爲齋於其治之東偏，名之以「敬」。請記於余文，至於再三，望道之重若不可及者。

某聞諸父兄師友，道未有外乎其心者。自可欲之善至於大而化之之聖，聖而不可知之神，皆吾心也。心之所爲，猶之能生之物得黄鍾大吕之氣，能養之至於必達，使瓦石有所不能壓，重屋有所不能蔽。則自有諸己至於大而化之者，敬其本也。豈獨爲縣而已。雖然，不可以不知其害也。是心之稂莠萌於交物之初，有滋而無芟，根固於怠忽，末蔓於馳騖，深蒙密覆，良苗爲之不殖。實著者易拔，形潛者難察，從事於敬者尤不可不致其辨，公其謹之。某雖不敏，它日周旋函丈，願有所請。

公名博古，字敏叔。

淳熙二年十有二月望日，迪功郎新隆興府靖安縣主簿陸某記。

宜章縣學記

大訓有之：「天聰明，自我民聰明；天明畏，自我民明威。」蓋斯民之衷，惟上帝實降之。作之君師，惟其承助上帝，故曰「天子」。內建朝廷，由公卿至於百司庶府；外部邦邑，由牧伯至於子男附庸，則亦惟天子是承是助。故周公以徽言告成王曰：「克知三有宅心，灼見三有俊心，以敬事上帝，立民長伯。」成王之誥康叔，誕陳民常，且曰：「外庶子訓人正人，至於小臣諸節，皆所以使之分別乎此而播敷之，以造民大譽。」漢董生曰：「今之郡守縣令，民之師帥，所使承流而宣化也。」是故任斯民之責於天者，君也；分君之責者，吏也。民之弗率，吏之責也；吏之不良，君之責也。書曰：「萬方有罪，罪在朕躬。」又曰：「百姓有過，在予一人。」此君任其責者也。可以爲吏而不任其責乎？

今爲吏而相與言曰：「某土之民不可治也；某土之俗不可化也。」嗚呼！弗思甚矣。夷狄之國，正朔所不加，民俗各繫其君長，無天子之吏在焉，宜其有不可治化者矣。然或病九夷之陋，而夫子曰：「君子居之，何陋之有？」況非夷狄，未嘗不有天子之吏在焉，而謂民不可治，俗不可化，是將誰欺？春秋之時，去成周未遠也，曾子且曰：「上失其道，民散久矣。如得其情，則哀矜而弗喜。」春秋而來，至於今幾年矣。覩民之罪，視俗之惡，顧不于其上之人而致其責，而惟民是尤，則斯人之爲吏可知也。孟子曰：「飢者易爲食，渴者易爲飲。」孔子曰：「德之流行，速於置郵而傳命。」吾於其所謂不可治者，有以知其甚易治也；於其所謂不可化者，有以知其甚易化也。

郴據嶺，爲荆湖南徼，宜章又郴之南徼，遠於衣冠商賈之都會，其民宜淳愿忠樸，顓蒙悍勁，而不能爲詐欺。不才之吏不能教訓拊循其民，又重侵漁之。民不堪命，則應之以不肖，其勢然也。夫淳愿忠樸，顓蒙悍勁，而不能爲詐欺，此侵漁者之易以逞志；而其積之已甚，有所不堪，則不肖之心勇發而無所還忌，亦其勢然也。不數十年間，盜孽屢起，宜章以是負惡聲，有自來矣。

淳熙十有二年，吴侯鎰抵行都，諸公貴人倒屣迎之，咸稱其才，將有論薦。於是宜章闕宰，顧吏之視仕宜章若蹈貙虎之區，無敢往者。帥府嗜吴侯之賢，辟書東馳。吴侯欣然就之，至則務去民之所惡而致其所欲，勉之使爲學，以雪惡聲。大葺學宫，補弟子員。淳熙五年，始建今學。八年，朝廷殊其令，優其數，以獎誘入學之士。部使者各求其所隸閒田以廩之。士之廩於學者五十人，自食而學於其間者又數十人。句讀訓詁，旨義辭章，少長分曹，皆經講授，士勸其業。豈惟學官？異時鬬争敓攘，（李注：敓，同「奪」。）惰力侈費之習，廓然爲變；忠敬輯睦，尊君親上之風，藹然爲興。牒訴希闊，岸獄屢空，旦晝爲求簿書期會之事，僅費數刻。吴侯策勳文史，優于里居，閒則益發泉石之秘，倘徉詠歌以致其適，自謂茲土之樂，中州殆不如也。方其始至，解除煩苛，布宣天子德意，爲條教以曉其父兄，興學校以育其子弟。而其民鼓舞踴躍，回心異鄉，惟恐居後，曾不淹久而效見明著。暇裕若此，然則致治施化，誠莫易於此矣！

雖然，周道之行，羣黎好德。武夫之節，優於干城。游女之操，竦於喬木。忠厚純積，洽于庶類。「敦彼行葦，牛羊勿踐履」。當此之時，民日遷善遠罪而不知爲之者，如雍容康莊而忘其夷，優游厦屋而忘其安也。及道之衰，王澤寖竭，綱弛倫斁，獄訟滋而干戈起，民墜塗炭。由是霸圖迭興，異端並作，儌其困極窘至而歸之，若出荆棘而陷邪蹊，脱塗淖而棲茇舍。喜幸之浮，康莊厦屋，平居緩帶，所無有也。至於會載籍以自藩飾，害義崇私，不知紀極，則其爲荆棘塗淖抑益深矣。「曠安宅而弗居，舍正路而弗由」，豈得罪彼民哉？吴侯其亦有憂於是乎？

僕夫效駕，必命所之，千里雖遠，首途發軔，燕越可辨。此學之興，敢問所向？爲辭章從事場屋，今所未免。苟志於道，是安能害之哉？「所欲有甚於生，所惡有甚於死」，是心之存，上帝臨女，先民垂訓，昭若日星。呻其佔畢，覆用敝之，責有在矣。夫不遠千里屬記於予，而豈徒哉？三晉分國，齊、秦圖帝，衍儀伏軾，説士蜂起，兵强國富，是爲良臣。功利之習入於骨髓，楊朱、墨翟、告子、許行之徒又各以其説從而誣之，帝降之衷茅塞甚矣。自暴者既不足與有言，而自棄者又曰：「吾身不能居仁由義」，故孟子道性善，發四端，曰：「人之有是而自謂不能者，自賊者也；謂其君不能者，賊其君者也。」唐韓愈謂郴當中州清淑之氣〔二〕，蜿蟺扶輿，磅礴而鬱積，李注：扶輿，氣積貌。蜿音宛，蟺音蟬，盤曲貌。磅礴，混同貌，又廣被也，充塞也。必有魁奇忠信材德之民生其間。而今而後，吾有望於宜章矣。

淳熙十有四年十有一月甲子，臨川陸某記。

荆國王文公祠堂記

唐虞三代之時，道行乎天下。夏商叔葉，去治未遠，公卿之間猶有典刑。伊尹適夏，三仁在商，此道之所存也。周歷之季，跡熄澤竭，人私其身，士私其學，横議蜂起。老氏以善成其私，長雄於百家，竊其遺意者猶皆逞於天下。至漢而其術益行，子房之師實維黄石，曹參避堂以舍蓋公。高、惠收其成績，波及文、景者，二公之餘也。自夫子之皇皇，沮、溺、接輿之徒固已竊議其後。孟子言必稱堯舜，聽者爲之藐然。不絶如線，未足以喻斯道之微也。陵夷數千百載，而卓然復見斯義，顧不偉哉？

裕陵之得公，問：「唐太宗何如主？」公對曰：「陛下每事當以堯舜爲法，太宗所知不遠，所

〔二〕「郴」，他本均作「柳」。按此語出韓愈送廖道士序，作「郴」是。

爲未盡合法度。」裕陵曰：「卿可謂責難於君，然朕自視眇然，恐無以副此意，卿宜悉意輔朕，庶同濟此道。」自是君臣議論未嘗不以堯舜相期，及委之以政，則曰：「有以助朕，勿惜盡言。」又曰：「須督責朕，使大有爲。」又曰：「天生俊明之才，可以覆庇生民，義當與之戮力，若虚捐歲月，是自棄也。」秦漢而下，南面之君亦嘗有知斯義者乎？後之好議論者之聞斯言也，亦嘗隱之於心以揆斯志乎？曾魯公曰：「聖知如此，安石殺身以報，亦其宜也。」公曰：「君臣相與，各欲致其義耳。爲君則欲自盡君道[一]，爲臣則欲自盡臣道，非相爲賜也。」秦漢而下，當塗之士亦嘗有知斯義者乎？後之好議論者之聞斯言也，亦嘗隱之於心以揆斯志乎？惜哉！公之學不足以遂斯志，而卒以負斯志；不足以究斯義，而卒以蔽斯義也。

昭陵之日，使還獻書，指陳時事，剖析弊端，枝葉扶疏，往往切當，然覈其綱領[二]，則曰：「當今之法度不合乎先王之法度。」公之不能究斯義，而卒以自蔽者，固見於此矣。其告裕陵，蓋無異旨。勉其君以法堯舜是也。而謂每事當以爲法，此豈足以法堯舜者乎？謂太宗不足法，可也。而謂其所爲未盡合法度，此豈足以度越太宗者乎？「不知言，無以知人也。」公疇昔之學問，

[一]「欲自盡」，成化本、嘉靖本、萬曆本、四庫本作「自欲盡」。
[二]「覈」，原作「覆」，據成化本、正德本、嘉靖本、萬曆本、四庫本改。

熙寧之事業，舉不遁乎使還之書。而排公者，或謂容悦，或謂迎合，或謂變其所守，或謂乖其所學〔二〕，是尚得爲知公者乎？氣之相迕而不相悦，則必有相訾之言，此人之私也。公之未用，固有素訾公如張公安道、吕公獻可、蘇公明允者。夫三公者之不悦於公，蓋生於其氣之所迕。公之所蔽則有之矣，何至如三公之言哉？英特邁往，不屑於流俗，聲色利達之習介然無毫毛得以入於其心，潔白之操寒於冰霜，公之質也；掃俗學之凡陋，振弊法之因循，道術必爲孔孟，勳績必爲伊周，公之志也。不蘄人之知，而聲光赫奕〔三〕，一時鉅公名賢爲之左次，公之得此，豈偶然哉？用逢其時，君不世出，學焉而後臣之，無愧成湯、高宗。君或致疑，謝病求去，君爲責躬，始復視事，公之得君可謂專矣。

新法之議，舉朝讙譁，行之未幾，天下恟恟。公方秉執周禮，精白言之，自信所學，確乎不疑。君子力争，繼之以去，小人投機，密贊其決，忠樸屏伏，憸狡得志，曾不爲悟，公之蔽也。典禮爵刑，莫非天理，洪範九疇，帝實錫之，古所謂憲章、法度、典則者，皆此理也。公之所謂法度者，豈其然乎？獻納未幾，裕陵出諫院疏與公評之，至簡易之説，曰：「今未可爲簡易，修立法度

〔二〕「學」，原作「守」，據成化本、正德本、嘉靖本、萬曆本、四庫本改。
〔三〕「赫奕」，成化本、正德本、嘉靖本、萬曆本作「爗奕」。

乃所以爲簡易也。」熙寧之政，粹於是矣。釋此弗論，尚何以費辭於其建置之末哉？「爲政在人，取人以身，修身以道，修道以仁。」「仁，人心也。」人者，政之本也；身者，人之本也；心者，身之本也。不造其本而從事其末，末不可得而治矣。大學不傳，古道榛塞，其來已久。隨世而就功名者，淵源又類出於老氏。世之君子，天常之厚，師尊載籍，以輔其質者，行於天下，隨其分量，有所補益，然而不究其義，不能大有所爲。其於當時之弊有不能正，則依違其間，稍加潤飾，以幸無禍。公方耻斯世不爲唐虞，其肯安於是乎？蔽於其末而不究其義，世之君子未始不與公同，而犯害則異者，彼依違其間，而公取必焉故也。熙寧排公者，大抵極詆訾之言，而不折之以至理，平者未一二，而激者居八九，上不足以取信於裕陵，下不足以解公之蔽，反以固其意，成其事。新法之罪，諸君子固分之矣。李評：按程明道先生嘗言：「新法之行乃吾黨激成之，豈可獨罪安石。」陸子所見正與之合。

元祐大臣，一切更張，豈所謂無偏無黨者哉？所貴乎玉者，瑕瑜不相揜也。古之信史直書其事，是非善惡靡不畢見，勸懲鑑戒，後世所賴。抑揚損益，以附己好惡，用失情實，小人得以藉口而激怒，豈所望於君子哉？紹聖之變，寧得而獨委罪於公乎？熙寧之初，公固逆知己説之行，人所不樂，既指爲流俗，又斥以小人。及諸賢排公，已甚之辭，亦復稱是。兩下相激，事愈戾而理益不明。元祐諸公，可易轍矣，又益甚之。六藝之正，可文姦言。小人附託，何所不至。紹聖用事之人，如彼其傑，新法不作，豈將遂無所竄其巧以逞其志乎？李注：蔡京是也。温公變更新法，京奉行最力。反復其手，以導崇寧之姦者，實元祐三館之儲。元豐之末，附麗匪人，自爲定策，至造詐以誣首相，則疇昔從容問學，慷慨陳義，而諸君子之所深與者也。李注：邢恕是也。紹聖之事，恕實主之。荆公立法則用吕，温公變法則用蔡，故曰其致一也。格君之學，克知灼見之道，不知自勉，而戛戛於事爲之末，以分異人爲快，使小人得間，順投逆逞，其致一也。近世學者，雷同一律，發言盈庭，豈善學前輩者哉？

公世居臨川，罷政徙於金陵。宣和間，故廬丘墟，鄉貴人屬縣立祠其上。紹興初，常加葺焉。逮今餘四十年，隳圮已甚，過者咨嘆。今怪力之祠綿綿不絶，而公以蓋世之英，絶俗之操，山川炳靈，殆不世有，其廟貌弗嚴，邦人無所致敬，無乃議論之不公，人心之畏疑，使至是耶？郡侯錢公，期月政成，人用輯和。繕學之既，慨然徹而新之，視舊加壯，爲之管鑰，掌于學官，以時祠焉。余初聞之，竊所敬嘆！既又屬記於余，余固悼此學之不講，士心不明，隨聲是非，無所折衷。公爲使時，舍人曾公復書切磋，有曰：「足下於今，最能取於人以爲善，而比聞有相曉者，足下皆不足之，必其理未有以奪足下之見也。」竊不自揆，得從郡侯，敬以所聞薦於祠下，必公之所樂聞也。

淳熙十有五年，歲次戊申，正月初吉，邦人陸某記。

經德堂記 爲饒州安仁縣石痕里作

堂名取諸孟子：「經德不回，非以干祿也。」經也者，常也；德也者，人之得於天者也；不回者，是德之固不回撓也。無是則無以爲人。爲人臣而無是則無以事其君，爲人子而無是則無以事其父。禹之疏鑿，稷之播種，契之敷教，皋陶之明刑，益驅禽獸，垂備器用，伯夷典禮，后夔典樂，龍出納帝言，尹自耕莘相成湯，説由築巖佐武丁，太公以磻溪釣漁爲文武師，皆是德也。關龍逢誅死，王子比干剖心，箕子爲囚奴，孔子削跡伐木，窮於陳、蔡，毀於叔孫，貽譏於微生畝、楚狂接輿、晨門、耦耕、負蕢、植杖之流，孟子見沮於臧倉，受嗤於優髡，見疑於尹士、充虞者，同是德也。武王纘太王、王季、文王之緒，以有天下；周公成文武之業，追王太王、王季，宗祀文王於明堂，盡繼述之善，爲天下達孝；曾子受經於仲尼，以孝聞天下而名後世，皆是德也。舜小杖則受，大杖則走，妻帝二女，不待瞽瞍之命，繕廩而焚，捍笠以下，浚井而掩，鑿旁以出；太伯、虞仲將致位乎季歷，斷髮文身，逃之荆蠻；太子申生使人辭於狐突，再拜稽首而死，同是德也。

治古盛時，黎民於變，比屋可封，漢上游女如彼喬木，中林武夫可爲腹心。「所欲有甚於生，所惡有甚於死」，證驗之著在於塗巷，況士大夫乎？逮德下衰，此心不競，豪傑不興，皇極不建，賢智迷於會歸，庶民無所歸命，學者文煩，訟者辭勝，文公實私，賓義主利，陵夷不救，横流不隄。天常民彝所不可泯絶者，如漢獻在許，聽命於蜮操而已。舊章先典，格言至訓，櫝存珠亡，轉爲藻繢，邪釋繆解，正漫真渝，又轉而給寇兵，充盜糧矣。疽潰蛆肆，賊民猖獗，狷狂之士方不勝憤悶，矛義介節，出嬰其鋒，猶或憑天藉聖，因其不遂泯絶者，足爲且吾以聳觀聽，然如孤豚之咋虎者常十八九。總其實，火不啻一車薪，而水未必盈杯也。信乎！終亦必亡而已矣。

夫子生於周季，當極文之弊，王者之迹熄，書訖詩亡，亦已久矣。載贄之輿方羊海、岱、江、淮、河、濟之間，莫能用者。歸而講道洙泗，賢顔氏之樂，大林放之問，嘆曾點之志，稱重南宫适「禹、稷躬稼」之言，眷眷於柴、參之愚魯，而終不能使予、賜、偃、商、由、求之徒進於知德，先入之難拔，積習之錮人，乃至於此。夫子既没，百家並興，儒名者亦皆曰自孔氏。顔淵之死，無疑於夫子之道者，僅有曾子，自子夏、子游、子張，猶欲强之以事有若，他何言哉？章甫其冠，逢掖其衣，以詩、書、禮、樂之辭爲口實者，其果真爲自孔氏者乎？老聃、蒙莊之徒，恣睢其間，摹寫其短，以靳病周、孔，李注：靳，耻而惡之也。躪籍詩禮，其勢然也。戰國、嬴秦，無足復道。漢高帝鋤項籍，其要領在爲義帝發喪一事，天常民彝莫大於此。新城三老蓋深於老氏者也，彼知取天下之大計在此耳，豈有「匹夫匹婦不與被堯舜之澤，若己推而納諸溝中」之心哉？莊子譏田常盜仁義以竊國，乃不知其學自有盜仁義以竊天下之計也。雖然，君子反經而已矣。經正則庶民興，庶民興斯無邪慝矣。

雲錦吴生紹古而來從余游〔二〕，李注：吴生，安仁人，見李仲公先生題經德堂詩卷後。求名其讀書之堂，余既名而書之，且爲其説，使歸而求之。孟子曰：「古之人修其天爵，而人爵從之。今之人修其天爵以要人爵，既得人爵而棄其天爵，則惑之甚者也。」後世發策決科而高第可以文藝取，積資累考而大官可以歲月致，則又有不必修其天爵者矣。生其早辨而謹思之。

紹熙元年五月望日，象山翁記。

貴溪重修縣學記

風俗之所由來，非一日也，或覩其壞而欲齊諸其末，禁諸其外，此後世政刑之所以益弊。至無如之何，則寖而歸於苟且，玩歲月，習揜著，便文飾説，以規責偷譽，謂理不過如是。其視書傳所記治古之俗，若必不可復至，以爲未必然者，有矣。「孩提之童，無不知愛其親。及其

〔二〕「而」，原作「遠」，據成化本、正德本、嘉靖本、萬曆本、四庫本改。據李紱注，吴紹古爲安仁人，而陸九淵作此文時在貴溪縣象山，兩地相距甚近，作「遠」似不確。

長也，無不知敬其兄。」先王之時，庠序之教，抑申斯義以致其知，使不失其本心而已。李評：此語蓋陽明先生「致良知」之説所自出。堯舜之道不過如此。此非有甚高難行之事，何至遼視古俗，自絶於聖賢哉？物之所蔽，説之所迷，欲之所制，意之所羈，獨不可研極考竟，圖所以去之，而顧安之乎？

取士之科，久渝古制，馴致其弊，于今已劇。稍有識者必知患之。然不徇流俗而正學以言者，豈皆有司之所棄，天命之所遺！先達之士由場屋而進者，既有大證矣。李注：周、程、朱、陸，並由制科。是固制時御俗者之責，爲士而託焉以自恕，安在其爲士也？二帝三王之書，先聖先師之訓，炳如日星。傳注益繁，論説益多，無能發揮，而祇以爲蔽。家藏其帙，人誦其言，而所汲汲者顧非其事，父兄之所願欲，師友之所期向，實背而馳焉。而舉世不以爲非，顧以爲常。士而有識，是可以察其故，得其情，而知所去就矣。退不溺其俗而有以自立，進不負所學而有以自達，使千載之弊一旦而反諸其正，此豈非明時所宜有，聖君所願得，而爲士者所當然乎？何所悼懼，何所維縶，而顧不擇所安，決所鄉哉？

福唐陳君顯公之爲貴溪，視前政則優焉，視比縣則優焉。民言士論固已胥輯，而陳君自視欿然，鄉學問道之誠如恐不及，此其所以爲民師帥者大矣。縣學久不葺，於是撤講堂直舍而新之，祠屋士廬，門廡庖湢，繕治加壯。創表其坊，扁曰「申義」。遺學職事致請記於予。陳君所鄉明著如此，斯邑之士可不自拔於流俗，而勉所以立、所以達者，以無負陳君之意哉？

紹熙元年，歲次庚戌，八月二十有六日戊申，象山陸某記。

武陵縣學記

彝倫在人，維天所命。良知之端，形於愛敬。擴而充之，聖哲之所以爲聖哲也。李評：一起即是致良知之説，按「擴充」二字有多少學問在！先知者，知此而已；先覺者，覺此而已。氣有所蒙，物有所蔽，勢有所遷，習有所移，往而不返，迷而不解，於是爲愚不肖。彝倫於是而斁，天命於是而悖，此君師之所以作，政事之所以立。是故先王之時，風教之流行，典刑之昭著，無非所以寵綏四方，左右斯民，使之若有常性，克安其道者也。是故鄉舉里選，月書季考，三年而大比，以興賢能，蓋所以陶成髦俊，將與共斯政，同斯事也。學校庠序之間，所謂切磋講明者，何以捨是而他求哉？所謂格物致知者，格此物致此知也，故能明明德於天下。易之窮理，窮此理也，故能盡性至命。孟子之盡心，盡此心也，故能知性知天。學者誠知所先後，則如木有根，如水有源，增加馴積，月異而歲不同，誰得而禦之？若迷其端緒，易物之本末，謬事之終始，雜施而不遜，是謂異端，是謂邪説，非以致明，衹以累明，非以去蔽，衹以爲蔽。後世之士有志於古，不肯甘心流俗，然而苦心勞身，窮年卒歲，不爲之日休，而爲之日拙者，非學之罪也。學絶道喪，不遇先覺，迷其端緒，操末爲本，其所從事者非古人之學也。古人之學，其時習必悦，其朋來必樂，其理易知，其事易從。不惑於異説〔一〕，不牽於私欲，造次於是，顛沛於是，則其久大可必。孟子曰：「原泉混混，不舍晝夜，盈科而後進，放乎四海。」此古人之學也。

武陵舊無縣學。縣傍有勝地，地有故築基，蓋往時有欲遷府學於是而不遂者。今縣宰林君夢英出故基於蕪穢之中而創學焉，士民之有力者皆争出財以相其役。林君不事官府之威，凡學之百役，無異民家之爲者。既成，規模宏麗，氣象雄偉，遂爲武陵壯觀。先是，倉臺薛公伯宣助成講堂，今憲臺丁公逢、倉臺趙公不迂、郡侯蔣公行簡，皆助錢買田以養士林。君之創兹學，而上下翕然助成其美如此，則林君之政可知矣。余於是敬誦所聞以記之。

紹熙二年，歲次辛亥，六月上澣，象山陸某記。

本齋記

唐虞之朝，禹治水，皋陶明刑，稷降播種，契敷五教，益作虞，垂作工，伯夷典禮，夔典樂，龍作納言，各共其職，各敦其功，以成雍熙之治。夫豈嘗試爲之者哉？蓋其所以自信與人之所以

〔一〕「惑」，成化本、正德本、嘉靖本、萬曆本、四庫本作「貳」。

信之者，皆在其疇昔之所學。後世之爲士者，鹵莽泛濫，口耳之間無不涉獵，其實未嘗有一事之知其至者。人才之不足爲天下用，固無足怪。

雖然，是又未可以汎責於天下。「天之生斯民也，以先知覺後知，先覺覺後覺」，要當有任其責者。大學曰：「物有本末，事有終始，知所先後，則近道矣。」「原泉混混，不舍晝夜，盈科而後進，放乎四海，有本者如是。」孟子之言乃知所先後之驗。成都郭震醇仁以「本」名齋，求言於余。余嘉其志，告以所聞，後日當有以觀其驗。

臨川簿廳壁記

壁記書前任人姓名，尚矣！然今官府不皆有，亦視官府事力，其人志尚才具與所遭之時如何，不可一概論也。

臨川簿廳舊無壁記。鄱陽張瀛季海涖事既久，謂不可缺。於是搜求前任姓名，至今制置四川京公，其上不復可考。余嘗至簿廳，見其廨宇乃京所置。新令張君所考，適首於京，異哉！張君春秋鼎盛，而老練忠謹，臨事不苟，攝縣宰，攝郡幕，皆舉其職，今又攝宰金谿，百姓安焉。是記乃未攝金谿時諉余，既諾之矣。余迫荆門之役，且抱拙疾，念不可食言，力疾記之。

卷二十

序贈

送毛元善序 或云名文炳，建昌南城人，終身受業文安公

無常産而有常心者，惟士爲能。古之時，士無科舉之累，朝夕所講皆吾身吾心之事而達之天下者也。夫是以不喪其常心。後世弊於科舉，所鄉日陋，疾其驅於利欲之塗，吾身吾心之事漫不復講，曠安宅而弗居，舍正路而弗由，於是有常心者不可以責士。非豪傑特立，雖其質之僅美者，蓋往往波蕩於流俗，而不知其所歸，斯可哀也！

南城毛君惠然訪余，余未之前識也。贄余以文。余視其貌，温然儒人也；觀其文，則從事於場屋者也；問其聚族，則有父兄在；問其貲産，則有負郭之田；問其室廬，則不至繩甕之陋；視其衣裳冠履，則皆楚楚鮮明，非所謂纓絶肘見者也；詰其所以來之志，則悼科舉之不偶，耻甘旨之不充，將變其業以遊於四方者也。且決去就於余。余觀毛君雖朴直淳厚，而辭旨趨鄉

大概龐雜，豈所謂質之僅美，而波蕩於流俗，而不知其所歸者耶？於是申前之説，與之言義命之歸，固窮之道。毛君色動情變，瞿然謝余曰：「乃今廓然如發蒙，請從此歸矣。」余固美其質，又甚賢其改過之敏，因勉之曰：「君歸矣！古人事親，貧則啜菽飲水盡其歡。君父兄皆儒冠，貲業又足以自養，歸而共講先王之道，以全復其常心，居廣居，由正路，此其所得，視疾其驅於利欲之途者何如耶？」毛君甚然余言，於其行，遂書以贈。

送宜黄何尉序

民甚宜其尉，甚不宜其令；吏甚宜其令，甚不宜其尉，是令、尉之賢否不難知也。尉以是不善於其令，令以是不善於其尉，是令、尉之曲直不難知也。

東陽何君坦尉宜黄，與其令臧氏子不相善，其賢否曲直蓋不難知者。二人之争至於有司，有司不置白黑於其間，遂以俱罷。縣之士民謂臧之罪不止於罷，而幸其去；謂何之過不至於罷，而惜其去。臧貪而富，且自知得罪於民，式遄其歸矣；何廉而貧，無以振其行李，縣之士民哀其窮而爲之裹囊以餞之，思其賢而爲之歌詩以送之，何之歸亦榮矣！比干剖心，惡來知政；子胥鴟夷，宰嚭謀國，爵刑舛施，德業倒植，若此者，班班見於書傳。今有司所以處臧、何之賢否曲直者，雖未嘗乎人心，然揆之舛施倒植之事，豈不遠哉？況其民心士論，有以慰薦扶持如此其盛者乎？何君尚何憾！

魯士師如柳下惠，楚令尹如子文，其平獄治理之善，當不可勝紀，三黜三已之間，其爲曲直多矣！而語、孟所稱獨在於遺逸不怨，厄窮不憫，仕無喜色，已無愠色。況今天子重明麗正，光輝日新。大臣如德星，禦陰輔陽，以却氛祲。下邑一尉，悉力衛其民以迕墨令，李注：迕，音五，逆也。適用吏文，與令俱罷，是豈終遺逸阨窮而已者乎？何君尚何憾！

雖然，何君譽處若此其盛者，臧氏子實爲之也。何君之志，何君之學，遽可如是而已乎？何君是舉亦勇矣！誠率是勇以志乎道，進乎學，必居廣居，立正位，行大道，使富貴不能淫，貧賤不能移，威武不能屈，此吾所望於何君者。不然，何君固無憾，吾將有憾於何君矣！

送彭子壽序

臨江彭君子壽來行都，當改秩，有司以苛文滯留之，輒欲棄去，朋舊慰勉，乃肯留。有司以名上，又以疑似之嫌欲棄去，朋舊又相與解釋而留之。既改秩，欲便親養，奉祠而歸。人皆稱彭君恬於進取如此，余謂此未足爲彭君言也。

彭君當官無不盡力，政有不便於民未嘗不盡意爲上官言之，雖見挫抑，不爲衰止。此人所難，然亦未足爲彭君言也。

余與彭君同爲江西人，聞其賢久矣。比來始識其面，直諒之氣固可得之眉宇間。以彭君之賢，疇昔擇交必善士，取舍向背，不畔于善惡是非之大歸，不必過求，自可不失爲今世賢士大夫。然自視欿然，若有所甚不足者。嘗相與講求古聖賢格物致知之説，自謂不能無疑於此，而不肯自安於其所已知者，此吾所以奇彭君而有望於彭君者也。於其歸，書以贈之。

送楊通老 諱楫，福建長溪人，問學文安公

學所以開人之蔽而致其知，學而不知其方，則反以滋其蔽。諸子百家往往以仁義道德爲説，然而卒爲異端而畔於皇極者，以其不能無蔽焉耳。長溪楊楫通老，忠實懇到，有志於學，相見雖未久，而其切磋於此甚力。於其歸，書以勉之。

贈吴叔有 文安公妻弟

人生天地間，抱五常之性，爲庶類之最靈者。汩其靈則有罪，全其靈則適其分耳。誠全其靈，則爲人子盡子道，爲人臣盡臣道，豈曰無營乎哉？蔡邕之説，是殆「饑甘食，渴甘飲，未得飲食之正也」。孟子嘗勉人以「求在我者」，誠能求在我者，則「無營」之説不足道矣。李評：短篇亦似昌黎。

贈俞文學

吾觀俞君大篆，用筆勁快，而體致閑雅，與和氣浹洽。聽其論當世字畫，必推及氣質，豈其所自得者在此耶？至其考訂偏旁，參稽模範，有根據來歷，殊不苟也。自謂少所賞識，及觀其所得澹庵詩，則蓋有識之者。又問其得官獲罪本末，異哉！其言之也。余於是所感益深。俞君跋履南北，歷歷能談其山川風俗，余所叩未十二三，然已多矣。惜其遂將東上，余未有以留之，因書以贈。李評：短篇亦似昌黎。

贈二趙 疑即然道、詠道

書契既造，文字日多；六經既作，傳注日繁，其勢然也。苟得其實，本末始終，較然甚明。知所先後，則是非邪正知所擇矣。雖多且繁，非以爲病，祇以爲益。不得其實而蔽於其末，則非以爲益，祇以爲病。二昆其謹所以致其實哉！

贈僧允懷

子弟之於家，士大夫之於國，其於父兄君上之事，所謂無所逃於天地之間者，顧乃不能竭力致身以供其職，甚者至爲蠹害。懷上人，學佛者也，尊其法教，崇其門庭，建藏之役，精誠勤苦，經營未幾，駸駸鄉乎有成，何其能哉！使家之子弟、國之士大夫舉能如此，則父兄君上可以不詔而仰成，豈不美乎？懷本陸出。是役也，過余。余於是有感，因書以贈。

二

隆冬盛寒，冰霜嚴厲，民之病涉，威於搒掠。上能擇吏，吏能陳力，則徒杠輿梁可以觀政。兹事之不論久矣。楊林溪者，貴溪之要津，他日溺焉者衆矣。鄉之善士以允懷勤誠，使爲石橋，以便行者。懷，陸出而學佛，余嘗因其所爲有所感矣，今於是役，又重嘉之。懷勉之哉！

贈曾友文 里居未詳，文安公愛其才，勉令爲學，卒爲善士

「德成而上，藝成而下。」生占辭論理，稱道經史，未見牴牾，乃獨業相人之術藝。藝雖精，下矣！生書又能自悼疇昔之顛頓，稱引孟子「無以小害大，無以賤害貴」之言，年又尚少，則舍其舊而新是圖，此其時也。生其勉之！

贈汪堅老

五行書，以人始生年、月、日、時所值日辰，推貴賤、貧富、夭壽、禍福詳矣，乃獨略於智愚、賢不肖。曰純粹、清明，則歸之貴、富、壽、福；曰駁雜、濁晦，則歸之賤、貧、夭、禍。關龍逄誅死，比干剖心，箕子囚奴，夷、齊爲餓夫，仲尼羈旅，絶糧於陳，卒窮死於其家，顔、冉夭疾，又皆貧賤，孟子亦老於奔走，聖賢所遭若此者衆。闒茸委瑣，朋比以致尊顯，負君之責，孤民之望，懷禄耽寵，惡直醜正，尸肆譏慝〔二〕，莫知紀極。又或壽老死簀，立閥閱，蒙爵謚，以厚累世。道術之純駁，氣禀之清濁，識鑑之明晦，將安歸乎？易有否、泰，君子小人之道迭相消長，各有盛衰。純駁、清濁、明晦之辨不在盛衰，而在君子小人。今顧略於智愚、賢不肖，而必以純粹清明歸之貴、富、壽、福，駁雜濁晦歸之賤、貧、夭、禍，則吾於五行書誠有所不解。生盍爲我言之。

贈丁潤父

「道之將行也與？命也。道之將廢也與？命也。公伯寮其如命何！」「吾之不遇魯侯，天

〔二〕「尸」，原作「口」，據成化本、正德本、嘉靖本、萬曆本、四庫本改。

定數也，而無爲小人以害其心，斯可矣。

雖然，吾所謂心，天之所予我者也。彼其險詖頗側，悉精畢力以遂其私，而不肯以入堯舜之道，豈亦天之所予我者乎？

吾嘗有説以贈汪堅老，而未及於此，子既見之矣。今子所遊，又多賢士大夫，盍兼爲我言之。

贈黄舜咨

吾嘗聞當世鉅公言命，余答之曰：「道之將行也與？命也。道之將廢也與？命也。」鉅公瞿然曰：「足下所言者，大命也；吾所言，小命耳。此其説出於蒙莊。」余因嘆鉅公博洽，出言有稽據如此。小命之術其來久矣，於今尤盛。

余又聞近時府第呼召術士，有一日之間而使人旁午於道者。舜咨術既精，何爲不導之於彼？陳廣文非忠於黄舜咨者也。

贈汪彦常

番陽汪君彦常，挾太乙數遊諸公間，實有奇驗。然汪君本知書，一旦以老人之言廢其業，從受此術，今又以其效驗自喜。吾觀汪君精神，有不宜止於是者。後日過我，當與汪君究其説。

贈陳晉卿 諱綰，福建福唐人，文安公弟子，時爲撫州學官

君子所不可及者，其唯人之所不見乎？古人之所以大過人者，無他焉，善推其所爲而已。人所不見，此心昭然。善推所爲，充是心而已。

紹熙辛亥立秋後二日，臨川陸某子静，爲福唐陳綰晉卿書。

示象山學者

道不遠人，顧人離道耳。古人謂「宿道鄉方」，二三君子毋徒宿吾方丈，日鄉羣山，得無愧於「宿道鄉方」之言，斯可矣。吾方以此自省，因書此以奉警。藝之進不進亦各視其才，雖無損益於其道，然至於有棄日，有遺力，與未知其方而不能問於知者，則其道亦可知矣。幸勉旃毋忽！

五月朔，某白象山諸同志足下。

贈金谿砌街者

爲善爲公，心之正也；爲惡爲私，心之邪也。爲善爲公，則有和協輯睦之風，是之謂福；爲惡爲私，則有乖争陵犯之風，是之謂禍。和協輯睦，人所願也；乖争陵犯，人所惡也。吾邑街道不治久矣，行者疾之，乃有肯出心力，捐貨財，辛勤而爲之者，此真爲善爲公而出於其心之正者也。有是心者，豈得不翕然相應而助成之乎？將見和協輯睦之風興，而乖争陵犯之事息，履是街者，皆唐、虞、成周之人也。諸君勉之！

贈湯謨舉

清江湯謨舉往年見過，占辭甚文，爲禮甚恭，而挾地理之術，登象山，圖其形，殊不失實。相從之久，温然慈祥，不少異其初。比來又以啓事見余，多經史全句，首尾詳整，類從事場屋間者。問之，則曰：「舊亦應舉，屢不中，乃舍之。地理乃先世之傳，姑業之以爲生。」又出謝中丞詩，詩得謨舉素懷。既别，求余言，因覈書以贈。

贈陸唐卿

貴溪醽口陸堯臣唐卿，今徙居望姑，世其家醫學，傳之二子。又曰：「吾所傳大方脉也，吾於小方脉雖嘗學之，而不能精。郭中有精於此者，在浮屠氏。今老矣，吾將使少子學焉。」若陸君者，可謂不自用矣。學必有師，豈唯醫哉？因其求言，遂書以勉之。

贈疏山益侍者

淳熙己酉孟秋，中氣在月之初，填星復順入龍氏，直二大星之間，比下星如心大星之於前星。二日之夕，微出其西。三日之夕，微出其東。四日，益東。如朔之在西，則其正隱於三日之朝矣。古羲和之官甚重，堯典獨詳其職。後世星翁曆官爲賤有司，人庸識暗，安能舉其職哉？因循廢弛，莫董正之。是等或有所記，後有治其事者，不無所助。

是月也，余將視吾外姑之宅兆於東漕之龍岡。朔之夕，發象山，三日而抵余家。四日之夕發余家，次夕抵大原觀，六日抵龍岡。事既，遂抵疏山，與同行昭武吴大年、里中胥必先言曰：「五緯次舍，有經宿可準如此者，得之於所見，不可不記之。治曆須積候以稽合否。官之不宿其業爲日久矣，是亦可以備其搜訪也。」越翼日，因益侍者出此紙求余言甚力，且曰：「當寶藏之。」

余於是得所託矣。他日拈出，當有賞音。

七夕月下，象山翁書。

贈劉季蒙 名貫未詳，文安公知荆門時來問學者

明德在我，何必他求？方士禪伯，真爲大祟。無世俗之陷溺，無二祟之迷惑，所謂「無偏無黨，王道蕩蕩」，浩然宇宙之間，其樂孰可量也。

壬子月日，蒙泉守陸某書贈劉季蒙。

題新興寺壁

木在龍氏，金先填于亢，著雍涒灘，月望東壁。李注：太歲在戊曰著雍，在申曰涒灘。出爾雅。時雨新霽，西風增涼，閒雲未歸，悠然垂陰，黍粒登場，稻花盈疇，菽粟粲然，桑麻沃然。象山翁觀瀑半山，登舟水南，宿上清，信龍虎，次于新興。究仙巖之勝，石瀨激雪，澄潭漬藍，鷺翹鳧飛，恍若圖畫。疏松、翠篠、蒼苔、茂草之間，石蕿呈黃，金橙舒紅，被崖緣坡，爛若錦繡。輕舟危檣，笑歌相聞，聚如魚鱗，列如雁行。至其尋幽探奇，更泊互進，迭爲後先，有若偶然而相從。老者蒼顔皓髯，語高領深，少者整襟肅容，視微聽冲，莫不各適其適。予亦不知夫小大、精粗、剛柔、緩急之

不齊也，乃俾猶子謙之、樵之、子持之分書同遊者七十有八人邑姓名字于左方。

題翠雲寺壁

淳熙己酉長至後二日，余寓許昌朝家，約遊翠雲。明日，劉伯協戒余朝餐，許昌朝、胡無相與焉。伯協又誇翠雲泉石，謂不減廬阜。飯餘乘輿一行，不期而會者盈翠雲之堂。翠雲五題始於王文公父子，六詠增於吾家庸齋、梭山二兄之遊，乃今始得親目。

昔年嘗東遊會稽，探禹穴；西登五老，窺玉淵。比歲又開象山於龍虎之上游，啓半山、磜潭、風練、飛雪、冰簾、梔子諸瀑。今秋之杪，登雲臺，瞰鬼谷，窮石人之龍湫，觀千尋之玉帶，乃獨未覩躍馬、鳴玉之奇，可謂道在近而求之遠。然則斯遊之得亦已多矣！

盛冬水泉既縮，又值久晴，長老敏公俾畦丁決田間蓄水，大作水供，陳師淵作飯供，胡無相作茶供，成此一段奇事。

在會長少爲善之意，如川方增，不可不紀。會者姓字具列于後，童子書名。

象山翁書。

朱氏子更名字説 臨川人，從學文安公

淳熙丁未，暮春之初，予抵城闉，後生學子來從余遊者日以益衆。余與之悼時俗之通病，啓人心之固有，莫不惕然以懲，躍然以興。前輩長者往往辱臨教之，舉無異辭。余於是益信此心此理充塞宇宙，誰能間之？

一日，朱伯虎進而請曰：「虞書有朱虎。伯虎幼未知學，蓋不知其名之不可。得侍函丈，乃始自覺，背若負芒。願賜更之。」余於是名以元瑜，字以忠甫，取諸「瑕不掩瑜，瑜不掩瑕，忠也」。夫玉之瑕終瑕，瑜終瑜，人則不然，學則瑕者瑜，不學則瑜者瑕。天之所以予我者固皆瑜也，惟不思而蔽於物，而後瑜者瑕。今子既覺之，則瑕者瑜矣。故曰「元瑜」。能覺而更，是謂不揜，不揜之謂忠。氣稟之所蒙，習尚之所梏，豈遽能盡免於瑕哉？繼是而不替其忠，則信乎其爲元瑜也。故曰「忠甫」。

余始名字之，未及告之以其説。余留踰月，而後東還吾廬，朱子又篋書旅於吾廬之傍以求講益。秋七月朔，歸覲其親，始書以遺之。

二張名字説

番陽張季海見二子求名，名其一曰槐卿，冠之日，宜告賓，字以清父；其二曰樾卿，字以宏父。暑氣之清莫如槐，字槐卿曰清父，取清暑也。夏日之蔭莫如樾，字樾卿曰宏父，取宏蔭也。時六月中澣，予方有行役，因以是祝云。

格矯齋説

格，至也，與窮字、究字同義，皆研磨考索以求其至耳。學者孰不曰「我將求至理」，顧未知其所知果至與否耳。所當辨、所當察者，此也。

「强哉矯」，古注以爲「矯」亦强貌，甚當。若以爲「矯揉」，則章旨文義皆不通。「和而不流」、「中立而不倚」，豈矯揉所能？居廣居，立正位，行大道，乃能和而不流，中立而不倚，此天下之至强也。故曰「强哉矯」。

跋資國寺雄石鎮帖

象山西址瀕溪，溪有渡曰石龜，夾溪之山曰西山，西山之北有山峭峙，與西山同出，曰徵君山。故老相傳：「古有隱者在其上，累徵不就，人號徵君，因以名山。」山麓有寺曰資國，猶藏其立寺時帖，乃雄石鎮帖也。字體結密，行筆有法，非今時吏書所及。年曰「龍紀元年」，李注：龍紀，唐昭宗年號。仍書「歲次己酉」，亦不類今時文移。官曰「鎮遏使侍御史」，僉書者曰「押衙兼副將」，印曰「信州雄石鎮」，本末記文乃正篆，不繆疊。

今其地屬貴溪，史傳所記，故老所傳，皆未嘗知有雄石鎮。鄉人常言永泰二年置貴溪。考之唐史，貴溪之建在永泰元年，而次年爲大曆元年。李注：永泰、大曆俱唐代宗年號。然大曆改號在長至日，是永泰嘗有二年矣。建議至已立，涉兩年，亦事勢之常。置縣之年尚傳至今，龍紀後永泰百餘年，而人不復知有雄石鎮，何也？唐六典：「鎮有鎮將、鎮副，掌鎮捍防守。」兵部條中又曰：「凡鎮皆有使一人、副使一人。」今曰「鎮遏使」，曰「副將」，蓋互見矣。又曰：「凡諸軍鎮，五百人置押官一人。」今曰「押衙」者，其幾是歟？施其地者曰周丞鄰，丞鄰之官曰押衙兼都監，似亦鎮官。然則此鎮有兩押衙，又有都監。唐百官志本六典，六典乃明皇所撰。史臣固曰：「永泰後，諸鎮官頗增減。」開元之舊制，固宜不可盡考。丞鄰稱鎮長曰「中丞」，而其官實侍御史。唐供奉官，御史中丞與侍御史聯班，此尤足以知非後人所能僞也。其地則曰「丞鄰宅西面東坑徵山脚」，初無「君」字。然山上有井，其深無底，旱時禱雨率多靈應，謂之望井。水流出爲石坑，謂之君坑，實析「徵君」二字云耳。

寺僧海瓊乃周氏子，丞鄴之後也。好文學詩，懼此帖之磨滅，將刊諸石，求予爲跋。予觀唐於今爲近，其季尤近。龍紀之元距今纔三百有三年。史傳所述，故老所傳，已不復知雄石鎮之髣髴，則是帖之傳亦足爲考古者之監，故備論而書之。

記祚德廟始末 甲辰春，爲初獻官，書于祠下

元豐中，皇嗣未育，吴處厚上書言：「宜祠程嬰、公孫杵臼。」於是下詔搜訪遺跡，得其家於絳州太平縣趙村，立廟祠之，曰祚德廟。封嬰爲誠信侯，杵臼爲忠智侯。擢處厚將作監丞。徽廟朝，又封韓厥爲義成侯。

紹興十三年，建州王朝倚上封事，乞祠三侯於行都。其後詔立行廟，加謚四字，嬰爲忠勇誠信侯，杵臼爲通勇忠智侯，厥爲忠定義成侯。初立廟在棘寺基上，後建棘寺，徙于元真觀。

二十二年，臣寮上言：「廟在委巷中，湫隘卑陋，郡歲遣從事草具酒脯祠之，弗虔。宜崇其廟貌，超六字八字侯，加封二字公，升爲中祠。」於是嬰封爲强濟公、杵臼爲英畧公〔二〕、厥爲啓佑

〔二〕「英畧公」，正德本、嘉靖本、萬曆本、四庫本作「英累公」。據宋史卷一〇五禮志八：「後改封……杵臼英畧公」。則知作「英畧公」是。

公。徙廟於青蓮寺側，秩于祀典，掌于太常。歲差官行事，作樂祠之，廟貌始嚴肅，封告寺僧主之。

鄧文苑求言往中都 諱遠，南城人，文範之犨從，因受業於門

義理所在，人心同然，縱有蒙蔽移奪，豈能終泯，患人之不能反求深思耳。此心苟存，則修身、齊家、治國、平天下一也，處貧賤、富貴、死生、禍福亦一也。故君子素其位而行，不願乎其外。

唐虞之時，黎民於變〔一〕，比屋可封，之人此心存也。周道之行，人皆有士君子之行，兔罝「可以干城」「可以好仇」「可以腹心」者，此心存也。自戰國以降，權謀功利之説盛行者，先王之澤竭，此心放失陷溺而然也。當今聖明天子在上，所願上而王公大人，下而奔走服役之人，皆不失其本心，以信大義，成大業，則吾人可以灌畦耕田，爲唐、虞、成周之民，不亦樂乎？又何必挈挈而東哉？

鄧君遠告予以有行，予敬書是，以勸其返而求之。

〔一〕「民」，原作「明」，據成化本、正德本、嘉靖本、萬曆本、四庫本改。

卷二十一

雜著

易説

此理塞宇宙，誰能逃之，順之則吉，逆之則凶。其蒙蔽則爲昏愚，通徹則爲明智。昏愚者不見是理，故多逆以致凶。明智者見是理，故能順以致吉。

説易者謂陽貴而陰賤，剛明而柔暗，是固然矣。今晉之爲卦，上離，六五一陰，爲明之主；下坤，以三陰順從於離明，是以致吉。二陽爻反皆不善。蓋離之所以爲明者，明是理也。坤之三陰能順從其明，宜其吉無不利，此以明理順理而善，則其不盡然者，亦宜其不盡善也。不明此理，而泥於爻畫名言之末，豈可與言易哉？陽貴、陰賤、剛明、柔暗之説，有時而不可泥也。

「雷在天上，大壯，君子以非禮弗履。」非禮弗履，人孰不以爲美？亦孰不欲其然？然善意之微、正氣之弱，雖或欲之而未必能也。今四陽方長，雷在天上，正大之壯如此，以是而從事於非禮弗履，優爲之矣。此顏子「請事斯語」時也。

泰之九二言包荒，包荒者，包含荒穢也。當泰之時，宜無荒穢。蓋物極則反，上極則下，盈極則虧，人情安肆則怠忽隨之，故荒穢之事常在於積安之後也。

「易之爲書也不可遠，其爲道也屢遷。變動不居，周流六虛，上下無常，剛柔相易，不可爲典要，唯變所適。」臨深履冰，參前倚衡，儆戒無虞，小心翼翼，道不可須臾離也。五典天叙，五禮天秩，洪範九疇，帝用錫禹，傳在箕子，武王訪之，三代攸興，「罔不克敬典」。不有斯人，孰足以語不可遠之書，而論屢遷之道也。

易數 爲張權叔書

一得五合而爲六，「天一生水，地六成之」，故一得六合而成水。二得五合而爲七，「地二生火，天七成之」，故二得七合而成火。三得五合而爲八，「天三生木，地八成之」，故三得八合而成木。四得五合而爲九，「地四生金，天九成之」，故四得九合而成金。五得五合而成十，「天五生土，地十成之」，故五得十合而成土。論五行生成：水合在一六，火合在二七，木合在三八，金合在四九，土合在五十。

數至四而五在其中矣。一與四自爲五，二與三自爲五。二與三，少陰、少陽之裏也。一與四，老陽、老陰之表也。五數既見，二得五爲七，三得五爲八，故七爲少陽，八爲少陰。一得五爲六，四得五爲九，故六爲老陰，九爲老陽。故七與八合，其數十五，六與九合，其數亦十五。少陰、少陽、老陰、老陽，是謂四象。論四象，則陰陽之少合在七八，陰陽之老合在九六。四象成列，七八在裏，九六在表。陰陽之分，先裏後表，故七八爲少，九六爲老。四七二十八，故二十八者，少陽之策；四八三十二，故三十二者，少陰之策也。

「易之爲書也不可遠，其爲道也屢遷。變動不居，周流六虚，上下無常，剛柔相易，不可爲典要，唯變所適。」吾嘗言天下有不易之理，是理有不窮之變。誠得其理，則變之不窮者，皆理之不易者也。

水生數一，成數六，其卦爲坎，坎陽裏而陰表。水形柔弱，蓋陰表也，然本生於陽，故道家謂水陰根陽。火生數二，成數七，其卦爲離，離陰裏而陽表。火形剛烈，蓋陽表也，然本生於陰，故道家謂火陽根陰。自水火之成數而言，則水六也，火七也，水則爲陰，火則爲陽。自水火之卦而言之，水坎也，火離也，坎則陽卦，離則陰卦。自坎離之卦而言之，則坎月也，離日也。拘儒於此將如何而言陰陽哉？五行相得而各有合，蓋不止乎前二合而已。

又 為連叔廣書

三奇者，四四四也；三偶者，八八八也。此老陰、老陽也，即乾坤之象，故不容有二。若少陰、少陽則各有三變，此六子之象也。兩偶一奇，則四八八爲震之象，八四八爲坎之象，八八四爲艮之象；兩奇一偶，則八四四爲巽之象，四八四爲離之象，四四八爲兑之象。四象生八卦，亦可見於此。

三奇四　爲老陽變

三偶八　爲老陰變

兩偶八、一奇四　爲少陽不變

兩奇四、一偶八　爲少陰不變

一二三四五，五行生數。六七八九十，五行成數。

「天一生水，地六成之。地二生火，天七成之。天三生木，地八成之。地四生金，天九成之。天五生土，地十成之。」生而未成不可用，故用其成數。

三者，變之始；五者，變之終。故數至於五，而變化具矣。天地之數，五十有五，莫非五也。

天數五，一、三、五、七、九也；地數五，二、四、六、八、十也；生數五，一、二、三、四、五也；成數五，六、七、八、九、十也。三象著於三才。五象上著五星，下著五嶽，總爲五方。

五方之形，正分之亦四，隅分之亦四，五無分界，故天有四時，春木、夏火、秋金、冬水，而土寄旺四季。孟子言四端，不言信；孔子嘗獨言信，曰：「自古皆有死，民無信不立。」又曰：「人而無信，不知其可也。」又屢言「主忠信」。醫家言六脉皆有胃脉，人無胃脉則死，亦此理也。故四爲數之大紀，五在其中矣。四營成易，亦此義也。

「易有太極，是生兩儀，兩儀生四象，四象生八卦。」四象者，陰陽有老少，謂老陽、少陽、老陰、少陰也。或曰「六、七、八、九爲四象」，即是老陽、少陽、老陰、少陰也。四者一體，七八爲裏。陰陽之分自裏始，故七爲少陽，八爲少陰。六九爲表，裏常少，表常老，故六爲老陰，九爲老陽。

四者其本數也。以四積之，則乾坤之策見矣。四六二十四，每爻二十四策，六爻積之，則百四十有四，故坤之策百四十有四。四九三十六，每爻爲三十六策，六爻積之，則二百一十有六，故乾之策二百一十有六。

一、三、五、七、九，則天之五奇也，而其中爲五，故五爲天中數。二、四、六、八、十，此則地之五偶也，而其中爲六，故六爲地中數。十日者，陽也，乃二五之數。十二辰者，陰也，乃二六之數。天中數爲十日，地中數爲十二辰。五音六律亦由是也。十日十二辰相配，至六十而周，故甲子六十。四六二十四，四九三十六，二十四是老陰之策，三十六是老陽之策，老陰、老陽相配而爲六十。四七二十八是少陽之策，四八三十二是少陰之策，二十八與三十二相配，亦得六十者，陰陽相配之數也。

三五以變錯綜其數

數偶則齊，數奇則不齊，惟不齊而後有變，故主變者奇也。一者，數之始，未可以言變。自一而三，自三而五，而其變不可勝窮矣。故三五者，數之所以爲變者也。

有一物，必有上下，有左右，有前後，有首尾，有背面，有内外，有表裏，故有一必有二，故曰「一生二」。有上下、左右、首尾、前後、表裏，則必有中，中與兩端則爲三矣，故曰「二生三」。故太極不得不判爲兩儀。兩儀之分，天地既位，則人在其中矣。三極之道豈作易者所能自爲之哉？錯之則一、二、三、四、五，總之則爲數十五。三居其中，以三紀之，則三五十五。三其十五，則爲洛書九章四十有五之數。九章奠位，縱横數之，皆十五。此可見三五者，數之所以爲變者也。

九章自一至九而無十。然一與九爲十，三與七爲十，二與八爲十，四與六爲十，則所謂十者，固在一、二、三、四、五、六、七、八、九之間矣。雖無十，而十固在其間。所謂十五者，五即土之生數，十即土之成數。然則九章之數雖四十有五，而其天地五十有五之數已在其中矣。由是觀之，三五之變可勝窮哉？

天地人爲三才，日月星爲三辰，卦三畫而成，鼎三足而立。爲老氏之説者，亦曰：「一生二，二生三，三生萬物。」蓋三者，變之始也。天有五行，地有五方，一、二、三、四、五則五行生數，六、七、八、九、十則五行成數，一、三、五、七、九爲天數，二、四、六、八、十爲地數。易大傳曰：「天數五，地數五。五位相得而各有合。」一與六爲合，蓋一與五爲六，故一六爲合。二與七爲合，蓋二與五爲七，故二七爲合。三與八，四與九，五與十皆然。故天地之數五十有五，而五爲小衍，五十爲大衍。蓋五者，變之終也。參五以變，而天下之數不能外乎此矣。

天地既位，人居其中，鄉明而立，則左右前後爲四方。天以氣運而爲春夏秋冬，地以形處而爲東西南北，四數於是乎見矣。然後有四方。中與四方，於是爲五。故一生水而水居北，二生火而火居南，三生木而木居東，四生金而金居西，而五生土而土居中央。

學説

古者十五入大學。大學曰：「大學之道，在明明德，在新民，在止於至善。」此言大學指歸。欲明明德於天下是入大學標的。格物致知是下手處。中庸言博學、審問、謹思、明辨，是格物之方。讀書親師友是學，思則在己，問與辨皆須在人。

自古聖人亦因往哲之言、師友之言乃能有進。況非聖人，豈有自任私知而能進學者？然往哲之言因時乘理，其指不一。方册所載又有正僞純疵，若不能擇，則是泛觀。欲取決於師友，師友之言亦不一，又有是非當否，若不能擇，則是泛從。泛觀泛從，何所至止？「如彼作室于道，是用不潰于成。」欲取其一而從之，則又安知非私意偏説。子莫執中，孟子尚以爲執一廢百。執一廢百，豈爲善學？後之學者顧何以處此。

論語説

「苟志於仁矣，無惡也。」

惡與過不同，惡可以遽免，過不可以遽免。賢如蘧伯玉，欲寡其過而未能。聖如夫子，猶曰：「加我數年，五十而學易，可以無大過矣。」況於學者豈可遽責其無過哉？至於邪惡所在，則君子之所甚疾，是不可毫髮存而斯須犯者也。苟一旦而志於仁，斯無是矣。

「志於道，據於德，依於仁，游於藝。」

道者，天下萬世之公理，而斯人之所共由者也。君有君道，臣有臣道，父有父道，子有子道，莫不有道。惟聖人惟能備道，故爲君盡君道，爲臣盡臣道，爲父盡父道，爲子盡子道，無所處而不盡其道。常人固不能備道，亦豈能盡亡其道？夫子曰：「誰能出不由户，何莫由斯道也。」田野隴畝之人未嘗無尊君愛親之心，亦未嘗無尊君愛親之事，臣子之道[一]，其端在是矣。然上無教，下無學，非獨不能推其所爲以至於全備，物蔽欲汩，推移之極，則所謂不能盡亡者，殆有時而亡矣。弑父與君，乃盡亡之時也。民之於道，係乎上之教；士之於道，由乎己之學。然無志則不能學，不學則不知道。故所以致道者在乎學，所以爲學者在乎志。夫子曰：「吾十有五而志於學。」又曰：「士志於道，而耻惡衣惡食者，未足與議也。」孟子曰「士尚志」，與「志於道」一也。

「小德川流，大德敦化」，此聖人之全德也。皋陶謨之九德，「日嚴祇敬六德」，則可以有邦；「日宣三德」，則可以有家。德之在人，固不可皆責其全，下焉又不必其三，苟有一焉，即德也。一德之中亦不必其全，苟其性質之中有微善小美之可取而近於一者，亦其德也。苟能據之而不失，亦必日積日進，日著日盛，日廣日大矣。惟其不能據也，故其所有者亦且日失日喪矣。尚何望其日積日進，日著日盛，日廣日大哉？士志於道，豈能無其德，故夫子誨之以

[一]「道」，原作「義」，據成化本、正德本、嘉靖本改。

「據於德」。

「仁，人心也。」「從心所欲不踰矩」，此聖人之盡仁。孔門高弟如子路、冉有之徒，夫子皆曰「不知其仁」，必如顔淵、仲弓，然後許之以仁。常人固未可望之以仁，然亦豈皆頑然而不仁？聖人之所爲，常人固不能盡爲，然亦有爲之者。聖人之所不爲，常人固不能皆不爲，然亦有不爲者。於其爲聖人之所爲與不爲聖人之所不爲者觀之，則皆受天地之中，根一心之靈，而不能泯滅者也。使能於其所不能泯滅者而充之，則仁豈遠乎哉？仁之在人，固不能泯然而盡亡，惟其不能依乎此以進於仁，而常違乎此而没於不仁之地，故亦有頑然而不仁者耳。士志於道，豈能無其仁？故夫子誨之以「依於仁」。

藝者，天下之所用，人之所不能不習者也。游於其間，固無害其志道、據德、依仁，而其道、其德、其仁亦於是而有可見者矣。故曰：「游於藝。」

孟子説

「志壹動氣」，此不待論，獨「氣壹動志」未能使人無疑。孟子復以蹶趨動心明之，則可以無疑矣。壹者，專一也。志固爲氣之帥，然至於氣之專壹，則亦能動志。故不但言「持其志」，又戒之以「無暴其氣」也。居處飲食適節宣之宜，視聽言動嚴邪正之辨，皆無暴其氣之工也。「必有事焉而勿正心」是一句，「勿忘，勿助長也」是一句，下句是解上句。李注：必有事焉，勿忘也；勿正心，勿助長也。孟子中有兩「正」字同義：「必有事焉而勿正心」，一也；「言語必信，非以正行也」，二也。「勿正」字下有「心」字，則辭不虧；「勿忘」字上無「心」字，則辭不贅。此但工於文者亦能知之。「必有事焉」字義與「小心翼翼，昭事上帝」「事」字義同。

孟子「知言」一段，後人既不明其道，因不曉其文，强將詖、淫、邪、遁於楊、墨、佛、老上差排，曰何者是詖辭，何者是淫辭，何者是邪辭，何者是遁辭。不知此四字不可分。諸子百家所字乃是分諸子百家處。蔽、陷、離、窮是其實，詖、淫、邪、遁是其名。有其實而後有其名。若欲曉詖、淫、邪、遁之名，須先曉蔽、陷、離、窮之實。蔽、陷、離、窮是終始淺深之辨，非是四家。學有所蔽，則非其正，故曰詖辭。〔蔽而不解〕〔一〕，必深陷其中，其説必淫，故曰淫辭。受蔽之初，其言猶附著於正，其實非正，故深陷之後，其言不能不離於其所附著，故曰邪辭。離則必窮，窮則必宛轉逃遁而爲言，故曰遁辭。故蔽而不解必陷，陷而不已必離，離則必窮，窮而不反於正，則不復可救藥矣。孟子之闢楊墨，但泛言「息邪説，距詖行，放淫辭」，初不向楊墨上分孰爲詖，孰爲淫，孰爲邪。所以論語有「六言六蔽」，論後世學者之蔽，豈止六而已哉？所以貴於知其所蔽也。總

〔一〕「蔽而不解」，原無，據正德本、嘉靖本、四庫本補。

而論之，一「蔽」字可盡之矣。荀子解蔽篇却通「蔽」字之義。觀論語「六言六蔽」與荀子解蔽篇，便可見當於所字上分諸子百家。

皜皜，潔白也。濯以江漢，暴以秋陽，其潔白不復可加矣。李注：曾子所謂秋陽，就周正言之，蓋夏正之五、六、七月也。言夫子之道如此，非有若私智杜撰者所可糊塗也。

卷二十二

雜著

武帝謂汲黯無學

汲黯進積薪之言，武帝爲之默然，是必有所中矣。已而曰：「人果不可以無學，觀黯之言也，日益甚。」人將求勝乎人以自信，何患無辭，謂黯無學未必不可，武帝亦安取學而議人哉？太史氏推原其故，謂「黯褊心，不能無少望」，果足以知黯之心乎？始還滎陽令〔二〕，病歸田里。後拜淮陽太守，伏謝不受印。及召見，則曰：「臣願爲中郎，出入禁闥，補過拾遺。」卒不得請，過李息曰：「黯棄居郡，不得與朝廷議。」勉息早言張湯。後之人誰實爲知黯者，必信褊心之言，此與兒童之見何異？

〔二〕「滎」，成化本、嘉靖本、四庫本作「榮」。據史記卷一百二十汲鄭列傳，作「滎」是。

使視東越相攻，不至而還，曰：「不足以辱天子之使。」使視河内失火，曰：「家人失火，比屋延燒，不足憂。河南貧民傷水旱，便宜持節發粟以賑之。請歸節，伏矯制之罪。」天子招文學儒者，告廷臣以所欲爲，則對曰：「陛下内多欲而外施仁義，奈何欲效唐虞之治乎？」上默然怒，變色而罷朝。羣臣或數黯，黯曰：「天子置公卿輔弼之臣，寧令從諛承意，陷主於不義乎？且已在其位，縱愛身，奈辱朝廷何？」渾邪降漢，漢發車二千乘，從民貰馬。民匿馬，馬不具，欲斬長安令，則爭之。渾邪至，賈人與市者坐當死五百人，則爭之。「弊中國以事夷狄，庇其葉而傷其枝」之言，誰能易之。謂公孫洪徒懷詐飾智，以阿人主取容。謂張湯深文巧詆，陷人於罪，使不得反其真，以勝爲功。淮南謀反，説公孫洪等如發蒙振落耳，獨憚黯好直諫，守節死義，難惑以非，卒以不敢。若黯，雖曰未學，吾必謂之學矣。

雖然，張湯更定律令可斥也，何必曰高皇帝約束爲哉？武帝之事四夷非也，何必曰與胡和親爲哉？此等皆黄老言誤之也。學絶道喪，老氏之説盛行於漢，黯不幸生乎其時，亦没於是。雖然，學老氏者多矣，如黯之質，固自有老氏所不能没者，惜哉！其生弗逢時也。「放飯流歠，而問無齒決，是之謂不知務。」末哉！

武帝之所以求勝於黯者乎！帝自爲太子時，固已憚其嚴矣。即位既久，大將軍青侍中，帝踞厠而視之；丞相洪燕見，或時不冠；至黯見，不冠不見也。嘗坐武帳不冠，黯奏事，避而使人可之。莊助爲黯請告，論黯之長，帝然之，且曰：「古有社稷臣，黯近之矣。」爲中大夫，固以切諫不得久留，出守東海，大治，帝聞而召之，列於九卿。湯敗，帝聞黯與息言，則抵息罪，令以諸侯相秩居淮陽。其卒也，官其弟至九卿，官其子至諸侯相。武帝之不能自克，不樂於黯之切直，固也，然其心之靈不能掩没，有以知黯者未必不愈於後世吠聲之人也。及其遂非而求勝，則是心之靈或幾乎熄矣，此孟子所謂「終亦必亡而已」者也。然則生弗逢時者，豈不大可惜？過而求勝者，豈不大可畏哉？

張釋之謂「今法如是」

張廷尉當渭橋下驚乘輿馬者以罰金，文帝怒，張廷尉争以爲不可更重，是也。然謂「法者，天子所與天下公共也。今法如是而更重之，是法不信於民也。方其時，上使立誅之則已。今既下廷尉，廷尉，天下平也，一傾，天下用法皆爲輕重」，則非也。

廷尉固天下平也，天子獨不可平乎？法固所與天下公共也，苟法有不當，爲廷尉者豈可不請之天子而修之，而獨曰「今法如是」，可乎？虞書曰：「宥過無大。」周書曰：「乃有大罪，非終，乃惟眚災〔一〕，適爾，既道極厥辜，時乃不可殺。」縣人聞蹕匿橋下久，謂乘輿已過而出，至於驚

〔一〕「惟」，原作「爲」，據正德本、四庫本及尚書康誥改。下「乃惟眚災」同。

馬，假令有敗傷，亦所謂「有大罪，非終，乃惟眚災，適爾」，是固不可殺。釋之不能推明此義，以祛文帝之惑，乃徒曰「法如是」。此後世所以有任法之弊，而三代政刑所從而亡也。李評：能執法亦自難得，能推明立法之意，則引經斷獄，以儒術飾吏治者也。

雜説

皇極之建，彝倫之叙，反是則非，終古不易。是極是彝，根乎人心而塞乎天地。「居其室，出其言善，則千里之外應之。出其言不善，則千里之外違之。」是非之致，其可誣哉？

雖然，苗民之弗用靈，當堯之時則然矣。逮舜受終而未有格心，乃竄之於三危。又數十載而禹始受命，爰有徂征之師。夫以堯舜之聖，相繼而臨天下，可謂盛矣。「簫韶九成，鳳凰來儀」，而蠢茲有苗，侮慢自若。不要諸舞干七旬之後，而論於其不恭自賢之日，則違應之理殆無證於此矣。周自后稷積仁修德，其來遠矣，武王纘太王、王季、文王之緒以有天下，而商之頑民乃至三世而弗化。天之所以與人者，豈獨缺於是乎？苗頑之於唐虞，商頑之於成周，可諉曰寡。鄉原，夫子所惡也，而人皆悦之。楊墨，孟子所闢也，而言者歸之。夫子受徒久矣，而顔淵獨爲好學。其後無疑於夫子之道者，僅有曾子。夫子没，而子夏、子游、子張乃欲强之以事有若。自夫子不能喻之於其徒，曾子不能喻之於其友，則道之所存亦孤矣。嗚呼！是非之決，于其明，不于其暗，衆寡非所決也。苗民之未格，商民之未化，鄉原之未知其非，楊墨之未歸於儒，子夏、子游、子張之徒未能克己而復禮，彼其私説詖論可勝聽哉？揆之至理，則是所謂不善者也，是所謂不明者也，是其所以爲非者也。苗民之格，商民之化，鄉原而知其非，楊墨而歸於儒，子夏、子游、子張之徒一日克己而復禮，則是非之辨判然明矣。是理之在天下，無間然也。然非先知先覺爲之開導，則人固未免於暗。故惟至明而後可以言理，學未至於明而臆決天下之是非，多見其不知量也。純乎其善，純乎其不善，大人而能知之也。人非至聖至愚，時非至泰至否，固有所不純。有所不純，則其大小、本末、輕重、多寡、表裏、隱顯、始卒、久近、劇易、幸不幸之變，非至明誰能辨之？有善於此，至大至重，宜在所師，宜在所尊，而以其有不善焉，而其善不遂，其事不濟，舉世莫辨，而反以爲非，反以爲懲，豈不甚可歎哉？

念慮之正不正，在頃刻之間。念慮之不正者，頃刻而知之，即可以正；念慮之正者，頃刻而失之，即是不正。此事皆在其心。書曰：「惟聖罔念作狂，惟狂克念作聖。」然心念之過有可以形迹指者，有不可以形迹指者。今人有慢侮人之心，則有慢侮之容、慢侮之色、慢侮之言，此可以形迹指者也。又有慢侮人之心，而僞爲恭敬，容色言語反若莊重，此則不可以形迹指者也。深情厚貌，色厲而内荏者是也。可以形迹指者，其淺者也；不可以形迹指者，其深者也。必以形迹觀人，則不足以知人；必以形迹繩人，則不足以救人。非惟念慮之不正者，有著於形迹，有不著於形迹。雖念慮之正者，亦有著有不著。亦有事理之變而不可以形迹觀者，亦有善不善雜出者。如比干之忠則可見，如箕子佯狂，微子適周，不可謂之不忠；如曾子之孝則可見，如舜不告而娶，不可謂之不孝。此是事理之變，而不可以形迹觀者。如匡章之得罪於其父，乃在於責善，此是善不善雜出者。通國皆稱不孝，則便見匡章不得。孟子乃見得他善不善處分明，故與之遊，又從而禮貌之。常人不能知此等處，又未足論。世固有兩賢相值而不相知者，亦是此處，如老泉之於王臨川，東坡之於伊川先生是也。李評：朱子於陸子亦然。

堯、舜、文王、孔子四聖人，聖之盛者也。二典之形容堯舜，詩、書之形容文王，論語、中庸之形容孔子，辭各不同。誠使聖人者並時而生，同堂而學，同朝而用，其氣稟德性、所造所養亦豈能盡同？至其同者，則禹、益、湯、武亦同也。夫子之門，惟顏、曾得其傳。以顏子之賢，夫子猶曰「未見其止」，孟子曰「具體而微」。曾子則又不敢望顏子。然顏、曾之道固與聖人同也。非特顏、曾與聖人同，雖其他門弟子亦固有與聖人同者。不獨當時之門弟子，雖後世之賢固有與聖人同者。非獨士大夫之明有與聖人同者，雖田畝之人良心之不泯，發見於事親從兄、應事接物之際，亦固有與聖人同者。指其同者而言之，則不容强異。然道之廣大悉備，悠久不息，而人之得於道者，有多寡久暫之殊，而長短之代勝，得失之互居，此小大、廣狹、淺深、高卑、優劣之所從分，而流輩等級之所由辨也。

書疏云：「周天三百六十五度四分度之一，天體圓如彈丸，北高南下，北極出地上三十六度，南極入地下三十六度。南極去北極直徑一百八十二度强〔二〕。天體隆曲，正當天之中央，南北二極中等之處，謂之赤道，去南北極各九十一度。春分日行赤道，從此漸北，夏至行赤道之北二十四度，去北極六十七度，去南極一百一十五度。從夏至以後，日漸南至。秋分還行赤道，與春分同。冬至行赤道之南二十四度，去南極六十七度，去北極一百一十五度，其日之行處謂之黄道。又有月行之道與日相近，交路而過，半在日道之裏，半在日道之表。其當交則兩道相合，去極遠處兩道相去六度。此其日月行道之大略也。」黄道者，日所行也。冬至在斗，出赤道南二十四度。夏至在井，出赤道北二十四度。秋分交於角，春分交於奎。月有九道，其出入黄道不過六度，當交則合，故曰交蝕。交蝕者，月道與黄道交也。〔三〕

苟無所蔽，必無所窮。苟有所蔽，必有所窮。學必無所蔽而後可。學不親師友，則太玄可使勝易。

〔二〕「一百八十二度强」，今本尚書洪範孔穎達疏作「一百二十二度弱」。按：本段文字與孔穎達疏頗有異同，不一一出校。

〔三〕「黄道者」以下，底本中爲獨立的一條，且在下文「人心至靈」一條之後。兹據嘉靖本移至此。

主於道則欲消而藝亦可進。主於藝則欲熾而道亡，藝亦不進。「以道制欲，則樂而不厭；以欲忘道，則惑而不樂。」

有有志，有無志，有同志，有異志。觀雞與彘，可以辨志；縶猿檻虎，可以論志。謹微不務小，志大堅强有力，沉重善思。

「四方上下曰宇，往古來今曰宙。」宇宙便是吾心，吾心即是宇宙。李注：宇宙是理所充塞，吾心亦是理所充塞。宇宙間此理，吾心中亦此理。故曰：「宇宙便是吾心，吾心便是宇宙。」千萬世之前有聖人出焉，同此心，同此理也；千萬世之後有聖人出焉，同此心，同此理也；東南西北海有聖人出焉，同此心，同此理也。近世尚同之説甚非。理之所在，安得不同？古之聖賢道同志合，咸有一德，乃可共事。然所不同者，以理之所在，有不能盡見。雖夫子之聖，而曰「回非助我」，「啓予者商」，又曰「我學不厭」。舜曰：「予違汝弼。」其稱堯曰：「舍己從人，惟帝時克。」故不惟都俞而有吁咈。誠君子也，不能，不害爲君子；誠小人也，雖能，不失爲小人。

宇宙内事是己分内事，己分内事是宇宙内事。

人心至靈，此理至明，人皆有是心，心皆具是理。

聖人固言仁矣，天下之言仁者，每不類聖人之言仁；聖人固言義矣，天下之言義者，每不類聖人之言義。聖人之言，知道之言也；天下之言，不知道之言也。知道之言，無所陷溺；不知道之言，斯陷溺矣。

右賢而左能，「德成而上，藝成而下」。

道行道明，則耻尚得所，不行不明，則耻尚失所。耻得所者，本心也；耻失所者，非本心也。聖賢所貴乎耻者，得所耻者也。耻存則心存，耻忘則心忘。干寶晉論有「耻尚失所」之説。求處情，求處厚，求下賢，欲行浮於名，耻名浮於行。〔先生〕因讀表記書此語〔一〕。

邪正純雜係念慮，清濁强弱係血氣。

朱、均、管、蔡，志不變也，非質不可變也。苗格、崇降，聖人有以變其志也。

後世知有事而不知有政，知責詳於法而不知責詳於人。

學者規模多係其聞見。孩提之童未有傳習，豈能有是規模？是故所習不可不謹。處乎其中而能自拔者，非豪傑不能。劫於事勢而爲之趨向者，多不得其正，亦理之常也。

道譬則水，人之於道，譬則蹄涔、污沱、百川、江海也。李注：牛、馬跡中水曰蹄涔。海至大矣，而四海之廣狹深淺不必齊也。至其爲水，則蹄涔亦水也。

常人所欲在富，君子所貴在德。士庶人有德，能保其身；卿大夫有德，能保其家；諸侯有

〔一〕「先生」，原無，據成化本、正德本、嘉靖本、萬曆本、四庫本補。

德，能保其國；天子有德，能保其天下。無德而富，徒增其過惡，重後日之禍患，今日雖富，豈能長保？又況天生民而立之君，使司牧之。故君者，所以爲民也。書曰：「德惟善政，政在養民。」行仁政者所以養民。君不行仁政，而反爲之聚斂以富之，是助君虐民也，宜爲君子之所棄絶。當戰國之時，皆矜富國强兵以相侵伐，争城以戰，殺人盈城，争地以戰，殺人盈野。故孟子推明孔子之言，以爲率土地而食人肉，罪不容於死。推論既明，又斷之曰：「人臣善戰者服上刑，連諸侯者次之，辟草萊任土地者次之。」孟子在當時所陳者皆堯舜之道，勉其君修德行仁，勸之以閒暇之時明其政刑。自謂以齊王猶反手耳。使孟子得用，必能使天下仕者皆欲立於其朝，耕者皆欲耕於其野，商賈皆欲藏於其市，行旅皆欲出於其塗，天下之民盡歸之，則無敵於天下矣。此理甚明，效可必至。當時之君，狥俗自安，不能聽用其説，乃反謂之迂闊，可謂不明之甚也。